普通高校工商管理系列教材

管理科学研究
模型与方法

（第2版）

张浩◎编著

清華大学出版社

北京

内 容 简 介

本书介绍了管理科学研究领域中常用的一些定量模型与方法,如决策方法、预测方法、仿真方法、博弈论、系统动力学、结构方程模型、灰色系统理论等,紧密结合管理科学研究和实践前沿,颇有特色、有价值,可读性强。

本书适合管理类、经济类等相关专业的本科生、研究生等使用,可作为教材和参考书。

图书在版编目(CIP)数据

管理科学研究模型与方法/张浩编著. —2 版. —北京: 清华大学出版社,2022.8(2025.3重印)
普通高校工商管理系列教材
ISBN 978-7-302-61375-6

Ⅰ. ①管… Ⅱ. ①张… Ⅲ. ①管理学 – 定量分析 – 模型 – 高等学校 – 教材　 Ⅳ. ①C93

中国版本图书馆 CIP 数据核字(2022)第 124632 号

责任编辑:左玉冰
封面设计:汉风唐韵
责任校对:王凤芝
责任印制:沈　露

出版发行:清华大学出版社
　　　　网　　　址:https://www.tup.com.cn,https://www.wqxuetang.com
　　　　地　　　址:北京清华大学学研大厦 A 座　　　　邮　　编:100084
　　　　社 总 机:010-83470000　　　　邮　　购:010-62786544
　　　　投稿与读者服务:010-62776969,c-service@tup.tsinghua.edu.cn
　　　　质 量 反 馈:010-62772015,zhiliang@tup.tsinghua.edu.cn
　　　　课 件 下 载:https://www.tup.com.cn,010-83470332
印 装 者:三河市铭诚印务有限公司
经　　销:全国新华书店
开　　本:185mm×260mm　　　　印　张:19.25　　　　字　数:442 千字
版　　次:2016 年 6 月第 1 版　　2022 年 10 月第 2 版　　印　次:2025 年 3 月第 2 次印刷
定　　价:59.00 元

产品编号:095972-01

第2版前言
FOREWORD

欢迎您阅读这本书！管理科学（management science）这个词语我们耳熟能详，而且它在管理中所起的作用也是越来越重要。有了管理科学，我们的决策依据会更加翔实、清晰和准确。随着管理科学知识的普及，尤其是近些年计算机技术、大数据分析、仿真技术的兴起，管理科学在现实中的应用越来越便捷，应用思路越来越清晰，应用效果越来越明显。

那么，管理科学的本质到底是什么呢？弗雷德里克·S. 希利尔教授在《数据、模型与决策》一书中对管理科学进行了明确的定义：管理科学是对与定量因素（quantitative factors）有关的管理问题通过应用科学的方法（scientific approach）进行辅助管理决策制定（aid managerial decision making）的一门学科（discipline）。

通过这个定义我们了解到，它首先是一门学科，是一门管理类的学科，是建立在科学基础上的用于解决管理决策问题的知识和技术的集合体。定义中还提到了"科学的方法"，那到底什么是科学的方法呢？哪些方法算是科学的呢？首先，我们必须了解"科学"这个名词。

中国的《辞海》里这样定义"科学"：科学是关于自然、社会和思维的知识体系。法国的《百科全书》里认为：科学通过分类以寻求事物之中的条理，通过揭示支配事物的规律，以求说明事物。日本的《世界大百科辞典》里认为：所谓科学，是具备客观性和真理性的既具体又普遍的有体系的学术上的认识，即科学是学问达到最高程度的部类。而爱因斯坦则认为：科学是寻求我们感觉经验之间规律性关系的有条理的思想。当然，针对"科学"的定义有很多种，但我们发现这些定义里有一个共性，即科学是用来揭示规律性的。科学代表着知识，代表着具体，代表着更加可靠。而"科学的方法"，就是那些更加具体和可靠的知识方法。管理科学涉及的方法往往是以数学、计算机、社会科学、系统科学等为基础的，经过长期验证，被公认为可靠的方法。

当然，有很多朋友会认为管理是一门艺术。的确，管理不单单是科学，它也是艺术。管理的科学，与管理的艺术不是对立的，它们就像是一枚硬币的两个面，只有同时具备这两个面，才是一枚完整的硬币，才能够做好管理这项充满智慧的工作。

管理科学的定义中还提到了一个关键词：定量。管理科学的研究对象就是"与定量因素有关的管理问题"，而解决这一类问题的方法往往是定量分析方法。管理中的定量分析方法主要用来研究管理现象的数量特征、数量关系与数量变化，并从中发掘规律。定量分析方法往往和模型结合在一起使用，这里的模型指的是对管理现象或过程的简化描述。模型和方法的使用，为我们更加深入地刻画管理中的各种规律提供了很多工具。

管理科学的传统名称是运筹学（operations research），这是被很多人所熟悉的。而管理科学的萌芽，要追溯到18世纪中叶之后，工业革命的进程中，对效率和效益的追求促使管理者越来越注重数学与自然科学的应用。直到 20 世纪初，泰勒等人创立科学管理理论，并出版了《科学管理原则》，这通常被认为是管理科学形成理论体系的起点。随着市场经济的快速发展，许多管理者从不同的角度提出了对管理学的见解，形成了诸多学派。其中，部分学者以系统的观点，运用数学、统计学等科学的计量方法来研究和解决管理问题，使管理问题的研究在以往定性分析的基础上又增加了定量分析的管理学派。1939 年，英国曼彻斯特大学教授布莱克特成立了运筹学小组，代表人物有埃尔伍德·斯潘赛·伯法、霍勒斯卡·文森等，这被认为是管理科学学派正式成立的标志。此后，管理科学逐步成为一门独立的学科，对这个领域的研究也越来越活跃。

管理科学在我国的发展，要追溯到由华罗庚、钱学森等倡导的运筹学、系统工程学等的研究，他们提出了一系列理论和方法，如优选法、统筹法、开放的复杂巨系统等，解决了许多实际中的管理问题。20 世纪 70 年代之后，管理科学研究着重和决策理论、区域规划、项目管理、预测和评价管理等领域相结合，重点研究各种管理决策理论和方法。进入 21 世纪之后，管理信息系统、数据挖掘、计算机仿真、人工智能等新型技术与方法的运用更是加快了管理科学研究的发展，并同许多社会科学学科和自然科学学科进一步相互交叉与融合。

在教学和科研工作中，笔者发现很多学生愿意学习一些定量的模型和方法，但他们对这些模型和方法缺少一个系统的了解，于是笔者萌生了编著这本教材的想法。管理科学领域的模型和方法博大精深，笔者选择了一些在经管类研究中常用的定量模型和方法进行编撰。本书内容丰富、通俗易通，例题具有代表性，计算过程详细，可作为高校经济管理类研究生、本科生的教材，也可以成为管理科学爱好者的学习材料，还能够为管理工作者提供参考。本书不包括系统的数据分析方法，因为我们计划今后将单独编写有关商业数据分析方面的教材。本书也没有重复运筹学教材里的知识内容，而是重点介绍了运筹学教材所没有涉及的定量模型与方法。将本书和运筹学、商业数据分析等结合在一起使用，对于培养高端的管理人才是很有益处的。

本书第 1 版于 2016 年出版，2022 年完成第 2 版的修订。本书共分为 12 章，第 1 章是系统科学，介绍了系统科学的形成和发展，系统的定义、特性与分类。第 2 章是决策方法，介绍了确定型决策、风险型决策、不确定型决策、多属性决策方法。第 3 章是预测方法，主要介绍了移动平均法、指数平滑法、回归分析预测法、趋势外推预测法等。第 4 章是评价方法，介绍了 DEA(data envelopment analysis，DEA，数据包络分析）、层次分析法（analytic hierarchy process，AHP）、模糊综合评价方法、熵值法、集对分析法。第 5 章是优化算法，介绍了粒子群优化算法、遗传算法（genetic algorithm，GA）等。第 6 章是系统可靠性，介绍了系统可靠性的计算方法以及失效分析。第 7 章是博弈论（game theory），重点介绍了合作博弈（cooperative game）和演化博弈。第 8 章是管理仿真，介绍了系统动力学（system dynamics）和多智能体系统。第 9 章是复杂性科学，介绍了耗散结构、协同学（synergetics）、混沌理论（chaos theory）、突变论、超循环理论、分形理论、自组织临界性。第 10 章是结构方程模型（structural equation modeling，SEM）。第 11 章是马尔可夫链。第 12 章是灰色系统理论。

本书在编写和出版过程中得到了很多学者的指导与帮助，在此表示感谢！感谢笔者的硕士导师张铁男教授，是他带笔者进入复杂性科学的世界。感谢笔者的博士导师沈继红教授，是他让笔者对系统科学和管理科学有了全面的了解。向两位导师致敬！感谢我国著名的物流学家何明珂教授，他的《物流系统论》使笔者受益匪浅。感谢杨浩雄教授，经常和笔者探讨定量分析方法，给了笔者很多启发。感谢毛新述教授，正是他促成了本书的出版。感谢左敏教授、王国顺教授、欧阳爱平教授、孙永波教授、庞毅教授、张永教授、王真教授、李业昆教授、刘文纲教授等学者，给笔者很多指导和帮助。感谢笔者的同事们，崔丽、王晶、陈锴、侯汉坡、吕俊杰、张京敏、杜新建、周永圣、孙红霞、汪林生、郭大新、李文东、张霖霖、王勇、张运来、郭崇义、邓春平等，是你们给了笔者大力的支持和帮助，并提出了很多宝贵且有益的建议。感谢帮助过笔者的研究生们——许慎思、刘阔、朱丽羽、王明坤、张怡珩、王丽灵等，在文献整理、数值仿真以及校稿等方面付出了辛勤的劳动。同时，感谢清华大学出版社的左玉冰编辑和相关工作人员，为本书的出版付出了大量的劳动。

本书在编写过程中参考了大量的相关文献，包括国内外专家、学者的著作、教材和论文，并将这些文献尽可能地列在书后的参考文献中，但其中难免存在遗漏情况，在这里特向被遗漏的作者表示歉意，并向所有的作者表示最诚挚的感谢。

本书可能存在纰漏之处，敬请各位学者和专家指正，今后笔者会继续充实并完善本书的内容，并制作可用于教学的 PPT。衷心希望能够和对管理科学感兴趣的朋友共同研讨。

编者

2022 年 3 月

目录
CONTENTS

第1章

系 统 科 学

1. 了解系统科学的形成和发展。
2. 掌握系统的定义与特性。
3. 理解系统的分类。

中国航天与系统科学

在创建我国导弹和火箭研究体系之初，钱学森就意识到：现代复杂工程系统的开发与传统工程研制有很大不同，必须建立具有宏观谋划指导与系统设计控制、管理职能的总体研究机构。据此，他提出了建立导弹研究院。钱学森立足国情，在航天科研实践中运用了工程控制论的方法，使我国航天科研管理正规化、科学化。在钱学森的指导下，航天科技创造性地运用了系统工程理论和方法，从建立总设计师和行政指挥两条指挥线，到全面实施矩阵管理、项目管理、"零缺陷"管理，形成了科学严密的组织管理体系，丰富和完善了整体优化、系统协调、环境适应、创新发展、风险管理、优化保证等系统工程的核心理念。成千上万的研究人员，数量众多的部门和单位，难以计数的设备，数额庞大的经费，要求严格、种类繁多的物质、器材，在系统工程方法的指导下，协调一致地组织起来，有序地投入这一工程的研究、设计、试制、试验和生产过程中去，建立起了一个高效有序的导弹火箭工程开发组织管理体系。

虽然中国的系统工程还属于工程系统工程的范畴，但也包含了人、团队、管理和文化等方面的因素。中国特色系统工程思想典型的代表就是中国航天的"两总系统"。"两总系统"是根据中国当时的体制建立的，由总师保障技术和业务，总指挥负责行政指挥和后勤保障。人、团队和文化等方面的因素在这个系统中得到了很好的规划和管理。

2011年，中国航天工程咨询中心正式更名为中国航天系统科学与工程研究院（以下简称"系统院"）。系统院是中国航天发展主要的咨询研究和信息技术研发机构，肩负着集团总部智囊团和发展战略参谋部、信息化建设总体部、信息系统技术与运行保障部、共性软件开发部和软件产业推进部的重要使命。此外，系统院具有开发大型应用软件系统的技术储备和工程经验，在各类信息管理系统开发方面具备较强的能力，在企业门户系统、综合办公管理、信息管理应用系统、ERP（企业资源计划）等方面也积累了丰富经验。

视频：中国航天壮阔 50 年

面对日益复杂的挑战，系统科学的工程方法是航天工程项目成功的重要保证，系统复杂性理论为航天项目组织管理问题的解决提供了新视角和新思路。同时，通过在航天工程的实践中对组织机构复杂性管理的认识，可以逐步总结出以形成整体创造力为目标的社会组织系统工程方法，进而推动系统科学和管理科学的发展。

资料来源：

[1] 胡士祥,张庆伟. 中国载人航天工程——成功实践系统工程的典范[J]. 中国航天,2004（ 10）: 3-6.

[2] 郭宝柱. 系统科学的理论与方法在航天项目中管理中的应用[J]. 宇航学报,2008，29（ 1）: 29-33.

1.1　系统科学的形成和发展

系统的思想很早就已经开始出现，如亚里士多德提出的"整体大于部分之和"，就初步具备了整体论的系统观。此后，西方的德谟克利特和柏拉图的观点，东方的《黄帝内经》和《道德经》等，也有一些内容体现了"系统"的思想。而直到 20 世纪 20 年代，系统科学才逐步形成理论体系。1924—1928 年，美籍奥地利理论生物学家路德维希·冯·贝塔朗菲（Ludwig Von Bertalanffy，1901—1972）多次发表文章，表达了系统论的思想（图 1-1）。他提出生物学中有机体的概念，强调必须把有机体当作一个整体或系统来研究，才能发现不同层次上的组织原理。他在 1932 年发表的《理论生物学》和 1934 年发表的《现代发展理论》中提出用数学模型来研究生物学的方法和机体系统论的概念，把协调、有序、目的性等概念用于研究有机体，形成研究生命体的三个基本观点，即系统观点、动态观点和层次观点。他的这些观点形成了一般系统论的理论前身。此后，随着系统科学理论的不断丰富，越来越多的学者和专家逐步加入这一领域的研究，如鲍尔丁、萨缪尔森、霍尔等；越来越多的学科知识逐步融入系统科学之中，如数学、物理、逻辑学、控制论、信息论、社会学等。同时，系统科学的应用领域也越来越广泛，如生物学、管理学、经济学、医学、工程学等。

图 1-1　路德维希·冯·贝塔朗菲

1.1.1　系统科学的发展历程

追溯系统科学的发展过程，可以将其分为以下三个阶段。

1. 20 世纪 40 年代至 50 年代，系统科学的形成和主张

早期的系统科学包括一般系统论、信息论和控制论，即俗称的"老三论"，这是系统科学形成初期的核心知识体系。

（1）一般系统论。一般系统论是由美籍奥地利理论生物学家贝塔朗菲创立的。1937年，贝塔朗菲在芝加哥大学的一次哲学讨论会上提出了一般系统论的概念。他对文艺复兴时期以来形成的机械论和还原论的观点与方法提出质疑，指出分析方法的局限性，提出了要用系统方法解决问题。一般系统论提出了许多基本的概念，如系统整体性、关联性、有序性、方向性、目的性等。他还提出，一般系统论从生物和人的角度出发，这类问题的解决不能沿用无机界的机械论的分析方法；并且提出不能把各个部分简单拼加成整体，必须考虑子系统与整个系统的相互关系，才能认识各部分的行为和整体。20 世纪 50 年代，贝塔朗菲与经济学家鲍尔丁、生物学家杰拉德、生物数学家拉波波特，共同发起成立了一般系统研究会，吸引了大批的科学家参加，在西方学术界产生了很大影响，这四人也被认为是"系统科学运动之父"。

（2）信息论。随着一般系统论的发展，信息论应运而生。1948 年以后，美国数学家克劳德·艾尔伍德·香农（Claude Elwood Shannon，1916—2001）（图 1-2），从研究通信过程的角度，相继发表了《通信的数学理论》《在噪声中的通信》，研究了通信过程中的信息定义、度量、转换、传输、接收、处理、储存和控制等问题，运用数学统计方法，从量的方面描述信息的传输和读取问题，提出了信息量理论、编码理论等，建立信息熵的数学公式。这两篇文章是现代信息论的奠基之作。同时香农进一步扩展了信息论的范围，使其能处理语用信息、语义信息和非概率信息等广义信息。

（3）控制论。1948 年，美国应用数学家诺伯特·维纳（Norbert Wiener，1894—1964）（图 1-3），将生理学、生物学、行为科学等学科中的有关控制问题的研究成果与机器控制原理的伺服系统理论相结合，陆续发表了《控制论》《平稳时间序列的外推、内插和平滑化》等文章，创立了控制论。他从系统科学的角度，概括出具有一般意义的概念、原理、方法和模型。控制论被认为是综合性、基础性的学科，不同于一般系统论，它只着眼于信息方面，只研究系统的行为方式。控制论的发展与复杂性研究紧密结合，逐渐被应用于工程控制、神经控制、经济控制、军事控制、生物控制、人口控制、生态控制和社会控制等众多领域，以处理其中的复杂系统控制问题。

图 1-2　克劳德·艾尔伍德·香农　　图 1-3　诺伯特·维纳

2. 20 世纪 60 年代到 70 年代，系统科学的大发展

耗散结构论、协同学、突变论是 20 世纪六七十年代以来陆续确立并获得快速发展的三门系统科学的分支学科，合称"新三论"。这三门学科和混沌理论，又构成了自组织理论的核心，极大地丰富了系统科学的理论体系。

（1）耗散结构论。1969 年，比利时物理化学家、布鲁塞尔学派代表人物——伊利亚·普利高津（Ilya Prigogine，1917—2003）（图 1-4），吸取一般系统论的基本思想，研究复杂系统的自组织现象，建立总熵变公式，进一步探索出一套具有特色的自组织理论——耗散结构论。耗散结构论是研究耗散结构的特性、稳定和演变规律的科学，把统计学、热力学和物理学从平衡态推广到非平衡状态，建立时间、空间和功能上的有序演化状态。他的代表作是《结构耗散和生命》《时间·不可逆性和结构》。他于 1977 年荣获了诺贝尔化学奖。

（2）协同学。1969 年，德国物理学家赫尔曼·哈肯（Hermann Haken，1927—　）提出了"协同学"这一概念（图 1-5）。1988 年，哈肯在总结激光理论的基础上，出版了《高等协同学》一书，创立了协同学。协同学是关于系统如何协同工作的科学，它吸取了平衡相变理论和非平衡相变理论来描述自组织现象的成果，结合激光理论，总结出一套处理激光系统的自组织理论和方法。他发现激光在远离平衡状态和平衡状态下均为有序状态，并发现，系统内部各个子系统之间的相互作用能够自发产生稳定的有序结构。协同学提出了三大原理：支配原理、不稳定性原理和序参量原理。在稳定性分析、方程的建立和模型优化及自组织机制的描述方面都更加深刻，通过分类、类比等方法，来描述各种系统和运动现象中从无序到有序转变的共同规律，为处理系统中的自组织问题提供了理论和方法。

（3）突变论。1972 年，法国数学家勒内·托姆（René Thom，1923—2002）出版《结构稳定性和形态发生学》（*Structural Stability and Morphogenesis*）一书（图 1-6），他提出了一种描述现实世界的形态形成中的突变现象的理论，即突变论。在自然界和人类社会活动中，除了存在平滑的、渐变的、连续的运动之外，还存在大量的跃迁现象。它主要是研究连续作用导致不连续结果的现象，提供了一种研究不连续性、跃迁和突然变质的更广范围的数学框架。突变现象的一个特点是外界条件的微变导致系统宏观状态的剧变，这种突变现象只能在非线性系统中才能出现。托姆拓展了贝塔朗菲的思想，用结构稳定性理论摒弃不连续现象的特性，以统一的方法来解决形态形成的系统演化问题。突变论是耗散结构论和系统学的数学基础与工具，它以辩证的方法处理不稳定与稳定、间断与稳定、突变与渐变等矛盾，将其用简洁的模型表现出来。

图 1-4　伊利亚·普利高津　　图 1-5　赫尔曼·哈肯　　图 1-6　勒内·托姆

（4）混沌理论。20 世纪 60 年代，数学家阿诺德、科尔莫高洛夫和莫什尔对系统的稳定性进行研究，并提出 KAM 定理（KAM theorem，卡姆定理）。美国气象学家洛伦兹（Edward Norton Lorenz）对耗散动力系统进行分析，得到了一个微分方程组，即著名的洛伦兹方程；他还在混沌研究中发现了第一个奇怪吸引子——Lorenz 吸引子，为混沌研究提供了一个重要模型。1975 年，美籍华人学者李天岩和他的导师数学家约克（J. Yorke）在美国《数学月刊》发表了著名文章《周期 3 意味着混沌》，深刻地揭示了从有序到混沌的演化过程，形成了著名的 Li-Yorke 定理，描述了混沌的数学特征。1981 年，F. Takens 等在 Whitney 的拓扑嵌入定理基础上，提出了判定奇异吸引子的实验方法。20 世纪 90 年代以后，混沌科学的应用研究越来越受到重视，混沌学提供了一个将两种互不相容的描述体系（即确定论描述和概率论描述）统一起来的方法，从而更加深刻、客观地描绘出系统演化的完整图像。混沌理论与其他学科相互渗透、相互促进，如数学、物理学、天文学、化学、信息科学、地质学、生物科学、经济学等，取得了很多的研究成果。

（5）系统管理学派。随着一般系统论的发展，一些学者把它的研究成果应用于管理学，形成了系统管理学派，其代表人物是美国管理学家约翰逊（R. A. Johnson）、卡斯特（F. E. Kast）和罗森茨韦克（J. E. Rosenzweig）。1963 年，他们合著了《系统理论和管理》，其成为系统管理学的奠基性著作。1970 年，卡斯特与罗森茨韦克又合著了《组织与管理：系统与权变的方法》，对系统管理进行了全面的论述。系统管理学派认为企业是由人、物资、机器设备和其他资源在特定的目标下组成的一体化系统，人是众多要素中的主体，其他要素则是被动的。企业是一个开放的系统，它同周围环境（如自然环境、客户、竞争者、供应商、政府等）之间存在着动态的相互影响，并具有内部和外部的信息反馈机制，能够不断地自动调节，以适应环境变化和自身成长的需要。系统管理具有四个特点：一是以目标为中心，始终强调系统的客观成就和客观效果；二是以整个系统为中心，强调整个系统的最优化而不是子系统的最优化；三是以责任为中心，分配给每个管理人员一定的任务，而且要能衡量其投入和产出；四是以人为中心，每个员工都被安排做具有挑战性的工作，并根据其业绩支付报酬。系统管理学派主张，在进行系统分析时，应首先建立系统的目标；其次，应从系统的整体利益出发，使局部利益服从于整体利益，既要考虑当前利益，又要考虑长远利益；还要做到抓住关键问题，采用定量分析和定性分析相结合的方法。系统管理学派还运用系统方法对组织理论进行研究，认为在一个复杂的管理系统中存在着执行不同任务的三个子系统——战略子系统、协调子系统和作业子系统。

3. 20 世纪 80 年代以来，系统科学的繁荣

非线性和复杂性的研究是 20 世纪 80 年代以来兴起的，推动系统科学更加繁荣。非线性科学是研究各个科学领域中非线性的共性问题，即一切事物作为系统，内部结构、系统功能及演化过程都是相互作用的结果。它不仅讨论系统的平衡，还讨论震荡和混沌、分岔问题，这就为研究系统的复杂性奠定了科学基础。

复杂性研究始于 20 世纪 80 年代中期。1984 年，以盖尔曼、阿罗和安德森为首的不同领域的科学家聚集到一起，在美国墨西哥州成立圣菲研究所，主要研究横断学科的复杂性。它指的是："地球生命出现前的导致生命化学反应，生命进化本身，个体生命有机体和生态共同体的功能，生命子系统如哺乳动物免疫系统以及人类大脑的运作，人类文化的进化，

计算机硬件和软件的功能，地球上各种经济系统的进化，组织与社团的进化等的各种各样的过程。"科学家们把生态、遗传、胚胎、神经、经济、计算机网络称为复杂适应系统，认为存在普遍的规律控制着复杂适应性系统的行为。

1987 年，我国钱学森教授提出了开放的复杂巨系统。他发现复杂巨系统有开放性的，也有封闭性的。开放性，如改革开放等；封闭性，如闭关锁国、小农经济等。他把马克思主义思想融入系统研究，用唯物主义和辩证法开拓出一条系统可持续研究的新思路。钱学森提出："要尽量把许多人的认识综合起来，形成一种整体的东西。"他采用从定性到定量的综合集成法，把系统科学、统计数据和专家经验结合起来，以电子信息技术为核心，提出具有技术先进性的科学方法。综合集成方法是一种包括科学的、感性的、经验的、理性的、定性和定量知识的方法。这一研究虽然在理论分析与应用上还存在较多的困难，但对思维科学、人工智能、脑科学等方面的研究具有重要意义。他指出：研究开放的复杂巨系统不仅需要逻辑思维、科学方法，还需要把逻辑思维与形象思维结合起来，把理论与实践结合起来，充分发挥人的主观能动性。在认识和实践中多次循环反复，实现从量变到质变的飞跃。综上所述，复杂系统理论强调系统的动态性、开放性、非线性、内随机性、自主性等，把决定论和非决定论、还原论和整体论等辩证地统一起来，形成一种综合性的研究纲领。

1.1.2　主要系统科学学派

在系统科学的形成过程中，由于很多学者来自不同的领域，他们的研究对象、视角、方法和工具等有所不同，因此形成了多个学派，见表 1-1。这些学派都是基于系统的思想，研究内容相互联系和补充，形成了多元化的系统科学体系。

表 1-1　系统科学理论的代表性学派

学　派	代表人物	代表作	主要研究内容
数学系统学派	麦萨罗维克（M. Mesarovic），高原康彦（Y. Takahara）	《一般系统论：数学基础》《抽象系统理论》	将数学系统论应用于管理科学，提出了数学组织理论（MOT），提出了目标搜索系统模型和一般组织模型
系统分析学派	霍尔（Arthur D. Hall）	《系统工程方法论》	构建了时间维、逻辑维和知识维的"三维空间结构"，概括了系统工程的一般过程。强调明确目标，核心内容是最优化
运筹学派	罗素·艾可夫（Russell Ackoff）	《运筹学》《社会再设计》《击败系统:凭借创造力来取胜官僚主义》	主要是将生产、管理等事件中出现的一些带有普遍性的运筹问题加以提炼，然后利用数学方法进行解决。艾可夫开创了"社会系统时代"的管理理论
系统动力学派	福雷斯特（Jay W. Forrester）	《工业动力学》	是一种以反馈控制理论为基础、以计算机仿真技术为手段，用来研究复杂的社会经济系统的定量方法
复杂系统进化论学派	艾伦（Peter Allen）	《复杂系统的演化和创造力建模》	创建了一个新的模型，显示了多样性创建机制和物质世界的竞争约束之间是如何对话并产生生态结构的
耗散结构论学派	普利高津（Ilya Prigogine）	《非平衡统计力学》《非平衡系统中的自组织》《确定性的终结》	提出开放是前提，"非平衡是有序之源"，涨落导致有序的观点，对纠正"平衡有序"观念有重要意义

续表

学派	代表人物	代表作	主要研究内容
协同论学派	哈肯（Hermann Hakenn）	《协同学：一门协作的科学》《协同学——物理学、化学和生物学中的非平衡相变和自组织引论》《高等协同学》	用演化方程来研究协同系统的各种非平衡定态和不稳定性
突变论学派	托姆（René Thom）	《形态发生动力学》《生物学中的拓扑模型》《结构稳定性与形态发生学》	系统的非连续性突然变化现象和规律。通过突变论能够有效地刻画系统状态变化的相变过程
系统管理学派	约翰逊（R. A. Johnson）、卡斯特（F. E. Kast）和罗森茨韦克（J. E. Rosenzweig）	《系统理论和管理》《组织与管理：系统与权变的方法》	从系统观点来看问题，在企业管理中要根据企业所处的内外条件随机应变，没有什么一成不变、普遍适用、"最好"的管理理论和方法

1.1.3　系统科学在中国的发展

中国系统科学研究的兴起，应追溯到 20 世纪 50 年代，钱学森和许国志将运筹学引入国内，并在中国科学院力学研究所组建了运筹学研究组。此后，在钱学森、华罗庚、许国志、宋健等人的大力推广下，中国逐渐兴起了系统科学研究的热潮，涌现出一大批出色的系统科学研究者。

钱学森（1911—2009）（图 1-7），世界著名科学家，空气动力学家，中国载人航天奠基人，中国科学院及中国工程院院士，中国"两弹一星"功勋奖章获得者，被誉为"中国航天之父""中国导弹之父""中国自动化控制之父"和"火箭之王"。在系统科学方面的代表作有《论系统工程》《创建系统学》等。

1934 年，钱学森毕业于交通大学机械与动力工程学院，曾任美国麻省理工学院和加州理工学院教授。1955 年，他在毛泽东和周恩来的争取下回到中国，开创并领导了中国的国防系统分析研究工作。

图 1-7　钱学森

钱学森是我国一位伟大的科学家，在长达 70 多年的科学研究中，钱学森研究的内容涵盖了科学、工程、技术与哲学等领域，特别是在不同学科与领域相互交叉、利用与融合的系统科学研究方面，作出许多开创性的突出贡献。

钱学森对于系统科学的研究大致可分为三个阶段：第一阶段是工程控制论研究，主要是他在美国从事自然科学技术研究的 20 年，1954 年《工程控制论》的面世，表明他的研究已从自然学科领域迈入系统科学领域；第二阶段是系统工程研究，在他回国后的 30 年间，他将自己的精力主要集中于开创我国火箭、导弹和航天事业上，其系统科学思想及方法在"两弹一星"的成功研发中得到很好的实践；第三阶段是系统学研究，该阶段也是他的晚年时期，钱学森把其全部精力投放到学术研究工作中，最终创建了系统科学体系与现代科学技术体系。钱学森在系统科学结构体系的许多层面都作出了巨大的贡献，其中最重要的是系统学的创建与开放的复杂巨系统及其方法论的提出，他将复杂巨系统科学引入系统科学体系，在很大程度上丰富了系统科学研究体系。

1. 创建系统学与综合集成方法

在钱学森提出建立系统学之后不久，其相关学术研究就以"系统学讨论班"的形式展开，通过这些学术讨论，基于复杂性层次的不同，他首先提出了新的系统分类，并将控制的思想与概念引入系统学。在此基础上，钱学森将系统论方法具体化，提出了综合集成方法，该方法把专家体系、信息与知识体系、计算机体系有机地结合起来，以构成一个高度智能化的人机结合体系，从而有效地处理复杂系统、复杂巨系统及社会系统问题。

2. 开创复杂巨系统科学与技术新领域

钱学森指出生物体系统、人体系统、地理系统、社会系统、星系系统等都是复杂巨系统的代表，其中社会系统作为最复杂的系统被定义为特殊复杂巨系统。这些系统是开放的，并不断与外部环境有物质、能量和信息的交换，所以又称作开放的复杂巨系统。钱学森不但提出了开放的复杂巨系统的相关概念，而且提出了处理该系统的方法，从而开创了复杂巨系统的科学与技术这一领域。

作为一名系统科学家，钱学森对系统科学的研究涉及不同的层次与分支，并取得了一些重大的研究成果。他对系统科学领域的成就与贡献不仅将他的科学创新精神体现得淋漓尽致，同时也深刻地展现了他的科学思想与方法，他是一位名副其实的科学泰斗与科学大师。

图 1-8　华罗庚

拓展阅读：华罗庚《致中国全体留美学生的公开信》

华罗庚（1910—1985）（图1-8），世界著名数学家，中国科学院院士，美国国家科学院外籍院士，第三世界科学院院士，联邦德国巴伐利亚科学院院士。他是中国在世界上最有影响力的数学家之一，被列为芝加哥科学技术博物馆中当今世界 88 位数学伟人之一。华罗庚创立了优选法和统筹法，这是系统科学的新学科。优选法即最优化方法，它研究如何用较少的试验次数，迅速找到最优方案。统筹法是一种安排工作进程的数学方法，主要用于计划管理和进度管理。它以网络图为表现形式，设计并优化工作计划，选择最优工作方案，从而达到预定目标，获得最佳经济效益。华罗庚致力推广"双法"20 年，亲自带领学生到一些企业工厂推广和应用"双法"。1981 年 3 月正式成立了中国优选法、统筹法与经济数学研究会（中国科协下的全国性学会），华罗庚任第一届理事长。优选法和统筹法的推广促使系统科学更有效地服务于现实中的生产和生活，对国民经济建设作出了卓越的贡献。

许国志（1919—2001），我国著名的系统工程、运筹学专家，中国工程院院士。1943 年毕业于上海交通大学，1949 年获美国堪萨斯州大学理学硕士，1953 年获堪萨斯州大学哲学博士。中国科学院系统科学研究所研究员。曾任中国系统工程学会理事长。中国系统工程的主要创建人之一。20 世纪 80 年代开始系统工程的研究，参与筹建了中国科学院系统科学研究所和国防科技大学系统工程与数学系；创建了中国系统工程学会及第一个系统工程的刊物——《系统工程的理论和实践》。他培养了一大批运筹学和系统科学方面的专门人才，为系统工程在我国经济发展、国防建设、决策分析等方面的应用起到了重要的促进作用。

戴汝为（1932—　　），1991 年当选为中科院院士，现担任中国自动化学会理事长、国务院学位委员会自动化学科评审组召集人等。他应聘为清华大学、汕头大学、中国科技大学等 30 余所高校的兼职教授或名誉教授，中科院自动化研究所与青岛大学共建"系统医学与中医药科学研究中心"首席科学家。20 世纪 60 年代，他解决了用极大值原理解最速控制、终值控制的数值计算问题。20 世纪 70 年代，他最早在国内开展模式识别研究。20 世纪 80 年代初，他把统计模式识别与句法模式识别结合起来，提出了语义、句法方法。20 世纪 80 年代后期，他率先在国内开展了人工神经网络研究（artificial neural networks，ANN）。20 世纪 90 年代，他从事开放的复杂巨系统及处理这类系统的方法的研究，把综合集成的构思用于模式识别，提出集成型模式识别的学术观点，倡导和推动了国内复杂性科学的研究。在系统科学领域，他的代表性的著作有《从定性到定量的综合集成法的形成与现代发展》《复杂巨系统科学——一门 21 世纪的科学》《智能系统的综合集成》等。

汪应洛（1930—　　），我国著名的管理科学与工程专家、教育家，中国工程院院士，曾任中国系统工程学会第 2～4 届副理事长。他率先将管理工程、系统工程、工业工程三个领域融会贯通，形成具有中国特色的系统管理学派。他的理论与方法应用于工程管理和社会经济问题中，取得了突出成绩。他对我国管理科学学科体系进行深入系统的研究，出版《管理科学学科发展战略》《系统工程》《系统·管理·战略研究》《企业管理系统工程》《战略研究理论及企业战略》《战略决策》等著作，是我国系统科学与管理科学融合发展的重要奠基人。他曾率先建议国家设立工商管理硕士学位（MBA），在国内首先倡导应用系统工程方法开展教育系统工程研究，最早提出了和谐理论，建立了系统状态的和谐性诊断模型、系统演变过程中的优化模型等，并广泛应用于区域发展和企业发展的研究之中。

成思危（1935—2015），教授级高级工程师，是著名的经济学家和社会活动家，第九届、第十届全国人民代表大会常务委员会副委员长，中国科学院研究生院管理学院院长，中国科学院虚拟经济与数据科学研究中心主任，中国软科学研究会理事长，被誉为"中国风险投资之父"。成思危的主要研究领域为化工系统工程、软科学及管理科学。兴起于 20 世纪 80 年代的复杂性科学，是系统科学发展的前沿领域之一，复杂性科学与管理科学相结合成为这一领域中的热点问题。成思危领导了我国管理科学复杂性方面的研究，他的很多研究成果集中在对经济系统的非线性和混沌性的研究上，同时也带动了一大批相关领域的研究，为推动我国管理科学的发展作出了巨大贡献。

汪寿阳（1958—　　），中国科学院杰出研究员、中国科学院数学与系统科学研究院副院长，中国科学院预测科学研究中心主任，兼任中国运筹学会副理事长、中国系统工程学会副理事长等。他致力于决策分析、经济预测、冲突分析和系统工程等领域的研究。他在金融管理、物流与供应链管理、冲突分析与对策论、决策分析与经济预测等领域，做出了一系列得到国际同行高度好评和政府有关决策部门高度重视的研究工作。他基于多目标决策的权衡分析提出的解决多派冲突的分析方法被国外环境专家作为主要方法用于解决国际环境谈判问题。

在系统科学领域，中国的杰出学者还有很多，他们创立了一批系统科学的新学科或重要分支，如邓聚龙的灰色系统理论、吴学谋的泛系理论、蔡文的物元分析法、魏宏森的广义系统论、吴彤的自组织理论等。这些理论的形成和发展，对我国系统科学的研究和推广起着深远的作用，同时也在国际上产生了重要的影响。

除了杰出的学者外，我国在系统科学领域也有很多有影响的研究组织。如中国系统工程学会、复杂性与系统科学哲学专业委员会和中国系统科学研究会。中国系统工程学会是中国系统科学和系统工程科学技术工作者的学术性社会团体，是中国科学技术协会的组成部分，主要刊物有《系统工程理论与实践》《系统工程学报》*Journal of Systems Science and Systems Engineering*。复杂性与系统科学哲学专业委员会是中国自然辩证法研究会的组成部分。中国系统科学研究会是组织和开展关于系统科学理论与应用研究的全国性的学术性团体，主要刊物为《系统科学学报》。这些学术组织的形成，方便了学者们关于系统科学的交流，有利于促进该学科的发展。

我国的系统科学研究还处在成长阶段，未来在对系统科学多元化发展的同时，会进一步完善系统科学的概念、观点、特点、研究方法等，使该学科形成一个稳定的体系。同时会更注重系统科学在实际中的应用和推广。

1.2　系统的定义与特性

1.2.1　系统的定义

系统（system）一词来源于古希腊文 systema，是指由相互联系、相互区别、相互作用的元素所形成的，具有特定功能的集合或整体。

《世界大系统》（德谟克立特著）一书中最早出现了"系统"一词。对系统的研究始于工程和军事领域，随后延伸到经济、生物和社会管理等众多领域。学者们定义系统都是围绕其具有特定功能的有机整体这一特征来展开的。系统的定义包含三层含义。

（1）元素是构成系统的基本单元。单个元素不能称之为系统。系统中至少包含两个不同的元素。元素之间存在相互作用（相互作用是指元素之间彼此改变对方的状态和行为）。

（2）系统有一定的结构。

（3）系统具有一定的特性或功能，这些特性或功能是由系统中各个元素之间的作用或结构所产生的。

元素是指系统中能相互区别的实体。

系统环境是指对于某一特定的系统，系统之外的、与之相关联的事物组成的集合。系统环境分为周围环境和广大环境。一般情况下，系统环境指的是周围环境。

系统边界是指用于区别系统与环境的分界。

系统输入是指环境对系统的作用。系统输出是指系统对其所处环境的作用。系统与环境之间的相互作用是通过物质、能量或信息的传递来实现的。

系统结构是指系统中元素之间的关联方式。

系统功能是指系统在与环境之间的相互联系、相互制约、相互作用中表现出来的性质和能力。系统结构和功能之间既相互独立又相互作用。

系统状态是指系统在每个时刻所表现出来的状况、态势、特征等。系统状态随时间的变化称为系统行为。

系统的生命周期是指系统经历产生、发展和消亡的过程。

系统演化是指系统的结构、状态、特性、功能、行为等随着时间的推移而产生的变化。系统总是在一定的时间和空间中运动变化。

1.2.2　系统的特性

系统的特性包括以下几个方面。

（1）集合性。系统是由两个或两个以上的有区别的元素组成。例如单个实验台不能称为一个系统。当这个实验台与其他不同元素集合，如实验员、显微镜、测量仪和生物制剂等集合在一起时才会构成一个实验系统。

（2）相关性。系统内部元素之间相互联系、相互作用、相互制约，形成特定功能的有机整体。同时，元素的功能和性质并非简单叠加，而是产生"1+1>2"的协同效应。某一元素的改变会影响整体的功能。

（3）目的性。系统具有明确的目标。如监控系统可以监视某特定事物或区域的情况，教育系统可以培养优秀的学生，管理系统可以使组织实现预期的目标。

（4）层次性。系统中包含特定功能的子系统，子系统还可以进一步划分为若干个二级、三级子系统，构成了一个由整体到部分的层次序列。在社会系统中，居民个体，群体，单位，社区，省、自治区或直辖市，国家构成了一个从微观到宏观的层次序列。

1.3　系统的分类

系统分类的标准是多种多样的，常见的分类可归纳如下。

1. 自然系统和人工系统

自然系统是指自然形成的、没有人类干预的系统，如原始森林等。人工系统是指人类为了某种特定目的，而设计和制造的系统，如机械装置、企业系统等。

2. 实体系统和概念系统

实体系统是指由矿物、生物、能源、机械等实体组织的系统。概念系统是指概念、原理、原则、方法、制度、程序等非实体物质所组成的系统。实体系统服务于概念系统，概念系统指导实体系统，为实体系统提供方案。实体系统与概念系统是不可分割的，如设计一辆汽车，发动机、轮胎、钢板等属于实体系统，设计图纸等属于概念系统。

3. 物理系统和非物理系统

物理系统是指由物理对象及其过程所组成的系统，如供应链系统、生产线等。非物理系统是指由非物理对象及其过程所组成的系统，如经济系统、文化系统等。物理系统和非物理系统在一定的条件下交织在一起，共同构成一个大系统。

4. 开放系统和封闭系统

开放系统是指系统与其外部环境之间有物质、能量或信息交换的系统。系统从环境中获取必要的物质、能量或信息，经过加工后转化成新的物质、能量或信息的输出。环境对系统的作用，一方面是促进系统的物质、能量或信息的交换；另一方面对干扰和限制系统发挥作用。相对而言，封闭系统是指系统与环境之间不存在任何物质、能量或信息的交换。现实生活中任何系统都与外部环境有这样或那样的联系，并不存在绝对的封闭系统。但为了研究方便，对一些与外部环境联系很弱的系统，可以近似地视其为封闭系统，如闭关锁国的封建国家等。

5. 动态系统和静态系统

动态系统是指系统的状态和功能随时间变化而变化。它具有输入、转换及输出的功能。如社会系统、经济系统等。静态系统是指系统的状态和功能在一定的时间内保持不变。如城市地下管线布局、公交车的站点设置等。静态系统的概念也是相对的。没有一个系统是绝对静止的。为了研究方便，当一个系统在一段时期内变化非常小时，可视为静态系统。

6. 确定性系统和不确定性系统

确定性系统是指不包含不确定因素的系统。在确定性系统中，实时输入可清晰并唯一地确定系统的状态，实时输出。相反，在不确定性系统中，实时输入和实时状态不能明确系统下一时刻的状态，也不能实时输出，如气候系统等。其中不确定性系统被进一步分为模糊系统和随机系统。在模糊系统中，系统输入、转化和输出的结果是模糊子集。在模糊输入的作用下，系统由一个模糊状态转化为另一个模糊状态，并产生模糊输出。随机系统即概率系统，在随机系统中，根据实时输入和实时状态能够推测出系统下一时刻实时输出的概率分布。

7. 简单系统、简单巨系统和复杂巨系统

系统按照规模分为小系统（little system）、大系统（large system）、巨系统（giant system）。系统按照结构简单程度分为简单系统（simple system）、复杂系统（complex system）。通常情况下研究较多的是简单系统、简单巨系统和复杂巨系统。

简单系统是指组成系统的子系统或要素关系比较简单的系统，如一辆自行车、一个小团队等。

简单巨系统是指组成系统的子系统或要素的数量大但种类较少，而且它们之间的关系相对比较简单。可应用统计力学、耗散结构论、协同学等研究简单巨系统。

复杂巨系统是指组成系统的子系统或要素的数量巨大、种类繁多，且相互关系复杂，具有多层次结构。有些复杂巨系统中，元素之间的关系是有确定规律的，称之为一般复杂巨系统，如生态系统等。而另一些复杂巨系统中元素之间的关系是复杂多变的，规律性不确定、不明显，称之为特殊复杂巨系统，如社会系统等。在特殊复杂巨系统中，人通常是组成要素的一部分。

 **本章小结**

本章是学习本书的基础，理解了系统的基本知识有利于分析管理系统，更有针对性地运用模型和方法。本章的要点包括系统科学的发展历程、主要的系统科学学派及其研究内

容、中国的系统科学研究代表人物及其贡献、系统的定义、特性和分类。

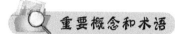 **重要概念和术语**

系统（system）

系统科学（system science）

一般系统论（general system theory）

简单系统（simple system）

简单巨系统（simple giant system）

复杂巨系统（complex giant system）

系统层次性（system hierarchy）

概念系统（concept system）

模糊系统（fuzzy system）

 思考题与练习题

1. 系统科学发展过程中"老三论"和"新三论"各指的是什么理论？这些理论的核心观点是什么？

2. 主要的系统科学学派有哪些？其主要的研究内容是什么？

3. 简述系统的定义及其三层含义。

4. 按照不同的标准，系统分为哪些类型？不同类型的系统的概念是什么？

 案例分析

北京、天津、河北人口加起来有 1 亿多，土地面积有 21.6 万平方千米，京津冀地缘相接、人缘相亲，地域一体、文化一脉，历史渊源深厚、交往半径相宜，完全能够相互融合、协同发展。京津冀协同发展，核心是京津冀三地作为一个整体协同发展，要以疏解非首都核心功能、解决北京"大城市病"为基本出发点，调整优化城市布局和空间结构，构建现代化交通网络系统，扩大环境容量生态空间，推进产业升级转移，推动公共服务共建共享，加快市场一体化进程，打造现代化新型首都圈，努力形成京津冀目标同向、措施一体、优势互补、互利共赢的协同发展新格局。

请应用系统科学的观点，从系统边界、元素、结构、功能等方面，结合自己查找的相关资料，对京津冀协同发展进行分析。

案例分析思路

 本章推荐阅读资料

[1] 许国志，顾基发，等. 系统科学[M]. 上海：上海科技教育出版社，2005.

[2] 上海交通大学钱学森研究中心. 智慧的钥匙——钱学森论系统科学[M]. 2 版. 上海：上海交通大学出版社，2015.

[3] 颜泽贤，范冬萍，张华夏. 系统科学导论——复杂性探索[M]. 北京：人民出版社，2006.

第 2 章

决 策 方 法

1. 了解决策的定义、分类和过程。

2. 掌握决策系统的基本要素。

3. 熟练掌握确定型决策、风险型决策、不确定型决策的原理和计算方法，并能灵活运用，解决实际问题。

4. 会应用 TOPSIS 法、VIKOR 法处理多属性决策问题。

吉利收购沃尔沃

素有"汽车狂人"之称的李书福，正在颠覆全球汽车业传统秩序。吉利集团（以下简称"吉利"）以 18 亿美元收购沃尔沃轿车。

1999 年，沃尔沃汽车被福特汽车公司（以下简称"福特"）以 64.5 亿美元收购。2008 年 1 月，吉利曾向福特提议收购沃尔沃，但直到 2008 年底，福特才宣布有意出售沃尔沃。2009 年 2 月，吉利洽购沃尔沃获国家发改委批准；10 月，吉利被定为优先竞购方；12 月，吉利与福特就收购的所有重要商业条款达成一致。2010 年 3 月 28 日，双方签署最终协议。让我们回顾一下收购的过程。

拓展阅读：李书福再谈收购沃尔沃

坚定收购决心，聘请财务顾问。收购沃尔沃，是吉利的战略决策，2007 年 9 月，李书福通过公关公司向福特阐明了收购沃尔沃的想法，但收购意向并没有引起福特重视；2008 年，李书福在公关公司的帮助下第一次见到了福特的相关人员，但谈话并不成功；李书福下决心聘请财务顾问洛希尔来参与这个项目。

获取官方支持，减少竞争对手。2009 年前后，国内多家企业曾经爆出希望收购沃尔沃的消息，吉利决定争取官方支持。2009 年 3 月，吉利获得国家发改委的支持函。手握支持函后，吉利在国内实际上已经没有竞争对手了。

认清战略意图，沉着应对对手。2009 年 7 月，最后一次竞标时，美国的皇冠公司和瑞典财团突然杀出，报价一度攀升至 28 亿美元。吉利的并购团队经过分析作出决策，不与对手拼报价，对方报价更高，但仓促开价不符合福特的口味，且福特想要成为"有责任"的卖家，不会为了这点钱把沃尔沃这个品牌砸掉，加上当时正经历金融危机，筹措 20 多亿美元谈何容易？即便财团实力雄厚，但没有中国市场的支撑，也不能使沃尔沃扭亏为盈。2009 年 7 月，吉利向福特递交具有法律约束力的标书获得通过，两家财团未能按时完成融资，都匆匆退出竞标。

有舍有得，敲定融资方案。2009 年 9 月，吉利在北京注册了"北京吉利凯盛国际投资有限公司"，注册资本为 41 亿元。当时吉利有两条路径，一条是走政府路线，一条是与基金合作。洛希尔的并购团队分作两个小组，一组找政府谈，一组找基金谈。但基金几乎都以"退出"为谈判的先决条件，谈判并不顺利。与地区政府谈判的关键条件是公司落户问题，先后与北京、大庆市政府谈判，考虑到公司选址问题，吉利作出决策，放弃北京和大庆，最后与上海市嘉定区政府达成协议，吉利收购沃尔沃后，中国总部将建立在上海市嘉定区，并在该区设立一个沃尔沃国产工厂。

敢于担当，通过调查。在正式交割之前，这个并购案面临多个国家的反垄断调查，吉利决定积极配合调查，最终通过了 40 多个国家的反垄断调查，包括欧盟和美国在内。此后一直到交割，吉利没有再遇到阻力。

管理大师赫伯特·西蒙（Harbert A. Simen）说：管理即决策。决策贯彻于管理过程的始终，大到企业并购的战略问题，小到日常经营中的零碎琐事。把定量分析的工具应用到决策之中，有助于提升决策的质量，使决策的目标更加明确，使备选方案的信息更加充分，使方案选择标准与过程更加科学。

资料来源：第一财经日报. 吉利收购沃尔沃　惊心动魄 800 天[EB/OL]. (2010-09-08). https://www.yicai.com/news/405606.html.

2.1　决策概述

在生活、工作中，我们会面临各种各样的决策问题，从日常琐碎到国家大事。对于企业来说，决策的正确与否则直接决定着经营的成败。科学的决策方法为企业管理者进行正确的决策提供了必不可少的工具。本章首先介绍了决策的定义、决策问题的分类以及决策的过程等。接着对确定型决策、风险型决策和不确定型决策方法进行了介绍，然后介绍了 TOPSIS（technique for order preference by similarity to ideal solution）法、VIKOR（VIsekriterijumska Optimizacija IKompromisno Resenie）法。

2.1.1　决策的定义

赫伯特·西蒙（1916—2001），西方管理决策学派的创始人之一，主张有限理性，提出了决策的"满意化"原则，他认为管理就是决策。"管理学之父"彼得·德鲁克指出：

视频：一分钟了解彼
得·德鲁克

决策是一种判断，是若干项方案中的选择。南京大学商学院教授、中国管理学界著名专家周三多定义决策为组织或个人为了实现某种目标而对未来一定时期内有关活动的方向、内容及方式的选择或调整过程。本书认为，决策是指组织或个人为了实现某种目标，应用决策的理论，对决策问题进行识别、分析以及求解，最后选出一个理想的决策方案。

传统的决策常依赖于决策者个人或群体知识和才能的积累，基本属于经验型的决策。而对于结构庞大、复杂多变的经济社会系统进行决策，单纯地依赖以往的经验显然是不合适的。运筹学、概率论等学科的出现，为科学的决策提供了条件。一般地，科学决策的基本要素主要包括决策者、决策目标、自然状态、备选方案、决策结果、决策准则。

2.1.2　决策的分类

按不同的标准，决策的分类是不同的。下面简要地介绍几种常见的决策分类。

1. 按决策目标的影响程度划分

按决策目标的影响程度，决策可分为战略决策、策略决策和执行决策，三种决策对目标的影响程度由大到小。战略决策是具有全局性、方向性和原则性特征的一种决策，涉及与生存和发展有关的全局性、长远性问题。策略决策是具有局部性、阶段性特征的一种决策，是以达到战略决策所规定的目标而进行的决策。执行决策则是根据策略决策的要求对执行方案的选择。

2. 按决策问题的重复性程度划分

按决策问题的重复性程度，决策可分为程序性决策和非程序性决策。程序性决策是指为了解决那些经常重复出现的、性质非常相近的例行性问题。对于这类问题，可以按照程序化的步骤和常规性的方法来进行处理，这类问题的决策有规律可循，因此较为规范。非程序性决策通常是处理那些偶然发生的、非常规性的问题，决策者没有先例可循。

3. 按决策目标的多少划分

按决策目标的多少，决策可分为单目标决策和多目标决策。单目标决策是指只有一个目标的决策。例如选择成本最低的方案是单目标决策。多目标决策则是存在多个目标，这些目标之间相互影响、相互制约。例如要同时满足成本和质量的目标，质量越高，则成本越高，两个目标之间存在冲突。单目标决策与多目标决策的区别见表 2-1。

表 2-1　单目标决策与多目标决策的区别

项　　目	单目标决策	多目标决策
目标的个数	一个	两个或两个以上
解的概念	最优解	满意解、非劣解等
解的个数	可能唯一	一般不唯一
目标值	最优值	目标之间可能存在冲突

4. 按决策属性的多少划分

属性描述的是备选方案的特征、品质或性能参数。按决策属性的多少，决策可分为单属性决策和多属性决策。单属性决策是在只具有一个属性的有限备选方案中选择最优方案的决策方法。多属性决策则是在两个或者两个以上具有多个属性的有限备选方案中，经过优劣排序选择一个最优方案的决策过程。多属性决策与多目标决策具有一定的区别。后面将重点介绍 TOPSIS、VIKOR 多属性决策方法。

5. 按决策可量化程度划分

按决策可量化程度，决策可分为定量决策和定性决策。如果描述决策对象的指标都可以量化，同时使用定量方法来进行决策，就是定量决策；否则，就属于定性决策。定性决策主要包括德尔菲法、名义小组技术、头脑风暴法等。本章主要介绍几种具有代表性的定量决策方法。

6. 按自然状态的可控程度划分

按自然状态的可控程度，决策可分为确定型决策、不确定型决策和风险型决策。确定型决策是指自然状态完全确定，作出的选择结果也是确定的。风险型决策是指未来出现哪种自然状态是不能完全确定的，但是可以预测其发生的概率。不确定型决策是指不仅无法确定未来出现哪种自然状态，而且对其出现的概率也是无法确定的。

7. 按决策过程的连续性划分

按决策过程的连续性，决策可分为单项决策和序贯决策。单项决策是指整个决策过程只做一次决策就得到结果，而序贯决策是指整个决策过程由一系列决策组成。

2.1.3 决策的过程

一般情况下，决策的过程包括以下四个步骤。

1. 确定决策目标

决策者应该依据待解决的问题，明确决策所要达到的期望成果，即决策的目标。目标的确定为决策提供了方向，目标应尽量清晰、可衡量、可考核。如果需要同时满足多个目标，应分清主次。

2. 拟定决策方案

确定目标之后，需要提出两个或两个以上的备选方案供比较和选择。备选方案应尽量详细，应避免重复和遗漏，要注重方案的质量。

3. 选择决策方案

对备选方案进行分析和评价，从中选择一个最满意的方案。决策方案选择的具体方法有经验判断法、数学分析法和试验法三种。本章主要介绍数学分析法，即运用决策论的定量化方法来进行方案选择，包括期望值法、决策树法、贝叶斯决策等。

4. 执行方案

按照选定的方案执行，制订具体的计划，保证执行过程的质量。有时候在执行过程中会对方案重新进行调整和完善。

2.1.4 决策系统的基本要素

决策系统包括三大基本要素：自然状态、决策方案和损益值。

1. 自然状态

自然状态又称为不可控因素，是指不以人的意志为转移的客观因素，其集合称为状态空间，可以记为

$$\theta = \{\theta_i\} \quad i = 1, 2, \cdots, m \tag{2-1}$$

式中，θ_i 为状态变量。

2. 决策方案

决策方案又称为可控因素，是指有待人们进行选择的主观因素。其集合叫作决策（或策略、行动、行为、方案、活动等）空间，记为

$$A = \{a_j\} \quad j = 1, 2, \cdots, n \tag{2-2}$$

式中，a_j 为决策变量。

3. 损益值

当外界环境中某种状态 θ_i 发生时，实施决策方案 a_j 后的损益值，若考虑利润型问题即为获得的收益值，若考虑成本型问题则为所消耗的费用值，记作 v_{ij}：

$$v_{ij} = v(\theta_i, a_j) \quad i = 1, 2, \cdots, m; j = 1, 2, \cdots, n \tag{2-3}$$

当状态变量为离散时，损益值构成如下矩阵：

$$\boldsymbol{v} = (v_{ij})_{m \times n} = \begin{bmatrix} v(\theta_1, a_1) & v(\theta_1, a_2) & \cdots & v(\theta_1, a_n) \\ v(\theta_2, a_1) & v(\theta_2, a_2) & \cdots & v(\theta_2, a_n) \\ \cdots & \cdots & \cdots & \cdots \\ v(\theta_m, a_1) & v(\theta_m, a_2) & \cdots & v(\theta_m, a_n) \end{bmatrix}$$

状态空间、策略空间和损益函数构成了决策系统：

$$D = D(\theta, A, V) \tag{2-4}$$

决策系统存在于各个方面中。例如，根据某一新产品的市场情况来决策是否开发，在这一决策系统中，状态空间包括畅销和滞销两种，策略空间包括开发和不开发。策略空间是决策者能够决定的，而状态空间是决策者无法决定的。

价值矩阵假设如下：

$$\begin{array}{cc} \text{开发} & \text{不开发} \\ \begin{pmatrix} 15 & 0 \\ -2 & 0 \end{pmatrix} & \begin{array}{c} \text{畅销} \\ \text{滞销} \end{array} \end{array}$$

对于开发一种新产品来说，市场畅销和滞销是无法控制的因素，当开发新产品且市场状态为畅销时，收益为 15；当开发新产品且市场状态为滞销时，收益值则为–2。若不开发新产品，无论是畅销还是滞销，收益值均为 0。对于新产品如何决策，则依赖于管理者对市场风险的态度以及对畅销和滞销出现概率的判断。

2.2 确定型决策

确定型决策亦称标准决策或结构化决策，是指决策过程的结果完全由决策者所采取的行动决定的一类问题，它的结果也是明确的。它具备以下四个条件。

（1）存在一个明确的目标。

（2）只存在一个确定的自然状态。

（3）存在可供选择的两个或两个以上的行动方案。

（4）不同的行动方案在确定状态下的损益值可以计算出来。

【例 2-1】 大唐公司需要向银行贷款 1 000 万元，可向三家银行借贷，但年利率不同，分别为 8%、7.5% 和 8.5%。大唐公司需向哪家银行借款？

解： 向第一家银行借款需要偿还的利息为

$$1\ 000 \times 8\% = 80\ （万元）$$

向第二家银行借款需要偿还的利息为

$$1\ 000 \times 7.5\% = 75\ （万元）$$

向第三家银行借款需要偿还的利息为

$$1\ 000 \times 8.5\% = 85\ （万元）$$

很明显，向利率最低的第二家银行借款为最佳方案。在这个决策过程中，状态空间是明确的，即三家银行的贷款利率信息是已知的，而且能够计算出明确的决策结果，这就是确定型决策。

2.3 风险型决策

在风险型决策中，能够判断未来会出现几种自然状态，具体会出现哪种自然状态是不能完全确定的，但是可以依据经验或信息预测自然状态发生的概率。常用的风险型决策方法有期望值法、决策树法、贝叶斯（Bayes）决策。

2.3.1 期望值法

期望值法是指计算出各方案的期望损益值，然后根据计算出的期望损益值来选择，收益最大或成本最小的方案即为最优方案。

【例 2-2】 手机厂试生产三种手机 M_i（$i = 1,2,3$），市场存在着畅销、滞销两种状态 S_j（$j = 1,2$），畅销的概率为 0.6，滞销的概率为 0.4，具体收益值如下所示。问应生产哪种手机。

	S_1	S_2
	0.6	0.4
M_1	50	−30
M_2	25	5
M_3	30	10

解： 首先分别计算各手机型号的损益值：

$$E(M_1) = 50 \times 0.6 + (-30) \times 0.4 = 18$$
$$E(M_2) = 25 \times 0.6 + 5 \times 0.4 = 17$$
$$E(M_3) = 30 \times 0.6 + 10 \times 0.4 = 22$$

比较各型号手机收益值的大小 $E(M_3) > E(M_1) > E(M_2)$，所以由期望值法选择生产 M_3 手机。

2.3.2 决策树法

决策树法是一种运用概率与图论中的树对决策中的不同方案进行比较，从而获得最优方案的风险型决策方法。

图论中的树是连通且无回路的有向图。在决策树中，用 □ 表示决策点，由它引出的分枝叫作方案分支。用 ○ 表示机会点，由它引出的分支叫作事件（状态）分支。用 △ 表示结果点，它是决策树的叶节点，它旁边是相应状态下的损益值。根节点是决策点，是采用什么方案的决策；第二层是方案层，都是机会节点；最后一层是结果层，是叶节点。

应用决策树法的步骤如下。

（1）根据决策问题绘制决策树。

（2）计算概率分支的概率值和相应的结果节点的收益值。

（3）计算各概率点的收益期望值。

（4）确定最优方案。

应用决策树来做决策，需要从右向左逐步进行分析，根据右端的损益值和概率枝的概率，计算出期望值的大小，确定方案的期望结果。然后根据不同方案的期望值结果作出选择。

【例 2-3】 大唐公司为适应市场的需要，准备扩大生产能力，有两种方案可供选择：第一方案是建大厂，第二方案是先建小厂，然后考虑扩建。如果建大厂，需要投资 500 万元，在市场销路好时，每年收益 200 万元；销路差时，每年亏损 50 万元。在第二方案中，先建小厂，如果销路好，2 年后再决策是否进行扩建。建小厂需要投资 300 万元，在市场销路好时，每年收益 90 万元；销路差时，每年收益 60 万元。如果小厂 2 年后扩建，需要投资 200 万元，收益情况与建大厂一致。未来销路好的概率为 0.7，销路差的概率为 0.3；如果前 2 年销路好，则后 3 年销路好的概率为 0.9，销路差的概率为 0.1。无论选择哪种方案，使用期均为 5 年。在这种情况下，试问企业决策者将选择哪种方案。

解： 具体决策步骤如下：

（1）绘制决策树如图 2-1 所示。

（2）计算各节点的期望收益。

首先计算节点 8、9 的期望收益值，在节点 6 处依据收益期望值的大小来作出决策。

节点 8：$[200 \times 0.9 + (-50) \times 0.1] \times 3 - 200 = 325$（万元）

节点 9：$(90 \times 0.9 + 60 \times 0.1) \times 3 = 261$（万元）

节点 6：$\max\{325, 261\} = 325$（万元）

通过计算应选择扩建，将不扩建枝条去掉，所以如果建小厂，则两年后应扩建。接着从右往左继续计算各节点的收益值。

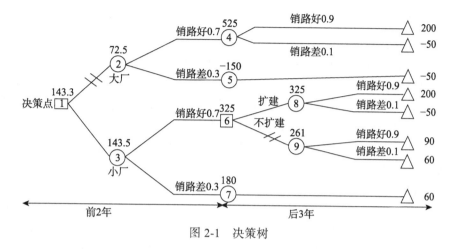

图 2-1　决策树

节点 4：$[200 \times 0.9 + (-50) \times 0.1] \times 3 = 525$（万元）

节点 5：$-50 \times 3 = -150$（万元）

节点 7：$60 \times 3 = 180$（万元）

计算完后 3 年各节点的期望收益值后，再继续往左计算节点 2 和节点 3 的期望收益值。

节点 2：$[200 \times 0.7 + (-50) \times 0.3] \times 2 + 525 \times 0.7 + (-150) \times 0.3 - 500 = 72.5$（万元）

节点 3：$(90 \times 0.7 + 60 \times 0.3) \times 2 + 325 \times 0.7 + 180 \times 0.3 - 300 = 143.5$（万元）

比较节点 2 和节点 3 的期望收益值，节点 3 的期望收益值较大，所以去掉建大厂这一枝条。

综上所述，最优方案是先建小厂，如果销路好，2 年以后再进行扩建。

2.3.3　贝叶斯决策

求解风险型决策问题的基础是设定自然状态的概率分布和后果期望值函数。对自然状态的概率分布所做估计的精确性，会直接影响到决策的期望损益值。显然，仅仅依靠决策人的经验做主观的判断和估计，所设定的自然状态的概率分布（即先验概率）的精度不可能有很大的改进。因此，为了改善决策分析的质量，决策者可以根据决策的需要，通过抽样调查、科学实验等方法收集新信息，然后利用更多、更准确的新信息修正和改进原来对自然状态的概率分布所做的估计，并利用经过修正的概率分布（即后验概率）作出决策，这样的过程就称为贝叶斯决策。

拓展阅读：贝叶斯决策理论

其主要的步骤如下。

（1）已知条件概率密度参数表达式和先验概率。

（2）利用贝叶斯公式转换成后验概率。

（3）根据后验概率大小进行决策。

利用已学过的条件概率、乘法公式及全概率公式得到后验概率的贝叶斯公式如下：

$$P(B_i \mid A) = \dfrac{P(A \mid B_i)P(B_i)}{\sum\limits_{j=1}^{n} P(A \mid B_i)p(B_i)}, \quad i = 1, 2, 3, \cdots, n \tag{2-5}$$

贝叶斯决策是决策分析的最重要的方法之一，需要解决两方面的问题。

（1）如何利用新信息对先验概率进行修正。

（2）由于获取新信息通常会产生一定的费用，这就需要对新信息的价值进行估计，并确定是否有必要获取新信息。

信息是否可靠会直接影响到决策的质量，但是，在信息不对称的环境中，获取可靠的信息是需要付出成本的，可能是时间成本，也可能是经济成本。只有当信息带来的价值大于获取信息的成本时，才有必要去获取新的信息。因此，通常把信息本身能带来的新的收益称为信息的价值。

【例 2-4】 大唐公司经营智能监控产品，假设市场可能存在畅销和滞销两种状态。若市场畅销，可以获利 30 000 万元；若市场滞销，则亏损 7 000 万元。根据历年的市场销售资料，该产品畅销的概率为 0.8，滞销的概率为 0.2。为了更加准确地掌握该产品的市场销售情况，大唐公司打算聘请博瑞咨询公司进行市场调查和分析。根据以往预测准确率的记录，该咨询公司对该类产品预测为畅销的准确率为 0.95，预测为滞销的准确率为 0.90。根据市场咨询分析结果，问大唐公司是否应该聘请博瑞公司进行咨询。

解： 大唐公司有两种可供选择的方案：A_1—经营该产品，A_2—不经营该产品。该产品的市场销售状态有两种，即 Q_1—畅销，Q_2—滞销。先验概率 $p(Q_1) = 0.8$，$p(Q_2) = 0.2$。

利用先验概率计算各方案的期望收益值：

$$E(A_1) = 30\ 000 \times 0.8 + (-7\ 000) \times 0.2 = 22\ 600\ （万元）$$

$$E(A_2) = 0$$

经营该产品是有利可图的，下一步应该决策是否需要聘请博瑞咨询公司。

根据咨询公司对市场预测的准确率，$H_1 =$ 预测市场畅销，$H_2 =$ 预测市场滞销，根据题意得

$$P(H_1 \mid Q_1) = 0.95 \quad P(H_2 \mid Q_1) = 0.05$$
$$P(H_1 \mid Q_2) = 0.10 \quad P(H_2 \mid Q_2) = 0.90$$

由全概率公式得，咨询公司预测该产品畅销和滞销的概率分别为

$$P(H_1) = \sum_{j=1}^{2} P(H_1 \mid Q_j)P(Q_j) = 0.95 \times 0.8 + 0.10 \times 0.2 = 0.78$$

$$p(H_2) = \sum_{j=1}^{2} P(H_2 \mid Q_j)P(Q_j) = 0.05 \times 0.8 + 0.90 \times 0.2 = 0.22$$

由贝叶斯公式，计算条件概率得

$$P(Q_1 \mid H_1) = \frac{P(H_1 \mid Q_1)P(Q_1)}{P(H_1)} = \frac{0.95 \times 0.8}{0.78} \approx 0.974\ 4$$

$$P(Q_2 \mid H_1) = \frac{P(H_1 \mid Q_2)P(Q_2)}{P(H_1)} = \frac{0.10 \times 0.2}{0.78} \approx 0.025\ 6$$

$$P(Q_1 \mid H_2) = \frac{P(H_2 \mid Q_1)P(Q_1)}{P(H_2)} = \frac{0.05 \times 0.8}{0.22} \approx 0.181\ 8$$

$$P(Q_2 \mid H_2) = \frac{P(H_2 \mid Q_2)P(Q_2)}{P(H_2)} = \frac{0.90 \times 0.2}{0.22} \approx 0.818\ 2$$

用补充信息对状态变量进行修正，得到的状态变量的概率分布

$$P(Q_j \mid H_i) \quad (i=1,2; j=1,2) \tag{2-6}$$

此为状态变量的后验分布。

当市场咨询预测结果为畅销时，用后验概率代替先验概率得到 A_1 的期望收益为

$$E(A_1 \mid H_1) = 0.974\ 4 \times 30\ 000 - 0.025\ 6 \times 7\ 000 = 29\ 052.8\ （万元）$$

$$E(A_2 \mid H_1) = 0\ （万元）$$

所以当咨询公司的预测结果为畅销时，最佳决策为 A_1，即经营该产品。

同样，当预测结果为滞销时，用后验概率代替先验概率，求得期望收益为

$$E(A_1 \mid H_2) = 0.181\ 8 \times 30\ 000 - 0.818\ 2 \times 7\ 000 = -273.4\ （万元）$$

$$E(A_2 \mid H_2) = 0\ （万元）$$

因此可以得到，当咨询公司的预测结果为滞销时，最优决策为 A_2，即不经营该产品。

总的期望收益值为 $E = E(A_1 \mid H_1) \times P(H_1) + E(A_2 \mid H_2) \times P(H_2)$

$$= 29\ 052.8 \times 0.78 + 0 \times 0.22$$

$$= 22\ 661.2\ （万元）$$

$$E - E(A_1) = 22\ 661.2 - 22\ 600 = 61.2\ （万元）$$

因此，只要大唐公司支付给咨询公司的市场调查费用不超过 61.2 万元，就可以进行市场调查，否则就不应该进行市场调查。若调查结果为该产品畅销，则应该选择经营该产品。若市场调查结果是产品滞销，则不应该经营该产品。

2.4 不确定型决策

在大多数的情况下，决策者所面临的是不确定状况，决策者只能根据一定的简单原则来进行决策，这样的简单原则，我们称之为决策准则。常用的决策准则有乐观法、华尔德（Wald）法、赫威斯（Hurwicz）法、拉普拉斯（Laplace）法、萨凡奇（Savage）法。

2.4.1 乐观法

乐观法又称最大准则，决策者对未来持乐观的态度。决策者首先确定每个方案在最乐观的自然状态下的收益值，然后进行比较，选择其中收益值最大的方案为最优方案。

【例 2-5】 大唐工厂决定投入一定的成本生产某一新产品，需要决定生产的规模是大批量、中批量还是小批量，而市场对于这类产品有畅销、一般和滞销三种情况，三种生产规模在三种自然状态下的收益值如表 2-2 所示。试用乐观法进行决策。

表 2-2　三种生产方案的损益值　　　　　　　　　　　　　　　　　　万元

生产方案	市场情况		
	畅销	一般	滞销
大批量	9	3	−1
中批量	7	6	2
小批量	5	4	1

解：　　　　　　大批量：max(9, 3, − 1) = 9（万元）

中批量：max(7, 6, 2) = 7（万元）

小批量：max(5, 4, 1) = 5（万元）

从三种方案中选择最优方案：max(9, 7, 5) = 9（万元）。

根据乐观法，应选择大批量的生产方案。

2.4.2　华尔德法

华尔德法也称悲观准则，又称最大最小准则，这是一种避险型决策准则。这一准则与乐观法相反，决策者对未来持悲观态度，首先确定每种方案在各种状态下的收益最小值，然后再从这些最小值中选一个最大值，它所对应的决策就是最优决策。

【例 2-6】　用悲观准则对例 2-5 进行求解。

解：　　　　　　大批量：min(9, 3, − 1) = − 1（万元）

中批量：min(7, 6, 2) = 2（万元）

小批量：min(5, 4, 1) = 1（万元）

从以上三种方案中选择最优方案：max(− 1, 2, 1) = 2（万元）。

根据华尔德法，应选择中批量的生产方案。

2.4.3　赫威斯法

赫威斯法也称折中准则，又称乐观系数法。在一般的决策中，最好的和最差的自然状态都会出现，当决策者无法估计每种状态出现的概率，而且愿意采取一个折中的方案时，可以将最好的自然状态赋予一个乐观系数 α，相应地最差的自然状态就有一个悲观系数$（1 - \alpha）$，计算各自对应的期望值，最后选择期望值最大的方案为最优方案。乐观系数取值在[0, 1]之间。

【例 2-7】　假设决策者估计乐观系数 $\alpha = 0.8$，用赫威斯法对例 2-5 的问题进行求解（表 2-3）。

表 2-3　三种生产方案的期望收益值

生产方案	市场情况			期望收益/万元
	畅销	一般	滞销	
大批量	9	3	− 1	$9 \times 0.8 + (− 1) \times 0.2 = 7.0$
中批量	7	6	2	$7 \times 0.8 + 2 \times 0.2 = 6.0$
小批量	5	4	1	$5 \times 0.8 + 1 \times 0.2 = 4.2$

解：乐观系数为 0.8，悲观系数就是 0.2。各方案的收益期望值见表 2-3 最右一列，max(7.0, 6.0, 4.2) = 7.0（万元），对应的方案是大批量生产。所以依据赫威斯法，选择大批量生产为最优方案。

2.4.4　拉普拉斯法

拉普拉斯法又称等可能性准则，因为无法确切地知道各种自然状态发生的概率，可以认为每种状态发生的可能性是相等的，在此基础上计算各方案的期望收益值，选择最大期望收益或最小期望损失为最优决策。

【例 2-8】 利用等可能性准则对例 2-5 的问题进行决策。

解： 依据等可能性准则，各种状态出现的概率均为 1/3，各方案的期望收益值如表 2-4 所示，max(11/3, 5, 10/3) = 5（万元），对应的方案是中批量生产。所以根据拉普拉斯法，选择中批量为最优生产方案。

表 2-4　三种生产方案的期望收益值

生产方案	市场情况			期望收益/万元
	畅销	一般	滞销	
大批量	9	3	− 1	$9 \times 1/3 + 3 \times 1/3 + (-1) \times 1/3 = 11/3$
中批量	7	6	2	$7 \times 1/3 + 6 \times 1/3 + 2 \times 1/3 = 5$
小批量	5	4	1	$5 \times 1/3 + 4 \times 1/3 + 1 \times 1/3 = 10/3$

2.4.5　萨凡奇法

萨凡奇法又称后悔值准则，后悔值是一种机会损失，是指由于决策不当造成收益的减少量或费用的增加量。根据后悔值准则，每个自然状态下的最大收益值为理想值（即最不后悔的选择），该状态下每个方案的收益值与理想值之差作为后悔值。决策者追求的是最小的后悔值。首先在各种方案中选择最大后悔值，然后比较各方案的最大后悔值，从中选择最小者对应的方案作为最优决策方案。

【例 2-9】 试用萨凡奇法对例 2-5 的问题进行决策。

解：

第一步，计算各状态下的最大收益值，如表 2-5 所示。

表 2-5　各状态下的最大收益值

方案	畅销	一般	滞销
最大收益	9	6	2

第二步，计算各状态下的后悔值（用各状态下的最大收益值减去各状态下的实际值），如表 2-6 所示。

表 2-6　各状态下的每个方案的后悔值

生产方案	市场情况			期望收益/万元
	畅销	一般	滞销	
大批量	9 − 9 = 0	6 − 3 = 3	2 − (−1) = 3	3
中批量	9 − 7 = 2	6 − 6 = 0	2 − 2 = 0	2
小批量	9 − 5 = 4	6 − 4 = 2	2 − 1 = 1	4

第三步，从表 2-6 中找出三种方案的最大后悔值中的最小结果：min(3, 2, 4) = 2（万元），对应于中批量的生产方案。依据萨凡奇法，中批量的生产方案为最优方案。

2.5 多属性决策方法

社会经济系统的决策问题，往往涉及多个不同的属性（一般也称指标）。一般来说，多属性综合评价有两个显著特点：第一，指标间不可公度性，即属性之间没有统一量纲，难以用统一标准进行度量；第二，某些指标之间存在一定的矛盾性，某一方案提高了某个指标值，却可能降低另一指标值。因此，克服指标间不可度量的困难，协调指标间的矛盾性，是多属性决策方法要解决的问题。本书介绍两种典型的多属性决策方法：TOPSIS 法和 VIKOR 法。

2.5.1 TOPSIS 法

TOPSIS 法又称理想解法。这种方法通过构造多属性问题的理想解和负理想解，并以接近理想解和远离负理想解这两个基准作为评价各可行方案的依据。理想解，是设想各指标属性都达到最满意的解。负理想解也就是设想各指标属性都达到最不满意的解。

多指标属性在量纲和数量级上存在着差异，往往给决策分析带来诸多不便。一般来说，用理想解进行决策，应先将指标值做标准化处理。

使用 TOPSIS 法进行决策的步骤：

设多属性决策问题的方案集为 $X = \{X_1, X_2, \cdots, X_m\}$，属性集为 $F = \{f_1, f_2, \cdots, f_n\}$，决策矩阵 $\boldsymbol{Y} = (y_{ij})_{m \times n}$，其中 y_{ij} 为第 i 个方案在第 j 个属性下的属性值，$i \in M$，$j \in N$。$M = \{1, 2, \cdots, m\}$ 为方案的下标集，$N = \{1, 2, \cdots, n\}$ 为属性的下标集。属性的权重向量 $\boldsymbol{w} = (w_1, w_2, \cdots, w_n)$，满足 $\sum_{j=1}^{n} w_j = 1, w_j \geqslant 0, j \in N$。

（1）用向量规范法求解规范化矩阵 $\boldsymbol{Z} = (z_{ij})_{m \times n}$。

$$Z_{ij} = y_{ij} \Big/ \sqrt{\sum_{i=1}^{m} y_{ij}^2} \tag{2-7}$$

（2）构造加权规范阵 $\boldsymbol{X} = (x_{ij})_{m \times n}$。

$$x_{ij} = w_j \cdot z_{ij} \tag{2-8}$$

（3）确定理想解和负理想解。

效益型属性的理想解

$$x_j^* = \max_i x_{ij} \tag{2-9}$$

成本型属性的理想解

$$x_j^* = \min_i x_{ij} \tag{2-10}$$

效益型属性的负理想解

$$x_j^0 = \min_i x_{ij} \tag{2-11}$$

成本型属性的负理想解

$$x_j^0 = \max_i x_{ij}$$

（2-12）

可构造理想解集 $X^* = \{x_1^*, x_2^*, \cdots, x_n^*\}$，负理想解集 $X^0 = \{x_1^0, x_2^0, \cdots, x_n^0\}$。

（4）计算各方案到理想解与负理想解的距离。

到理想解的距离

$$d_i^* = \sqrt{\sum_{j=1}^{m}(x_{ij} - x_j^*)^2}$$

（2-13）

到负理想解的距离

$$d_i^0 = \sqrt{\sum_{j=1}^{m}(x_{ij} - x_j^0)^2}$$

（2-14）

（5）计算各方案与理想解的接近程度。

$$C_i^* = d_i^0 / (d_i^0 + d_i^*)$$

（2-15）

（6）任意方案的各个加权规范属性值 x_{ij} 与属性理想解 x_j^* 的差距平方和越小，这个方案与理想解的距离 d_i^* 越小，方案越优。任意方案的各个加权规范属性值 x_{ij} 与属性负理想解 x_j^0 的差距平方和越大，这个方案与负理想解的距离 d_i^0 越大，方案越优。因此，将 C_i^* 由大到小进行排列，C_i^* 值最大为最优方案。

【例 2-10】　张女士准备今年购买一套住房，影响买房的因素主要包括以下三方面：每平方米房价、通勤距离以及住房的舒适度，其中舒适度综合考虑房屋面积、朝向、楼层、格局、是否有电梯等。现有四套备选房可供选择，其中价格的权重为 0.65，离公司距离的权重为 0.30，舒适度的权重为 0.05，四种备选房的具体数据如表 2-7 所示。

表 2-7　备选房的三种属性值

备选房	价格/（万元/每平方米）（$w_1 = 0.65$）	距离/千米（$w_2 = 0.30$）	舒适度（$w_3 = 0.05$）
X_1	2.50	15	10
X_2	1.80	20	5
X_3	2.04	18	6
X_4	2.24	10	8

解：

（1）按照步骤，首先根据公式 $Z_{ij} = y_{ij} / \sqrt{\sum_{i=1}^{m} y_{ij}^2}$ 对表 2-7 中的数据规范化，如表 2-8 所示。

以备选房 X_1 的价格数据 y 进行规范化为例：

$$Z_{11} = y_{11} / \sqrt{\sum_{i=1}^{4} y_{i1}^2} = 2.50 / \sqrt{2.50^2 + 1.80^2 + 2.04^2 + 2.24^2} = 0.578\,7$$

依据同样方法对其余数据进行规范化处理。

表 2-8　规范化数据

备选房	价格/万元（$W_1 = 0.65$）	距离/千米（$W_2 = 0.30$）	舒适度（$W_3 = 0.05$）
X_1	0.578 7	0.463 1	0.666 7
X_2	0.416 7	0.617 5	0.333 3
X_3	0.472 2	0.555 7	0.400 0
X_4	0.518 5	0.308 7	0.533 3

（2）利用公式 $x_{ij} = w_j \cdot z_{ij}$ 计算加权规范阵。

以备选房 X_1 的规范化价格数据 Z_{11} 为例进行加权规范化：

$$x_{11} = w_1 \cdot z_{11} = 0.65 \times 0.578\ 7 = 0.376\ 2$$

依据同样的方法对其余数据进行加权处理，结果如下：

$$\begin{bmatrix} 0.376\ 2 & 0.138\ 9 & 0.033\ 3 \\ 0.270\ 9 & 0.185\ 3 & 0.016\ 7 \\ 0.306\ 9 & 0.166\ 7 & 0.020\ 0 \\ 0.337\ 0 & 0.092\ 6 & 0.026\ 7 \end{bmatrix}$$

（3）依据加权规范阵得出理想解和负理想解，其中，成本型属性（价格、距离）的理想解 $x_1^* = \min\limits_i x_{i1}$，$x_2^* = \min\limits_i x_{i2}$，负理想解 $x_1^0 = \max\limits_i x_{i1}$，$x_2^0 = \max\limits_i x_{i2}$，效益型属性（舒适度）的理想解 $x_3^* = \max\limits_i x_{i3}$，负理想解 $x_3^0 = \min\limits_i x_{i3}$，结果如下：

$$X^* = [0.270\ 9, 0.092\ 6, 0.033\ 3]$$
$$X^0 = [0.376\ 2, 0.185\ 3, 0.016\ 7]$$

（4）计算各方案到理想解与负理想解距离并排序。

以备选房 X_1 到理想解与负理想解距离为例：

$$\begin{aligned} d_1^* &= \sqrt{(x_{11} - x_1^*)^2 + (x_{12} - x_2^*)^2 + (x_{13} - x_3^*)^2} \\ &= \sqrt{(0.376\ 2 - 0.270\ 9)^2 + (0.138\ 9 - 0.092\ 6)^2 + (0.033\ 3 - 0.033\ 3)^2} \\ &= 0.115\ 0 \\ d_1^0 &= \sqrt{(x_{11} - x_1^0)^2 + (x_{12} - x_2^0)^2 + (x_{13} - x_3^0)^2} \\ &= \sqrt{(0.376\ 2 - 0.376\ 2)^2 + (0.138\ 9 - 0.185\ 3)^2 + (0.033\ 3 - 0.016\ 7)^2} \\ &= 0.049\ 3 \end{aligned}$$

依据同样的方法对其余数据进行计算处理，距离如表 2-9 所示。

表 2-9　距离数据

备选房	d^*	d^0	C^*
X_1	0.115 0	0.049 3	0.300 1
X_2	0.094 2	0.105 3	0.527 8
X_3	0.083 4	0.071 8	0.462 6
X_4	0.066 4	0.101 1	0.603 6

（5）计算各方案与理想解的接近程度。

以备选房 X_1 与理想解的接近程度为例：

$$C_1^* = d_1^0 / (d_1^0 + d_1^*) = 0.049\,3 / (0.049\,3 + 0.115\,0) = 0.300\,1$$

同理，可得 C_2^*、C_3^*、C_4^*，根据接近程度 C^* 的大小，四套备选房排序结果为 $X_4 > X_2 > X_3 > X_1$，第四套房最合适。

2.5.2　VIKOR 法

VIKOR 法是 Opricovic 于 1998 年提出的一种基于理想点解的多属性决策方法，其基本思想是基于最佳化妥协解方法，确定理想解和负理想解，然后根据各个备选方案的评价值与理想方案的接近程度选择最优方案。VIKOR 法与经典的 TOPSIS 法相似，都是采用接近理想点的折中方法，但 TOPSIS 法求得的最优解未必是最接近理想点的解，而 VIKOR 法可依据两属性间互相让步的结果，求得折中解，得到带有优先级的折中方案，更接近理想方案。

VIKOR 法的特点就是能得到最接近理想方案的妥协解，做到了最大化群体效益和最小化个体损失，按这一方法得到的方案更易被决策者接受。

（1）决策矩阵规范化处理。

效益型指标：

$$x_{ij} = \frac{y_{ij}}{\sqrt{\sum_{i=1}^{m} y_{ij}^2}} \tag{2-16}$$

成本型指标：

$$x_{ij} = \frac{1/y_{ij}}{\sqrt{\sum_{i=1}^{m} (1/y_{ij})^2}} \tag{2-17}$$

（2）确定理想解和负理想解。

$$x_j^* = \max_i x_{ij}$$

$$x_j^0 = \min_i x_{ij}$$

可构造理想解集 $X^* = \{x_1^*, x_2^*, \cdots, x_n^*\}$，负理想解集 $X^0 = \{x_1^0, x_2^0, \cdots, x_n^0\}$。

（3）计算各方案到理想解和负理想解的距离比值。

$$M_i = \sum_{j=1}^{m} w_j \left(\frac{x_j^* - x_{ij}}{x_j^* - x_j^0} \right) \tag{2-18}$$

$$N_i = \max_j \left\{ w_j \left(\frac{x_j^* - x_{ij}}{x_j^* - x_j^0} \right) \right\} \tag{2-19}$$

（4）计算利益比率 Q_i。

令 $M^+ = \max\{M_1, M_2, \cdots, M_m\}$，$M^- = \min\{M_1, M_2, \cdots, M_m\}$

$$N^+ = \max\{N_1, N_2, \cdots, N_m\}, \quad N^- = \min\{N_1, N_2, \cdots, N_m\}$$

$$Q_i = v\frac{M_i - M^-}{M^+ - M^-} + (1-v)\frac{N_i - N^-}{N^+ - N^-} \tag{2-20}$$

V 为"大多数准则"策略的决策机制系数，V 值体现了准则多数重要程度或决策者的偏好。$V > 0.5$ 时，表示根据大多数人的意见进行决策，属于风险偏好型；$V = 0.5$ 时，则表示兼顾大多数群体利益和少数反对意见来进行决策，属于风险中性型；$V < 0.5$ 时，表示根据少数人所持的反对意见进行决策，属于风险厌恶型。一般情况取 $V = 0.5$。

M_i 代表备选方案的群体效益，M_i 值越小，群体效益越大；N_i 值代表个别遗憾，N_i 值越小，个别遗憾越小。最后根据 Q_i 值的大小进行区域排序，Q_i 值最小的方案为最优方案。

【例 2-11】 继续以例 2-10 为例。

解：

（1）决策矩阵规范化处理。

以备选房 X_1 的价格数据 y 进行规范化为例，因为价格是成本型指标，所以用式（2-17）进行规范化处理。

$$x_{11} = \frac{1/y_{11}}{\sqrt{\sum_{i=1}^{4}(1/y_{i1})^2}} = \frac{1/2.50}{\sqrt{(1/2.5)^2 + (1/1.80)^2 + (1/2.04)^2 + (1/2.24)^2}} = 0.419\,7$$

根据式（2-16）、式（2-17）对其余数据进行规范化处理得到如下矩阵：

$$\begin{bmatrix} 0.419\,7 & 0.471\,1 & 0.666\,7 \\ 0.583\,0 & 0.353\,4 & 0.333\,3 \\ 0.514\,4 & 0.392\,6 & 0.400\,0 \\ 0.468\,4 & 0.706\,7 & 0.533\,3 \end{bmatrix}$$

（2）得出理想解和负理想解。

以价格这一属性为例，

$$x_1^* = \max\{x_{11}, x_{21}, x_{31}, x_{41}\} = 0.583\,0$$

$$x_1^0 = \min\{x_{11}, x_{21}, x_{31}, x_{41}\} = 0.419\,7$$

同理可得距离和舒适度这两个属性的理想解：

$$\text{构造理想解集 } X^* = \{0.583\,0, 0.706\,7, 0.666\,7\}$$

$$\text{构造负理想解集 } X^0 = \{0.419\,7, 0.353\,4, 0.333\,3\}$$

（3）计算群体效益值 M_i、个别遗憾值 N_i 和利益比率 Q_i。

以备选房 X_1 为例，

$$M_1 = \sum_{j=1}^{m} w_j\left(\frac{x_j^* - x_{1j}}{x_j^* - x_j^0}\right) = w_1\left(\frac{x_1^* - x_{11}}{x_1^* - x_1^0}\right) + w_2\left(\frac{x_2^* - x_{12}}{x_2^* - x_2^0}\right) + w_3\left(\frac{x_3^* - x_{13}}{x_3^* - x_3^0}\right) = 0.85$$

$$N_1 = \max_j\left\{w_j\left(\frac{x_j^* - x_{1j}}{x_j^* - x_j^0}\right)\right\} = \max\left\{w_1\left(\frac{x_1^* - x_{11}}{x_1^* - x_1^0}\right), w_2\left(\frac{x_2^* - x_{12}}{x_2^* - x_2^0}\right), w_3\left(\frac{x_3^* - x_{13}}{x_3^* - x_3^0}\right)\right\} = 0.65$$

同理，可得

$M_2 = 0.35, M_3 = 0.58, M_4 = 0.48, N_2 = 0.30, N_3 = 0.23, N_4 = 0.38$

$M^+ = \max\{M_1, M_2, M_3, M_4\} = 0.85$ ， $M^- = \min\{M_1, M_2, M_3, M_4\} = 0.35$

$N^+ = \max\{N_1, N_2, N_3, N_4\} = 0.65$ ， $N^- = \min\{N_1, N_2, N_3, N_4\} = 0.27$

$$Q_1 = V\frac{M_1 - M^-}{M^+ - M^-} + (1-V)\frac{N_1 - N^-}{N^+ - N^-} = 0.5\frac{0.85 - 0.35}{0.85 - 0.35} + (1-0.5)\frac{0.65 - 0.27}{0.65 - 0.27} = 1$$

具体如表 2-10 所示。

表 2-10　各备选房的最终排序

备选房	M	N	Q	排序
X_1	0.85	0.65	1	4
X_2	0.35	0.30	0.04	1
X_3	0.58	0.27	0.23	2
X_4	0.48	0.46	0.38	3

（4）根据 Q 的大小，备选房排序结果为 $X_2 > X_3 > X_4 > X_1$。应当选择第二套住房。

TOPSIS 法与 VIKOR 法都能达到方案排序的目的，两种方法各有自己的优缺点，没有谁好谁坏之说，它们在方案排序的原理、使用过程以及复杂程度上有所不同。具体决定使用哪种决策方法，一方面依赖于决策者的偏好，另一方面应当依赖于每种方法以往使用成功的概率。

 **本章小结**

在组织的发展中会面临很多决策，依据决策方法作出科学合理的决策对组织来讲至关重要。本章介绍了决策理论、决策过程以及常用的决策方法，重点介绍了决策树法、贝叶斯决策、TOPSIS 法以及 VIKOR 法。

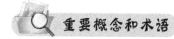 **重要概念和术语**

决策（decision making）

单目标决策（single-object decision）

多目标决策（multi-objective decision）

确定型决策（assured decision）

风险型决策（risk decision）

不确定型决策（unsure decision）

自然状态（natural state）

决策方案（decision-making scheme）

损益值（profit and loss values）

决策树（decision tree）

贝叶斯决策（Bayesian decision）

TOPSIS（technique for order performance by similarity to ideal solution）法

VIKOR（VIsekriterijumska Optimizacija IKompromisno Resenie）法

 思考题与练习题

1. 决策系统的基本要素应该包括哪些内容？

2. 简要分析确定型决策、风险型决策和不确定型决策各自的适用条件。

3. 大唐公司打算投产一款新电子产品，有两种方案可供选择：一是建设较大规模的工厂，二是建设较小规模的工厂。假设建大厂需投资 50 万元，建小厂需投资 25 万元。同时这一电子产品未来的销路会出现畅销和滞销两种情况，出现的概率分别为 0.7 和 0.3。收益情况如下：在建大厂且产品畅销的情况下可获得 80 万元的收益，滞销则亏损 10 万元；建小厂且产品畅销的情况下可获得 50 万元的收益，滞销则亏损 20 万元，试问哪种方案可取？

4. 某地区为满足物流行业的发展，需要建立一个物流园区。现有 3 种备选方案，需要从中选择一种最优方案。影响方案选择的因素包括以下 4 个：自然环境（地形、地质和水文条件等）、交通便利程度、土地成本和劳动力供给。各因素的权重分别为 0.3、0.25、0.3 和 0.15，具体数据如表 2-11 所示，请分别用 VIKOR 法和 TOPSIS 法对方案作出选择。

表 2-11　各方案的具体数据

因素 方案	自然环境（0.3）	交通便利程度（0.25）	土地成本（0.3）	劳动力供给（0.15）
方案 1	31	1	200	5
方案 2	18	2.5	150	3
方案 3	25	2	180	8

 案例分析

假设从三个候选地点中选择一处扩建为物流园区，这三个地点分别为：X 市 A 区张家湾镇东方化工厂，X 市燕山石化产品储运中心，X 市 B 区北藏村镇 a 公司。

X 市 A 区张家湾镇东方化工厂（属于东方石油化工有限公司），厂区占地面积 1.28 平方千米。它属于 A 区张家湾镇，镇域面积 105.8 平方千米，全镇有工业企业 625 家，建筑业企业 68 家，其他行业企业 107 家；总人口 50 782 人，密度为 48 人/平方千米。其交通情况具体如下。

（1）西距铁路和六环路 1.2 千米。

（2）北距大运河 1.6 千米。

（3）东距 S229 宋梁路 1.5 千米。

（4）南距 G103 国道 1.4 千米。

（5）与其最近的居民区之间相距 0.621 千米。

X 市燕山石化产品储运中心（属于 X 市燕山石油化工有限公司），占地面积 0.02 平方千米，属于 X 市 C 区燕山区域内，该区域面积 37.8 平方千米，地处燕山山脉西山东南端，地势西北高、东南低。山地和丘陵约各占一半，现有人口约 10 万，密度为 2 646 人/平方千米。其交通情况具体如下。

（1）西北距铁路 0.43 千米。

（2）东北距燕房东北环线 0.931 千米。

（3）西边紧邻丁东路。

（4）距离最近的小区 2.6 千米。

（5）距离最近的学校 1.6 千米。

（6）东北方有大片的空地。

X 市 B 区北臧村镇 a 公司（中石油下属运输企业），属于 X 市 B 区北臧村镇，该镇面积 60 平方千米。属永定河冲积平原，地势平坦，含 23 个村。全镇 15 544 人，密度为 284 人/平方千米。其交通情况具体如下。

（1）东距 X032 芦求路 0.738 千米。

（2）南距 S316 黄良路 0.312 千米。

（3）距六环 0.87 千米。

（4）西边紧邻居民区。

（5）距最近的学校是 0.293 6 千米。

案例分析思路

请根据你所学的决策知识，并继续查找相关的信息，选择合适的方法，帮助企业解决这个选址问题，说明理由。

 本章推荐阅读资料

[1]　张所地，吉迎东，胡琳娜，等. 管理决策理论、技术与方法[M]. 北京：清华大学出版社，2013.

[2]　陶长琪. 决策理论与方法[M]. 北京：中国人民大学出版社，2010.

[3]　方志耕，刘思峰，朱建军，等. 决策理论与方法[M]. 北京：科学出版社，2008.

第 3 章

预 测 方 法

1. 了解预测的含义、分类和步骤。

2. 熟悉几种典型的定性预测方法。

3. 熟练掌握移动平均法、指数平滑法、回归分析预测法等，并能依据实际的数据进行预测。

4. 掌握趋势外推预测法，能够应用几种典型的函数构建预测模型。

谁是下任美国总统

每一次美国总统大选都会掀起一阵狂潮，两大党派之间明争暗斗，公众也期待着最终人选。然而，大数据技术却能"未卜先知"，驴象之争的结果或将不再神秘。

南佛罗里达大学研究人员提出一种预测模型，可通过分析电视节目收视情况，判断出选举的最终结果。该校商学院信息系统和决策科学系两位研究人员阿拉什·巴法和巴拉吉·帕德马纳班，以 2012 年美国大选前 4 周的一些政治类电视节目为数据样本，在选情已基本明朗的各州，采集这些节目的收视率及收视时长，计算出一个收视情况与选举结果的相关性模型。之后，再收集其他州的收视数据，利用这一模型预测这些地区的选战输赢。研究结果表明，其中 99 个电视节目的预测准确度超过了 59%，甚至有 3 个节目准确度超过了 79%。

此外，研究人员指出该模型不仅可以应用于每次的选情预测，还能告诉候选人该把竞选广告投放在哪儿。2012 年美国大选，双方在竞选广告上共花费了近 20 亿美元，相关人士估计 2016 年选举耗资可达 100 亿美元。利用这一模型，竞选人可选择最优的电视节目、时段定向投放广告，将宣传效果最大化。

视频：关于美国大选

对于这一预测模型，纽约大学商学院教授瓦桑·特达尔认为，这项有趣的研究证明了，根据全国或某一州的收视情况可预测该地区的选举结果。它为我们看到左右选情的一些实际的因素打开了思路，也让我们见识到大数据预测的神奇之处。

资料来源：《科技日报》，2015 年 11 月 24 日。

3.1　预测概述

3.1.1　预测的含义

预测是依据客观事物历史和现状的资料、数据，运用科学的方法和手段，对事物的发展趋势进行合理推断的过程。

预测学是由瑞士数学家雅各布·伯努利（Jakob Bernoulli，1654—1705）创立的。当代预测技术一般被认为起源于 20 世纪初，著名科学家翁文波教授创立了以信息预测为核心的预测理论，对预测理论的研究发展作出了巨大贡献。

本章重点对几种主要的定量预测方法进行总结。

3.1.2　预测的分类

由于预测性质、预测范围等因素的不同，预测一般可以分为以下几类。

1. 按预测性质划分

（1）定量预测。定量预测是指根据与预测对象相关的数据资料，运用现代数学方法进行数据处理，对预测对象的未来发展趋势进行量化推断。

（2）定性预测。定性预测是指依靠有关方面专家的个人经验和分析判断能力，根据已有的资料，结合预测对象的特点，对事物的未来发展趋势作出性质上的推断，而不考虑量的变化。

2. 按预测范围划分

（1）宏观预测。宏观预测是指依托全局视角的综合预测，主要针对国家、地区或大型组织进行预测。

（2）微观预测。微观预测是指针对基层单位的具体活动所做的预测。

3. 按预测时间长短划分

（1）短期预测。短期预测是指针对预测对象 1 年或者 1 年以内发展状况的预测。

（2）中期预测。中期预测是指针对预测对象 1 年以上 5 年以内发展状况的预测。

（3）长期预测。长期预测是指针对预测对象 5 年以上发展状况的预测。

3.1.3　预测的步骤

针对不同的预测对象，可能相应的预测步骤也不尽相同。一般情况下，预测活动包括以下几个基本步骤。

（1）明确预测目标。确定预测目标，是整个预测活动开展的前提。预测目标要契合实际的需求。预测目标不同，需要的资料和方法也不同。

（2）收集整理预测资料。预测的精确性很大程度取决于预测资料的数量和质量，因此完备且准确的资料是预测的基础。在收集资料时，应该从多方面着手，尽量全面、精确。

（3）选定预测方法和模型。不同的预测方法都有各自的特点和适用性，应该在综合考虑预测目标和收集资料等因素的前提下选择适合的方法，并建立预测模型。

（4）分析预测误差。预测过程中误差是不可避免的，但是可以分析误差产生的原因，进而调整预测方法和模型，使预测结果尽量符合实际或者把误差控制在合理的范围内，以提高预测的准确性。

（5）生成预测报告。完成上述过程之后需要生成预测报告，预测报告是整个预测活动的最终成果，可作为决策工作的参考依据。

3.2 定性预测方法

1. 市场调查预测法

市场调查预测法是指调查者通过向熟悉市场的有关人员了解情况、收集数据，然后依据自己的专业知识，对产品未来的市场状况作出判断。市场调查预测法包括四种形式。①厂长（经理）意见调查法：主要是向厂长、经理、业务主管等人员了解市场趋势。②营销人员意见调查法：主要是向从事营销或市场工作的人员了解市场趋势。③展销会调查法：在商品展销会上了解市场信息。④消费者调查法：通过消费者调查判断市场趋势。

2. 专家预测法

专家依据自身的知识、经验等，在分析事物的特征和外部环境之后，对事物的未来状况作出判断的一种方法。专家预测法相比定量预测方法更加简单、直观，适用于缺乏足够历史数据的预测，具体有以下三种形式。

（1）专家会议法。此法是召集相关领域的专家参与讨论会，通过现场讨论交流观点和信息，并对预测对象的发展趋势作出判断。

（2）头脑风暴法。此法也是召集有关专家参与会议，通过交流激发创新性的观点或方案，从而选出最优的方案。与专家会议法不同的是，此法在使用中不能轻易否定别人的方案，但可以在别人的方案上进行改进，并鼓励创新性的思考。

（3）德尔菲法。此法又称背对背方法，是采用函询方式分别向各个专家征求意见。各个专家在作出判断的过程中互不往来，独立进行预测，然后由调查人员将预测结果汇总起来，再把综合的意见匿名反馈给各个专家，请他们参照上一轮的汇总结果修正自己的预测结果。如此反复几轮，最终确定预测结果。德尔菲法的优点在于各个专家都能够充分、独立地发表自己的观点，消除了专家会议法中预测结论经常受到少数权威专家意见的影响。但它的缺点在于预测周期较长、效率低下。

3. 预兆预测法

这是通过对事物前期发展情况的分析来判断其未来发展趋势的一种预测方法。该方法的关键在于预测者需要准确了解前兆现象与未来趋势之间的内在联系和因果关系，并且掌握事物的变化规律。"叶落知秋"就是通过事物的前兆来判断其未来的变化趋势。

4. 主观概率法

主观概率法通常与专家预测法、市场调查预测法等结合起来使用，是将其他方法所预测的结果通过主观概率进行表示，从而进行判断的一种方法。主观概率是指专家对未来某事件发生程度的一种预期，具体有以下两种形式。

（1）主观概率加权平均法。此法是以主观概率为权数，对各种预测结果进行加权平均，计算出综合结果的一种方法。

（2）累计概率中位数法。此法是根据累计概率，确定不同概率情况下的估计数，然后对估计数进行点估计和区间估计的一种预测方法。

例：T 汽车销售公司打算预测 2022 年汽车销售量，采用主观概率法进行预测。

（1）准备相关资料。将过去几年中该汽车销售公司的销售资料以及当前的市场状况等有关资料，汇集整理供有关专家参考。

（2）编制主观概率调查表。将主观概率调查表发给专家填写，如表 3-1 所示。

表 3-1　主观概率调查表

专家姓名（A）

累计概率	（1）	（2）	（3）	（4）	（5）	（6）	（7）	（8）	（9）
	0.01	0.125	0.25	0.375	0.5	0.625	0.75	0.875	0.99
销售量	2 110	2 134	2 165	2 200	2 223	2 341	2 365	2 498	2 512

表 3-1 中，第（1）栏下面对应的 0.01 为累计概率，再下面的 2 110 为专家根据历史销售资料分析作出的预测，预测销量为 2 110 时的累积概率为 0.01，即销售量小于 2 110 的可能性只有 1%。

第（9）栏下面对应的累计概率为 0.99，再下面的 2 512 为专家预测的累计概率为 0.99 的汽车销售量，销售量大于该数值的可能性也只有 1%。第（5）栏下面对应的累计概率为 0.5，再下面的 2 223 为专家预测的累计概率为 0.5 的汽车销售量，销售量大于和小于该数值的可能性都是 50%。

（3）汇总整理调查表并进行预测。将各个专家填好的调查表加以汇总，并计算出各列的平均数。此例一共调查了 5 名专家（A、B、C、D、E），调查汇总数据如表 3-2 所示。

表 3-2　汽车销售量预测的调查汇总数据

专家姓名	（1）	（2）	（3）	（4）	（5）	（6）	（7）	（8）	（9）
	0.01	0.125	0.25	0.375	0.5	0.625	0.75	0.875	0.99
A	2 110	2 134	2 165	2 200	2 223	2 341	2 365	2 498	2 512
B	1 965	2 030	2 132	2 210	2 285	2 356	2 400	2 476	2 563
C	1 856	2 100	2 143	2 198	2 298	2 349	2 456	2 500	2 514
D	2 007	2 200	2 210	2 298	2 314	2 347	2 412	2 450	2 467
E	1 986	2 020	2 133	2 168	2 198	2 356	2 389	2 400	2 478
平均数	1 984.8	2 096.8	2 156.6	2 214.8	2 263.6	2 349.8	2 404.4	2 464.8	2 506.8

从表 3-2 可以得出，该汽车销售公司对 2022 年的销售量预测最低为 1 985 辆（四舍五入得出），小于该数值的可能性为 1%；该汽车销售公司对 2022 年的销售量预测最高为 2 507

辆，大于该数值的可能性为 1%；可以将累计概率为 0.5 所对应的预测值 2 264 作为 2022 年该汽车销售公司对销售量的预测值，它是销售量期望值的最佳估计数。

5. 情景预测法

情景预测法又称脚本法、前景分析预测法。它是假定某种趋势在未来的一段时间里会继续存在，从而对事物的未来状况作出全面描述的一种方法。该方法考虑问题全面，分析灵活，可以将定性分析与定量分析相结合，对预测对象作出较为可靠的判断，从而及时发现并解决可能出现的问题。

3.3 定量预测方法

3.3.1 时间序列预测法

时间序列是指某个统计指标数值按时间先后顺序排列而形成的数列，一般用 y_1，$y_2, \cdots, y_t$ 表示，其中 t 为时间。

时间序列由四种类型的因素组成：长期趋势、季节变动、循环变动和不规则变动。

长期趋势是指在较长的时期内，由于某种根本性因素的影响，时间序列表现为持续不断地向上增长或向下降低的趋势，以及停留在某一水平上的倾向，反映了事物的主要变化趋势。

拓展阅读：Excel 与时间序列预测

季节变动是指随着季节的变化而使数据呈现出周期性变动。

循环变动一般是指周期不固定的波动变化，长的周期变动可能是几年，短的周期变动可能是几个小时，并且每次周期可能不完全相同。

不规则变动是指由偶然性因素或例外事件引起突然变动。

本节主要介绍两种时间序列的预测方法：移动平均法和指数平滑法。

1. 移动平均法

移动平均法是一种简单平滑预测技术，基本思想是根据时间序列数据逐项推移，依次计算包含一定项数的时序平均数，以反映长期趋势。移动平均法的优点在于计算量少、能较好地反映时间序列的趋势及其变化；不足之处体现在对近几期数据的重要性等同看待，有时不符合实际情况。

（1）简单移动平均法。设时间序列为 $y_1, y_2, \cdots, y_t$，则简单移动平均法的计算公式为

$$M_t = \frac{y_t + y_{t-1} + \cdots + y_{t-N+1}}{N}, t \geqslant N \tag{3-1}$$

式中，M_t 为 t 期移动平均数；y_t 为第 t 周期的观测值；N 为移动平均的项数。

这里，N 一般取 3、4、5、6 等整数，如当 $N = 3$ 时，$M_t = \frac{y_t + y_{t-1} + y_{t-2}}{3}, t \geqslant 3$。

由式（3-1）可知：

$$M_{t-1} = \frac{y_{t-1} + y_{t-2} + \cdots + y_{t-N}}{N}$$

$$M_t = M_{t-1} + \frac{y_t - y_{t-N}}{N} \tag{3-2}$$

预测公式为

$$\hat{y}_{t+1} = M_t \tag{3-3}$$

即以第 t 期移动平均数作为第 $t+1$ 期的预测值。

【例 3-1】 DT 公司近年产品销售量情况见表 3-3，请用一次移动平均法预测其 2022年的产品销售量（这里取 $N=3$，单位：千件）。

表 3-3　DT 公司近年产品销售量

年份	销售量 y_t	一次移动平均数 M_t	年份	销售量 y_t	一次移动平均数 M_t
2015	1 980		2019	2 035	2 030
2016	2 028		2020	2 010	2 032
2017	2 041		2021	2 015	2 022
2018	2 020	2 016	2022		2 020

解： 由表 3-3 数据计算可得

$$\hat{y}_{t+1} = M_t^{(1)} = \frac{y_t + y_{t-1} + \cdots + y_{t-n}}{N}$$

$$\hat{y}_{2018} = M_{2017}^{(1)} = \frac{y_{2017} + y_{2016} + y_{2015}}{3} = \frac{2\,041 + 2\,028 + 1\,980}{3} = 2\,016$$

$$\hat{y}_{2019} = M_{2018}^{(1)} = \frac{y_{2018} + y_{2017} + y_{2016}}{3} = \frac{2\,020 + 2\,041 + 2\,028}{3} = 2\,030$$

$$\cdots$$

类似地，有

$$\hat{y}_{2022} = M_{2021}^{(1)} = \frac{y_{2021} + y_{2020} + y_{2019}}{3} = \frac{2\,015 + 2\,010 + 2\,035}{3} = 2\,020$$

因而，可以得出 DT 公司 2022 年产品销售量预测值为 2 020。

（2）加权移动平均法。在一次移动平均法中，将每期数据对预测值的影响视为是等同的，即它们的权重是相同的，但是在实际应用中往往权重是有区别的。通常会认为，在预测未来情况时，近期数据比以前的数据更有预测价值。因此，当近期数据对预测值影响更大时，对近期数据应给予较大的权重，即加权移动平均法。

设时间序列为 $y_1, y_2, \cdots, y_t$，则加权移动平均法的计算公式为

$$M_{tw} = \frac{w_1 y_t + w_2 y_{t-1} + \cdots + w_N y_{t-N+1}}{w_1 + w_2 + \cdots + w_N}, t \geqslant N \tag{3-4}$$

式中，M_{tw} 为 t 期加权移动平均数；w_i 为 y_{t-i+1} 的权数。

预测公式为

$$\hat{y}_{t+1} = M_{tw} \tag{3-5}$$

即以第 t 期加权移动平均数作为第 $t+1$ 期的预测值。

【例 3-2】 以例 3-1 的数据，对 DT 公司各期数据赋予不同的权重，设 w_1、w_2、w_3 分别为 0.5、0.3、0.2，采用加权移动平均法计算可得（表 3-4）。

表 3-4　DT 公司近年产品销售量

年份	销售量	加权移动平均数	年份	销售量	加权移动平均数
2015	1 980		2019	2 035	2 028
2016	2 028		2020	2 010	2 032
2017	2 041		2021	2 015	2 020
2018	2 020	2 025	2022		2 018

解： $M_{2021} = \dfrac{w_1 y_t + w_2 y_{t-1} + w_3 y_2}{w_1 + w_2 + w_3} = \dfrac{0.5 \times 2\,015 + 0.3 \times 2\,010 + 0.2 \times 2\,035}{0.5 + 0.3 + 0.2} = 2\,018$

$\hat{y}_{2022} = M_{2021} = 2\,018$

因此，我们可以得出，DT 公司 2022 年产品销售量预测值为 2 018。

（3）趋势移动平均法。当时间序列出现直线增加或减少的变动趋时，就会出现滞后偏差，趋势移动平均法便可以通过二次移动平均对其进行修正，利用移动平均滞后偏差的规律来建立直线趋势的预测模型。

设一次移动平均数为 $M_t^{(1)}$，且

$$M_t^{(1)} = \frac{y_t + y_{t-1} + \cdots + y_{t-N+1}}{N}$$

对 $M_t^{(1)}$ 再进行一次移动平均就是二次移动平均 $M_t^{(2)}$，公式为

$$M_t^{(2)} = \frac{M_t^{(1)} + M_{t-1}^{(1)} + \cdots + M_{t-N+1}^{(1)}}{N} \tag{3-6}$$

递推可知

$$M_t^{(2)} = M_{t-2}^{(2)} + \frac{M_t^{(1)} - M_{t-N}^{(1)}}{N} \tag{3-7}$$

设时间序列 $y_1, y_2, \cdots, y_t$ 从某时期开始具有直线趋势，且认为未来时期也按此直线趋势变化，则可设此直线趋势预测模型为

$$\hat{y}_{t+T} = a_t + b_t T \tag{3-8}$$

式中，t 为当前时期数；T 为由 t 到预测期的时期数；a_t 为截距，b_t 为斜率，二者又称为平滑系数。

经过推导，可得预测公式：

$$M_t^{(1)} - M_t^{(2)} = \frac{N-1}{2} b_t \tag{3-9}$$

$$\begin{cases} a_t = 2M_t^{(1)} - M_t^{(2)} \\ b_t = \dfrac{2}{N-1}(M_t^{(1)} - M_t^{(2)}) \end{cases} \tag{3-10}$$

2. 指数平滑法

指数平滑法是指以某种指标的本期实际数和本期预测数为基础，引入一个简化的加权因子，即平滑系数，以求得平均数的一种预测方法。

根据其平滑次数的不同，指数平滑法可以分为一次指数平滑法、二次指数平滑法和三次指数平滑法。其基本思想是：预测值是以前观测值的加权和，且对不同的数据给予不同的权数，新数据给予较大的权数，旧数据给予较小的权数。

（1）一次指数平滑法。设时间序列为 $y_1, y_2, \cdots, y_t$，则一次指数平滑公式为

$$S_t^{(1)} = \alpha y_t + (1-\alpha) S_{t-1}^{(1)} \qquad (3\text{-}11)$$

式中，$S_t^{(1)}$ 为一次指数平滑值；α 为加权系数，且 $0 < \alpha < 1$。

预测模型为

$$\hat{y}_{t+1} = S_t^{(1)} \qquad (3\text{-}12)$$

式中，$\hat{y}_{t+1}$ 为第 $t+1$ 期的预测值：

$$\hat{y}_{t+1} = \alpha y_t + (1-\alpha) \hat{y}_t \qquad (3\text{-}13)$$

也就是说，第 $t+1$ 期的预测值即为第 t 期的指数平滑值。

【例 3-3】 已知 DT 公司最近 8 个月的产品销售量如表 3-5 所示，试用一次指数平滑法预测下个月的销售量 y_9（其中 $\alpha = 0.6$，单位：千件）。

表 3-5　DT 公司最近 8 个月的产品销售量

时间序号（t）	1	2	3	4	5	6	7	8
销售量（y_t）	10	15	8	20	10	16	18	20

解： 设初始值为最早的三个数据的平均值，以 $\alpha = 0.6$ 的一次指数平滑值计算为例，有

$$S_0^{(1)} = \frac{y_1 + y_2 + y_3}{3} = \frac{10 + 15 + 8}{3} = 11$$

$$S_1^{(1)} = \alpha y_1 + (1-\alpha) S_0^{(1)} = 0.6 \times 10 + (1-0.6) \times 11 = 10.4$$

$$S_2^{(1)} = \alpha y_2 + (1-\alpha) S_1^{(1)} = 0.6 \times 15 + (1-0.6) \times 10.4 = 13.16$$

$$\cdots$$

$$S_8^{(1)} = \alpha y_8 + (1-\alpha) S_7^{(1)} = 0.6 \times 20 + (1-0.6) \times 10.8 = 16.32$$

经过计算得到表 3-6。

表 3-6　一次指数平滑值的计算

时间序号（t）	1	2	3	4	5	6	7	8
销售量（y_t）	10	15	8	20	10	16	18	20
$S_t^{(1)}$	10.40	13.16	4.80	13.92	6.00	12.00	10.80	16.32

若第 8 期的实际值为 20，则可求出第 9 期的预测值为

$$\hat{y}_9 = 0.6 \times 20 + (1-0.6) \times 16.32 = 18.53$$

（2）二次指数平滑法。一次指数平滑法虽然克服了移动平均法的两个缺点，但仍需要对其加以修正。修正的方法与趋势移动平均法相同，即再做二次指数平滑，然后建立直线趋势预测模型，这就是二次指数平滑法。其计算公式为

$$\begin{cases} S_t^{(1)} = \alpha y_t + (1-\alpha)S_{t-1}^{(1)} \\ S_t^{(2)} = \alpha S_t^{(1)} + (1-\alpha)S_{t-1}^{(2)} \end{cases} \quad (3\text{-}14)$$

式中，$S_{t-1}^{(2)}$ 为第 $t-1$ 周期的二次指数平滑值；$S_t^{(2)}$ 为第 t 周期的二次指数平滑值；α 为加权系数（也称为平滑系数）。

二次指数平滑法是对一次指数平滑值再做一次指数平滑的方法。它不能单独地进行预测，必须与一次指数平滑法配合使用。当时间序列 $y_1, y_2, \cdots, y_t$ 从某时期开始具有直线趋势时，类似趋势移动平均法，可用如下直线趋势模型进行预测：

$$\hat{y}_{11+T} = a_t + b_t T , \quad T = 1, 2, 3, \cdots \quad (3\text{-}15)$$

$$\begin{cases} a_t = 2S_t^{(1)} - S_t^{(2)} \\ b_t = \dfrac{\alpha}{1-\alpha}(S_t^{(1)} - S_t^{(2)}) \end{cases} \quad (3\text{-}16)$$

【例 3-4】 DT 公司 2014 年至 2021 年营业外支出的资料如表 3-7 所示，试用指数平滑法求解趋势直线方程，并预测 2024 年的营业外支出（设初始值 $S_0^{(1)}$、$S_0^{(2)}$ 分别为 23、25，α 为 0.8，$T=3$，单位：万元）。

表 3-7　DT 公司 2014 年至 2021 年营业外支出

年份	t	营业外支出	$S_t^{(1)}$	$S_t^{(2)}$
	0		23.0	25.0
2014	1	29	27.8	27.2
2015	2	36	34.4	32.9
2016	3	40	38.9	37.7
2017	4	48	46.2	44.5
2018	5	54	52.4	50.8
2019	6	62	60.1	58.2
2020	7	70	68.0	66.1
2021	8	76	74.4	72.7

解： 由题目可知：$S_0^{(1)} = 23$，$S_0^{(2)} = 25$，可求得

$$S_8^{(1)} = \alpha y_8 + (1-\alpha)S_7^{(1)} = 0.8 \times 76 + (1-0.8) \times 68 = 74.4$$

$$S_8^{(2)} = \alpha S_8^{(1)} + (1-\alpha)S_7^{(2)} = 0.8 \times 74.4 + (1-0.8) \times 66.1 = 72.7$$

则

$$\begin{cases} a_8 = 2 \times S_8^{(1)} - S_8^{(2)} = 2 \times 74.4 - 72.7 = 76.1 \\ b_8 = \dfrac{0.8}{1-0.8}(74.4 - 72.7) = 6.8 \end{cases}$$

所求模型为

$$\hat{y}_{11+T} = 76.1 + 6.8T$$

最后得出：2024 年 DT 公司营业外支出预测值为

$$\hat{y}_{11+3} = 76.1 + 6.8 \times 3 = 96.5$$

（3）三次指数平滑法。当时间序列的变动表现为二次曲线趋势时，则需要用三次指数平滑法。三次指数平滑法是在二次指数平滑的基础上再进行一次平滑，其计算公式为

$$\begin{cases} S_t^{(1)} = \alpha y_t + (1-\alpha)S_{t-1}^{(1)} \\ S_t^{(2)} = \alpha S_t^{(1)} + (1-\alpha)S_{t-1}^{(2)} \\ S_t^{(3)} = \alpha S_t^{(2)} + (1-\alpha)S_{t-1}^{(3)} \end{cases} \tag{3-17}$$

式中，$S_t^{(3)}$ 为三次指数平滑值。

三次指数平滑法的预测模型为

$$\hat{y}_{t+T} = a_t + b_t T + c_t T^2 \tag{3-18}$$

式中，

$$\begin{cases} a_t = 3S_t^{(1)} - 3S_t^{(2)} + S_t^{(3)} \\ b_t = \dfrac{\alpha}{2(1-\alpha)^2}\left[(6-5\alpha)S_t^{(1)} - 2(5-4\alpha)S_t^{(2)} + (4-3\alpha)S_t^{(3)}\right] \\ c_t = \dfrac{\alpha^2}{2(1-\alpha)^2}\left[S_t^{(1)} - 2S_t^{(2)} + S_t^{(3)}\right] \end{cases} \tag{3-19}$$

3.3.2　回归分析预测法

回归分析起源于生物研究，是确定两种或两种以上变量间相互依赖的定量关系的一种统计分析方法，其目的在于根据已知自变量来估计和预测因变量的总平均值。

在经济和管理领域，变量主要存在两种关系，即函数关系和相关关系。函数关系是指变量之间存在的唯一确定的影响和依存关系，给定一个或多个自变量的值，就有唯一确定的因变量的值与之相对应。相关关系是指变量之间存在的相互影响的关系，这种关系不是唯一确定的，不是严格的依存关系。函数关系和相关关系既有区别，又有紧密的联系。回归分析研究的主要是相关关系。

回归模型按照不同的方法可以有不同的分类。根据自变量的多少，其可以分为一元回归模型和多元回归模型；根据回归模型是否是线性的，其可以分为线性回归模型和非线性回归模型。本节中将回归分析预测法分别按照一元线性回归模型、多元线性回归模型进行介绍。

1. 一元线性回归模型

一元线性回归模型是最简单的回归分析模型，是分析一个因变量与一个自变量之间的线性关系的预测方法。它是研究多元线性回归模型和非线性回归模型的基础。

（1）一元线性回归模型及基本假定。一元线性回归模型只有

拓展阅读：使用 SPSS
进行线性回归分析例题

一个自变量，函数形式是线性的，也就是说因变量 $f(x)$ 是自变量 x 的线性函数，函数表达式如下：

$$y_i = \beta_0 + \beta_1 x_i + \mu_i \tag{3-20}$$

其中，x 称为自变量或者解释变量；y 称为因变量或者被解释变量；β_0、β_1 是两个参数，称为回归参数；μ 为除自变量 x 外所有对 y 产生微小影响的因素的总效应，称为随机干扰项。由于随机干扰项 μ 的存在，对于给定自变量的值，因变量的值不是唯一确定的，而是具有随机性，因此 μ 是一个随机变量，其产生的原因主要有忽略了某些自变量而造成的误差、模型的数学表达式不准确而造成的误差、变量观测值的计量误差、随机误差等。

一元线性回归模型的成立需要满足以下五个假定。

①正态分布假定：每一个随机干扰项 $\mu_i (i = 1, 2, \cdots, n)$ 均为服从正态分布的随机变量。

②零均值假定：每一个随机干扰项 $\mu_i (i = 1, 2, \cdots, n)$ 的期望值均为 0。

③同方差假定：每一个随机干扰项 $\mu_i (i = 1, 2, \cdots, n)$ 的方差均为同一个常数。

④非自相关假定：自变量不同观测值对应的随机干扰项彼此不相关。

⑤随机干扰项 $\mu_i (i = 1, 2, \cdots, n)$ 与自变量的任一观测值 $x_i (i = 1, 2, \cdots, n)$ 不相关。

其中，前三个假定可以总结归纳为每一个随机干扰项 $\mu_i (i = 1, 2, \cdots, n)$ 服从期望为 0、方差为 σ_μ^2 的正态分布，可以表示为 $\mu_i \sim N\left(0, \sigma_\mu^2\right)(i = 1, 2, \cdots, n)$。使用一元线性回归模型进行预测必须满足以上五个基本假定，当有一个或者多个假定不满足时，可能需要对模型进行处理再预测或者不能进行预测，处理的方法和过程将在后续章节中进行介绍。

（2）最小二乘估计方法及参数估计量的统计性质。式（3-20）中的 β_0、β_1 和 μ_i 中隐含的分布参数如随机干扰项的方差 σ_μ^2 都是未知的，需要利用已有的 x、y 的观测值进行估计，才能根据最终确定的回归方程进行预测。

参数估计的基本思路是用样本趋势拟合的方法，找出近似于总体回归直线的样本回归直线，得到参数的近似值。因为实际上总体回归直线是无法求得的，它只在理论上存在，这就需要进行讨论：如何作一条直线使它成为总体回归直线的最好估计，即求出 β_0、β_1 的合理估计值。

参数估计最常用也比较准确的一种方法是最小二乘法，也称普通最小二乘法（ordinary least squares, OLS）。用 $\hat{\beta}_0$、$\hat{\beta}_1$ 分别代表 β_0、β_1 的估计量，此时因变量第 i 个观测值的估计量 $\hat{y}_i$ 可以表示为

$$\hat{y}_i = \hat{\beta}_0 + \hat{\beta}_1 x_i \tag{3-21}$$

其中，$\hat{y}_i$ 与实际的 $\hat{y}_i$ 不一定相等，两者之差则称为残差，用 ε_i 表示，于是有

$$y_i = \hat{\beta}_0 + \hat{\beta}_1 x_i + \varepsilon_i \tag{3-22}$$

式（3-22）中 ε_i 可以看成对随机干扰项 μ_i 的估计量。

最小二乘法的基本思路是：选择一条直线，使它最大限度地接近各样本点。在数学上就是保证 n 个样本点到该直线的纵向距离平方和达到最小，求出当 ε_i 对所有 i 的平方和最小时 β_0、β_1 的值 $\hat{\beta}_0$、$\hat{\beta}_1$，即

$$\sum_{i=1}^{n} \varepsilon_i^2 = \sum_{i=1}^{n} \left[y_i - (\hat{\beta}_0 + \hat{\beta}_1 x_i) \right]^2 = \min \tag{3-23}$$

由微积分可知，$\sum_{i=1}^{n} \varepsilon_i^2$ 取极小值的必要条件是其对 $\hat{\beta}_0$ 和 $\hat{\beta}_1$ 的偏导数等于 0。经过推导可得

$$\hat{\beta}_1 = \frac{\sum_{i=1}^{n} x_i (y_i - \overline{y})}{\sum_{i=1}^{n} x_i (x_i - \overline{x})} = \frac{\sum_{i=1}^{n} (x_i - \overline{x})(y_i - \overline{y})}{\sum_{i=1}^{n} (x_i - \overline{x})^2} \tag{3-24}$$

$$\hat{\beta}_0 = \overline{y} - \hat{\beta}_1 \overline{x} \tag{3-25}$$

将 x 和 y 的观测值处理后代入式（3-24）和式（3-25），即可得出如下估计式：

$$\hat{y}_i = \hat{\beta}_0 + \hat{\beta}_1 x_i \tag{3-26}$$

其中，$\hat{y}_i$ 既可视为 y_i 均值的估计量，也可作为 y_i 的估计量，即预测值。

用最小二乘估计方法拟合的直线具有以下性质：残差和等于零；被解释变量 y 的真实值和拟合值具有共同的均值；残差与拟合值不相关，即它们之间不相互影响。

除了用普通最小二乘法估计回归参数 β_0、β_1 外，还有其他一些方法，如通过找到最小化残差绝对值的和来估计回归参数 β_0、β_1。但是普通最小二乘法之所以使用范围最广泛，是因为利用该方法得出的参数估计量具有一些良好的统计性质，即线性、无偏性和最佳性。

线性是指参数估计量 $\hat{\beta}_0$ 和 $\hat{\beta}_1$ 可以表示为被解释变量 y_i 或随机干扰项 μ_i 的线性组合。因此，参数估计量与被解释变量、随机干扰项服从相同的分布。无偏性是指估计量的均值等于真实值。无偏性是非常重要的统计性质，是统计推断的基础。因为参数估计量是以参数真实值为中心的随机变量，反复进行抽样估计可以得到真实值，也可以说估计量从平均的角度上来说等于真实值。最佳性也称高斯-马尔可夫定理，是指在回归参数的所有线性无偏估计量中，最小二乘估计量的方差最小，也称最佳线性无偏估计量（best linear unbiased estimator，BLUE），从而决定了普通最小二乘法的广泛应用。

（3）回归参数的区间估计。由以上的讨论可知，回归参数的最小二乘估计量的方差与随机干扰项的方差 σ_μ^2 有关，但是由于 σ_μ^2 未知，因此需要先估计 σ_μ^2 才能对回归参数进行区间估计。由式（3-21）与式（3-22）比较可知，残差 ε_i 可以看成随机干扰项 μ_i 的估计量，可以用 ε_i 的方差来估计 μ_i 的方差 σ_μ^2。经过简单推导可得

$$E\left(\sum_{i=1}^{n} \varepsilon_i^2 \right) = (n-2)\sigma_\mu^2 \tag{3-27}$$

因此，σ_μ^2 的无偏估计量是

$$\hat{\sigma}_\mu^2 = \frac{\sum_{i=1}^{n} \varepsilon_i^2}{n-2} \tag{3-28}$$

根据最小二乘估计量的性质，估计量 $\hat{\beta}_0$、$\hat{\beta}_1$ 是随机干扰项 μ_i 的线性函数，由假定可

知，每一个 μ_i 都服从正态分布，且相互独立，可以推出：最小二乘估计量服从以参数真实值为中心、以随机干扰项方差的一个比例为方差的正态分布，可以表示为

$$\begin{cases} \hat{\beta}_0 \sim N(\beta_0, D(\hat{\beta}_0)) \\ \hat{\beta}_1 \sim N(\beta_1, D(\hat{\beta}_1)) \end{cases} \tag{3-29}$$

其中，

$$\begin{cases} D(\hat{\beta}_0) = \left(\dfrac{1}{n} + \dfrac{\overline{x}^2}{\sum (x_i - \overline{x})^2} \right) \sigma_\mu^2 \\ D(\hat{\beta}_1) = \dfrac{1}{\sum (x_i - \overline{x})^2} \sigma_\mu^2 \end{cases} \tag{3-30}$$

对该正态分布进行标准化可得

$$\begin{cases} \dfrac{\hat{\beta}_0 - \beta_0}{\sqrt{\left(\dfrac{1}{n} + \dfrac{\overline{x}^2}{\sum (x_i - \overline{x})^2} \right) \sigma_\mu^2}} \sim N(0,1) \\ \dfrac{\hat{\beta}_1 - \beta_1}{\sqrt{\dfrac{1}{\sum (x_i - \overline{x})^2} \sigma_\mu^2}} \sim N(0,1) \end{cases} \tag{3-31}$$

在进行区间估计和假设检验时，在式（3-31）中需要用 $\hat{\sigma}_\mu^2$ 替代未知的 σ_μ^2，得到的统计量不再是正态分布，而是 t 分布。根据 t 分布的性质可知，回归参数 β_0 和 β_1 的置信度为 $1 - \alpha$ 的置信区间为

$$\begin{cases} \hat{\beta}_0 \pm t_{\frac{\alpha}{2}}(n-2) \sqrt{\hat{D}(\hat{\beta}_0)} \\ \hat{\beta}_1 \pm t_{\frac{\alpha}{2}}(n-2) \sqrt{\hat{D}(\hat{\beta}_1)} \end{cases} \tag{3-32}$$

（4）回归参数的假设检验。回归参数的假设检验，也称显著性检验，是以定量估计的证据对相应的经济理论进行评价。如果一个随机变量服从一个特定分布，那么其取值范围取各种范围中值的概率是一定的。因此可以根据其实际值是否出现在通常（95%或99%概率等）会出现的范围内而判断该参数水平是否合理。在一元线性回归分析中，假设检验主要用于检验自变量与因变量之间是否存在显著的线性相关关系，即式（3-21）中的 β_1 是否等于 0。

进行假设检验，首先要建立基本假设。设零假设和备择假设分别为

$$H_0: \ \beta_1 = 0; \ H_1: \ \beta_1 \neq 0$$

然后构造统计量并计算出统计量的值，

$$t = \frac{\hat{\beta}_1 - \beta_1}{\sqrt{\hat{D}(\hat{\beta}_1)}} \sim t(n-2) \tag{3-33}$$

假设 H_0 成立，则

$$t = \frac{\hat{\beta}_1}{\sqrt{\hat{D}(\hat{\beta}_1)}} \sim t(n-2) \tag{3-34}$$

接着给定显著性水平 α，并通过查询 t 分布的百分点表得到 $t_{\frac{\alpha}{2}}(n-2)$，最后通过比较 $t_{\frac{\alpha}{2}}(n-2)$ 的值与式（3-34）的值，作出决策。

若 $|t| > t_{\frac{\alpha}{2}}(n-2)$，则否定原假设，认为 $\beta_1 \neq 0$，即因变量与自变量之间存在线性相关关系；若 $|t| < t_{\frac{\alpha}{2}}(n-2)$，则接受原假设，认为因变量与自变量之间不存在线性相关关系。

（5）相关系数和拟合优度。在以上的讨论中，根据 t 检验，$\beta_1 \neq 0$，只能表明因变量 y 与自变量 x 之间存在线性相关关系，模型比较合理，但是对相关关系的强弱程度以及模型的拟合程度不能进行量化研究，这就需要相关系数和拟合优度对其进行度量。

在相关分析中，相关系数是两个变量之间线性关系密切程度的量度，用以反映变量之间相关关系的密切程度。记相关系数

$$r = \frac{\sum (x_i - \overline{x})(y_i - \overline{y})}{\sqrt{\sum (x_i - \overline{x})^2 \sum (y_i - \overline{y})^2}} \tag{3-35}$$

在式（3-35）中，相关系数 r 的取值在 $-1 \sim 1$ 之间，正负号表明两变量变化的方向。$r > 0$ 表示正相关，即因变量随自变量的增加而增大；$r < 0$ 表示负相关，即因变量随自变量的增加而减小。$|r|$ 越接近于 1，表示两变量之间的线性相关程度越高；$|r|$ 越接近于 0，表示两变量之间的相关程度越低；当 $|r| = 0$ 时，只能表明两个变量之间不存在线性关系，不能说明它们之间不存在相关关系，它们之间是否存在非线性关系还需进一步讨论。

拟合优度是指样本回归直线与样本数据趋势的吻合程度。虽然普通最小二乘法具有良好的性质，但并不能保证具体模型的参数估计结果很理想。因为模型假设不一定真正成立，或模型设定不合适。拟合优度是判断拟合直线真实性和好坏的重要指标。

观测值与估计值之间会存在离差，记 $\text{TSS} = \sum (y_i - \overline{y})^2$ 为 y 的总离差平方和，反映了因变量 y_i 的变异；记 $\text{ESS} = \sum (\hat{y}_i - \overline{y})^2$ 为回归平方和，即 TSS 中被 y 对 x 的回归方程所解释说明的部分；记 $\text{RSS} = \sum \varepsilon_i^2$ 为残差平方和，即未被回归方程所解释说明的部分。经过证明可知

$$\text{TSS} = \text{ESS} + \text{RSS} \tag{3-36}$$

即总离差平方和等于回归平方和与残差平方和之和。通过分析可知，ESS 越接近 TSS 或者说 RSS 越接近于 0，用回归方程说明 y 的总变差越成功，样本方程与观测数据拟合得越好。因此，可以用 ESS 与 TSS 之比来度量样本回归方程与观测数据之间的拟合程度，即拟合优度或称决定系数，记为

$$R^2 = \frac{\text{ESS}}{\text{TSS}} = 1 - \frac{\text{RSS}}{\text{TSS}} \tag{3-37}$$

在回归分析中，拟合优度比相关系数更有意义，因为它可以表明解释变量对因变量变化的解释程度，全面度量一个变量决定另一个变量的程度，但是相关系数却不能，而且在以后对多元回归分析的讨论中，对相关系数的解释也是不确定的。所以，拟合优度的使用范围更加广泛。

（6）点预测和区间预测。使用一元线性回归模型可以进行两种预测：点预测和区间预测。

点预测是用某个已知量来预测某个变量的数值；区间预测是预测变量以多大的概率落在某个区间内。预测的区间越大，落在区间内的概率越大。但是相对地，预测的精度也会下降。

设有如式（3-21）的一元线性回归模型，假定预测期 f 的自变量值 x_f 已知，并且式（3-21）同样适用于第 f 个时期，有

$$y_f = \beta_0 + \beta_1 x_f + \mu_f \tag{3-38}$$

则点预测的公式为

$$\hat{y}_f = \hat{\beta}_0 + \hat{\beta}_1 x_f \tag{3-39}$$

其中，$\hat{y}_f$ 既是 y_f 单个值的预测，也是 y_f 均值 $E(y_f)$ 的预测。

区间预测可以分为单个值的区间预测和均值的区间预测。

对 y_f 进行区间预测，需要首先将 $(\hat{y}_f - y_f)$ 变换为服从标准正态分布的统计量，然后用 $\hat{\sigma}_\mu^2$ 替代未知的 σ_μ^2，得到服从 t 分布的统计量：

$$t = \frac{\hat{y}_f - y_f}{\sqrt{\left[1 + \frac{1}{n} + \frac{(x_f - \overline{x})^2}{\sum(x_i - \overline{x})^2}\right]\hat{\sigma}_\mu^2}} \sim t(n-2) \tag{3-40}$$

最后得出 y_f 的 $100(1-\alpha)\%$ 置信区间为

$$\hat{y}_f \pm t_{\frac{\alpha}{2}}(n-2)\sqrt{\left[1 + \frac{1}{n} + \frac{(x_f - \overline{x})^2}{\sum(x_i - \overline{x})^2}\right]\hat{\sigma}_\mu^2} \tag{3-41}$$

对 $E(y_f)$ 进行区间预测，需要首先将 $(\hat{y}_f - E(y_f))$ 变换为服从标准正态分布的统计量，然后用 $\hat{\sigma}_\mu^2$ 替代未知的 σ_μ^2，得到服从 t 分布的统计量

$$t = \frac{\hat{y}_f - E(y_f)}{\sqrt{\left[\frac{1}{n} + \frac{(x_f - \overline{x})^2}{\sum(x_i - \overline{x})^2}\right]\hat{\sigma}_\mu^2}} \sim t(n-2) \tag{3-42}$$

最后得出 $E(y_f)$ 的 $100(1-\alpha)\%$ 置信区间为

$$\hat{y}_f \pm t_{1-\frac{\alpha}{2}}(n-2)\sqrt{\left[\frac{1}{n} + \frac{(x_f - \overline{x})^2}{\sum(x_i - \overline{x})^2}\right]\hat{\sigma}_\mu^2} \tag{3-43}$$

【例 3-5】 某区域 2012—2021 年城镇居民消费水平和家庭人均可支配收入如表 3-8 所示。试配合适当的回归模型进行显著性检验；若 2022 年城镇居民家庭人均可支配收入为 3 万元，试预测 2022 年城镇居民的消费水平。

解：
（1）设定回归预测模型：

设城镇居民家庭人均可支配收入为 x，城镇居民消费水平为 y，则一元线性回归模型为

$$y = \beta_0 + \beta_1 x$$

表 3-8 某区域 2012—2021 年城镇居民消费水平和家庭人均可支配收入

年度	城镇居民家庭人均 可支配收入/元	城镇居民消费 水平/元	年度	城镇居民家庭人均 可支配收入/元	城镇居民消费 水平/元
2012	9 421.6	8 912	2017	17 174.7	14 904
2013	10 493.0	9 593	2018	19 109.4	16 546
2014	11 759.5	10 618	2019	21 809.8	19 108
2015	13 785.8	12 130	2020	24 564.7	21 035
2016	15 780.8	13 653	2021	26 955.1	22 880

（2）收集、代入样本数据。

10 个样本数据题目中已给出。

（3）估计回归预测模型中的参数。

$$\hat{\beta}_1 = \frac{\sum\limits_{i=1}^{n}(x_i - \overline{x})(y_i - \overline{y})}{\sum\limits_{i=1}^{n}(x_i - \overline{x})^2} = 0.812$$

$$\hat{\beta}_0 = \overline{y} - \hat{\beta}_1 \overline{x} = 1\,059.610$$

则模型为

$$y = 1\,059.610 + 0.812x$$

（4）检验回归预测模型。

首先进行显著性检验，设立基本假设

$$H_0:\ \beta_1 = 0;\ H_1:\ \beta_1 \neq 0$$

求出统计量的值

$$t = \frac{\hat{\beta}_1}{\sqrt{\hat{D}(\hat{\beta}_1)}} = 6.155$$

经过查表可得：$|t| > t_{\frac{\alpha}{2}}(n-2)$，则否定原假设，认为 $\beta_1 \neq 0$，因变量与自变量之间存在线性相关关系。

然后进行拟合优度检验：

$$R^2 = \frac{\text{ESS}}{\text{TSS}} = 0.999$$

模型的拟合程度非常好。

最后进行经济意义检验，模型的含义为当城镇居民家庭人均可支配收入每增加一个单位，城镇居民消费水平增加 0.812 个单位；当城镇居民家庭人均可支配收入为 0 时，城镇居民消费水平为 1 059.61 元，该模型符合经济意义。

综上，该模型合理，可以进行预测。

（5）经济预测。

$$y = 1\,059.610 + 0.812x$$

城镇居民家庭人均可支配收入 $x = 30\ 000$ 时，

$$y = 1\ 059.610 + 0.812x = 25\ 419.61$$

因此，若 2022 年城镇居民家庭人均可支配收入为 3 万元，预测 2022 年城镇居民的消费水平是 25 419.61 元。

2. 多元线性回归模型

多元线性回归模型是在一元线性回归模型的基础上增加一个或者多个自变量，是分析一个因变量与两个及两个以上自变量之间的线性关系的预测方法。本书采用向量和矩阵的知识对其进行描述。

（1）多元线性回归模型及基本假定。多元线性回归模型具有多个自变量，函数形式是线性的，也就是说因变量 $f(x)$ 是自变量 x 的线性函数。设自变量的数目有 k 个，函数表达式如下：

$$y_i = \beta_0 + \beta_1 x_1 + \cdots + \beta_k x_k + \mu_i \tag{3-44}$$

其中，x 称为自变量或者解释变量，y 称为因变量或者被解释变量，$\beta_1, \beta_2, \cdots, \beta_k$ 称为偏回归参数，μ 为随机干扰项。用矩阵和向量符号表示如下：

$$\boldsymbol{Y} = \boldsymbol{\beta}\boldsymbol{X} + \boldsymbol{\mu} \tag{3-45}$$

其中，

$$\boldsymbol{Y} = \begin{bmatrix} y_1 \\ y_2 \\ \vdots \\ y_n \end{bmatrix} \quad \boldsymbol{X} = \begin{bmatrix} 1 & x_{11} & \cdots & x_{k1} \\ 1 & x_{12} & \cdots & x_{k2} \\ \vdots & \vdots & & \vdots \\ 1 & x_{1n} & \cdots & x_{kn} \end{bmatrix} \quad \boldsymbol{\beta} = \begin{bmatrix} \beta_0 \\ \beta_1 \\ \vdots \\ \beta_k \end{bmatrix} \quad \boldsymbol{\mu} = \begin{bmatrix} \mu_1 \\ \mu_2 \\ \vdots \\ \mu_n \end{bmatrix}$$

多元线性回归模型的成立需要满足以下六个假定。其中，前五个假定和一元线性回归模型的假定相同，只是用向量进行表述即可，这里就不再赘述。第六个假定是：

解释变量之间不存在严格的线性关系，即 $r(X) = k + 1 < n$。

使用多元线性回归模型进行预测必须满足以上六个基本假定，当有一个或者多个假定不满足时，可能需要对模型进行处理再预测或者不能进行预测。

（2）最小二乘估计方法及参数估计量的统计性质。多元线性回归模型的参数估计也用的是最小二乘法。最小二乘估计式为

$$\hat{y}_i = \hat{\beta}_0 + \hat{\beta}_1 x_{1i} + \cdots + \hat{\beta}_k x_{ki} \tag{3-46}$$

其中，$\hat{y}_i$ 与实际的 y_i 不一定相等，两者之差存在残差 ε_i，于是有

$$y_i = \hat{\beta}_0 + \hat{\beta}_1 x_{1i} + \cdots + \hat{\beta}_k x_{ki} + \varepsilon_i \tag{3-47}$$

式（3-47）中 ε_i 可以看成是对随机干扰项 μ_i 的估计量，用矩阵可以表示为

$$\boldsymbol{Y} = \hat{\boldsymbol{\beta}}\boldsymbol{X} + \boldsymbol{\varepsilon} \tag{3-48}$$

式中，$\hat{\boldsymbol{\beta}} = \begin{bmatrix} \hat{\beta}_0 \\ \hat{\beta}_1 \\ \vdots \\ \hat{\beta}_k \end{bmatrix}$，表示 $\boldsymbol{\beta}$ 的估计量；$\boldsymbol{\varepsilon} = \begin{bmatrix} \varepsilon_1 \\ \varepsilon_2 \\ \vdots \\ \varepsilon_n \end{bmatrix}$ 为残差向量；其余向量同上。

由最小二乘法的基本思想，使残差平方和最小，即

$$\sum_{i=1}^{n}\varepsilon_i^2 = \sum_{i=1}^{n}\left[y_i - (\hat{\beta}_0 + \hat{\beta}_1 x_{1i} + \cdots + \hat{\beta}_k x_{ki})\right]^2 = \min \tag{3-49}$$

经过简单推导可得参数的最小二乘估计向量

$$\hat{\boldsymbol{\beta}} = (\boldsymbol{X}^{\mathrm{T}}\boldsymbol{X})^{-1}\boldsymbol{X}^{\mathrm{T}}\boldsymbol{Y} \tag{3-50}$$

对于多元线性回归模型，使用最小二乘法得出的参数估计量依然具有良好的统计性质，即线性、无偏性和最佳性，性质的含义基本与上述一元线性回归模型的相同。

（3）回归参数的假设检验。多元线性回归分析与一元线性回归分析中的假设检验略有不同，其不仅需要检验每一个自变量在其他变量保持不变的情况下与因变量之间是否存在显著的线性相关关系，即检验任意的参数 $\beta_i(i=1,2,\cdots,k)$ 是否等于 0，应用的依然是一元线性回归分析中的 t 检验，过程与之相同；还需要进行另外一种检验——F 检验。应用 F 检验的目的是判断自变量 $x_1, x_2, \cdots, x_k$ 是否同时对因变量 y 产生线性影响，即模型整体上是否显著。

进行 F 检验，需要先建立基本假设：

$$H_0: \quad \beta_1 = \beta_2 = \cdots = \beta_k = 0$$

然后构造统计量并计算出统计量的值：

$$F = \frac{\dfrac{\mathrm{ESS}}{k}}{\dfrac{\mathrm{RSS}}{n-k-1}} \sim F_\alpha(k, n-k-1) \tag{3-51}$$

接着给定显著性水平 α，并通过查询 F 分布的上端百分点表得到 $F_\alpha(k, n-k-1)$，最后通过比较 $F_\alpha(k, n-k-1)$ 的值与式（3-51）的值，作出决策。

若 $F > F_\alpha(k, n-k-1)$，则否定原假设，认为回归整体显著，即因变量与全部自变量之间存在线性相关关系；若 $F < F_\alpha(k, n-k-1)$，则接受原假设，认为回归整体不显著，因变量与全部自变量之间不存在线性相关关系。

（4）拟合优度和修正拟合优度。将一元线性回归模型的拟合优度定义进行推广，多元线性回归模型的拟合优度是指因变量的总离差平方和被所有自变量所说明的那部分所占的百分比。

仿照一元线性回归模型中的表述方法，多元线性回归模型的总离差平方和

$$\mathrm{TSS} = \sum (y_i - \overline{y})^2 = \boldsymbol{Y}^{\mathrm{T}}\boldsymbol{Y} - n\overline{y}^2 \tag{3-52}$$

回归平方和

$$\mathrm{ESS} = \sum (\hat{y}_i - \overline{y})^2 = \hat{\boldsymbol{\beta}}^{\mathrm{T}}\boldsymbol{X}^{\mathrm{T}}\boldsymbol{Y} - n\overline{y}^2 \tag{3-53}$$

残差平方和

$$\mathrm{RSS} = \sum \varepsilon_i^2 = \boldsymbol{\varepsilon}^{\mathrm{T}}\boldsymbol{\varepsilon} \tag{3-54}$$

经过证明可知

$$\mathrm{TSS} = \mathrm{ESS} + \mathrm{RSS} \tag{3-55}$$

即总离差平方和等于回归平方和与残差平方和之和。

定义拟合优度：

$$R^2 = \frac{\text{ESS}}{\text{TSS}} = 1 - \frac{\text{RSS}}{\text{TSS}} = \frac{\hat{\boldsymbol{\beta}}^{\mathrm{T}} \boldsymbol{X}^{\mathrm{T}} \boldsymbol{Y} - n\bar{y}^2}{\boldsymbol{Y}^{\mathrm{T}} \boldsymbol{Y} - n\bar{y}^2} \tag{3-56}$$

经过分析，可以发现这种方法虽然仿照的是一元线性回归模型中拟合优度的定义方法，但是应用于多元线性回归模型中却存在问题：对一组因变量 y 的观测值 y_i，不论新增加的解释变量（自变量）对 y 是否有显著影响，拟合优度 R^2 都会随着模型中解释变量（自变量）数目的增加而不断增大，拟合优度不再能很好地说明新增加的自变量对因变量的解释程度，不能用来决定自变量的取舍。因此，需要对拟合优度进行修正，从而提出修正拟合优度的概念。

定义修正拟合优度：

$$\bar{R}^2 = 1 - \frac{\dfrac{\text{RSS}}{n-k-1}}{\dfrac{\text{TSS}}{n-1}} \tag{3-57}$$

修正拟合优度通过将式（3-56）中等号右端的分子和分母分别除以各自的自由度，从而剔除了变量个数对拟合优度的影响。此时，若模型中增加一个自变量后，$\bar{R}^2$ 增大，则可认为自变量对因变量有显著影响；相反，若模型中增加一个自变量后，$\bar{R}^2$ 没有增大，则不能认为自变量对因变量有显著影响。

（5）点预测和区间预测。与一元线性回归模型相同，使用多元线性回归模型也可以进行两种预测：点预测和区间预测。

设有如式（3-44）的多元线性回归模型，假定预测期 f 的某组自变量值 $x_{1f}, x_{2f}, \cdots, x_{kf}$ 已知，并且式（3-44）同样适用于第 f 个时期，有

$$y_f = \beta_0 + \beta_1 x_{1f} + \cdots + \beta_k x_{kf} + \mu_f \tag{3-58}$$

则点预测的公式为

$$\hat{y}_f = \hat{\beta}_0 + \hat{\beta}_1 x_{1f} + \cdots + \hat{\beta}_k x_{kf} = \boldsymbol{X}_f^{\mathrm{T}} \hat{\boldsymbol{\beta}} \tag{3-59}$$

区间预测可以分为单个值的区间预测和均值的区间预测。

对 y_f 进行区间预测，需要构造服从 t 分布的统计量：

$$t = \frac{\hat{y}_f - y_f}{\sqrt{\hat{\sigma}_\mu^2 \left(\boldsymbol{x}_f^{\mathrm{T}} (\boldsymbol{X}^{\mathrm{T}} \boldsymbol{X})^{-1} x_f + 1 \right)}} \sim t(n-k-1) \tag{3-60}$$

最后得出单个值的置信度为 $(1-\alpha)$ 的置信区间为

$$\hat{y}_f \pm t_{\frac{\alpha}{2}}(n-k-1) \sqrt{\hat{\sigma}_\mu^2 \left(\boldsymbol{x}_f^{\mathrm{T}} (\boldsymbol{X}^{\mathrm{T}} \boldsymbol{X})^{-1} x_f + 1 \right)} \tag{3-61}$$

对 $E(y_f)$ 进行区间预测，仍然需要先构造服从 t 分布的统计量

$$t = \frac{\hat{y}_f - E(y_f)}{\sqrt{\hat{\sigma}_\mu^2 \boldsymbol{x}_f^{\mathrm{T}} (\boldsymbol{X}^{\mathrm{T}} \boldsymbol{X})^{-1} x_f}} \sim t(n-k-1) \tag{3-62}$$

最后得出 $E(y_f)$ 的置信度为 $(1-\alpha)$ 的单个值的置信区间为

$$\hat{y}_f \pm t_{\frac{\alpha}{2}}(n-k-1)\sqrt{\hat{\sigma}_\mu^2 \boldsymbol{x}_f^{\mathrm{T}}(\boldsymbol{X}^{\mathrm{T}}\boldsymbol{X})^{-1}x_f} \qquad （3-63）$$

3.3.3　趋势外推预测法

1. 趋势外推预测法的定义

趋势外推预测法就是依据过去和目前的情况去推断未来发展趋势的方法总称。趋势外推预测法的依据是预测对象随着时间发展的连续性和规律性。

当预测对象的发展随时间的变化主要呈现渐进型时，预测对象会出现某种趋势，如果预测者能够找到一条反映这种变化趋势的函数曲线，就可以建立以时间 t 为自变量、时间序列值 y 为因变量的趋势外推模型：

$$y = f(t)$$

依据这种规律推导，就可以预测出事物未来的趋势和状态。

2. 趋势外推预测法的种类

（1）直线趋势法。当预测对象的时间序列长期趋势基本呈现线性趋势时，可选用直线趋势法进行预测。

（2）曲线趋势法。当预测对象的变动趋势呈现出不同形状的曲线时，可以采用曲线趋势法进行拟合，依照曲线方程的时间趋势进行预测。常用的曲线方程主要有二次曲线法、三次曲线法、戈珀兹曲线法和指数曲线法等。

（3）函数模型法。可以借助比较成熟的函数模型来拟合预测对象的变化趋势，如线性模型、指数曲线、生长曲线、包络曲线等。

3. 算例：X 市人口预测模型

选取 1978 年至 2014 年 X 市常住人口总数数据，数据来源于 X 市统计年鉴。设定时间变量 $t =$ 年份 $- 1977$，$y = $ X 市常住人口。使用 MATLAB 进行数据拟合。

解：

（1）根据数据，做出散点图，如图 3-1 所示。

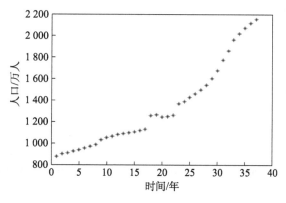

图 3-1　X 市常住人口散点图

（2）依据历史数据，分别对数据进行线性拟合、多项式拟合及指数函数拟合。
线性模型：
$$y(t) = 34.11t + 684.1, R^2 = 0.912\ 3, \text{RMSE} = 116.1$$
二次模型：
$$y(t) = 1.032t^2 - 5.111t + 939, R^2 = 0.988\ 3, \text{RMSE} = 42.96$$
三次模型：
$$y(t) = 0.029t^3 - 0.645t^2 + 20.73t + 851.8, R^2 = 0.993\ 7, \text{RMSE} = 31.95$$
指数模型：
$$y(t) = 790.1e^{0.004t} + 92.48e^{0.07t}, R^2 = 0.992\ 9, \text{RMSE} = 33.94$$

综合上述拟合过程，观察结果得知三次模型拟合效果最好，此时拟合度为 0.993 7，
RMSE 即标准误差为 31.95。

（3）根据以上几种预测函数的拟合效果，选取三次模型作为最终的预测函数。其拟合
效果如图 3-2 所示。

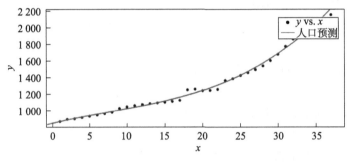

图 3-2　三次模型拟合曲线

根据拟合模型，我们对 X 市常住人口未来 10 年的情况进行预测，结果如图 3-3 所示。
当然，这种预测也要考虑到其他的因素变化可能带来的影响，如常住人口政策的改变，可
能会使预测结果和现实情况产生较大的偏差。

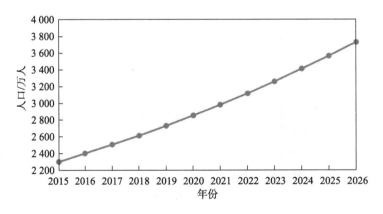

图 3-3　未来 10 年 X 市常住人口预测

本章小结

管理的首要职能是计划，而预测则是计划的前提和基础，科学的预测有助于组织提高计划的精确性，降低计划实施的风险。本章的要点包括预测的分类、移动平均法、指数平滑法、回归分析预测法、趋势外推预测法。

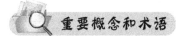

重要概念和术语

预测（forecasting）

德尔菲法（Delphi method）

主观概率法（subjective probability method）

移动平均法（moving average method）

指数平滑法（exponential smoothing，ES）

回归分析预测法（regression analysis prediction method）

趋势外推预测法（trend extrapolation）

最小二乘法（ordinary least squares，OLS）

显著性检验（significance testing）

拟合优度（goodness of fit）

思考题与练习题

1. 选择预测方法时需要考虑的因素有哪些？

2. 简述移动平均法的含义、原理及优缺点。

3. 简述指数平滑法的含义、原理及优缺点。

4. 关于指数平滑法的应用，例 3-4 已经求解了 α 为 0.8 时，DT 公司 2024 年的营业外支出的预测值，那么当 $\alpha = 0.3$，$\alpha = 0.5$ 时，DT 公司的营业外支出预测值将如何变化？试说明指数平滑系数 α 与预测值之间的关系，并思考指数平滑系数 α 的确定取决于哪些因素。

5. 已知某市的地区生产总值（单位：千万元）见表 3-9，请从趋势外推预测法中挑选几个不同类型的具体方法预测未来 5 年该市地区生产总值发展情况，并比较预测结果。

表 3-9　某市的地区生产总值

年份	2011	2012	2013	2014	2015	2016	2017	2018	2019	2020	2021
地区生产总值	3 557	4 160	6 765	7 737	9 207	10 325	11 972	13 904	16 014	17 616	19 213

6. 某地区人均 GDP（国内生产总值）和城镇居民家庭人均可支配收入如表 3-10 所示，请应用回归分析预测法和趋势外推预测法分别预测未来 5 年的数据，具体方法可自选，并进行对比分析。

表 3-10　某地区人均 GDP 和城镇居民家庭人均可支配收入

年份	人均 GDP/元	人均可支配收入/元	年份	人均 GDP/元	人均可支配收入/元
2007	7 902	6 280	2010	10 600	8 472
2008	8 670	6 859	2011	12 400	9 422
2009	9 450	7 702	2012	14 259	10 493
2013	16 602	11 759	2018	36 018	21 809
2014	20 337	13 786	2019	39 544	24 565
2015	23 912	15 781	2020	43 320	26 955
2016	25 963	17 175	2021	46 629	28 844
2017	30 567	19 109			

 本章推荐阅读资料

[1]　刘思峰. 预测方法与技术[M]. 2 版. 北京：高等教育出版社，2015.

[2]　王昱. 分类预测方法及其在经济管理决策中的应用[M]. 北京：科学出版社，2012.

第4章

评 价 方 法

1. 了解评价的定义、分类和流程，理解典型评价方法的内涵。

2. 理解书中介绍的 DEA、层次分析法、模糊综合评价方法、熵值法、集对分析法这几种方法的适用条件，掌握计算过程，具备应用这些方法处理实际评价问题的能力。

3. 熟悉书中介绍的评价方法或其他典型评价方法的改进方法。

饱受争议的 CPI

CPI 是居民消费价格指数（consumer price index）的简称，是反映一定时期内城乡居民所购买的生活消费品和服务项目价格变动趋势与程度的相对数，是对城市居民消费价格指数和农村居民消费价格指数进行综合汇总计算的结果。通过该指数可以观察和分析消费品的零售价格与服务项目价格变动对城乡居民实际生活费用支出的影响程度。

CPI 主要有三个用途：一是作为度量通货膨胀或紧缩的经济指标，经常用于衡量整个经济的一般通货膨胀，为国家宏观调控提供决策依据。二是用于国民经济核算。在核算的过程中，为了剔除价格因素的影响，用 CPI 对最终现价消费进行缩减，得到住户不变价最终消费。三是用于指数化的调整。CPI 通常用于对工资、利息、租金、税收之类的货币流量进行调整，缩减按现价计算的支出或者货币收入，以部分或全部地补偿消费品和服务价格或生活费用的变化，衡量消费和收入的真实情况。

当中国经济呈现出高增长、低通胀态势，没有人怀疑中国经济质量的快速提升。但在每天都面临诸多商品价格节节攀升的情况下，人们对于 CPI 的持续平稳却产生了疑惑。国家统计局对 CPI 的分类权重不断进行调整，而人们质疑的重点正是 CPI 统计中各种商品价格的权重设置。一名白领曾向记者抱怨："油价在涨，房价在涨，出租车的单价也在重重阻力之下成功提价，我就不明白这CPI为什么能够持续平稳。虽然我不懂CPI的统计方法，但我认为统计方法存在问题。"

CPI是一个非常有效的评价指标，编制也比较复杂。CPI的计算公式是：CPI＝（一组固定商品按当期价格计算的价值/一组固定商品按基期价格计算的价值）×100%。其编制的主要环节包括产品篮子的确定、价格数据的收集、权重资料的收集、编制方法的选择、对指数编制必要的调整等，涵盖了全国各地城乡居民生活消费的食品、居住、烟酒及用品、衣着、家庭设备用品及维修服务、医疗保健和个人用品、交通和通信、娱乐教育文化用品及服务八个大类、39个中类、262个基本分类、600余种商品与服务项目的价格。房价不纳入统计是国际惯例，在我国的编制中对居住类的自有住房采用的是使用成本法，也就是说居住中对自有住房的消费是用该住房的估算租金来体现的。

CPI反映的只是居民购买的日常消费品和服务价格的变化，并非所有商品价格的变化。还有住房价格是否应该计入CPI也引发诸多争议，对于普通百姓来说，购买住房无疑是最大宗的消费，但在CPI的统计当中，住房价格没有被统计在内，这在老百姓看来是不可理解的事情。

中国社会科学院金融研究所研究员易宪容表示，现有的住房消费统计的确存在权重偏低的问题，而且价格确立方法也值得商榷。易宪容告诉记者，如房价部分，美国确立的权重是46%，加拿大的权重是36%，而我国现在只有13%。不过，清华大学的华如兴教授表达了不同看法，"住房价格是投资领域的交易，我们不能够把居民的整个支出搁在CPI里面。居民买房是购买投资品，凡是购买投资品的交易都必须以投资交易来算，而不能算在CPI里面。"国务院参事室特约研究员、国家统计局原总经济师姚景源也说：全世界在经济学、统计学上，把买房子都叫作投资，那么我们不叫消费，所以房子价格就没有进到CPI当中来。CPI包含的商品和服务及权重设置在未来必定还会面临争议，都是为了使CPI能更真实地评价消费的实际情况。

拓展阅读：CPI与通货
膨胀率

在管理工作中，无论是宏观的，还是微观的，总会面临各种各样的评价问题。科学地选取和设计评价方法，合理地设置评价指标和权重，对于管理者制定正确的决策是非常重要的。但是如果评价方法使用不当，不仅会扭曲实际情况，还会造成误会和矛盾。

资料来源：央广财经评论：姚景源说数据：为何房价不计入CPI？[EB/OL]. (2014-03-07). http://finance.cnr.cn/jjpl/201403/t20140307_515015087.shtml.

4.1 评价方法概述

4.1.1 评价的定义

评价是指对各种可行的方案，从社会、政治、经济、技术等方面进行综合考察，确定评价对象的意义、价值或者状态，给出评价结果，为决策提供科学指导的过程。它本质上是一个判断的处理过程，是定量分析中的一项重要工作。评价的目的是通过对评价对象属性的定量化测度，实现对评价对象整体水平或功能的量化描述，从而揭示事物的价值或发展规律。

英国学者 Francis Edgeworth 于 1888 年发表了《考试中的统计学》，这被认为是最早的评价方法。20 世纪 50 年代之后，随着多指标综合评价方法的发展，各种指标无量纲化相继发展起来，形成了"量化值的加权平均"的评价思想。20 世纪 70 年代之后，提出了多种评价方法并被广泛应用，如线性规划法、层次分析法、数据包络分析法等。20 世纪 80 年代之后，随着模糊数学理论、灰色系统理论、信息论等诸多新的理论被引入评价方法中，评价方法的相互融合使用开始兴起，提出了多种模型和方法，如基于模糊数的 DEA 模型、随机 DEA 模型、对策 DEA 模型、模糊物元模型和模糊层次分析法等。20 世纪 90 年代之后，逐步形成了多种确定性评价方法和不确定性评价方法综合运用的方法，如模糊-AHP 法、模糊-灰色-物元系统[FHW（模糊、灰色、物元空间）决策系统]、灰色-粗糙模型组合运用等。

4.1.2　评价方法的分类

评价方法可分为定性评价和定量评价。

定性评价是指评价人员根据自己的知识背景以及所掌握的实际情况和实践经验，对事物的性质、方向和程度作出的判断。常用的定性评价方法主要有以下几种。

（1）专家会议法。专家会议法是指通过组织召开由一组专家参加的座谈会，逐步形成一致评价意见的方法。

（2）头脑风暴法。头脑风暴法是指通过组织专家会议，激励专家激发创造性思维的方法。通过专家之间直接交换信息，充分发挥创造性思维，有可能在比较短的时间内得到富有成效的创造性成果。

（3）德尔菲法。德尔菲法是指以匿名方式通过几轮函询，征求专家们的意见，组织者汇总整理每一轮的意见，再发给每一位专家，供他们分析判断，提出新的论证的方法。如此循环往复，专家的意见渐趋一致，结论的可靠性也越来越大。

（4）主要指标对比评价法。主要指标对比评价法是指通过技术经济指标的对比，检查计划的完成情况，分析产生差异的原因，进而挖掘内部潜力的一种方法。这种方法应用时必须注意各技术经济指标的可比性。

（5）逻辑框架法。这种方法为评价者提供了一种分析框架，用框图来清晰地分析评价对象，使之更易被理解。从确定待解决的核心问题入手，向上逐级展开，明确其影响，向下逐层推演找出其引发的原因，得到"问题树"。将"问题树"描述的因果关系转换为相应的"手段-目标"关系，从而得到"目标树"。

定量评价是指按照数量分析方法，从客观量化角度对数据资源进行优选与评价，通过数学计算得出评价结论的方法。定量评价方法通过客观的数量分析，使得评价结果更加具体和可靠。

常用的定量评价方法主要有以下几种。

（1）层次分析法。层次分析法是指依据具有层次网络结构的目标-指标体系，通过两两对比，得出各个评价对象的权重的方法。

（2）模糊综合评价法。模糊综合评价法是指在模糊数学的基础之上，将边界不清楚的因素定量化，用来进行综合评价的方法。

（3）多目标效用综合方法。多目标效用综合方法是指先建立目标-指标体系，从最下层属性开始，以一定的规则进行多级效用合并，从而更好地评价研究对象的方法。

（4）仿真方法。仿真方法是指通过对评价对象进行仿真，从动态的、系统的角度对实施后产生的影响进行评价的方法。

（5）数据包络分析法。数据包络分析法是指依据评价对象的输入数据和输出数据，对具有可比性的同类型单位进行相对有效性的评价的方法。

（6）计算智能方法。计算智能方法通过对给定样本的学习，基于生物体系的生物进化、细胞免疫、神经细胞网络等机制，用数学语言的抽象描述，获取专家知识、经验、主观判断，建立接近人类思维模式的定性与定量相结合的综合评价方法。

（7）组合评价方法。组合评价方法是指选用多种评价方法进行组合，借助不同的评价方法的优势，提高评价过程和结果的科学性与可靠性的方法。

定性评价方法要求评价者具备相关的知识和经验，定量评价方法则要求有大量的可靠数据。因此，科学的评价应当是将定性和定量的方法相结合，优势互补，进行更为系统的分析和评价。

4.1.3　评价流程

评价的过程一般包含以下基本步骤（图 4-1）。

（1）明确评价目标，选定评价对象。针对决策者关心的具体问题，提出一个明确的评价目标，并有针对性地选定评价对象。

（2）建立评价指标体系。每一个指标都是从不同的角度测量被评价对象所具有的某种特征或属性。评价指标体系的建立要视具体的评价问题而定，但一般遵循整体性、科学性和可操作性等基本原则，包括评价指标筛选、优化和检验等内容。

（3）指标预处理。指标预处理包括指标类型一致化、无量纲化和测度量级无差别化。为了消除各指标间的不可比性并统一各指标的趋势，在进行评价前要对各指标的原始数据进行无量纲化处理，将各评价指标的实际值转化为指标评价值。

（4）确定指标权重。权重是用来衡量单个评价指标在整个评价体系中的相对重要程度。确定权重的方法主要有主观赋权法、客观赋权法和组合赋权法。

（5）选择或构建评价模型。通过一定的模型或算法将多个指标的评价值综合在一起，以得到一个整体性的评价。常用的评价模型主要有线性评价模型、非线性评价模型和逼近理性点模型。

（6）计算评价结果。利用建立好的模型，通过计算得到具体的评价结果。

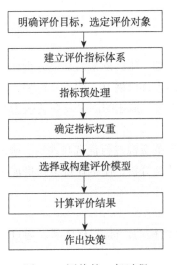

图 4-1　评价的一般过程

（7）作出决策。根据评价结果，对所选定的评价对象作出决策。

4.2　DEA

4.2.1　DEA 的定义

数据包络分析是一种基于多投入和多产出的用于评价同类型组织（或项目）工作绩效相对有效性的管理方法。DEA 在管理领域的应用非常广泛。

这种方法由美国运筹学家、得克萨斯大学教授 A.Charnes、W.W.Cooper 和 E.Rhodes 在他们共同发表的一篇文章 *Measuring the efficiency of decision making units* 中提出。其模型简称 C^2R 模型，用来评价部门间的相对有效性，即 DEA 有效。

这种方法常被用来衡量拥有相同目标的不同组织的相对效率，这类组织如同类型的公司之间的比较、一家公司的各个营业部、相同类型的城市等。它们具有相同或相近的投入和产出。特别是当存在多种投入（如投资、人员、土地、设备等）和多种产出（如利润、市场占有率、创新成果等）的时候，更加适合应用 DEA 进行投入/产出的比较分析。

随着 DEA 领域研究的逐步深入，C^2R、BC^2、FG 及 ST 成为四个经典的 DEA 模型。其中，C^2R 模型是专门用来判断决策单元是否同时为技术有效和规模有效；BC^2 模型是用来判断决策单元是否为技术有效的；FG 模型不但可以评价决策单元的技术有效性，而且能够判断决策单元规模报酬非增（规模报酬不变或为递减）；ST 模型既能够评价决策单元的技术有效性，也能判断决策单元规模报酬非减问题。

此外，还有很多学者对 DEA 模型进行了扩展研究，如 GDEA 模型、带有"偏好锥"和"偏袒锥"的综合 DEA 模型、逆 DEA 模型、交形式的 DEA 模型、网络 DEA 等，丰富了 DEA 模型的种类。

决策单元（decision making units，DMU）。一个经济系统或一个生产过程可以看成一个单元，通过投入一定数量的生产要素并产出一定数量的成果，以效益最大化为目的，这样的单元被称为决策单元。

DEA 评价的依据是决策单元的投入数据和产出数据。根据这两类数据来评价决策单元的绩效优劣，即评价单位间的相对有效性。通过对投入和产出的综合分析，DEA 可以得出每个 DMU 综合效率的数量指标。据此将各决策单元定级排队，确定有效的决策单元，并可给出其他决策单元非有效的原因和程度。

4.2.2　DEA 分析模型

C^2R 模型是 DEA 的一个重要模型，本章主要对它进行介绍。

设某个 DMU 在一项生产活动中的输入向量为 $x = (x_1, x_2, \cdots, x_m)^T$，输出向量为 $y = (y_1, y_2, \cdots, y_s)$。用 (x,y) 来表示这个 DMU 的生产活动。

现设有 n 个 $\text{DMU}_j (1 \leqslant j \leqslant n)$，$\text{DMU}_j$ 对应的输入、输出向量分别为

$$x_j = (x_{1j}, x_{2j}, \cdots, x_{mj})^T > 0, j = 1, 2, \cdots, n$$

$$y_j = (y_{1j}, y_{2j}, \cdots, y_{sj})^T > 0, j = 1, 2, \cdots, n$$

而且 $x_{ij} > 0$，$y_{rj} > 0$，$i = 1, 2, \cdots, m$；$r = 1, 2, \cdots, s$，即每个决策单元有 m 种类型的输入

以及 s 种类型的输出。

x_{ij} 为第 j 个决策单元对第 i 种类型输入的投入量；

y_{rj} 为第 j 个决策单元对第 r 种类型输出的产出量。

x_{ij} 和 y_{rj} 为已知的数据，可以通过历史资料分析或预测得到。

由于在生产过程中各种输入和输出之间的作用或影响不同，因此要对 DMU 进行评价，需要对它的输入和输出进行综合分析，这样就需要赋予每个输入、输出恰当的权重（图 4-2）。

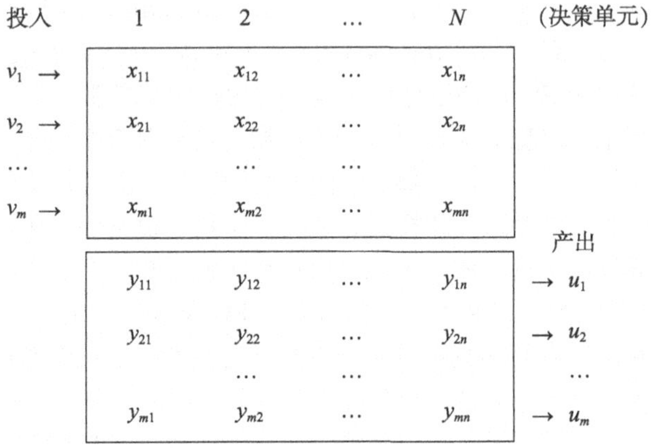

图 4-2　DEA 投入产出框图

v_i：对第 i 种类型输入的一种度量（或称权）；u_r：对第 r 种类型输出的一种度量（或称权）；

$$i = 1, 2, \cdots, m ; \quad r = 1, 2, \cdots, s$$

由于对输入和输出的信息了解得不充分，或者尽量避免分析者的主观影响，我们并不事先给定输入、输出权向量：$\boldsymbol{v} = (v_1, v_2, \cdots, v_m)^{\mathrm{T}}$，$\boldsymbol{u} = (u_1, u_2, \cdots, u_s)^{\mathrm{T}}$，而是先把它们看作变向量，然后在分析过程中再根据某种原则来确定它们。在这里，v_i 为第 i 种类型输入的一种度量（权）；u_r 为第 r 种类型输出的一种度量（权）。

因为 $\boldsymbol{v} = (v_1, v_2, \cdots, v_m)^{\mathrm{T}}$ 表示对 m 项投入重要性的权系数，$\boldsymbol{u} = (u_1, u_2, \cdots, u_s)^{\mathrm{T}}$ 表示对 s 项产出重要性的权系数，此时在权 $\boldsymbol{v}$ 和 $\boldsymbol{u}$ 之下，转化为具有一个投入和一个产出的场合。因此，以单位投入的产出计算效率，每个决策单元 DMU_j 都有相应的相对效率值（以下简称"效率指数"）：

$$h_j = \frac{\boldsymbol{u}^{\mathrm{T}} y_j}{\boldsymbol{v}^{\mathrm{T}} x_j} = \frac{\sum\limits_{r=1}^{s} u_r y_{rj}}{\sum\limits_{i=1}^{m} v_i x_{ij}} \quad j = 1, 2, \cdots, n$$

我们可以适当地取权系数 $\boldsymbol{v}$ 和 $\boldsymbol{u}$，使得 $h_j \leqslant 1$。

$\mathrm{C}^2\mathrm{R}$ 模型是基于规模收益不变，也就是每一单位投入得到的产出量是固定不变的，不会因规模大小而改变。一般来说，h_{j_0} 大，表明 DMU_{j_0} 能够通过相对较少的输入而得到相对较多的输出。如果要看 DMU_{j_0} 在这 n 个 DMU 中是不是最优的，可以计算当权重发生变化时， h_{j_0} 的最大值是多少。

若以第 j_0 个决策单元的效率指数为目标，以所有决策单元（含第 j_0 个决策单元）的效率指数为约束，相对效率优化评价模型为

$$\max h_{j_0} = \max \frac{\displaystyle\sum_{r=1}^{s} u_r y_{rj_0}}{\displaystyle\sum_{i=1}^{m} v_i x_{ij_0}}$$

$$\text{s.t.} \begin{cases} \dfrac{\displaystyle\sum_{r=1}^{s} u_r y_{rj}}{\displaystyle\sum_{i=1}^{m} v_i x_{ij}} \leqslant 1 \quad j = 1, 2, \cdots, n \\[2mm] \boldsymbol{v} = (v_1, v_2, \cdots, v_m)^{\mathrm{T}} \geqslant 0 \\[1mm] \boldsymbol{u} = (u_1, u_2, \cdots, u_m)^{\mathrm{T}} \geqslant 0 \end{cases}$$

其中， $\boldsymbol{v} \geqslant 0$ 表示对于 $i = 1, 2, \cdots, m, v_i \geqslant 0$ ，并且存在某 $i_0 (1 \leqslant i_0 \leqslant m), v_{i_0} > 0$ 。对于 $\boldsymbol{u} \geqslant 0$ 含义相同。

上式是一个分式规划模型，必须将其转化为线性规划模型才能求解，可令

$$t = \frac{1}{v^t x_0}, \quad \omega = tv, \quad \mu = tu$$

则可得到 $\mathrm{C}^2\mathrm{R}$ 的线性规划模型：

$$(P) \begin{cases} \max h_{j_0} = \boldsymbol{\mu}^{\mathrm{T}} y_0 \\ \text{s.t.} \; \boldsymbol{\omega}^{\mathrm{T}} x_j - \boldsymbol{\mu}^{\mathrm{T}} y_j \geqslant 0 \quad j = 1, 2, \cdots, n \\ \boldsymbol{\omega}^{\mathrm{T}} x_0 = 1 \\ \boldsymbol{\omega} \geqslant 0 \;\; \boldsymbol{\mu} \geqslant 0 \end{cases}$$

上述模型可以通过求线性规划的最优解来定义第 j_0 个决策单元的有效性。

利用该模型来评价 DMU_{j_0} 的生产效率是否有效时，是相对于其他所有决策单元而言的。

依据以上的推导，可以写出如下数学模型，该式也是规划 P 的对偶形式 D ：

$$\min \theta$$

$$\text{s.t.} \begin{cases} \displaystyle\sum_{j=1}^{n} \lambda_j x_j \leqslant \theta x_0 \\[3mm] \displaystyle\sum_{j=1}^{n} \lambda_j y_j \geqslant y_0, \text{ 其中} \theta \text{无约束} \\[3mm] \lambda_j \geqslant 0 \end{cases}$$

应用线性规划对偶理论，我们可以通过对偶规划来判断 DMU_{j_0} 的有效性。为了方便讨论及应用，需引入松弛变量 s^+ 和剩余变量 s^- ，那么上面的不等式约束可以转变为等式约束：

$$(D)\begin{cases} \min \theta \\ \text{s.t.} \sum_{j=1}^{n} \lambda_j x_j + s^+ = \theta x_0 \\ \sum_{j=1}^{n} \lambda_j y_j - s^- = y_0 \\ \lambda_j \geqslant 0 \quad j=1,\cdots,n \\ \theta \text{无约束} \quad s^+ \geqslant 0, s^- \geqslant 0 \end{cases}$$

直接称线性规划 (D) 为规划 (P) 的对偶规划。

下面给出几条定理与定义，目的是为以后模型的应用做准备。

定理 4-1 如果线性规划 (P) 及其对偶规划 (D) 均存在可行解，那么它们的效率指数必存在最优值。令其最优值分别为 $h_{j_0}^*$ 与 θ^*，则 $h_{j_0}^* = \theta^* \leqslant 1$。

定义 4-1 若线性规划 (P) 的最优值 $h_{j_0}^* = 1$，则称决策单元 DMU_{j_0} 为弱 DEA 有效。

定义 4-2 若线性规划 (P) 的解存在，当且仅当其最优值 $h_{j_0}^* = 1$，则称决策单元 DMU_{j_0} 为 DEA 有效（C^2R）。

根据 DEA 有效和弱 DEA 有效的定义可知，它们之间的关系如下：

$$\text{DEA 有效} \Rightarrow \text{弱 DEA 有效}$$

定理 4-2

（1）DMU_{j_0} 为弱 DEA 有效的充分必要条件是线性规划 (D) 的最优值 $\theta^* = 1$。

（2）DMU_{j_0} 为 DEA 有效的充分必要条件是线性规划 (D) 的最优值 $\theta^* = 1$，并且对于每个最优解 λ^*、s^{*-}、s^{*+}、θ^*，都有 $s^{*-} = 0$，$s^{*+} = 0$。

接下来阐述 DEA 有效性所表示的经济含义，我们利用 C^2R 模型可以在生产活动中判定是否同时达到技术有效和规模有效。结论如下。

（1）若线性规划 (D) 的最优值 $\theta^* = 1$，且最优解满足 $s^{*-} = 0$，$s^{*+} = 0$。那么称 DMU_{j_0} 为 DEA 有效。DMU_{j_0} 的生产活动同时达到了技术有效和规模有效。其中 s^+ 表示产出的"亏量"，s^- 表示投入的"超量"。此时不存在"超量"投入及"亏量"产出。

（2）若线性规划 (D) 的最优值 $\theta^* = 1$，但 $s^{*-} > 0$ 或 $s^{*+} > 0$，则称 DMU_{j_0} 为弱 DEA 有效。此时 DMU_{j_0} 没有同时达到技术有效和规模有效，经济活动的技术和规模效益没有同时达到最佳，部分投入可能存在冗余。换言之，生产活动中某些方面的投入仍存在"超量"，某些产出有"亏量"。

（3）若线性规划 (D) 的最优值 $\theta^* < 1$，则 DMU_{j_0} 不是 DEA 有效。其经济意义表明 DMU_{j_0} 的生产活动技术效率没有达到最佳，规模效率也不是最佳，需要减少投入以提高效率。

按照效率指数的测量方式，DEA 模型可以分为投入导向型、产出导向型和非导向型三种类型。投入导向型是以投入为出发点来测量 DMU 的无效率程度，在不减少产出的条件下，要达到技术有效各项投入应减少的程度；产出导向型则从产出的角度来测量 DMU 的无效率程度，在不增加投入的条件下，要达到技术有效而应增加的各项产出的程度；非导向型同时从投入和产出来进行测量。

检验 DMU_{j_0} 的 DEA 有效性时，可利用线性规划，也可利用对偶线性规划。无论哪种方法都不方便，通过构造一个稍加变化的模型可以简化这一检验过程。这就是具有非阿基米德无穷小的 C^2R 模型。利用此模型可以一次性判断出决策单元是 DEA 有效，还是弱 DEA 有效，或是非 DEA 有效。另外，由于实际生产过程中活动的多样性，或决策者在评价活动中的作用不同，很多学者在基本模型 C^2R 的基础上，又提出一些新的 DEA 模型。

DEA 分析步骤有以下几个。

（1）明确评价目标。

（2）明确评价对象，选择 DMU。

（3）分别建立投入指标体系和产出指标体系。

（4）收集和整理指标数据，定性指标需要量化赋值。

（5）选择 DEA 模型，计算评价结果。

（6）分析评价结果并提出决策建议。

4.2.3　算例

DT 银行的 4 个城市支行的投入产出见表 4-1。试求解各个支行的运行是否 DEA 有效（产出单位：业务处理数/月）。

表 4-1　4 个城市支行投入产出数据

支行	投入		产出/万元		
	雇员人数	营业面积/平方米	存款业务	借贷业务	其他业务
北京市支行	15	140	1 800	200	1 600
郑州市支行	20	130	1 000	350	1 000
石家庄市支行	21	120	800	450	1 300
武汉市支行	20	135	900	420	1 500

解：

（1）在线性规划 DEA 模型的约束条件中，需要利用各要素与所有要素的加权平均进行比较，因此需要假设一个合成支行作为所有要素的加权平均。若要使北京市支行比合成支行（4 个支行的加权平均）相对低效，那么合成支行的产出必须大于或等于北京市支行的产出，与此同时合成支行的投入小于或等于北京市支行投入，即合成支行拥有更大的产出而拥有更小的投入。

①为了使模型符合逻辑，合成支行的产出必须大于或等于北京市支行的产出，即

合成支行的产出≥北京市支行的产出

②为了使模型符合逻辑，合成支行的投入必须小于或等于北京市支行的投入，即

合成支行的投入≤北京市支行的投入

③引入效率指数 E，如北京市支行雇员人数为 15 人，则 $15E$ 为合成支行雇员人数。当 $E=1$ 时，合成支行需要与北京市支行相同的投入资源。

当 $E>1$ 时，合成支行需要的投入资源大于北京市支行的投入资源。

当 $E<1$ 时，合成支行需要的投入资源小于北京市支行的投入资源。

DEA 模型的逻辑就是寻求一种合成能否在取得相同或更多产出的同时只需更少的投入。假如这种合成可以得到，那么合成的一部分（如北京市支行）将被判定比合成（合成支行）低效。

（2）对于北京市支行，其产出综合值为 $1\,800u_1+200u_2+1\,600u_3$，投入综合值为 $15v_1+140v_2$，其中 u_1、u_2、u_3、v_1、v_2 分别为产出与投入的权重系数。

对于北京市支行的生产效率最高的优化模型如下所示：

$$\max h_1=\frac{1\,800u_1+200u_2+1\,600u_3}{15v_1+140v_2}$$

$$\text{s.t.}\begin{cases} h_1=\dfrac{1\,800u_1+200u_2+1\,600u_3}{15v_1+140v_2}\leqslant1 \\[2mm] h_2=\dfrac{1\,000u_1+350u_2+1\,000u_3}{20v_1+130v_2}\leqslant1 \\[2mm] h_3=\dfrac{800u_1+450u_2+1\,300u_3}{21v_1+120v_2}\leqslant1 \\[2mm] h_4=\dfrac{900u_1+420u_2+1\,500u_3}{20v_1+135v_2}\leqslant1 \end{cases}\qquad(4\text{-}1)$$

令 $t=\dfrac{1}{15v_1+140v_2}$，$\mu_i=tu_i,\omega_i=tv_i$，则式（4-1）变形为

$$\max h_1=1\,800\mu_1+200\mu_2+1\,600\mu_3$$

$$\text{s.t.}\begin{cases} 1\,800\mu_1+200\mu_2+1\,600\mu_3\leqslant15\omega_1+140\omega_2 \\ 1\,000\mu_1+350\mu_2+1\,000\mu_3\leqslant20\omega_1+130\omega_2 \\ 800\mu_1+450\mu_2+1\,300\mu_3\leqslant21\omega_1+120\omega_2 \\ 900\mu_1+420\mu_2+1\,500\mu_3\leqslant20\omega_1+135\omega_2 \\ 15\omega_1+140\omega_2=1 \end{cases}\qquad(4\text{-}2)$$

其对偶线性规划为

$$\min V_D=E$$

$$\text{s.t.}\begin{cases} 15\lambda_1+20\lambda_2+21\lambda_3+20\lambda_4\leqslant15E \\ 40\lambda_1+130\lambda_2+120\lambda_3+135\lambda_4\leqslant140E \\ 1\,800\lambda_1+1\,000\lambda_2+800\lambda_3+900\lambda_4\geqslant1\,800 \\ 200\lambda_1+350\lambda_2+450\lambda_3+420\lambda_4\geqslant200 \\ 1\,600\lambda_1+1\,000\lambda_2+1\,300\lambda_3+1\,500\lambda_4\geqslant1\,600 \\ \displaystyle\sum_{i=1}^{4}\lambda_i=1 \\ \lambda_i\geqslant0 \end{cases}\qquad(4\text{-}3)$$

（3）同理可对郑州市支行、石家庄市支行、武汉市支行建立线性规划，并应用软件 DEAP2.1 求解，得到各线性规划结果如表 4-2 所示。

表 4-2 各支行的技术效率、纯技术效率及规模效率值

支行	crste	vrste	scale	规模报酬
北京市支行	1.000	1.000	1.000	—
郑州市支行	0.892	0.966	0.924	irs
石家庄市支行	1.000	1.000	1.000	—
武汉市支行	1.000	1.000	1.000	—

注：crste 表示技术效率，也叫综合效率；vrste 表示纯技术效率；scale 表示规模效率（drs：规模报酬递减；—：规模报酬不变；irs：规模报酬递增）；crste = vrste × scale。

对北京市支行，$E = 1$，说明合成支行无法在取得与北京市支行相同或更多产出的同时只需更少的投入，因此北京市支行的运行 DEA 有效。

对郑州市支行，$E = 0.892$，说明合成支行能获得郑州市支行的每一个产出的同时而只用郑州市支行最多 89.2%的投入资源。因此，郑州市支行是相对低效（或 DEA 无效）的。

对石家庄市支行，$E = 1$，说明合成支行无法在取得与石家庄市支行相同或更多产出的同时只需更少的投入，因此石家庄市支行的运行 DEA 有效。

对武汉市支行，$E = 1$，说明合成支行无法在取得与武汉市支行相同或更多产出的同时只需更少的投入，因此武汉市支行的运行 DEA 有效。

拓展阅读：DEA 与 Stata

4.3 层次分析法

4.3.1 层次分析法的原理

层次分析法，也称层级分析法，20 世纪 70 年代由美国运筹学家、匹兹堡大学教授托马斯·萨蒂（T. L. Saaty）提出。

在现实生活中，往往会遇到比较复杂的决策问题。以假日旅游为例，有三个旅游地 A、B、C，你会根据旅游的费用、景色、交通状况、居住条件、饮食状况等因素综合考虑，根据一定的判断准则最终选择旅游目的地。层次分析法就是模拟人对一个复杂的决策问题的思考过程，把思维过程层次化、数量化，为分析、决策、预报或控制提供定量依据的一种定性分析和定量分析相结合的、系统化、层次化的多准则决策方法。层次分析法具有思路清晰、方法简单、适用范围广、系统性强，易于普及和推广的特点，为一般的评价问题提供了一个简单、快速、实用的解决思路。

应用层次分析法解决问题的基本思路是，首先，要把问题层次化，即将问题分解为不同的因素，并将这些因素归为不同的目标、准则、方案等层次，形成一个递阶的、有序的、多层次分析结构模型；其次，对结构模型中每一层次因素的相对重要性，基于人对客观现实的判断给出定量表示，再运用数学的方法确定每一层所有因素相对重要性次序的权值；最后，通过综合计算每一层因素相对重要性的权值，获得最底层（方案层）相对于最高层

（目标层）的相对重要性顺序的组合权值或相对优劣次序的排序值，作为评价和选择方案的依据并得到最后的决策方案。

运用层次分析法分析解决问题时，一般要经过以下几个步骤：①构建层次结构模型；②构造判断矩阵；③判断矩阵一致性检验；④层次单排序；⑤层次总排序；⑥决策。以下将具体说明每一个步骤的实现过程。

1. 构建层次结构模型

首先将评价问题的因素分解为决策的目标、考虑的因素（决策准则）和决策备选方案，并按照最高层、中间层和最底层的形式排列，在此基础上绘制层次结构模型，如图 4-3 所示。

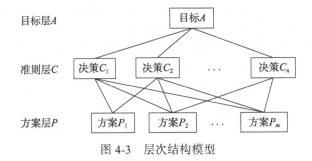

图 4-3　层次结构模型

（1）最高层：即目标层，只有一个元素，表示决策的目的、要解决的问题。

（2）中间层：即准则层，表示决策考虑的因素、决策的准则。

（3）最底层：即方案层，表示解决问题时的备选方案。

（4）连线：表明上一层因素与下一层因素之间的联系。

对于相邻的两层，高层称为目标层，底层称为因素层。层次结构模型中的层次数与问题的复杂程度和需要分析的详尽程度有关，一般层次数不受限制。每一层次中元素数量通常不超过 9 个，因为同一层次中包含过多的元素会给两两比较判断带来困难。

2. 构造判断矩阵

层次分析法主要是对每一层次中各因素相对重要性给出判断，这些判断通过引入适当的数值表示出来，写成矩阵形式就是判断矩阵，是通过因素的两两比较建立起来的。假定上一层次的因素 A_k 对下一层因素 $B_1, B_2, \cdots, B_n$ 有联系，我们要在 A_k 下按相对重要性赋予 $B_1, B_2, \cdots, B_n$ 相对应的权重。在这个过程中要考虑针对 A_k 两个因素 B_i、B_j 哪个更重要，并对"重要性"赋予一定的数值。

对于 n 个元素，得到两两比较判断矩阵 $\boldsymbol{B} = (B_{ij})_{n \times n}$。其中 B_{ij} 表示因素 i 和因素 j 相对于 A_k 的重要值。判断矩阵 $A_k\text{-}\boldsymbol{B}$ 如表 4-3 所示。

表 4-3　判断矩阵 $A_k\text{-}\boldsymbol{B}$

A_k	B_1	B_2	$\cdots$	B_n
B_1	b_{11}	b_{12}	$\cdots$	b_{1n}
B_2	b_{21}	b_{22}	$\cdots$	b_{2n}
$\vdots$	$\vdots$	$\vdots$		$\vdots$
B_n	b_{n1}	b_{n2}	$\cdots$	b_{nn}

矩阵 $\boldsymbol{B}$ 具有以下性质。

（1）$b_{ij} > 0$。

（2）$b_{ij} = 1/b_{ji}$（$i \neq j$）。

（3）$b_{ii} = 1$（$i,j = 1,2,\cdots n$）。

在层次分析法中，为了使决策判断定量化，形成上述数值判断矩阵，根据一定的比率标度将判断定量化。经典的 1-9 标度法如表 4-4 所示。

表 4-4　判断矩阵标度及其含义

序号	重要性等级	b_{ij} 赋值
1	i、j 两因素同等重要	1
2	i 因素比 j 因素稍重要	3
3	i 因素比 j 因素明显重要	5
4	i 因素比 j 因素强烈重要	7
5	i 因素比 j 因素极端重要	9
6	i 因素比 j 因素稍不重要	1/3
7	i 因素比 j 因素明显不重要	1/5
8	i 因素比 j 因素强烈不重要	1/7
9	i 因素比 j 因素极端不重要	1/9
如果 b_{ij} 赋值是 2、4、6、8，或者是各数的倒数，也具有类似的意义		

赋值的根据，可以由决策者直接提供，也可由决策者与分析者共同确定，或是通过专家咨询获得。

3. 判断矩阵一致性检验

通过前一步骤，我们构建了判断矩阵，对于判断矩阵 $\boldsymbol{B}$ 而言，若对于任意 i、j、k 均有 $b_{ij} \cdot b_{jk} = b_{ik}$，那么称该矩阵为完全一致性矩阵。但是，在处理实际问题中，由于判断对象的复杂性和人的判断能力的局限性，判断者在对因素进行判断时可能会出现因素排序不一致或整体排序不一致问题。例如，出现甲比乙极端重要，乙比丙极端重要，丙又比甲极端重要的矛盾，这显然违反常识。因此，为了保证应用层次分析法分析得到的结论符合常理，需要对构造的判断矩阵进行一致性检验。

由矩阵理论可以得到以下结论，即如果 $\lambda_1, \lambda_2, \cdots, \lambda_n$ 是满足

$$Bx = \lambda x$$

的数，也就是矩阵 $\boldsymbol{B}$ 的特征根，并对所有 $b_{ii} = 1$，有

$$\sum_{i=1}^{n} \lambda_i = n$$

当矩阵具有完全一致性时，$\lambda_1 = \lambda_{\max} = n$，其余特征根均为零；当矩阵 $\boldsymbol{B}$ 不具有完全一致性时，有 $\lambda_1 = \lambda_{\max} > n$，其余特征根 $\lambda_2, \lambda_3, \cdots, \lambda_n$ 满足式（4-4）所示的关系：

$$\sum_{i=2}^{n} \lambda_i = n - \lambda_{\max} \tag{4-4}$$

上述结论告诉我们，当判断矩阵不能保证具有完全一致性时，判断矩阵的特征根也会

发生变化，这样就可以利用判断矩阵特征根的变化来检验判断矩阵的一致性程度。因此，在层次分析法中引入判断矩阵最大特征根以外的其余特征根的负平均值，作为度量判断矩阵偏离一致性的指标。

$$CI = \frac{\lambda_{\max} - n}{n - 1} \qquad (4-5)$$

CI 值越大，表明判断矩阵偏离完全一致性的程度越大；CI 值越小（接近于 0），表明判断矩阵一致性越好；CI = 0，$\lambda_1 = \lambda_{\max} = n$ 时，判断矩阵具有完全一致性。然而，要求每一个判断矩阵都完全一致显然是不太可能，特别是因素多、规模大的问题，因此要求判断矩阵具有满意一致性。

当矩阵 **B** 具有满意一致性时，$\lambda_{\max}$ 稍大于 n，其余特征根也接近于零。为了使表述更加准确，应该对"满意一致性"给出一个度量标准。

对于不同阶的判断矩阵，人们对一致性误差的判断不一样，对 CI 值的要求也不同。衡量不同阶判断矩阵是否具有满意一致性，还需引入判断矩阵的平均随机一致性指标 RI 值。对于 1～9 阶判断矩阵，RI 值分别列于表 4-5 中。

表 4-5　平均随机一致性指标

1	2	3	4	5	6	7	8	9
0.00	0.00	0.58	0.90	1.12	1.24	1.32	1.41	1.45

对于 1 阶、2 阶判断矩阵，RI 只是形式上的，按照对判断矩阵下的定义，1 阶、2 阶判断矩阵总是具有完全一致性。当阶数大于 2 时，判断矩阵的一致性指标 CI，其与同阶平均随机一致性指标 RI 之比称为判断矩阵的随机一致性比率，记为 CR。当

$$CR = \frac{CI}{RI} < 0.10$$

可以认为判断矩阵具有满意一致性，否则就需要对判断矩阵进行调整，直至使之具有满意一致性。

4. 层次单排序

层次单排序是指根据判断矩阵计算对于上一层某个因素来说本层次与之有联系的因素的重要性次序的权值。层次单排序可以归结为计算判断矩阵的最大特征根及其特征向量问题。这里介绍一种简单的计算判断矩阵最大特征根及其特征向量的方法：方根法。其计算步骤如下。

（1）计算判断矩阵每一行因素的乘积 M_i。

$$M_i = \prod_{j=1}^{n} b_{ij} \quad i = 1, 2, \cdots, n$$

（2）计算 M_i 的 n 次方根 $\overline{W}_i$。

$$\overline{W}_i = \sqrt[n]{M_i}$$

（3）对向量 $\overline{W} = [\overline{W}_1, \overline{W}_2, \cdots, \overline{W}_n]^T$ 正规化（归一化处理）。

$$W_i = \frac{\overline{W}_i}{\sum\limits_{j=1}^{n} \overline{W}_j} \qquad (4\text{-}6)$$

则 $W = [W_1, W_2, \cdots, W_n]^{\mathrm{T}}$ 即为所求的特征向量。

（4）计算判断矩阵的最大特征根 $\lambda_{\max}$。

$$\lambda_{\max} = \sum_{i=1}^{n} \frac{(AW)_i}{nW_i} \qquad (4\text{-}7)$$

其中，A 表示判断矩阵，$(AW)_i$ 表示向量 AW 的第 i 个分量。

除了方根法，还有幂法、和积法等。

5. 层次总排序

依次沿递阶层次结构由上到下逐层计算，就可以计算出最底层因素与最高层的评价目标之间的相对优劣排序值，即层次总排序。假定上一层次所有因素 $A_1, A_2, \cdots, A_m$ 的总排序已经完成，得到的权值分别为 $a_1, a_2, \cdots, a_m$，与 a_i 对应的本层次因素 $B_1, B_2, \cdots, B_n$ 单排序的结果为

$$b_1^i, b_2^i, \cdots, b_n^i$$

这里，若 B_j 与 A_i 无关，则 $b_j^i = 0$。层次总排序如表 4-6 所示。

表 4-6 层次总排序

层次	A_1	A_2	$\cdots$	A_m	B 层次的总排序
	a_1	a_2	$\cdots$	a_m	
B_1	b_1^1	b_1^2	$\cdots$	b_1^m	$\sum\limits_{i=1}^{m} a_i b_1^i$
B_2	b_2^1	b_2^2	$\cdots$	b_2^m	$\sum\limits_{i=1}^{m} a_i b_2^i$
$\vdots$	$\vdots$	$\vdots$	$\vdots$	$\vdots$	$\vdots$
B_n	b_n^1	b_n^2	$\cdots$	b_n^m	$\sum\limits_{i=1}^{m} a_i b_n^i$

显然

$$\sum_{j=1}^{n} \sum_{i=1}^{m} a_i b_j^i = 1$$

所以层次总排序仍然是归一化正规向量。

6. 决策

通过计算得到最底层各方案对最高层目标而言相对优劣的排序权值，可以通过权值大小对备选方案进行排序。也可以给各方案赋予分值，进行加权平均的计算得到综合得分，从而为评估方案提供依据。

4.3.2 层次分析法的算例

1. 算例

【例 4-1】 用方根法计算下面判断矩阵的最大特征根及其特征向量。判断矩阵见表 4-7。

表 4-7 判断矩阵

B	C_1	C_2	C_3
C_1	1	2	1/4
C_2	1/2	1	1/6
C_3	4	6	1

解：按方根法的计算步骤：

（1）每一行元素相乘得

$$M_1 = 1 \times 2 \times 1/4 = 0.5 \qquad M_2 = 1/2 \times 1 \times 1/6 = 0.083 \qquad M_3 = 4 \times 6 \times 1 = 24$$

（2）对 M_i 求 n 次方根得

$$\overline{W}_1 = \sqrt[3]{0.5} = 0.794 \qquad \overline{W}_2 = \sqrt[3]{0.083} = 0.436 \qquad \overline{W}_3 = \sqrt[3]{24} = 2.884$$

（3）对向量 $\overline{W} = (0.794, 0.436, 2.884)^\mathrm{T}$ 归一化得判断矩阵的特征向量：

$$\frac{0.794}{0.794 + 0.436 + 2.884} = 0.193$$

$$\frac{0.436}{0.794 + 0.436 + 2.884} = 0.106$$

$$\frac{2.884}{0.794 + 0.436 + 2.884} = 0.701$$

则

$$W = (0.193, 0.106, 0.701)^\mathrm{T}$$

（4）计算判断矩阵的最大特征根 $\lambda_{\max}$ 得

$$AW = \begin{bmatrix} 1 & 2 & \frac{1}{4} \\ \frac{1}{2} & 1 & \frac{1}{6} \\ 4 & 6 & 1 \end{bmatrix} \begin{bmatrix} 0.193 \\ 0.106 \\ 0.701 \end{bmatrix}$$

$$(AW)_1 = 1 \times 0.193 + 2 \times 0.106 + \frac{1}{4} \times 0.701 = 0.58$$

$$(AW)_2 = \frac{1}{2} \times 0.193 + 1 \times 0.106 + \frac{1}{6} \times 0.701 = 0.308$$

$$(AW)_3 = 4 \times 0.193 + 6 \times 0.106 + 1 \times 0.701 = 2.109$$

$$\lambda_{\max} = \sum_{i=1}^{n} \frac{(AW)_i}{nW_i} = \frac{(AW)_1}{3W_1} + \frac{(AW)_2}{3W_2} + \frac{(AW)_3}{3W_3} = \frac{0.58}{3 \times 0.193} + \frac{0.308}{3 \times 0.106} + \frac{2.109}{3 \times 0.701} = 3$$

矩阵的特征向量为 $(0.193, 0.106, 0.701)^\mathrm{T}$，最大特征根 $\lambda_{\max}$ 为 3。

【例 4-2】 人才选拔。

DT 公司要从 3 个项目 P_1、P_2、P_3 中选择一个进行投资，选择的标准有技术能力、财务情况、环保能力、组织能力、经济实力和风控能力六个因素。运用 AHP 对这 3 个项目进行综合评估并量化排序。判断矩阵已经给出。

解：根据层次分析法的一般步骤求解：

（1）构建层次结构模型，见图 4-4。

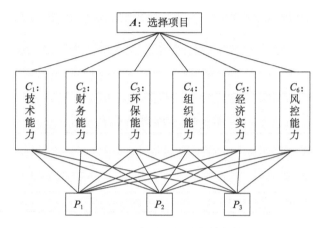

图 4-4　选一个项目的层次结构模型

（2）构造判断矩阵。判断矩阵如表 4-8～表 4-14 所示。

表 4-8　判断矩阵 A-C

A	C_1	C_2	C_3	C_4	C_5	C_6
C_1	1	1/2	1	3	2	1/2
C_2	2	1	2	4	4	1/6
C_3	1	1/2	1	5	3	1/3
C_4	1/3	1/4	1/5	1	1/3	1/4
C_5	1/2	1/4	1/3	3	1	1/5
C_6	2	6	3	4	5	1

表 4-9　判断矩阵 C_1-P

C_1	P_1	P_2	P_3
P_1	1	1/5	1/3
P_2	5	1	3
P_3	3	1/3	1

表 4-10　判断矩阵 C_2-P

C_2	P_1	P_2
P_1	1	1/5
P_2	5	1

表 4-11　判断矩阵 C_3-P

C_3	P_1	P_2	P_3
P_1	1	1/6	3
P_2	3	1	7
P_3	1/3	1/7	1

表 4-12　判断矩阵 C_4-P

C_4	P_1	P_2	P_3
P_1	1	1/3	5
P_2	3	1	7
P_3	1/5	1/7	1

表 4-13　判断矩阵 C_5-P

C_5	P_1	P_2	P_3
P_1	1	1/2	2
P_2	2	1	7
P_3	1/2	1/7	1

表 4-14　判断矩阵 C_6-P

C_6	P_1	P_2	P_3
P_1	1	6	9
P_2	1/6	1	3
P_3	1/9	1/3	1

（3）判断矩阵一致性检验和层次单排序。

例如判断矩阵 A-C，根据方根法求得最大特征根 $\lambda_{\max} = 6.56$，CI = 0.112，RI = 1.24，CR = 0.090\,3 < 0.10，判断矩阵 A-C 通过一致性检验，且得到矩阵的特征向量为 $W = [0.13, 0.19, 0.14, 0.04, 0.07, 0.42]^{\mathrm{T}}$。

同理，三个项目关于 6 条选择标准的判断矩阵 C_i-P（$i = 1, 2, \cdots, 6$）的最大特征根如表 4-15 所示。

表 4-15　各因素最大特征根

特征值	技术能力	财务能力	环保能力	组织能力	经济实力	风控能力
$\lambda_{\max}$	3.04	2.00	3.10	3.06	3.03	3.05

通过计算均可以通过一致性检验并对应的特征向量为

$$W_1 = [0.10, 0.64, 0.26]^{\mathrm{T}}$$

$$W_2 = [0.17, 0.83]^{\mathrm{T}}$$

$$W_3 = [0.17, 0.75, 0.07]^{\mathrm{T}}$$

$$W_4 = [0.28, 0.65, 0.07]^{\mathrm{T}}$$

$$W_5 = [0.36, 0.63, 0.11]^{\mathrm{T}}$$
$$W_6 = [0.77, 0.16, 0.07]^{\mathrm{T}}$$

（4）层次总排序。

通过上面的计算根据，经过总排序如表 4-16 所示。

表 4-16　选一个项目的层次总排序

层次	C_1	C_2	C_3	C_4	C_5	C_6	P 层次的总排序
	0.13	0.19	0.15	0.04	0.07	0.41	
P_1	0.1	0.17	0.17	0.28	0.36	0.77	0.43
P_2	0.64	0.83	0.75	0.65	0.63	0.16	0.49
P_3	0.26	—	0.07	0.07	0.11	0.07	0.08

其中，

$$0.13 \times 0.1 + 0.19 \times 0.17 + 0.15 \times 0.17 + 0.04 \times 0.28 + 0.07 \times 0.36 + 0.41 \times 0.77 \approx 0.43$$
$$0.13 \times 0.64 + 0.19 \times 0.83 + 0.15 \times 0.75 + 0.04 \times 0.65 + 0.07 \times 0.63 + 0.41 \times 0.16 \approx 0.49$$
$$0.13 \times 0.26 + 0.15 \times 0.07 + 0.04 \times 0.07 + 0.07 \times 0.11 + 0.41 \times 0.07 \approx 0.08$$

可以得到各因素 C 对目标 A 的权值为

$$W = [0.43, 0.49, 0.08]^{\mathrm{T}}$$

即在选一个项目时，三个项目的排序为：P_2，P_1，P_3。可以选择第一个项目进行投资。

2. Yaahp 软件简介

Yaahp（Yet Another AHP）是一款层次分析法辅助软件，具有层次模型构造、判断矩阵数据录入、排序权重计算和分析、数据导出等方面的功能。应用 Yaahp 软件可以方便地完成层次分析法、模糊综合评价法以及两者相结合的多准则决策分析任务。Yaahp V10.3 的界面如图 4-5 所示。

拓展阅读：层次分析法的 matlab 代码实现算例

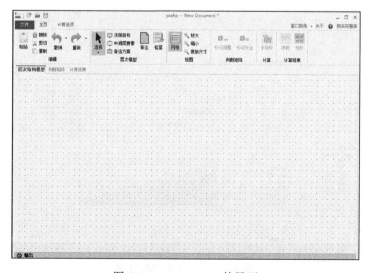

图 4-5　Yaahp V10.3 的界面

应用 Yaahp V10.3 解决层次分析法问题主要包括三个步骤。首先要构建层次结构模型，其次输入层次结构模型中涉及的判断矩阵，最后是求出计算结果。值得注意的是，运用 Yaahp V10.3 求解层次分析法时，只有上一步骤完成后才能进行下一个步骤。下面运用软件求解例 4-2。

1）构建层次结构模型

构建层次结构模型。录入决策目标、中间要素层、备选方案并用下一层指向上一层的箭头连接相邻两层。选一个投资项目的层次结构模型如图 4-6 所示。

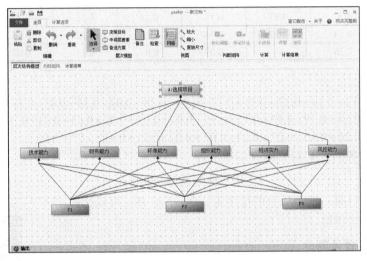

图 4-6　选一个投资项目的层次结构模型

2）录入判断矩阵

分别录入矩阵 $A\text{-}C$、$C_1\text{-}P$、$C_2\text{-}P$、$C_3\text{-}P$、$C_4\text{-}P$、$C_5\text{-}P$、$C_6\text{-}P$，每录入一个矩阵软件就自动判断矩阵的一致性（图 4-7）。

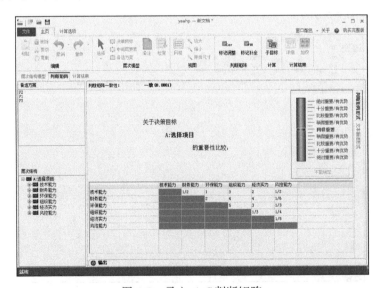

图 4-7　录入 $A\text{-}C$ 判断矩阵

3）计算结果

当所有判断矩阵通过一致性检验后，软件输出计算结果。结果与例 4-2 相同，在选一个项目时，三个投资项目的排序为：P_2，P_1，P_3。可以选择 P_2 项目进行投资（图 4-8）。

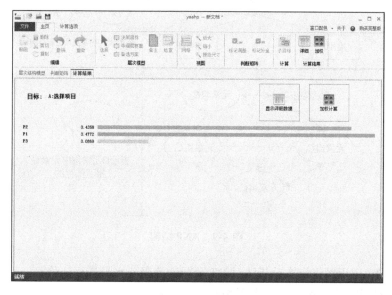

图 4-8　选择项目的计算结果

用 Yaahp 软件算出的因素 C 对目标 A 的权值为

$$W = [0.435\,8, 0.477\,2, 0.086\,9]^{\mathrm{T}}$$

其与上面计算的权值存在误差的原因是：上面计算的特征向量一直保留两位小数，其计算的权值也是保留两位小数，所以存在误差。

4.3.3　网络层次分析法

20 世纪 90 年代，萨蒂教授在 AHP 的基础上提出了网络层次分析法（analytic network process，ANP）。ANP 经常被用来解决具有网络结构的系统评价问题，这是一种适合非独立递进层次结构的评价方法，将被评价对象的各指标之间的关系用类似网络结构表示，而不再是简单的递进层次结构。当指标之间存在可能相互影响、相互支配的关系时，ANP 能更准确地描述这种影响关系，是一种更加有效的评价方法。在应用 ANP 进行分析时，需要对每个指标进行两两相对重要程度的判定。在现实中，往往不是对所有的评价指标进行相对重要程度判断，而是根据自己掌握的信息，对其中某几个指标进行相对重要程度判断。此时，两两判断矩阵就会出现一些空缺，这种情况被称为信息不完备。

ANP 考虑到递进层次结构内部循环及其存在的依赖性和反馈性，将系统元素（或评价指标体系）划分为两大部分，第一部分为控制层，包括目标层和准则层，准则层的因素均被认为是彼此独立的，且受目标层的支配。控制层中可以没有准则，但至少应有一个目标。如果控制层中包含多个准则，每个准则的权重可由 AHP 获得。第二部分为网络层，它是由所有受控制层支配的元素组成的，其内部是互相影响、互相关联的网络结构，图 4-9 就是一个典型的 ANP 结构。为了使 ANP 便于计算，Rozann W.Satty 和 William Adams 推出了超级决策（Super Decision）软件。

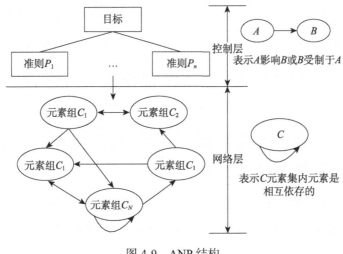

图 4-9　ANP 结构

【例 4-3】　应用网络层次分析法对 DT 公司物流服务水平进行评价。

第一，对问题进行分析，并形成评价指标体系。

评价 DT 公司物流服务水平时，需要用到的指标主要见表 4-17。

表 4-17　DT 公司物流服务水平评价指标体系

一级指标	二级指标	三级指标
物流服务水平	储备能力 B	库存容量 B_1
		储备金额度 B_2
		品种保证率 B_3
	运输能力 T	运输量 T_1
	组织能力 C	组织规模 C_1
		分工协调能力 C_2

（1）储备能力（B）。储备能力包括库存容量（B_1）、储备金额度（B_2）、品种保证率（B_3）。

（2）运输能力（T）。运输能力用运输量（T_1）来衡量。

（3）组织能力（C）。组织能力包括组织规模（C_1）、分工协调能力（C_2）。

第二，构建依存和反馈关系。

在构建指标体系的基础上，要建立 ANP 模型还必须对评价指标之间的相互影响关系（反馈或依赖）进行研究，即指标的关联情况（表 4-18）。通常可以通过专家调查或是小组讨论等方式，得到评价指标间的关联情况，如图 4-10 所示。

第三，形成两两比较矩阵。

两两比较矩阵即判断矩阵，主要用于刻画指标间的优势度。判断矩阵表示对于上一

表 4-18　DT 公司物流服务水平评估指标关联情况调查

影响因素		储备能力 B			运输能力 T	组织能力 C	
		B_1	B_2	B_3	T_1	C_1	C_2
储备能力 B	B_1		√	√	√	√	√
	B_2	√			√		√
	B_3	√	√		√	√	
运输能力 T	T_1			√			
组织能力 C	C_1		√	√		√	
	C_2	√		√	√		√

　　注：第一行指标为被影响的指标，左侧第一列为可能引起影响的指标。请在相应的空格中打"√"。例如 B_1 库存容量会影响 B_2 储备金额度。

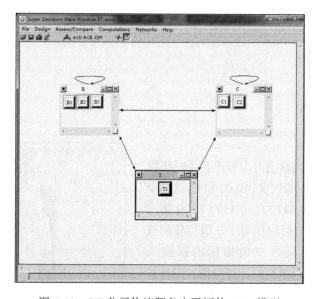

图 4-10　DT 公司物流服务水平评估 ANP 模型

层指标，本层与之有关指标之间相对重要性的比较，凡是相互之间存在依存和反馈关系的，都应进行两两比较。判断矩阵是层次分析法的基本信息，也是进行相对重要度计算的依据。

　　第四，计算权重。

　　将调查得到的数据经过整理后，得到指标间的判断矩阵，应用 Super Decision 计算指标的权重，如表 4-19、表 4-20 和图 4-11 所示。

表 4-19　二级指标两两比较矩阵

B	*T*	*C*	*B*
T	1	9	2
C	1/9	1	1/5
B	1/2	5	1

C	*B*	*C*
B	1	1/5
C	5	1

T	*B*	*C*
B	1	7
C	1/7	1

表 4-20　三级指标两两比较矩阵

B_1	B_2	B_3
B_2	1	4
B_3	1/4	1

C_1	B_1	B_3
B_1	1	1/4
B_3	4	1

T_1	B_1	B_2	B_3
B_1	1	4	1/2
B_2	1/4	1	1/9
B_3	2	9	1

B_2	B_1	B_3
B_1	1	1/4
B_3	4	1

C_2	B_1	B_2
B_1	1	3
B_2	1/3	1

B_3	B_1	B_2
B_1	1	6
B_2	1/6	1

第五，结果分析。

从图 4-11 第一列数据可以看出各个三级指标相对于其二级指标的权重，如 C_1 和 C_2 这两个指标的权重分别为 0.447 33，0.552 67。从第三列数据可以看出各个指标相对于一级指标的权重，如 B_1 这个指标占一级指标的权重为 0.228 32。如果得到三级指标的评分值，即可计算出 DT 公司物流服务水平的得分值。

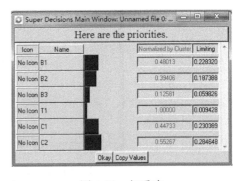

图 4-11　权重表

4.4　模糊综合评价方法

4.4.1　模糊综合评价方法的界定

模糊综合评价就是以模糊数学为基础，应用模糊变换原理，将一些边界不清晰、不容易定量的因素定量化，从多个因素对事物隶属等级状况进行综合评价的一种方法。

模糊数学产生于 20 世纪 60 年代，美国控制论专家 Zadeh 教授在集合论的基础上首次提出模糊集合的概念，研究如何运用数学方法处理客观存在的一些“认知不确定”类的模糊性事物和现象。“模糊性”是指事物存在的不分明性和不确定性。例如，评价一个人的“美”或“丑”，就是一个模糊的概念。模糊综合评价能够兼顾主观认知和客观度量，较好地反映评价的模糊性，且数学模型简单，适用于多因素、多层次的复杂评价问题。

4.4.2　模糊映射与模糊变换

1. 模糊映射

如 $A = （1，5，6，8，9）$ 这样的集合称为普通集合（全集为论域）。对于模糊集合中的子集，是没有明确边界的，定义如下。

定义 4-3　设 A 是论域 X 到闭区间[0，1]的一个映射，即

$$A:\ X \to [0,1]$$
$$x \to A(x) \in [0,1]$$

则称 A 是 X 上的一个模糊集合（或称 A 是 X 的一个模糊子集），$A(x)$ 称为模糊集合 A 的隶属函数，$A(x)$ 的值称为 x 对模糊集合的隶属度。

论域 X 上的模糊集合全体记作 $F(x)$，称为模糊幂集。当 $A(x)$ 取值仅为 0 和 1 时，$A(x)$ 退化为普通集合的特征函数。

定义 4-4　称映射

$$f:\ X \to F(Y)$$
$$x \to f(x) = B \in F(Y)$$

是从 X 到 Y 的模糊映射。

【**例 4-4**】　设 $X = \{x_1，x_2，x_3\}$，$Y = \{y_1，y_2，y_3，y_4，y_5\}$，$R \in F（X \times Y）$，且

$$R = \begin{bmatrix} 0.7 & 0.3 & 0.1 & 0.3 & 0 \\ 0.5 & 0.1 & 0.2 & 0.6 & 0.6 \\ 0.1 & 0 & 0.5 & 0.4 & 0.1 \end{bmatrix}$$

令

$$x_1 \to f(x_1) = \frac{0.7}{y_1} + \frac{0.3}{y_2} + \frac{0.1}{y_3} + \frac{0.3}{y_4}$$

$$x_2 \to f(x_2) = \frac{0.5}{y_1} + \frac{0.1}{y_2} + \frac{0.2}{y_3} + \frac{0.6}{y_4} + \frac{0.6}{y_5}$$

$$x_3 \to f(x_3) = \frac{0.1}{y_1} + \frac{0.5}{y_3} + \frac{0.4}{y_4} + \frac{0.1}{y_5}$$

则称 f 是从 X 到 Y 的模糊映射。

定义 4-5　设 $R \in F（X \times Y）$，对任意 $x \in X$，对应 Y 上的一个模糊集，记作 $R|_x$，则其隶属函数定义如下：

$$R|_x(y) = R(x,y)，\ y \in Y \tag{4-8}$$

称 $R|_x$ 为 R 在 x 处的截影。

同理，称 $R|_y$ 为 R 在 y 处的截影，其中

$$R|_y(x) = R(x,y)，\ x \in X \tag{4-9}$$

模糊关系与模糊映射之间有一一对应关系。

（1）任意的 $R \in F（X \times Y）$，R 可以确定模糊映射 f_R：

$$f_R: X \to F(Y) \tag{4-10}$$

$$x \rightarrow f_R(x) = R|_x \in F(Y)$$
$$f_R(x)(y) = R|_x(y) = R(x, y) \tag{4-11}$$

（2）任意的 $f : X \rightarrow F(Y)$，可以确定模糊关系 $R_f \in F(X \times Y)$，

$$R_f(x, y) = f(x)(y) \tag{4-12}$$

$X \times Y$ 上的模糊关系与 X 到 Y 的模糊映射之间有一一对应关系，在不发生混淆时可以写成

$$R = R_f = f_R = f \tag{4-13}$$

【例 4-5】 在例 4-4 中

$$R|_x = (0.7, 0.3, 0.1, 0.3, 0)$$
$$R|_x = (0.5, 0.1, 0.2, 0.6, 0.6)$$
$$R|_x = (0.1, 0, 0.5, 0.4, 0.1)$$

这就是由模糊关系 R 确定的模糊映射 f_R，如

$$f_R(x_1) = R|_{x_1} = (0.7, 0.3, 0.1, 0.3, 0) \in F(Y)$$

2. 模糊变换

定义 4-6　称映射

$$T : F(X) \rightarrow F(Y)$$
$$A \rightarrow T(A) = B \in F(Y)$$

是从 X 到 Y 的一个模糊变换。称 B 为 A 在模糊变换 T 下的像，A 是 B 的原像。

设 $X = (x_1, x_2, \cdots, x_n)$，$Y = (y_1, y_2, \cdots, y_m)$，则从 X 到 Y 的模糊变换 T 就是映射。

$$T : M_{1 \times n} \rightarrow M_{1 \times m}$$

由模糊关系确定的模糊变换应用较多。

定义 4-7　设 $A, B \in F(X)$，若模糊变换

$$T : F(X) \rightarrow F(Y)$$

满足：

$$T(A \bigcup B) = T(A) \bigcup T(B)$$
$$T(\alpha A) = \alpha T(A), \alpha \in [0, 1]$$

则称 T 是模糊线性变换。

由模糊映射 f 诱导出模糊线性变换 T，为模糊综合评价方法提供了理论基础。

4.4.3　模糊综合评价方法的步骤

模糊综合评价方法的建模可以按下面六个步骤进行。

1. 确定评价对象的影响因素论域 U

若存在 n 个影响因素，则论域 $U = \{u_1, u_2, \cdots, u_n\}$。

2. 确定评价对象的评语等级论域 V

如 $V = \{v_1, v_2, \cdots, v_m\}$，就是评价等级集合。每一个评语等级集合相当于一个模糊子集。m 是评语个数，一般为 3～5 个。

3. 生成单因素评价模糊关系矩阵 R

对每一个元素 u_i 单独做一个评判 $f(u_i)$，即有

$$f: U \to F(V)$$
$$u_i \to f(u_i) = B \in F(V) \tag{4-14}$$

其中，$f(u_i) = (r_{i1}, r_{i2}, \cdots, r_{im})$。根据模糊映射 f 可推导出模糊关系 $R_f \in F(U \times V)$，即 $R_f(u_i, v_j) = f(u_i)(v_j) = r_{ij}$，因此可由模糊矩阵 $R \in \mu_{n \times m}$ 表示：

$$R = \begin{bmatrix} r_{11} & r_{12} & \cdots & r_{1m} \\ r_{12} & r_{22} & \cdots & r_{2m} \\ \cdots & \cdots & \cdots & \cdots \\ r_{n1} & r_{n2} & \cdots & r_{nm} \end{bmatrix} \tag{4-15}$$

4. 确定评价对象的影响因素的权重 A

可运用相关的方法来确定评价对象的影响因素的权重：

$$A = (a_1, a_2, \cdots, a_n), \sum_{i=1}^{n} a_i = 1, \ a_i \geqslant 0 \tag{4-16}$$

5. 计算模糊合成值 B

利用适当的模糊算子合成因素权重 A 和评价对象的模糊矩阵 R，得到各评价对象的模糊合成值 B，即

$$A \times R = (a_1, a_2, \cdots, a_n) \begin{bmatrix} r_{11} & r_{12} & \cdots & r_{1m} \\ r_{12} & r_{22} & \cdots & r_{2m} \\ \cdots & \cdots & \cdots & \cdots \\ r_{n1} & r_{n2} & \cdots & r_{nm} \end{bmatrix} = (b_1, b_2, \cdots, b_m) = B$$

b_i 为评价对象从总体上看对 v_i 等级模糊子集的隶属程度。

6. 根据模糊合成值进行评价

以上得到的模糊合成值 B 是对每个被评价对象综合状况分等级的程度描述，不能直接对被评价对象进行排序评优，需要经过进一步的分析处理后才能运用。最大隶属度原则是最常用的方法。

4.4.4 模糊综合评价方法的算例

【例 4-6】 新能源汽车研发方案的选择。

DT 公司计划开发一款新能源汽车，现有 A、B、C 三个研发方案，影响因素如表 4-21 所示，要从三个方案中选择一个最合适的新能源汽车研发方案。

表 4-21 三个方案的有关情况

方案	技术水平	预测的市场占有率/%	经济效益/万元
A	国际先进水平	15	>1 500
B	国内先进水平	55	>3 000
C	国内一般水平	30	>500

解：

（1）确定评价对象的影响因素论域 U。

$$U = \{技术水平，预测的市场占有率，经济效益\}。$$

（2）确定评价对象的评语等级论域 V。

为了简化计算，假定评价集为 $V = \{高，中，低\}$。

（3）生成单因素评价模糊关系矩阵 $\boldsymbol{R}$。

假设对每一个新能源汽车研发方案，专家对每项因素调查的综合评价结果如表 4-22 所示。

表 4-22　专家评价结果

评价	技术水平			市场占有率			经济效益		
	高	中	低	高	中	低	高	中	低
A	0.5	0.4	0.1	0.15	0.15	0.7	0.4	0.4	0.2
B	0.1	0.6	0.3	0.1	0.1	0.8	0.5	0.5	0
C	0.3	0.3	0.4	0.9	0.1	0	0.15	0.15	0.7

表 4-22 中数值表示赞成此种评价的专家人数与专家总人数的比值。如对方案 A 的经济效益而言，40%的专家认为经济效益高，40%认为经济效益中等，20%认为经济效益低。故有模糊关系矩阵：

$$\boldsymbol{R}_{\mathrm{A}} = \begin{bmatrix} 0.5 & 0.4 & 0.1 \\ 0.15 & 0.15 & 0.7 \\ 0.4 & 0.4 & 0.2 \end{bmatrix}$$

$$\boldsymbol{R}_{\mathrm{B}} = \begin{bmatrix} 0.1 & 0.6 & 0.3 \\ 0.1 & 0.1 & 0.8 \\ 0.5 & 0.5 & 0 \end{bmatrix}$$

$$\boldsymbol{R}_{\mathrm{C}} = \begin{bmatrix} 0.3 & 0.3 & 0.4 \\ 0.9 & 0.1 & 0 \\ 0.15 & 0.15 & 0.7 \end{bmatrix}$$

（4）确定评价对象的影响因素的权重 $\boldsymbol{A}$。

假定 $\boldsymbol{A} = \{0.1, 0.3, 0.6\}$

（5）计算模糊合成值 B。

使用模糊算子 $M = (\wedge, \vee)$（$b_j = \max\{\min(a_1, r_{1j}), \min(a_1, r_{1j}), \cdots \min(a_1, r_{1j})\}$）来计算，其中 $b_j = \vee_{i=1}^{n}(a_i \wedge r_{ij})(j = 1, 2, \cdots, m)$，得

$$B_{\mathrm{A}} = \boldsymbol{A} \cdot \boldsymbol{R}_{\mathrm{A}} = (0.1, 0.3, 0.6) \begin{bmatrix} 0.5 & 0.4 & 0.1 \\ 0.15 & 0.15 & 0.7 \\ 0.4 & 0.4 & 0.2 \end{bmatrix} = (0.4, 0.4, 0.3)$$

$$B_{\mathrm{B}} = \boldsymbol{A} \cdot \boldsymbol{R}_{\mathrm{B}} = (0.1, 0.3, 0.6) \begin{bmatrix} 0.1 & 0.6 & 0.3 \\ 0.1 & 0.1 & 0.8 \\ 0.5 & 0.5 & 0 \end{bmatrix} = (0.5, 0.5, 0.3)$$

$$B_C = A \cdot R_C = (0.1, 0.3, 0.6) \begin{bmatrix} 0.3 & 0.3 & 0.4 \\ 0.9 & 0.1 & 0 \\ 0.15 & 0.15 & 0.7 \end{bmatrix} = (0.3, 0.15, 0.6)$$

（6）根据模糊合成值进行评价。

首先进行归一化处理

$$B_A = (0.36, 0.36, 0.28)$$
$$B_B = (0.38, 0.38, 0.24)$$
$$B_C = (0.29, 0.14, 0.57)$$

依据最大隶属度原则，从以上结果可以得到，新能源汽车研究方案中 C 方案是最合适的方案。

4.5　熵值法

4.5.1　基本原理

"熵"（entropy）是热力学的重要概念，由德国物理学家克劳修斯（Rudolph Clausius）在 1854 年创造，用它来表示任何一种能量在空间中分布的均匀程度。能量分布得越均匀，熵就越大。熵也是系统混乱和无序的度量，通过计算熵值来判断一个事件的随机性及无序程度，熵值越大，混乱无序的程度越大。1948 年，信息论的创始人香农提出了"信息熵"的概念，解决了对信息的量化度量问题。在信息论中，熵表征了信息的不确定性，高信息度的信息熵是很低的，而低信息度的熵则是高的。因此也可以用信息熵来判断某个指标反应信息的不确定性程度。一般而言，指标所反映信息的确定性越高，信息熵越小，该指标提供的信息量越大，在综合分析中所起的作用越大。相反，指标的信息熵越大，该指标提供的信息量越小，在综合分析中所起的作用越小。利用熵值法对综合评价中的权系数进行客观赋值，可有效反映系统的变化规律，可以比较客观、真实地反映评价效果。

熵值法评价步骤如下。

1. 指标的标准化

设评价对象的统计数据有 n 个样本，评价体系指标有 m 个，x_{ij}（$i = 1, 2, \cdots, n$; $j = 1, 2, \cdots, m$）为第 i 个样本的第 j 个指标的指标值。将各个评价指标标准化处理为统一数量级的、越大越好的标准数据。

正向指标：$x'_{ij} = x_{ij} / x^*_{j\max}$。

负向指标：$x'_{ij} = x^*_{j\min} / x_{ij}$。

2. 计算各指标比重

$$p_{ij} = \frac{x'_{ij}}{\sum_{i=1}^{n} x'_{ij}} \tag{4-17}$$

3. 计算第 j 项指标的熵值

$$e_j = -k \sum_{i=1}^{n} p_{ij} \ln p_{ij} \qquad (4\text{-}18)$$

其中，$k > 0$，$e_j \geqslant 0$，$k = \dfrac{1}{\ln n}$。

4. 计算第 j 项指标的差异性系数

对于第 j 项指标，指标值的差异越大，对样本评价作用越大，熵值就越小。定义差异系数：

$$g_j = 1 - e_j \qquad (4\text{-}19)$$

5. 定义权重

$$a_j = \frac{g_j}{\displaystyle\sum_{j=1}^{m} g_j} \qquad (4\text{-}20)$$

6. 计算样本综合评价值

$$v_i = \sum_{j=1}^{m} a_j p_{ij} \qquad (4\text{-}21)$$

式中，v_i 为第 i 个样本的综合评价值。

【**例 4-7**】 以 DT 公司战略绩效评价为例，如表 4-23 所示，其目的是促进战略控制的有效性，因此必须充分考虑到公司现实的生存能力和潜在的发展能力。评价指标既反映战略绩效的变化状况，也是战略控制的关键点。指标的选取要遵循关键性、成长性、科学性、可行性的原则。

解：

表 4-23 DT 公司绩效评价指标

维度	指标	单位	1	2	3	4
财务	净资产收益率	%	3.8	6.5	9.3	12.7
	销售利润率	%	16	17	20	21
	营业收入	万元	400	450	830	1 150
客户	客户满意度	分值	80	85	90	90
	市场占有率	%	3	18	28	40
	旧客户保持率	%	96	95	97	98
	新客户增长率	%	80	85	87	95
内部运营	产品（服务）合格率	%	89	92	97	97
	品牌建设投入	万元	20	27	35	35
	生产设备故障率	%	3	2	5	3
	对大客户公关费用投入	万元	10	15	15	20

续表

维度	指标	单位	1	2	3	4
	员工满意度	分值	90	82	88	85
	新产品销售增长率	万元	50	70	100	100
学习与成长	员工培训支出	万元	3	7	15	20
	培训合格率	%	70	80	90	90
	建议采纳率	%	30	25	20	20

第一步：由于不同指标量纲不同，将各个评价指标进行标准化处理，处理结果见表 4-24。

表 4-24　各指标标准化数据

指标	x_1'	x_2'	x_3'	x_4'
净资产收益率	0.299	0.512	0.732	1
销售利润率	0.762	0.81	0.952	1
营业收入	0.348	0.391	0.722	1
客户满意度	0.889	0.944	1	1
市场占有率	0.075	0.45	0.7	1
旧客户保持率	0.98	0.969	0.99	1
新客户增长率	0.842	0.895	0.916	1
产品（服务）合格率	0.918	0.948	1	1
品牌建设投入	0.571	0.771	1	1
生产设备故障率	0.667	1	0.4	0.667
对大客户公关费用投入	0.5	0.75	0.75	1
员工满意度	1	0.911	0.978	0.944
新产品销售增长率	0.5	0.7	1	1
员工培训支出	0.15	0.35	0.75	1
培训合格率	0.778	0.889	1	1
建议采纳率	1	0.833	0.667	0.667

正向指标 $x_{ij}' = x_{ij} / x_{j\max}$。

负向指标 $x_{ij}' = x_{j\min} / x_{ij}$。

其中：生产设备故障率为负向指标，其余均为正向指标。

正向指标（以净资产收益率为例）：样本 1 标准化数值为

$$3.8/12.7（\max）= 0.299$$

负向指标（以生产设备故障率为例）：样本 1 标准化数值为

$$2（\min）/3 = 0.667$$

第二步：计算各指标权重，即单个样本占总样本的比重。用某个指标中的某样本除以

该指标中所有样本的和，即

$$p_{ij} = x'_{ij} \bigg/ \sum_{i=1}^{n} x'_{ij}$$

各指标比重数据可见表 4-25，其中，以净资产收益率为例：

样本 1 = 0.299/（0.299 + 0.512 + 0.732 + 1）= 0.118

样本 2 = 0.512/（0.299 + 0.512 + 0.732 + 1）= 0.201

样本 3 = 0.732/（0.299 + 0.512 + 0.732 + 1）= 0.288

样本 4 = 1/（0.299 + 0.512 + 0.732 + 1）= 0.393

表 4-25　各指标比重数据

指标	P_1	P_2	P_3	P_4
净资产收益率	0.118	0.201	0.288	0.393
销售利润率	0.216	0.230	0.270	0.284
营业收入	0.141	0.159	0.293	0.406
客户满意度	0.232	0.246	0.261	0.261
市场占有率	0.034	0.202	0.315	0.449
旧客户保持率	0.249	0.246	0.251	0.254
新客户增长率	0.231	0.245	0.251	0.274
产品（服务）合格率	0.237	0.245	0.259	0.259
品牌建设投入	0.171	0.231	0.299	0.299
生产设备故障率	0.244	0.366	0.146	0.244
对大客户公关费用投入	0.167	0.250	0.250	0.333
员工满意度	0.261	0.238	0.255	0.246
新产品销售增长率	0.156	0.219	0.313	0.313
员工培训支出	0.067	0.156	0.333	0.444
培训合格率	0.212	0.242	0.273	0.273
建议采纳率	0.316	0.263	0.211	0.221

第三步：计算第 j 项指标的熵值，根据公式

$$e_j = -k \times \sum_{i=1}^{n} p_{ij} \times \ln(p_{ij})$$

其中，$k>0$，$e_j>0$，$k = 1/\ln(n)$。

各项指标的熵值见表 4-26，其中，以净资产收益率为例：

$e_1 = -1/\ln 4 \times \{0.118 \times \ln(0.118) + 0.201 \times \ln(0.201) + 0.288 \times \ln(0.288) + 0.393 \times \ln(0.393)\} = 0.938$

表 4-26　各项指标的熵值

e_1	e_2	e_3	e_4	e_5	e_6	e_7	e_8
0.938	0.996	0.934	0.999	0.837	1	0.999	1

e_9	e_{10}	e_{11}	e_{12}	e_{13}	e_{14}	e_{15}	e_{16}
0.983	0.965	0.980	1	0.973	0.863	0.996	0.989

第四步：计算第 j 项指标的差异性系数，差异性系数越大，对样本评价作用越大，熵值就越小，定义差异系数：

$$g_j = 1 - e_j$$

各项指标的差异性系数如表 4-27 所示，以净资产收益率为例：$g_1 = 1 - e_1 = 1 - 0.938 = 0.062$。

表 4-27　各项指标的差异性系数

g_1	g_2	g_3	g_4	g_5	g_6	g_7	g_8
0.062	0.004	0.066	0.001	0.163	0.000	0.001	0.000
g_9	g_{10}	g_{11}	g_{12}	g_{13}	g_{14}	g_{15}	g_{16}
0.017	0.035	0.020	0.000	0.027	0.137	0.004	0.011

第五步：定义指标权重，即单个指标占总指标的比重。用某个指标的差异性系数除以所有样本指标差异性系数的和，即

$$a_j = g_j \bigg/ \sum_{j=1}^{m} g_j$$

各项指标的权重如表 4-28 所示，以净资产收益率为例：

$$a_1 = 0.062 / (0.062 + 0.004 + 0.066 + 8\text{E-}04 + 0.163 + 5\text{E-}05 + 0.001 + 5\text{E-}04 +$$
$$0.017 + 0.035 + 0.02 + 4\text{E-}04 + 0.027 + 0.137 + 0.004 + 0.011) = 0.113$$

表 4-28　各项指标的权重

a_1	a_2	a_3	a_4	a_5	a_6	a_7	a_8
0.113	0.008	0.120	0.002	0.296	0.000	0.003	0.001
a_9	a_{10}	a_{11}	a_{12}	a_{13}	a_{14}	a_{15}	a_{16}
0.031	0.064	0.037	0.001	0.048	0.249	0.007	0.020

第六步：计算样本综合评价值，根据公式

$$v_j = \sum_{j=1}^{m} a_j \times p_{ij}$$

战略绩效综合评价值见表 4-29，以样本 1 为例：$v_1 = 0.113 \times 0.118 + 0.008 \times 0.216 + \cdots + 0.02 \times 0.316 = 0.102$

表 4-29　战略绩效综合评价值

v_1	v_2	v_3	v_4
0.102	0.201	0.297	0.399

表 4-29 反映了该公司连续 4 年的战略绩效状况，从发展趋势看，公司业绩稳步提升。从各指标权重可以看出，市场占有率、员工培训支出、净资产收益率三项指标权重较大，说明在该组数据中这三项指标对战略绩效评价结果影响较大。战略调整使公司的组织结构、资产、业务、价值链等均得到优化，但调整初期必然是成本大于收益。通过持续优化，提高了战略绩效。

4.5.2 应用案例：熵值法测算系统有序性

熵作为信息含量的度量标准，表示系统的存在状态与运动状态的不肯定程度，广泛应用于确定现象中不确定性和变化度量的研究。在信息时代的系统中，系统的内、外部环境多变，比以往出现更多信息不确定性问题，所有这些不确定性都可以用信息熵的概念来描述。信息沟通的畅通程度与信息流量的损失率都可以用熵的转化当量来评价，称为系统的信息熵 H_1；结构反映系统各单元之间信息传递的相互关系，载体处理信息的能力，称为系统的结构熵 H_2；功能反映各子系统相互作用的程度，从整体上可反映系统的某种功能，称为功能熵 H_3。信息熵、结构熵、功能熵共同决定了系统的有序度 R。

1. 系统信息熵

设系统中元素间有直接信息沟通关系的称作元素间联系，定义两元素之间经过的联系数为两元素的联系长度，用 L_{ij} 表示（i,j 表示元素编号，$i,j=1,2,\cdots,N$）。

定义系统中任意两个元素之间的信息熵 $H_1(ij)$：

$$H_1(ij) = -P_1(ij)\ln P_1(ij) \tag{4-22}$$

$H_1(ij)$ 反映了信息在系统中两元素 i,j 间流通的不确定性的大小，$P(ij)$ 是 i,j 元素之间信息微观状态的实现概率，定义为

$$P_1(ij) = L_{ij}/A_1 \tag{4-23}$$

其中，联系长度 L_{ij} 是系统中两元素之间的最短路径，直接相连的长度为 1，每中转一次长度加 1。由定义可知，P_{ij} 越大，说明系统中任意两元素 i,j 之间联系长度越大，完善信息、创造信息概率越大。A_1 是系统宏观态下信息对应的微观态总数，它与系统元素总量以及元素间联系长度有关：

$$A_1 = \sum_{i=1}^{N}\sum_{j=1,j\neq i}^{N} L_{ij} \tag{4-24}$$

系统信息熵 H_1：

$$H_1 = \sum_{i=1}^{N}\sum_{j=1,j\neq i}^{N} H_{ij} \tag{4-25}$$

H_1 是系统中所有元素的 $H_1(ij)$ 总和，它反映系统宏观态信息对应的微观态的不确定性。

$$H_{1max} = \ln A_1 \tag{4-26}$$

H_{1max} 是系统信息熵的最大值，系统宏观态下对应的微观态数 A_1 越多，说明系统元素越多，联系方式越多样化，所以它从信息流通的有效性反映系统的有序程度。

系统的信息有序度为 R_1：

$$R_1 = 1 - H_1/H_{1max}, \; R_1 \in [0,1] \tag{4-27}$$

H_1/H_{1max} 反映了系统中信息的不确定性概率，所以 R_1 反映了系统信息有序程度。

2. 系统结构熵

设系统中各元素的联系幅度是与该元素有直接联系的元素数量，用 K_i 表示（ $i=1,2,\cdots,N$ ）。

$$H_2(i) = -P_2(i)\ln P_2(i) \tag{4-28}$$

$H_2(i)$ 描述系统宏观态对应的第 i 种微观状态的不确定性，它既与该宏观状态下可能的微观状态数目有关，亦与不同微观状态出现的概率有关。式中 $P_2(i)$ 是系统宏观态对应的第 i 种结构微观态出现的概率，定义为

$$P_2(i) = K_i / A_2 \tag{4-29}$$

其中， K_i 是系统组元的联系幅度，它反映系统组元之间的现实联系。 K_i 越大，对应的结构越复杂，联系越广泛，非线性作用越强。 A_2 是系统宏观状态下结构对应的微观态总数，随着组元数增多和联系幅度增大而增加。

$$A_2 = \sum_{i=1}^{N} K_i \tag{4-30}$$

$$H_2 = \sum_{i=1}^{N} H_2(i) \tag{4-31}$$

H_2 为系统结构熵，是系统中所有元素的 $H_2(i)$ 总和，反映系统宏观态下结构对应的微观状态的无序性。

$$H_{2\max} = \ln A_2 \tag{4-32}$$

$H_{2\max}$ 是系统的最大结构熵，系统某宏观态下对应的微观态数 A_2 越多，意味系统有序度越大。所以它从结构方面反映了系统的有序程度。

系统的结构有序度为 R_2 ：

$$R_2 = 1 - H_2 / H_{2\max}, \quad R_2 \in [0,1] \tag{4-33}$$

$H_2 / H_{2\max}$ 反映了系统结构无序程度的概率，所以 R_2 表征了系统的结构有序程度。

3. 系统功能熵

子系统功能耦合反映子系统间的逻辑功能水平，设系统中某个子系统功能的强弱是与该子系统有直接联系的其他子系统的数量，用 C_i 表示（ $i=1,2,\cdots,N$ ）。

$$H_3(i) = -P_3(i)\ln P_3(i) \tag{4-34}$$

$H_3(i)$ 描述系统宏观态对应的第 i 种微观状态的不确定性，它既与该宏观状态下可能的微观状态数目有关，亦与不同微观状态出现的概率有关。式中 $P_3(i)$ 是系统宏观态对应的第 i 种结构微观态出现的概率，定义为

$$P_3(i) = C_i / A_3 \tag{4-35}$$

其中， C_i 是系统组元的功能强弱，它反映系统组元之间的促进程度。 C_i 越大，对应的功能越复杂，促进程度越强，非线性作用越强。 A_3 是系统宏观状态下功能对应的微观态总数，随着组元数增多和促进程度增大而增加。

$$A_3 = \sum_{i=1}^{N} C_i \tag{4-36}$$

$$H_3 = \sum_{i=1}^{N} H_3(i) \qquad (4\text{-}37)$$

H_3 为系统功能熵，是系统中所有元素的 $H_3(i)$ 总和，反映系统宏观态下功能对应的微观状态的无序性。

$$H_{3\max} = \ln A_3 \qquad (4\text{-}38)$$

$H_{3\max}$ 是系统的最大功能熵，系统某宏观态下对应的微观态数 A_3 越多，意味系统功能越强大。

系统的功能有序度为 R_3：

$$R_3 = 1 - H_3 / H_{3\max}, \quad R_2 \in [0,1] \qquad (4\text{-}39)$$

$H_3 / H_{3\max}$ 反映了系统功能无序程度的概率，所以 R_3 表征了系统的功能有序程度。

综合信息有序度、结构有序度和功能有序度，系统整体的有序度为

$$R = R_1 + R_2 + R_3 \qquad (4\text{-}40)$$

4. 算例

假设某系统结构如图 4-12 所示，功能联系如图 4-13 所示。表 4-30 分别给出 L_{ij}，K_i，C_i 的值，有序度数据结果可见表 4-31。

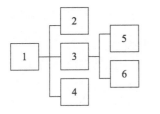
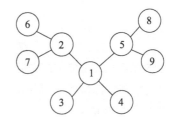

图 4-12　系统结构　　　　图 4-13　功能联系

表 4-30　L_{ij}，K_i，C_i 的值

$L_{12}=1$	$L_{21}=1$	$L_{31}=1$	$L_{41}=1$	$L_{51}=2$	$L_{61}=2$	$K_1=3$	$C_1=4$
$L_{13}=1$	$L_{23}=1$	$L_{32}=1$	$L_{42}=1$	$L_{52}=2$	$L_{62}=2$	$K_2=3$	$C_2=6$
$L_{14}=1$	$L_{24}=1$	$L_{34}=1$	$L_{43}=1$	$L_{53}=1$	$L_{63}=1$	$K_3=5$	$C_3=4$
$L_{15}=2$	$L_{25}=2$	$L_{35}=1$	$L_{45}=2$	$L_{54}=2$	$L_{64}=2$	$K_4=3$	$C_4=4$
$L_{16}=2$	$L_{26}=2$	$L_{36}=1$	$L_{46}=2$	$L_{56}=1$	$L_{65}=1$	$K_5=2$	$C_5=4$
						$K_6=2$	$C_6=2$
							$C_7=2$
							$C_8=2$
							$C_9=2$

表 4-31　有序度

R_1	R_2	R_3	R
0.106	0.398	0.377	0.881

$H_{\max}$ 的增加说明通过提高系统微观态总数促进系统有序性的增加。从以上数值计算结果可知，$R_2 > R_3 > R_1$，结构的有序度对于系统宏观有序度的贡献最高，其次是功能的有序度。通过对比同一系统不同时段的有序度，可以及时了解系统在信息、结构和功能方面有序性的变化，有利于决策层适时调整策略，对系统进行优化。

4.6 集对分析法

4.6.1 基本原理

集对分析是由我国学者赵克勤于 1989 年提出的，是一种处理不确定性问题的系统分析方法，它是从同、异、反三方面来研究事物的不确定性，全面分析两个事物的联系度。集对分析的核心思想是把确定不确定视为一个确定不确定系统，从正反面和确定不确定性去分析研究事物之间的联系与转化。集对，即具有一定相互关联性的不同集合组成的对子，根据其某一特性按同、异、反三个方向展开分析，经量化处理得出该集对在某一问题背景下的联系度表达式

$$\mu = a + bi + cj$$

式中，μ 表示集对的联系度；a 表示两个集对的同一度；b 表示两个集合的差异度；c 表示两个集合的对立度；i 表示差异不确定性系数（$i \in [-1,1]$），当 $i = -1,1$ 时属确定性，分别为对立性和同一性，当 $i \in (-1,1)$ 时属不确定性；j 表示对立系数，取值为 -1。

其中，a、b、c 满足归一化条件，

$$a + b + c = 1$$

集对分析方法广泛应用于数学、系统科学、信息等研究领域，已在系统危险性、环境承载力以及防洪系统评价等方面得到了很好的应用，也在多目标系统评价中有较为成熟的应用。

1. 构造评价矩阵

建立评价矩阵 $\boldsymbol{D} = (d_{rk})_{m \times n}$。

$$\boldsymbol{D} = \begin{bmatrix} d_{11} & d_{12} & \ldots & d_{1n} \\ d_{21} & d_{22} & \ldots & d_{2n} \\ \vdots & \vdots & \ldots & \vdots \\ d_{m1} & d_{m2} & \ldots & d_{mn} \end{bmatrix} \tag{4-41}$$

式（4-41）表示针对 n 个评价对象的 m 个评价指标做系统可持续性的评价，评价矩阵中 d_{rk} 表示第 k 个评价对象的第 r 个评价指标值。

2. 最优和最劣方案的确定

根据系统可持续性评价的目标和评级指标的特点，从评价指标体系的内部、外部确定评价指标的最优方案和最劣方案 $\boldsymbol{U}$ 和 $\boldsymbol{V}$。

$$\boldsymbol{U} = (u_1, u_2, \cdots, u_m)^{\mathrm{T}}$$
$$\boldsymbol{V} = (v_1, v_2, \cdots, v_m)^{\mathrm{T}}$$

u_r 表示第 r 个评价指标的最优值，v_r 表示第 r 个评价指标的最劣值，根据最优方案和最劣方案构造评价矩阵 $\boldsymbol{D}^*$。

$$\boldsymbol{D}^* = \begin{bmatrix} d_{11} & d_{12} & \ldots & d_{1n} & u_1 & v_1 \\ d_{21} & d_{22} & \ldots & d_{2n} & u_2 & v_2 \\ \vdots & \vdots & \ldots & \vdots & \vdots & \vdots \\ d_{m1} & d_{m2} & \ldots & d_{mn} & u_m & v_m \end{bmatrix}$$

3. 确定联系度

任一评价对象 k 的评价指标 r 的值 d_{rk} 对于最优方案的联系度为

$$\mu_{rk} = a_{rk} + b_{rk}i + c_{rk}j$$

其中，a_{rk} 表示同一度；b_{rk} 表示差异度；c_{rk} 表示对立度。

（1）当评价指标为效益型时：

$$a_{rk} = \frac{d_{rk}}{u_r + v_r}$$

$$b_{rk} = 1 - (a_{rk} + b_{rk}) = \frac{(u_r - d_{rk})(d_{rk} - v_r)}{(u_r + v_r)d_{rk}}$$

$$c_{rk} = \frac{u_r v_r}{(u_r + v_r)d_{rk}}$$

其中，$\dfrac{d_{rk}}{u_r + v_r} \in [0,1]$ 表示 d_{rk} 与 u_r 的接近程度，值越大，接近程度越大。

（2）当评价指标为成本型时：

$$a_{rk} = \frac{u_r v_r}{(u_r + v_r)d_{rk}}$$

$$b_{rk} = 1 - (a_{rk} + b_{rk}) = \frac{(u_r - d_{rk})(d_{rk} - v_r)}{(u_r + v_r)d_{rk}}$$

$$c_{rk} = \frac{d_{rk}}{u_r + v_r}$$

任一评价对象 k 对于最优方案的综合联系度为

$$\mu_k = a_k + b_k i + c_k j$$

$$a_k = \sum_{r=1}^{m} \omega_r a_{rk}$$

$$b_k = \sum_{r=1}^{m} \omega_r b_{rk}$$

$$c_k = \sum_{r=1}^{m} \omega_r c_{rk}$$

ω_r 表示评价指标 r 的权重。

最后可根据不同待选对象的不同综合评估值 R 的大小排出其优劣次序，R 的值越大，表明结果越优。

4.6.2 应用案例：基于集对分析法的区域创新能力可持续性评价

区域创新能力可持续性是一个复杂的有机系统，首先，区域的创新能力可持续性是一个动态发展的过程，不仅要评价其发展现状，更不能忽视其发展潜力和发展趋势。其次，区域创新能力是一个系统内各要素相互影响、相互作用的有机整体，在进行评估时不能忽视各评价指标之间的联系，进行综合评价。此外，创新是一个比较抽象、潜在的概念，部分影响区域创新能力可持续性的因素可能难以量化，缺乏数据或是不能全面反映区域的创新能力。在借鉴国内外区域创新能力评价指标的基础上，说明本章确立指标的原则并构建区域创新能力可持续性指标体系。

1. 明确评价指标

基于对区域创新能力可持续性的内涵与结构的分析，评价一个区域的创新能力可持续性要分解每个基本要素，构建不同层次的指标体系。其中评价指标体系分三层，第一层为区域创新主体、区域创新环境和区域生态发展，这三个指标作为一级指标；第二层中，区域创新主体的指标为创新投入和创新产出；区域创新环境指标为经济环境、基础设施、科技发展、政府管理能力以及网络成熟度；区域生态发展指标为大气环境及其他。继续细分形成三级指标。表 4-32 为区域创新能力可持续性评价指标体系。

表 4-32 区域创新能力持续性评价指标体系

一级指标	二级指标	三级指标
区域创新主体	创新投入	R&D 经费占 GDP 比例
		估摸以上工业企业 R&D 人员比例
		R&D 机构数
	创新产出	每万人口发明专利数
		商标申请数
		高技术产业增加值占工业增加值比例
区域创新环境	经济环境	人均固定资产投资额
		科技型企业创新基金获得额
		人均 GDP
		人均社会消费品零售总额
	基础设施	每百户移动电话数
		公路增长幅度
	科技发展	教育支出比重
		高中普及率
		人均受教育年限
	政府管理能力	科研经费占财政支出比例
	网络成熟度	一级公路里程
		从业人员流动率
		高新技术企业数量

续表

一级指标	二级指标	三级指标
区域生态发展	大气环境	PM2.5 污染天数
		二氧化硫(毫克/立方米)
		氮氧化物(毫克/立方米)
	其他	三废综合利用产品产值
		工业废水处理率
		工业废气处理设施数
		森林覆盖率

2. 收集原始数据

本章选取我国几个大型城市作为评价对象，分别为北京、上海、天津以及深圳。根据所建立的区域创新能力可持续性评价指标，确定各区域的评价指标，具体值见表 4-33。

表 4-33 区域创新能力可持续性评价原始数据

一级指标	二级指标	三级指标	北京	天津	上海	深圳
M_1	N_1	x_1	5.90%	2.70%	3.40%	3.90%
		x_2	23.40%	17.23%	54.70%	71.15%
		x_3	1 114	1 193	1 389	1 018
	N_2	x_4	33.6	2.38	21.6	4.9
		x_5	92 305	22 000	38 600	73 130
		x_6	34.60%	30.20%	75%	22.30%
M_2	N_3	x_7	233 482.7	62 776	22 073	20 805.4
		x_8	17 700	17 900	29 300	8 415
		x_9	103 928	91 242	85 373	123 247
		x_{10}	37 224.2	27 749	31 138	38 007
	N_4	x_{11}	225.92	225.05	239.58	296
		x_{12}	0.30%	1.40%	3.80%	2.60%
	N_5	x_{13}	14.60%	17.67%	15.50%	13.10%
		x_{14}	54.30%	75.51%	65.51%	55.51%
		x_{15}	9.12	10.62	9.2	9.23
	N_6	x_{16}	5.95%	16.82%	16.20%	4.20%
	N_7	x_{17}	0.11	0.11	0.04	0.08
		x_{18}	5.86%	4.54%	7.85%	2.57%
		x_{19}	2 711	1 799	3 589	2 898
M_3	N_8	x_{20}	84	60	23	77
		x_{21}	0.028	0.048	0.023	0.01
		x_{22}	0.052	0.042	0.046	0.04
	N_9	x_{23}	34 366	192 650	170 379	624 265
		x_{24}	83.00%	87.50%	91.00%	96.00%
		x_{25}	2 468	3 126	4 319	12 789
		x_{26}	38.60%	34.90%	38%	45%

注：数据来源于我国有关的统计年鉴公布的数据。

3. 确定指标权重

运用层次分析法，确定以及评价指标（M_1, M_2, M_3）权重向量为

$$\boldsymbol{\omega} = (\omega_1, \omega_2, \omega_3) = (0.4, 0.3, 0.3)$$

二级评价指标 $N_i(i = 1, 2, \cdots, 9)$ 的权重向量为

$$\boldsymbol{\omega}_{M1} = (0.5, 0.5)，\quad \boldsymbol{\omega}_{M2} = (0.25, 0.23, 0.24, 0.13, 0.15)，\quad \boldsymbol{\omega}_{NM} = (0.52, 0.48)$$

三级指标 $X_i(i = 1, 2, \cdots, 26)$ 的权重向量为

$$\boldsymbol{\omega}_{N1} = (0.4, 0.3, 0.3)，\quad \boldsymbol{\omega}_{N2} = (0.3, 0.4, 0.4)，\quad \boldsymbol{\omega}_{N3} = (0.22, 0.3, 0.28, 0.2)，\quad \boldsymbol{\omega}_{N4} = (0.48, 0.52)，$$

$$\boldsymbol{\omega}_{N5} = (0.34, 0.42, 0.24)，\quad \boldsymbol{\omega}_{N6} = (1)，\quad \boldsymbol{\omega}_{N7} = (0.35, 0.3, 0.35)，\quad \boldsymbol{\omega}_{N8} = (0.34, 0.33, 0.33)，\quad \boldsymbol{\omega}_{N9} = (0.34, 0.22, 0.22, 0.22)。$$

4. 计算评价结果

1）一级综合评价

由表 4-33 计算出区域创新主体创新能力 M_1 在 N_1 上的评判矩阵 $\boldsymbol{D}_{N1w}$ 为

$$\boldsymbol{D}_{N1w} = \begin{bmatrix} 5.9 & 2.7 & 3.4 & 3.9 \\ 23.4 & 17.23 & 54.7 & 71.15 \\ 1\,114 & 1\,193 & 1389 & 1018 \end{bmatrix}$$

理想方案 $\boldsymbol{U}_0 = [5.9, 71.15, 1\,389]^{\mathrm{T}}$。

$$\boldsymbol{\mu}_{N1} = \begin{bmatrix} 1 & 0.457\,63 & 0.576\,27 & 0.661\,02 \\ 0.328\,88 & 0.242\,16 & 0.768\,80 & 1 \\ 0.802\,02 & 0.858\,89 & 1 & 0.732\,90 \end{bmatrix}$$

则可求得区域创新主体创新能力 M_1 在 N_1 上的综合评价结果 $\boldsymbol{R}_{N1}$ 为

$$\boldsymbol{R}_{N1} = \boldsymbol{\omega}_{N1} \times \boldsymbol{\mu}_{N1} = (0.739\,27, 0.513\,37, 0.761\,15, 0.784\,28)$$

同理，可计算出区域创新主体创新能力 M_1 在 N_2 上的综合评价结果 $\boldsymbol{R}_{N2}$ 为

$$\boldsymbol{R}_{N2} = \boldsymbol{\omega}_{N2} \times \boldsymbol{\mu}_{N2} = (0.784\,53, 0.253\,82, 0.718\,31, 0.400\,36)$$

区域创新环境 M_2 在 N_3，N_4，N_5，N_6，N_7 上的综合评价结果为

$$\boldsymbol{R}_{N3} = (0.833\,22, 0.595\,74, 0.678\,61, 0.585\,76)$$

$$\boldsymbol{R}_{N4} = (0.407\,41, 0.556\,52, 0.908\,51, 0.835\,79)$$

$$\boldsymbol{R}_{N5} = (0.789\,06, 1, 0.870\,53, 0.769\,41)$$

$$\boldsymbol{R}_{N6} = (0.353\,75, 1, 0.963\,14, 0.249\,70)$$

$$\boldsymbol{R}_{N7} = (0.838\,33, 0.698\,94, 0.777\,27, 0.635\,38)$$

区域生态发展能力 M_3 在 N_8，N_9 上的综合评价结果为

$$\boldsymbol{R}_{N8} = (0.464\,80, 0.513\,37, 0.770\,43, 0.761\,56)$$

$$\boldsymbol{R}_{N9} = (0.440\,09, 0.529\,84, 0.562\,88, 1)$$

将一级综合评价结果统计成表，具体见表4-34。

表4-34　一级综合评价结果表

一级评价结果	北京	天津	上海	深圳
创新投入	0.739 27	0.513 37	0.761 15	0.784 28
创新产出	0.784 53	0.253 82	0.718 31	0.400 36
经济环境	0.833 22	0.595 74	0.678 61	0.585 76
基础设施	0.407 41	0.556 52	0.908 51	0.835 79
科技发展	0.789 06	1.000 00	0.870 53	0.769 41
政府管理能力	0.353 75	1.000 00	0.963 14	0.249 70
网络成熟度	0.838 33	0.698 94	0.777 27	0.635 38
大气环境	0.464 80	0.513 37	0.770 43	0.761 56
其他	0.440 09	0.529 84	0.562 88	1.000 00

2）二级综合评价

由表4-34可求出区域创新能力可持续性 M 在 M_1 上的评判矩阵 $\boldsymbol{D}_{M1}$ 为

$$\boldsymbol{D}_{M1} = \begin{bmatrix} 0.739\,27 & 0.513\,37 & 0.761\,15 & 0.784\,28 \\ 0.784\,53 & 0.253\,82 & 0.718\,31 & 0.400\,36 \end{bmatrix}$$

理想方案 $\boldsymbol{U}_0 = [0.784\,28, 0.784\,53]^{\mathrm{T}}$。

$$\boldsymbol{\mu}_{M1} = \begin{bmatrix} 0.942\,61 & 0.654\,57 & 0.970\,51 & 1 \\ 1 & 0.323\,53 & 0.915\,59 & 0.510\,32 \end{bmatrix}$$

则可求得区域创新能力可持续性 M 在 M_1 上的评判矩阵 $\boldsymbol{R}_{M1}$ 为

$$\boldsymbol{R}_{M1} = \boldsymbol{\omega}_{M1} \times \boldsymbol{\mu}_{M1} = (0.971\,306, 0.489\,051, 0.943\,049, 0.755\,16)$$

同理，可计算出区域创新能力可持续性 M 在 M_2，M_3 上的评判矩阵 $\boldsymbol{R}_{M2}$，$\boldsymbol{R}_{M3}$ 为

$$\boldsymbol{R}_{M2} = (0.738\,501, 0.814\,697, 0.906\,822, 0.718\,15)$$

$$\boldsymbol{R}_{M3} = (0.524\,957, 0.600\,819, 0.790\,181, 0.994\,009)$$

将二级综合评价结果统计成表，如表4-35所示。

表4-35　二级综合评价结果表

二级评价结果	北京	天津	上海	深圳
区域创新主体	0.971 31	0.489 05	0.943 05	0.755 16
区域创新环境	0.738 50	0.814 70	0.906 82	0.718 15
区域生态发展	0.524 96	0.600 82	0.790 18	0.994 01

3）三级综合评价

由表4-35可得出区域创新能力 M 的评价矩阵 $\boldsymbol{D}$ 为

$$\boldsymbol{D} = \begin{bmatrix} 0.971\,31 & 0.489\,05 & 0.943\,05 & 0.755\,16 \\ 0.738\,50 & 0.814\,70 & 0.906\,82 & 0.718\,15 \\ 0.524\,96 & 0.600\,82 & 0.790\,18 & 0.994\,01 \end{bmatrix}$$

理想方案　　　　　　　　　$U_0 = [0.971\,31, 0.906\,82, 0.994\,01]^T$。

$$\mu = \begin{bmatrix} 1 & 0.503\,50 & 0.970\,91 & 0.777\,47 \\ 0.814\,38 & 0.898\,41 & 1 & 0.791\,94 \\ 0.528\,12 & 0.604\,44 & 0.794\,94 & 1 \end{bmatrix}$$

则区域创新能力 M 的总评价结果 R 为

$$R = \omega \times \mu = (0.802\,75, 0.652\,25, 0.926\,85, 0.848\,57)$$

将结果统计成表，如表 4-36 所示。

表 4-36　三级综合评价结果表

三级评价结果	北京	天津	上海	深圳
区域创新能力可持续性	0.802 75	0.652 25	0.926 85	0.848 57

由此可知，区域创新能力可持续性由强到弱的排名依次是上海、深圳、北京、天津。

5. 评价结果分析

从二级综合指标评价结果的三个方面对四个区域创新的优势与特点进行分析（表 4-35），在此基础上讨论区域在提升创新能力可持续性方面的缺点与不足。

（1）由区域创新主体评价结果来看，北京和上海的区域创新投入和产出比较高，R&D（科学研究与试验发展）经费投入，人员比例比较高，区域创新主体能力较强。相比之下，天津的区域创新产出相对于创新投入较少，尤其体现在商标数和专利数方面。

（2）由区域创新环境评价结果看，四个区域的环境相对比较平均，随着经济的发展和政府的重视，四个区域的创新环境都利于区域创新的发展，拥有良好的基础设施和网络，政府部门的管理能力也比较强。

（3）由区域生态发展评价结果来看，北京的区域生态环境评价结果较低，这是由于近年来北京雾霾天气严重，因此大气环境有待改善，此外北京的工业废水、废弃处理设施还有待建设。

附录：DEA 模型的 MATLAB 程序

1. $P_C{}^2{}_R$ 模型的 MATLAB 程序

```
clear
X=[];    %用户输入多指标输入矩阵 X
Y=[];    %用户输入多指标输出矩阵 Y
n=size(X',1); m=size(X,1); s=size(Y,1);
A=[-X' Y'];
b=zeros(n, 1);
LB=zeros(m+s,1); UB=[];
for i=1:n;
  f= [zeros(1,m) -Y(:,i)'];
```

```
    Aeq=[X(:,i)' zeros(1,s)]; beq=1;
    w(:,i)=linprog(f,A,b,Aeq,beq,LB,UB);%解线性规划，得 DMU;
的最佳权向量 w;
      E(i, i)=Y(:,i)'*w(m+1:m+s,i);       %求出 DMUᵢ的相对效率值 Eᵢᵢ
end
w      %输出最佳权向量
E      %输出相对效率值 Eᵢᵢ
Omega=w(1:m,:)      %输出投入权向量。
mu=w(m+1:m+s,:)        %输出产出权向量。
```

2. $D^\varepsilon C^2 R$ 模型的 MATLAB 程序

```
clear
X=[];      %用户输入多指标输入矩阵 X
Y=[];      %用户输入多指标输出矩阵 Y
n=size(X',1); m=size(X,1); s=size(Y,1);
epsilon=10^-10;      %定义非阿基米德无穷小 =10⁻¹⁰
f=[zeros(1,n) -epsilon*ones(1,m+s) 1];%目标函数的系数矩阵：的系数为 0,
s⁻,s⁺的系数为- e, 的系数为 1;
A=zeros(1,n+m+s+1); b=0;      %<=约束;
LB=zeros(n+m+s+1,1); UB=[];      %变量约束;
LB(n+m+s+1)= -Inf;      %-Inf 表示下限为负无穷大。
for i=1:n;
    Aeq=[X  eye(m)   zeros(m,s)   -X(:,i)
         Y  zeros(s,m)  -eye(s)     zeros(s,1)];
      beq=[zeros(m, 1 )
         Y(:,i)];
      w(:,i)=linprog (f,A,b,Aeq,beq,LB,UB);%解线性规划，得 DMU 的最
佳权向量 w;
end
w        %输出最佳权向量
lambda=w(1:n,:)          %输出
s_minus=w(n+1:n+m,:)        %输出 s⁻
s_plus=w(n+m+1:n+m+s,:)    %输出 s⁺
theta=w(n+m+s+1,:)          %输出
```

本章小结

关于评价的研究一直是管理科学的研究热点之一，也是学生需要掌握的一项基本管理技术，它在企业管理的实践活动中也是必不可少的，而且关系到很多领域的成败。本章的要点包括 DEA、层次分析法、模糊综合评价方法、熵值法、集对分析法这些方法的原理和

计算过程，并了解这些典型方法的改进方法。

 重要概念和术语

评价（evaluation）

逻辑框架法（logical framework approach）

数据包络分析（data envelopment analysis）

C^2R 模型（A.Charnes，W.W.Cooper and E.Rhodes model）

层次分析法（analytic hierarchy process）

判断矩阵（judgement matrix）

一致性检验（consistency check）

层次单排序（level simple sequence）

层次总排序（total level sequence）

模糊数学（fuzzy mathematics）

模糊综合评价（fuzzy comprehensive evaluation）

熵（entropy）

集对分析（set-pair analysis）

 思考题与练习题

1. 对 A、B、C、D 四个城市的投资和产出水平进行比较，其投入产出指标如表 4-37 所示。试判断各个城市是否为 DEA 有效。

表 4-37　各城市的投入产出指标

城市	投入			产出	
	固定资产投资完成额/亿元	电力消费总量/(亿千瓦·时)	就业人数/万人	地区总产值/亿元	公共财政收入/亿元
A	69	10	9	213	40
B	60	14	8.2	235	45
C	262	52	19.8	678	80
D	242	35	11	401	41

2. 一位顾客要从 3 部不同的手机中选择 1 部购买，选择的标准有价格、拍照功能、品牌、外观、内存五个指标。请运用层次分析法对这 3 部手机进行综合评估并量化排序。结构模型和判断矩阵如图 4-14 和表 4-38～表 4-43 所示。

3. 学校对甲、乙、丙、丁 4 位教师进行绩效综合评价。其中，评价的指标有教学水平、科研能力、学生工作，权重分别为 0.5、0.3、0.2。评价等级分为优秀、良好、较好、一般、差五个等级。请运用 $M = (\wedge, \vee)$ 模糊算子，依据专家打分（表 4-44），对 4 位教师的绩效进行综合评价。

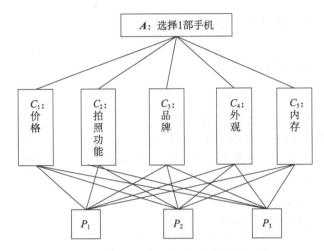

图 4-14　选择 1 部手机的层次结构模型

表 4-38　判断矩阵 A-C

A	C_1	C_2	C_3	C_4	C_5
C_1	1	3	5	3	1/2
C_2	1/3	1	5	4	1/5
C_3	1/5	1/5	1	1/2	1/4
C_4	1/3	1/4	2	1	1/5
C_5	2	5	4	5	1

表 4-39　判断矩阵 C_1-P

C_1	P_1	P_2	P_3
P_1	1	4	2
P_2	1/4	1	1/4
P_3	1/2	4	1

表 4-40　判断矩阵 C_2-P

C_2	P_1	P_2	P_3
P_1	1	1/6	1/5
P_2	6	1	3
P_3	5	1/3	1

表 4-41　判断矩阵 C_3-P

C_3	P_1	P_2	P_3
P_1	1	1/5	1/2
P_2	5	1	3
P_3	2	1/3	1

表 4-42 判断矩阵 C_4-P

C_4	P_1	P_2	P_3
P_1	1	1/4	3
P_2	4	1	7
P_3	1/3	1/7	1

表 4-43 判断矩阵 C_5-P

C_5	P_1	P_2	P_3
P_1	1	5	2
P_2	1/5	1	1/4
P_3	1/2	4	1

表 4-44 专家评价结果

评价	教学水平					科研能力					学生工作				
	优秀	良好	较好	一般	差	优秀	良好	较好	一般	差	优秀	良好	较好	一般	差
甲	0.2	0.5	0.2	0.1	0	0.15	0.15	0.6	0.1	0	0	0.5	0.1	0.2	0.2
乙	0.1	0.6	0.2	0.1	0	0.1	0.1	0.7	0.1	0	0	0.1	0.3	0.3	0.3
丙	0.1	0.3	0.4	0.1	0.1	0.9	0.1	0	0	0	0.1	0.1	0.1	0.4	0.3
丁	0	0.2	0.2	0.4	0.2	0.5	0.2	0.3	0	0	0.5	0.3	0.2	0	0

4. 请简述 DEA、层次分析法、模糊综合评价方法、熵值法、集对分析法这几种方法的适用条件。

5. 实证分析

（1）企业简介。

HT 公司是一家以智能卡技术为基础，以智能卡操作系统为核心，从事读写机具、智能卡和相关软件产品的研发、推广及应用服务的综合型公司。公司成立于 2004 年，围绕着读写机具和智能卡，在产品研发、生产销售和应用解决方案、系统集成等方面积累了丰富的经验，形成了具有自主知识产权的系列产品。

（2）指标与标准值的数据（表 4-45）。

表 4-45 企业战略协同度评价数据

维度	指标	单位	指标值	标准值	规范值	权重
结构	战略目标协同度	分值	70	85	0.82	0.16
	战略目标支持率	%	80	90	0.89	0.14
	资产负债率	%	30	30	1.00	0.11
	净资产收益率	%	25	30	0.83	0.14
	客户忠诚度	分值	80	85	0.94	0.14
	顾客投诉次数	次	7	5	0.71	0.10
	管理者离职率	%	10	5	0.50	0.11
	学历结构	%	96	96	1.00	0.10

续表

维度	指标	单位	指标值	标准值	规范值	权重
能力	营业收入	万元	1 150	1 150	1.00	0.13
	目标市场份额	%	40	40	1.00	0.13
	销售增长率	%	20	20	1.00	0.13
	新产品销售增长率	%	25	25	1.00	0.13
	应收账款周转率	%	29	32	0.91	0.12
	平均工资水平	元	1 500	1 600	0.94	0.10
	产品合格率	%	98	98	1.00	0.13
	供应商满意度	分值	90	95	0.95	0.13
文化	员工满意度	分值	85	90	0.94	0.20
	员工纠纷次数	次	5	3	0.60	0.14
	员工培训支出	万元	20	20	1.00	0.17
	培训合格率	%	90	95	0.95	0.17
	建议采纳率	%	20	30	0.67	0.14
	信息沟通效率	分值	85	90	0.94	0.18

（3）权重的确定。

权重由 HT 公司高层管理人员与咨询人员通过调查问卷采用加权平均法共同确定。各维度中指标相对权重见表 4-45，结构、能力与文化之间的相对权重为 $\alpha = 0.35$，$\beta = 0.35$，$\gamma = 0.3$。

（4）评价结果与分析。

当 $k = 3$ 时，模型的计算如下。

第一步：计算标准值。

其中负向指标有顾客投诉次数、管理者离职率、员工纠纷次数，其余是正向指标。规范值可见表 4-46。

表 4-46 各指标规范值

1	2	3	4	5	6	7	8	9	10	11
0.82	0.89	1.00	0.83	0.94	0.71	0.50	1.00	1.00	1.00	1.00
12	13	14	15	16	17	18	19	20	21	22
1.00	0.91	0.94	1.00	0.95	0.94	0.60	1.00	0.95	0.67	0.94

注：表 4-46 与表 4-45 中给定的规范值一致。

$$\overline{x}_i = \begin{cases} \dfrac{x_i}{\lambda_{\max} x_i} & x_i 越大越好 \\ \dfrac{\lambda_{\min} x_i}{x_i} & x_i 越小越好 \end{cases}$$

$$\overline{y}_i = \begin{cases} \dfrac{y_i}{\lambda_{\max} y_i} & y_i 越大越好 \\ \dfrac{\lambda_{\min} y_i}{y_i} & y_i 越小越好 \end{cases}$$

$$\overline{z}_i = \begin{cases} \dfrac{z_i}{\lambda_{\max}\ z_i} & z_i越大越好 \\[3mm] \dfrac{\lambda_{\min}\ z_i}{z_i} & z_i越小越好 \end{cases}$$

式中，$\lambda_{\max}$、$\lambda_{\min}$ 为相应指标的标准值。

由于标准值已经给定，所以：

对于正向指标：

$$\overline{x} = 指标值/标准值 = 规范值$$

对于负向指标：

$$\overline{x} = 标准值/指标值 = 规范值$$

第二步：按照表 4-45 和表 4-46 给定的权重，分别计算 $f(x)$、$g(y)$、$h(z)$，根据公式

$$f(x) = \sum_{i=1}^{m} a_i \overline{x}_i$$

$$g(y) = \sum_{i=1}^{m} b_i \overline{y}_i$$

$$h(z) = \sum_{i=1}^{m} c_i \overline{z}_i$$

效应函数值如表 4-47 所示，其中，

$$f(x) = 0.82 \times 0.16 + 0.89 \times 0.14 + \cdots + 1 \times 0.1 = 0.840$$
$$g(y) = 1 \times 0.13 + 1 \times 0.13 + \cdots + 0.95 \times 0.13 = 0.977$$
$$h(z) = 0.94 \times 0.2 + 0.6 \times 0.14 + \cdots + 0.94 \times 0.18 = 0.867$$

表 4-47　效应函数

$f(x)$	$g(y)$	$h(z)$
0.840	0.977	0.867

第三步：按照给定权重计算各要素之间的协调度 C、综合评价指数 T、协同度 D。根据公式

$$C = \left\{ f(x) \times g(y) \times h(z) \middle/ \left[\frac{f(x) + g(y) + h(z)}{3} \right]^3 \right\}^k$$

$$T = \alpha \times f(x) + \beta \times g(y) + \gamma \times h(z)$$

$$D = \sqrt{C \times T}$$

战略协同度评价结果如表 4-48 所示，其中，

$$C = \{0.84 \times 0.977 \times 0.867 / [(0.84 + 0.977 + 0.867)/3]^3\}^3 = 0.981$$

$$T = 0.35 \times 0.840 + 0.35 \times 0.977 + 0.3 \times 0.867 = 0.896$$

$$D = \sqrt{0.981 \times 0.896} = 0.937$$

表 4-48 战略协同度评价结果

$f(x)$	0.840
$g(y)$	0.977
$h(z)$	0.867
C	0.981
T	0.896
D	0.937

　　HT 公司战略协同度评价结果为 0.937，在评价等级中属于优秀，说明公司战略协同运行效果较好，各业务单元之间能够良好沟通，业务流程之间的协作顺畅，运作效率较高。协同度是相对行业内其他企业而言的，是随着行业整体变化趋势而改变的，与目标市场内的同行业企业相比，实证企业大部分的评价指标得分比较高，但是顾客投诉次数、管理者离职率、员工纠纷次数、建议采纳率这四项指标得分比较低，说明了企业在员工管理和客户维护方面存在一些问题，管理团队内部协同性不足，导致组织结构和企业文化之间无法实现良好协同，从而在一定程度上影响了企业战略协同效应的实现。因此，实证企业应从改进管理团队着手，制定以战略为导向的制度、机制和程序组成的整个执行系统，建设优秀的企业文化，在提高内部凝聚力的同时，实现企业同客户、合作伙伴等外部要素之间的良好协同，使文化成为实现企业战略协同的驱动力。

 案例分析

农产品物流园区选址评价

　　随着农产品市场的不断发展，农产品企业对物流专业化要求进一步提高，配送网络也更加复杂。与其他行业物流相比，农产品物流有以下难点：①农产品物流数量特别大、品种特别多。2012 年，我国农产品物流总额创新高，突破 2.4 万亿元；2013 年，我国农产品物流总额同比增长 4.0%。②农产品物流难度大。这种难度主要体现一是包装难，二是运输难，三是仓储难。大量农产品在运输过程中由于缺少必要的保护而腐化变质，损耗严重。③农产品物流周期短，农产品和其他产品相比保质期更短，因此配送服务的准确性和准时性要求高。

　　要解决上述问题，建立专业化的农产品物流园区就成为一个关键手段。物流园区是在物流作业集中的地区，在几种运输方式衔接地，将多种物流设施和不同类型的物流企业在空间上集中布局的场所，也是一个有一定规模和具有多种服务功能的物流企业的集结点。而农产品物流园区是整个农产品物流系统的重要组成部分，发展农产品物流园区，将众多服务功能不同的农产品物流公司集聚在一起，通过园区的协作功能，实现物流信息和物流基础设施的共享，从而形成紧密的协作关系。因此，农产品物流园区的选址就成为建立专业化农产品物流园区首先要解决的问题，选址主要考虑自然因素、社会因素、基础设施等，根据现有理论和农产品物流的特殊性，可以将影响农产品物流园区选址的因素进行归纳，见表 4-49。

表 4-49 农产品物流园区选址影响因素

分析因素		评价指标	农产品物流园区的选址要求
自然因素	气象条件	常年降雨量、平均湿度、一般风力、各季节温度等因素	农产品具有生物特性，选址时应选择湿度适中的地区，因为在湿度过大的地区建设会加速部分农产品的腐烂，风口地区风力较大，会加速青菜水分的流失，使之失去新鲜度
	地质条件	土质坚硬、耐压	物流园区的重要功能之一就是进行装载、转运，因而会有大吨位的货车频繁进出，要求土质有一定的承载能力
	地形条件	外部形状应选择规则、适宜规划的地区	便于大型车出入
社会因素	经营环境	优惠产业政策	物流属于劳动密集型产业，能否吸引素质较高、充足的劳动者也是农产品物流园区选址所要考虑的重要内容
	物流费用	运输费用是物流费用的主要组成部分	农产品具有数量大、价格基数较低等特点，因此物流费用对农产品的价格影响很大，农产品物流园区要尽量靠近需求地
	服务水平	物流园区在尽可能大的服务半径内满足用户物流需求的程度	农产品本身具有易腐的特点，如不能及时送到需求点，会直接影响农产品的质量、价格，造成重大损失，因此服务水平应受到农产品物流的格外关注
	环保要求	自然、经济、政治的和谐发展	农产品物流园区考虑到对保鲜、冷藏的要求，需要建设冷库等，在选址时应降低对城市生活的干扰，大型转运枢纽的建设应选择远离市中心的地方，改善大城市交通状况
基础设施	交通条件	是否邻近交通主干道、港口、铁路等	农产品物流园区具备的最主要的功能就是配送，交通是否便利直接决定了农产品运达的速度、创造农产品的时间价值
	公共设施	供电、供热、供水、供气、通信	农产品物流园区的建设中往往包括冷库设施，所以必须保证有充足的电力，易腐的特性决定了将不可避免地产生大量的腐败品，因此对周围污水、固体废弃物的处理都有要求

请依据案例的信息，选择你认为合适的评价方法，建立评价模型，设计评价指标体系，查找相关的数据，给出评价过程并分析评价结果。

案例分析思路

 本章推荐阅读资料

[1] 杜栋，庞庆华，吴炎. 现代综合评价方法与案例精选[M]. 北京：清华大学出版社，2008.

[2] 刘思峰. 系统评价：方法、模型、应用[M]. 北京：科学出版社，2015.

[3] 张炳江. 层次分析法及其应用案例[M]. 北京：电子工业出版社，2014.

[4] 李祚泳，汪嘉杨，熊建秋，等. 可持续发展评价模型与应用[M]. 北京：科学出版社，2007.

第 5 章

优 化 算 法

1. 掌握粒子群优化算法和遗传算法的原理，并会应用其解决具体的优化问题。
2. 了解优化算法的分类，了解不同的优化算法的适用条件。
3. 理解改进的优化算法的原理。

小课表中的大学问

在大学阶段，每个学生在不同学期都会拿到课程时间各异的课表，上学期周三可能是你的幸运日，但下学期你的幸运日可能只有周末。同时相同专业、不同学校的课表又千差万别。你可能对这些差异不以为然，但是不起眼的课表安排问题中其实蕴含着很大的学问。

出乎意料的是，大学课表问题（university timetable problem，UTP）其实是一个长久以来一直困扰各个学校的资源多目标组合优化的问题。这个问题关系到我们一周要上多少节或者多长时间的课、要授课多少周才能保证这门课的质量、当前学期所有学科安排以及学分安排是否合理等。课表问题可能是我们在大学 3 年或 4 年中从来没有意识到的，但是与我们学习息息相关的问题。一张小小的课表看似简单，但是对其真正合理的规划已经被 S. Even 证明是一个 NP（完全问题）。NP 是指多项式复杂程度的非确定性问题，在这样的问题当中，会产生许许多多可能的组合，这些组合可能会引起组合"爆炸"，这样的"爆炸"是当前计算机技术无法解决的问题。虽然 UTP 是一个 NP，但是课表的合理安排对解决教育中的资源相对稀少而学生又相对较多的现状具有巨大的现实意义。虽然课表问题如此棘手，但是遗传算法却可以较好地解决它！随机地创建初始候选方案，然后根据学校制订的相关教学目标以及学生情况去筛选，筛选后进行相应的算子操作，通过迭代来寻找近似最优的课程安排结果，为实际的课表提出指导，优化教学资源的分配。这就是一个典型的优化算法在我们身边应用的例子。虽然我们可能会因为课少而感到轻松、因为课多而感到压力、因为只能按部就班跟从课表而感到乏味，但是我们所拿到的每一份外表简单的课表都是通过智能算法得出的优化结果，这个结果综合考虑了各种重要因素，是一个科学、合理的学习规划。

资料来源：滕资，邓辉文，杨久俊. 基于遗传算法的排课系统设计与实现[J]. 计算机应用，2007，27(s2)：199-201.

5.1　优化算法简介

5.1.1　优化算法基本概念

1. 优化

优化（optimization）是工程技术、科学研究和经济管理等领域的重要研究工具，它研究的是如何在众多的方案中寻找最优方案。例如，在工程设计中，怎样选择设计参数使设计方案既能满足设计要求又能降低成本；资源分配中，怎样分配有限资源使分配方案既能满足各方面的基本要求又能获得良好的经济效益；在物流运输中，如何选择路线能够使运输成本最低。优化这一技术，为解决这些问题提供了理论基础和求解方法，它是一门应用广泛、实用性强的科学。

2. 算法

算法（algorithm）是指解题方案的准确而完整的描述，是一系列解决问题的清晰指令，算法代表用系统的方法描述解决问题的策略。算法可以在有限时间内对一定规范输入，得到所要求的输出。不同的算法可以用不同的空间、时间或效率来完成同样的任务。

算法中的指令描述的是一个计算，它从一个初始状态和初始输入开始，经过一系列有限并且清晰定义的状态，最终产生输出并停止于一个终态。从一个状态到另一个状态的转移并不一定是确定的。

3. 优化算法

解决优化问题的算法称为优化算法（optimization algorithm），可以分为经典优化算法和启发式优化算法。经典优化算法的确立可以从 G.B.Dantzig（1947）提出解决线性规划的单纯形方法（simplex method）开始。随后，Kamaka 提出了椭球算法（多项式算法）、内点法。对于非线性问题，起初学者们试图用线性优化理论求解非线性问题，但效果并不理想。后来的非线性理论大多建立在二次函数的基础上，用二次函数去求解其他非线性函数。以此为原理提出了许多经典优化算法。经典优化算法可分为无约束优化算法和有约束优化算法。其中，无约束的优化算法包括最速下降法（steepest decent）、共轭梯度法、牛顿法（Newton algorithm）、拟牛顿法（pseudo Newton algorithms）、信赖域法。有约束优化算法包括拉格朗日乘子法（augmented Lagrangian algorithms），序列二次规划（SQP）等。

随着社会的发展，实际问题越来越复杂。近 15 年来，学者们又开发了一些较为新颖的启发式优化算法（又称智能优化算法），如人群搜索算法、人工蜂群算法、帝国竞争算法、智能水滴算法、生物地理优化算法、萤火虫优化算法、布谷鸟搜索算法、引力搜索算法、觅食搜索算法、蝙蝠算法、风驱动优化算法、手榴弹爆炸算法、头脑风暴优化算法、基于教与学的优化算法、花授粉优化算法、果蝇优化算法（fruit fly optimization algorithm，FOA）、磷虾群算法、狼群算法、海豚回声定位算法、鸽群优化算法、灰狼优化（grey wolf optimization，GWO）算法、物体碰撞优化算法、水波优化算法、闪电搜索算法、Jaya 算法、蜻蜓算法、鲸鱼优化算法（whale optimization algorithm，WOA）、多元宇宙优化算法、乌鸦搜索算法、蝴蝶算法、雷电附着优化算法、斑鬣狗优化算法、松鼠搜索算法等。这些算法模拟自然界的一些现象，其思想和内容涉及数学、物理学、生物进化、人工智能、神经科学和统计力学等方面，为解决复杂问题提供了新的思路和手段。

5.1.2 智能优化算法的发展

20 世纪 80 年代初期，科学工作者对遗传算法、人工神经网络、模拟退火（simulated annealing，SA）、禁忌搜索（tabu search，TS）等算法的模型、理论和应用技术等问题进行深入研究，并将这些算法统称为智能优化算法（intelligent optimization algorithms），也称为现代启发式算法。在管理科学领域，常用的算法如下。

遗传算法是一种随机搜索与优化算法，由美国密歇根大学的 Holland 教授及其学生于 1975 年首次提出，它主要是基于达尔文的进化论和孟德尔的遗传学。生物的遗传、变异和选择在生物的进化过程中起重要作用，它不仅可以使生物能够保持自身的固有特性，同时还可以使生物不断改变自身以适应新的生存环境。遗传算法是一种基于群体进化的计算模型，它通过群体中个体之间的繁殖、变异、竞争等方法进行信息交换而优胜劣汰，从而一步步地逼近问题最优解。

人工神经网络是建立在生物学的神经元网络的基本原理之上，它的实质是模仿大脑的结构和功能，通过应用计算机处理大规模信息的一种信息处理系统。Ainsley 和 Papert 提出的多层前向神经元网络是当前最为常用的网络结构。

拓展阅读：一分钟了解人工神经网络

模拟退火算法是一种通用的随机探索算法，1953 年由 N.Metropolis 等人提出。它的基本思想是将某类优化问题的求解过程与统计热力学中的热平衡问题进行类比，并试图通过模拟高温物体退火过程，以找到优化问题的全局最优解或者近似全局最优解。

禁忌搜索算法是一种全局性领域搜索算法，是由 Glover 在 1986 年最先提出的，它属于确定性的迭代优化算法，主要是针对一般的下降算法的缺点提出的。一般的下降算法在搜索到局部最优解时，很容易自动停止，而禁忌搜索采用禁忌准则尽量避免已搜索过的对象，从而确保了对不同搜索路径的探索，引导算法跳出局部最优解而寻找全局最优解。

粒子群优化（particle swarm optimization，PSO）算法是 Kennedy 和 Eberhart 受到人工生命研究结果的启发，通过模拟鸟群觅食过程中的迁徙和群聚行为而提出的一种基于群体智能的全局随机搜索算法。1995 年，他们在 IEEE 国际神经网络学术会议上发表了一篇题为 Particle Swarm Optimization 的论文，这标志着 PSO 算法的诞生。粒子群优化算法是基于"种群"和"进化"的概念，通过模拟个体之间的协作和竞争，实现在复杂空间中搜索最优解。然而，粒子群优化算法又不完全像其他进化算法，PSO 并不对个体进行交叉、变异、选择等进化算子操作，而是将群体中的每个个体都看作在 D 维搜索空间中没有质量和体积的一个粒子（particle），每个粒子都以一定的速度在解空间运动，并且一直向自身历史最佳位置以及邻域历史最佳位置聚集，实现对候选解的优化。PSO 算法比较容易理解、参数少、容易实现，对非线性、多峰问题都具有较强的全局搜索能力，在科研和实践中都获得了广泛关注。

5.2　粒子群优化算法

5.2.1　算法原理

假想一个场景：一群鸟随机分布在一个区域中，而这个区域中仅有一块食物。每一只鸟都不知道食物在哪儿，但它们都知道自己目前的位置与食物的距离。那么，找到食物的最优策略是什么呢？最简单有效的办法就是追寻自己视野中当前离食物最近的鸟。如果我们把食物看作最优解，把鸟与食物的距离看作函数的适应度，那么，鸟寻觅食物的这个过程就可以看成一个函数寻优的过程。

在 PSO 算法中，每个优化问题的潜在解都可看作搜索空间的一只鸟，称其为"粒子"。每个粒子都有一个适应值，适应值由被优化的函数决定，每个粒子还有一个速度，这个速度决定它们飞行的方向和距离。优化开始时，先初始化为一群随机粒子。然后，所有粒子就追随当前的最优粒子在解空间中搜索，再通过迭代找到最优解。在每一次迭代中，粒子通过跟踪两个极值来更新自己。第一个极值是整个群体当前找到的最优解，这个极值叫全局极值。此外也可以不用整个种群，而仅仅用其中一部分当作粒子的邻居，在所有邻居中的极值叫局部极值。第二个极值是粒子自身找到的最优解，这个极值称为个体极值。

5.2.2　算法模型

在算法开始时，随机初始化粒子的位置和速度构成初始种群，初始种群在解空间中为均匀分布。设粒子群的种群规模为 M，决策空间 D 维，其中粒子 i 在时刻 t 的坐标位置可以表示为 $X_i^t = (x_{i1}^t, x_{i2}^t, \cdots, x_{id}^t)$，$i = 1, 2, \cdots, M$，粒子 i 的速度定义为每次迭代中粒子移动的距离，$V_i^t = (v_{i1}^t, v_{i2}^t, \cdots, v_{id}^t)$，$i = 1, 2, \cdots, M$，则粒子 i 在时刻 t 的第 d 维子空间中的飞行速度和位置根据式（5-1）～式（5-3）进行调整。

$$v_{id}^t = \omega v_{id}^{t-1} + c_1 r_1 \left(p_{id} - x_{id}^{t-1} \right) + c_2 r_2 \left(p_{gd} - x_{id}^{t-1} \right) \tag{5-1}$$

$$v_{id}^t = \begin{cases} v_{\max}, v_{id}^t > v_{\max} \\ -v_{\max}, v_{id}^t < -v_{\max} \end{cases} \tag{5-2}$$

$$x_{id}^t = x_{id}^{t-1} + v_{id}^t \tag{5-3}$$

其中，ω 为惯性权值；c_1 和 c_2 为学习因子，也称加速常数；r_1 和 r_2 是 $[0,1]$ 的随机数；p_{gd} 表示整个群体中的历史最有位置记录，即全局极值 g_{best}；p_{id} 表示当前粒子的历史最优位置记录，个体极值 p_{best}；v_{id} 是粒子的速度，$v_{id} \in [-v_{\max}, v_{\max}]$，$v_{\max}$ 是常数，由用户设定用来限制粒子的速度。此时的算法为标准的粒子群优化算法，当 $\omega = 1$ 时，被称为原始的粒子群优化算法。

式（5-1）右边由三部分组成。

第一部分为"惯性"部分，表示粒子以前的速度对粒子运动轨迹的影响，代表粒子对当前自身运动状态的信任，它主要是通过粒子前一时刻的速度乘以一个称为"惯性权值"的控制因子来实现惯性运动的过程。

第二部分为"认知"部分，表示粒子自身经验对粒子运动轨迹的影响，也就是粒子本身的思考，代表粒子有向自身历史最佳位置逼近的趋势。

第三部分为"社会"部分，表示群体经验对粒子运动轨迹的影响，代表粒子间协同合作与知识共享的群体历史经验，表明粒子有向群体或者邻域历史最佳位置逼近的趋势。

5.2.3 算法流程

粒子群优化算法具有编程简单、易实现的特点，粒子群优化算法的流程如图 5-1 所示。下面给出其实现的具体步骤。

Step1：初始化粒子群，初始化群体规模 N，粒子的位置 x_i 和速度 V_i。

Step2：计算每个粒子的适应度值 $F_{it}[i]$。

Step3：对每个粒子，用它的适应度值 $F_{it}[i]$ 和个体极值 $p_{best}(i)$ 比较，如果 $F_{it}[i] > p_{best}(i)$，则用 $F_{it}[i]$ 替换掉 $p_{best}(i)$。

Step4：对每个粒子，用它的适应度值 $F_{it}[i]$ 和全局极值 g_{best} 比较，如果 $F_{it}[i] > p_{best}(i)$，则用 $F_{it}[i]$ 替 g_{best}。

Step5：根据式（5-1）、式（5-3）更新粒子的速度 v_i 和位置 x_i。

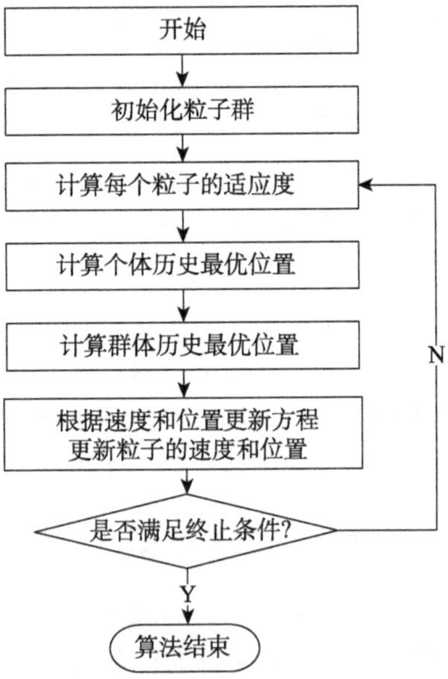

图 5-1 粒子群优化算法的流程

Step6：如果满足结束条件（误差足够好或到达最大循环次数）退出，否则返回 Step2 。

5.2.4 参数分析与设置

在 PSO 算法中有一些显参数和隐参数，可以通过调整它们的值，以改变算法搜索问题空间的方式。在基本 PSO 算法中，需要调节的参数主要有种群规模、最大速度、惯性权值和加速因子等。

1. 种群规模

一般而言，种群规模在 20～40 区间内取值就可以保证对解空间进行全面的搜索，对于大部分问题来说，种群规模取 10 就能够获得较好的结果，但是对一些特定类别或比较困难的问题，种群规模有时需要在 100～200 区间取值。

2. 最大速度

最大速度 V_{max} 决定粒子当前位置与最好位置之间区域的分辨率（或精度）。如果 V_{max} 太大，粒子很可能会错过好的解；如果 V_{max} 太小，粒子不能在局部区域之外进行充分的搜索，很容易陷入局部最优值。一般来说，V_{max} 通常设定为粒子的范围宽度。例如，粒子 (x_1, x_2, x_3)，x_1 属于 $[-10,10]$，那么 V_{max} 的大小就是 10。

3. 惯性权值

惯性权值 ω 是一个用来表示粒子之前经历的速度对现在速度的影响程度的数字量。惯性权值的设置会影响粒子的全局搜索能力与局部搜索能力之间的平衡。

使用较大的惯性权值，算法具有较强的全局搜索能力。由于惯性权值决定保留上一时刻速度的程度，因此取较大的值可以加强搜索以前未能达到区域的能力，有利于增强算法的全局搜索能力并跳出局部极值点。

惯性权值 ω 的调整策略主要有线性变化、模糊自适应和随机变化等，其中应用最多的是线性递减策略。

4. 加速因子

加速因子 c_1 和 c_2 是非常重要的一组参数，用来调整粒子自身经验与群体经验，会影响粒子的运动轨迹。如果 c_1 的值为 0，那么只有群体经验会影响粒子的运动，这时它的收敛速度较快，但对于一些复杂问题很容易陷入局部收敛；如果 c_2 的值为 0，则只有自身经验影响粒子的运动，粒子与粒子之间没有信息交互的能力，那么，一个规模为 M 的群体就相当于运行了 M 次单个粒子，这样就完全失去了群体智能算法的特性，难以得到最优解；如果 c_1 和 c_2 都为 0，则粒子不包含任何经验信息并只能搜索有限区域，从而难以找到较好的解。

可以把加速因子 c_1 和 c_2 看成一个控制参数，设 $\varphi = c_1 + c_2$。如果 $\varphi = 0$，粒子的坐标值 X 只是简单的线性增加。如果 φ 非常小，对粒子速度的控制很小，因此群体的运动轨迹变化非常缓慢。当 φ 较大时，粒子的空间位置变化频率增大，粒子变化步长也相应增大。一般来说，当 $\varphi = 4.1$ 时，具有较好的收敛效果。

5.2.5　算例分析

【例 5-1】 Sphere 函数求最小值。

Sphere 函数：$f(x) = \sum_{i=1}^{n} x_i^2$ 是 PSO 算法常用的测试函数，可用来评价 PSO 算法的寻优效率。这里选取二维 Sphere 函数，应用 MATLAB 软件编写粒子群优化算法程序进行求解，验证粒子群优化算法在解决函数优化问题中的有效性，并通过简化模型进行分析，有助于理解粒子群优化算法的原理和具体的计算过程。

这里选取的函数为 $f = x_1^2 + x_2^2$，求它的最小值。

解：

（1）参数赋值。

种群规模 $N = 40$；

最大迭代次数 $M = 1\,000$ 次；

惯性权值 $w = 0.6$ ；

加速因子 $c_1 = c_2 = 2$ ；

粒子维数 $D = 2$ 。

（2）计算过程。

第一步，初始化粒子群。为了便于理解，我们假设群体规模为 2，设粒子 1 的初始位置为 $X_1 = (2，1)$，初始速度为 $V_1 = (-1，1)$，粒子 2 的初始位置为 $X_2 = (-1，1)$，初始速度为 $V_2 = (1，-2)$。

第二步，初始化粒子的个体极值。计算每个粒子的适应度值 fitness(X_i)，并与个体极值 $p(i)$ 进行比较，由于在优化开始时，所有粒子的初始位置就是它的最佳位置，因此 $p(1) = 5$，$p(2) = 2$，$Y_1 = X_1 = (2，1)$，$Y_2 = X_2 = (-1，1)$。

第三步，初始化全局极值。通过比较所有粒子的个体极值，可以得出全局极值 pg = x(2，：) = (-1，1)，fitness(pg) = 2。

第四步，根据式（5-1）、式（5-3）更新粒子的速度 v_i 和位置 x_i，接着更新粒子的个体极值。

v(i，：) = w*v(i，：)+c1*rand1*(y(i，：)-x(i，：))+c2*rand2*(pg-x(i，：));

x(i，：) = x(i，：)+v(i，：);

其中，w = 0.6，c1 = c2 = 2，rand 是[0，1]的随机数，假设 rand1 = 0.4，rand2 = 0.7。

通过计算，粒子 1 第一次更新后的速度为 v(1，：) = (-4.8，0.6)，再根据粒子位置更新公式，得出第一次优化后的粒子 1 位置为 x(1，：) = (-2.8，1.6)，由于更新后的 p(1) = 10.4，所以粒子 1 的个体极值仍为 y(1，：) = (2，1)。同理，粒子 2 第一次优化后的速度 v(2，：) = (0.6，-1.2)，位置为 x(2，：) = (-0.4，-0.2)，由于此时 p(2) = 0.2，个体极值优化为 y(2，：) = (-0.4，-0.2)。

第五步，更新粒子群的全局极值。将所有经过第一次优化后的粒子的个体极值与优化前的全局极值进行比较。此时，全局极值更新为 pg = (-0.4，-0.2)，fitness(pg) = 0.2。

此后的每一次循环都是如此，通过第一次循环，我们可以看到粒子 2 的位置得到了优化，同时全局最优位置也得到了优化，在经过多次循环之后，最终得到最优解。

（3）程序设计。

程序主要由两个文件组成，其中 pso.m 是接口文件，fitness.m 是待求解的函数，可以通过修改 fitness.m 里的目标函数求解不同的问题。

①pso.m 文件。

```
function [xm, fv] = PSO(fitness, N, c1, c2, w, M, D)
```
其中%fitness-目标函数，N 为种群数，c1，c2 为学习因子，w 为惯性权重，M 为迭代次数，D 为粒子维数。
```
format long;
%初始化种群
for i=1: N
    for j=1: D
```

```
        x(i, j)=randn;      %随机初始化粒子的位置
        v(i, j)=randn;      %随机初始化粒子的速度
    end
end
%此处计算各个粒子自身的适应度，并初始化粒子个体极值和全局极值
for i=1: N
    p(i)=fitness(x(i, : ));
    y(i, : )=x(i, : );
end
pg = x(N, : );
for i=1: (N-1)
    if fitness(x(i, : ))<fitness(pg)
        pg=x(i, : );                    %pg 为全局最优
    end
end
%执行 PSO 算法步骤
for t=1: M
    for i=1: N
        v(i,:)=w*v(i,:)+c1*rand*(y(i,:)-x(i,:))+c2*rand*(pg-x(i,:));
        x(i, : )=x(i, : )+v(i, : );
        if fitness(x(i, : ))<p(i)
            p(i)=fitness(x(i, : ));
            y(i, : )=x(i, : );
        end
        if p(i)<fitness(pg)
            pg=y(i, : );
        end
    end
 Pbest(t)=fitness(pg);
end
xm = pg';
fv = fitness(pg);
```

② 目标函数 fitness.m 文件。

```
function f=fitness(x)
f=x(1).^2+x(2).^2;
End
```

③ 在命令行输入调用 m 文件。

在命令行先后输入[xm，fv] = PSO(@fitness，40，2，2，0.6，1000，2)，运行程序，得到结果。

（4）结果分析。

目标函数 $f = x_1^2 + x_2^2$ 优化结果如下：

$$xm = 1.0e{-}055 *$$
$$x(1) = 0.48647304974433$$

$$x(2) = 0.11225025578588$$
$$fv = 2.492561480515418e-111$$

其中，fv 是最优值，xm 为最优值对应的自变量值。

需要说明的是，目标函数的最小值应该为 0。但是，由于初始值的随机性选取、迭代次数的限制等因素，函数最后求解的最小值并不是 0，而是非常接近于零。通过实验，发现当迭代次数达到 4 000 次时，求得最小值是 0。

5.2.6　算法的优缺点

近年来，PSO 算法迅速发展，在很多领域都得到了广泛的应用，其中应用在典型理论问题方面的包括组合优化、约束优化、多目标优化以及动态系统优化等；应用于实际生产领域的包括电力系统、自动控制、滤波器设计、模式识别与图像处理、数据聚类、机械、化工、通信、机器人、生物信息、经济、医学、任务分配、TSP（旅行商问题）等。

1. 算法的优点

算法的优点如下。

（1）算法规则简单，容易实现，在工程应用中比较广。

（2）收敛速度快，且有很多措施可以避免陷入局部最优。

（3）需要调整的参数较少，并且对于参数的选择目前已有较为成熟的理论研究成果。

2. 算法的缺点

算法的缺点如下。

（1）PSO 算法的寻优能力主要依靠粒子之间的相互作用和相互影响。如果从算法中去除粒子之间的相互作用和相互影响，则 PSO 算法的寻优能力就变得非常有限。由于标准 PSO 算法寻优依靠的是群体之间的竞争与合作，粒子本身缺乏变异机制，单个粒子一旦受某个局部极值约束，本身很难跳出这种约束，此时需要借助其他粒子的成功发现。在算法运行的初始阶段，收敛速度比较快，运动轨迹呈正弦波摆动，但运行一段时间后，速度开始减慢甚至停滞。当所有粒子的速度几乎为 0，此时粒子群丧失了进一步进化的能力，可以认为算法执行已经收敛。而在许多情况下（如高维复杂函数寻优），算法并没有收敛到全局极值，甚至连局部极值也未达到，这种现象被称为早熟收敛或停滞。发生该现象时，粒子群高度聚集，严重缺乏多样性，粒子群会长时间或永远跳不出聚集点。因此大量对粒子群优化算法的改进集中在提高粒子群的多样性上，使得粒子群在整个迭代过程中能保持进一步优化的能力。

（2）初始化过程是随机的，在多数情况下可以保证初始解群分布均匀，但对个体质量无法保证，解群中有一部分远离最优解。如果初始解群比较好，将会有助于求解效率和解的质量。

5.2.7　粒子群优化算法的改进

由于 PSO 中粒子总是向自身历史、邻域或者群体历史最佳位置聚集，形成粒子种群的快速趋同效应，容易陷入局部极值、早熟收敛或停滞。同时，PSO 的性能也依赖于算法参数。为了克服上述不足，各国研究人员相继提出了各种改进措施。此处将这些改进分为三类：粒子群初始化、邻域拓扑、混合策略。

1. 粒子群初始化

研究表明，粒子群初始化会对算法的性能产生一定影响。为了尽可能让初始种群均匀覆盖整个搜索空间，从而提高全局搜索能力，Richard 和 Ventura 提出了基于 centroidal voronoi tessellations（CVTs）的种群初始化方法；薛明志等采用正交设计方法对种群进行初始化；Campana 等将标准 PSO 迭代公式改写成线性动态系统，并基于此研究粒子群的初始位置，使它们具有正交的运动轨迹。

2. 邻域拓扑

粒子群优化算法根据粒子邻域是否为整个群体，可以分为全局模型 g_{best} 和局部模型 p_{best}。在 g_{best} 模型中，群体中所有的粒子之间都可以进行信息交换，并且每一个粒子都向所有粒子中的历史最佳位置移动，g_{best} 模型虽然有较快的收敛速度，但很容易陷入局部极值。为了克服 g_{best} 模型的缺点，研究人员将每个粒子的信息交换范围进行限制，提出了各种局部模型 p_{best}。如 Suganthan 在搜索初始阶段，将每个粒子的领域定义为自身；随着迭代次数的不断增加，邻域范围将逐渐扩展到整个种群。如 Veeramachaneni 采用适应度距离比值来选择与粒子相邻的粒子。通常研究最多的一种划分手段是按粒子存储阵列的索引编号划分社会关系邻域，主要有环形拓扑、轮形拓扑、塔形拓扑、星形拓扑、冯·诺依曼（John von Neumann）拓扑以及随机拓扑等。对于不同的优化问题，这些拓扑的性能表现各异，但总体来说，随机拓扑对大多数问题能表现出较好的性能，其次是冯·诺依曼拓扑。

此外，在标准的 PSO 算法中，所有的粒子仅仅向自身和邻域的历史最佳位置移动，而没有向邻域内其他优秀粒子学习，这样会造成信息资源的浪费，甚至会陷入局部极值；鉴于这些问题，Kennedy 等提出了全信息粒子群（fully informed particle swarm，FIPS），在 FIPS 中，每个粒子除了自身和邻域最佳历史位置外，还可以向邻域中的其他优秀粒子学习。

3. 混合策略

混合策略是将其他技术或传统优化算法或其他进化算法应用到 PSO 算法中，用来提高粒子多样性、提高局部开发能力、增强粒子全局探索的能力、收敛速度和精度等。这种结合的途径一般有两种：一是利用其他优化技术调整参数，如收缩因子、惯性权值、加速常数等。二是将 PSO 算法与其他进化算法或其他技术结合。如 Clerc 将蚁群算法和 PSO 算法结合以求解离散优化问题；Robinson 和 Juang 等将 GA 与 PSO 算法结合分别用于天线优化设计和递归神经网络设计；Angeline 则将锦标赛选择引入 PSO 算法，根据个体当前位置的适应度，将每一个个体与其他若干个个体相比较，然后依据比较结果对整个群体进行排序，用粒子群中最好一半的当前位置和速度替换最差一半的位置与速度，同时保留每个个体所记忆的个体最好位置；Higashi 将高斯变异引入 PSO 算法中；El-Dib 等对粒子位置和速度进行交叉操作；Miranda 等使用了变异、选择和繁殖多种操作同时自适应确定速度更新公式中的邻域最佳位置以及惯性权值和加速常数；清华大学张文俊等利用差分进化（DE）操作选择速度更新公式中的粒子最佳位置；而 Kannan 等则利用 DE 来优化 PSO 算法的惯性权值和加速常数。

此外，还有其他一些混合 PSO。

（1）高斯PSO：Secrest等将高斯函数引入PSO算法，用于引导粒子的运动；高斯PSO不再需要惯性权值，而加速常数由服从高斯分布的随机数产生。

（2）混沌粒子群优化：Eberhart利用混沌运动的遍历性，以粒子群的历史最佳位置为基础产生混沌序列，并将此序列中的最优位置随机替代粒子群中的某个粒子的位置，提出混沌PSO（chaos particle swarm optimization，CPSO）。

拓展阅读：粒子群算法的matlab仿真实例

（3）免疫粒子群优化：生物免疫系统是一个具有高度鲁棒性、分布性、自适应性并具有强大识别能力、学习和记忆能力的非线性系统。X. Hu将免疫系统的免疫信息处理机制（抗体多样性、免疫记忆、免疫自我调节等）引入PSO算法中，分别提出了基于疫苗接种的免疫PSO和基于免疫记忆的免疫PSO。

（4）量子粒子群优化：R. Poli采用量子个体提出离散PSO，Jelmer则应用量子行为更新粒子位置。

5.3 遗传算法

5.3.1 遗传算法概述

1. 遗传算法的概念

19世纪中叶，达尔文创立了生物进化学说，核心是优胜劣汰、适者生存。同时，在个体或种群的进化过程中，总是伴随基因的交叉及变异，产生新的个体和种群，从而实现生物的进化。美国密歇根大学的John Holland教授受到达尔文生物进化学说的启发，发明了基于生物遗传和进化机制的智能全面搜索的优化算法——遗传算法。遗传算法将遗传过程中的复制、交叉、变异、显性等过程和要素通过算子来体现与实现，并通过有限次迭代来进行优化。

视频：带你走进遗传算法

遗传算法主要实现对复杂问题的优化，同时由于其内在的启发性及运行的独立性，可以应用到许多领域当中，包括函数优化、组合优化、生产调度、自动控制、图像处理、机器学习、机器人学、数据挖掘等。

2. 遗传算法的特点

遗传算法的优点如下。

（1）可以广泛地表示可行解。

（2）通过群体来进行优化。

（3）无须辅助信息。

（4）内在启发式随机搜索。

（5）不容易陷入局部最优。

（6）有内在的并行计算能力。

（7）具有良好的可拓展性，可与别的技术相结合。

遗传算法具有以下局限性。

（1）可能出现不规范、不准确的编码情况。

（2）遗传算法单一编码的特性，可能使其不能表示优化问题的约束条件。

（3）搜索效率较低。

（4）可能会出现过早收敛的情况。

3. 遗传算法中的术语

遗传算法借鉴了遗传学中的思想和术语，表 5-1 列举了主要术语，并给出了遗传算法中对这些术语的解释。

表 5-1　遗传算法中术语及解释

术　语	术语的解释
染色体	解的编码（编码形式）
基因	解的编码中分量的特征
等位基因	编码分量的特征值
基因座	基因在串中的位置
基因型	解的结构
表现型	解码参数、解码方式、优秀个体
个体	解或其对应的编码
适者生存	根据每个个体适应度值的大小进行选择
群体	由许多个体所组成的解集
复制	根据适应度值选择的一组优秀解
交叉	被选择的个体，通过交叉方式形成一组新解的过程
变异	个体编码中某一分量或者某些分量发生变化的过程

5.3.2　遗传算法的基本流程

1. 遗传算法的主要过程

遗传算法的主要过程就是对自然遗传中的选择（selection）、复制、交叉（crossover）、变异（mutation）等现象进行数学意义上的模拟和运算，从任一初始随机种群开始，通过计算初始种群每个个体的适应度，进行选择操作。随后，将被选择的个体作为父代，父代之间进行基因的交叉和变异，产生新的个体和种群，再对新种群进行选择、交叉、变异等操作，如此循环。当迭代次数到达设定的次数时，遗传算法就会终止。需要注意的是，某些运算过程会涉及种群中个体数目保持不变的情况，这时就要在遗传算法过程中加入复制过程。遗传算法运算流程如图 5-2 所示。

2. 遗传算法的基本操作

由上述的基本过程可以知道，在遗传算法中主要的操作就是选择、交叉及变异。

（1）选择。根据适应度函数值来对种群中诸多个体进行筛选，保留优良的个体，淘汰虚弱的个体。被选择出来的个体还会作为父代培育新个体或种群。选择遵循适应度函数值越大、被选择的概率越高的原则。我们用一个简单的例子来说明选择的过程。

假定 U_1、U_2、U_3、U_4 的适应度函数值分别为 1、2、3、4，其群体的适应度总和 $F=10$，其各自的选择概率 $P_k=U_k/F=0.1$、0.2、0.3、0.4。可以看出，适应度函数值最大的

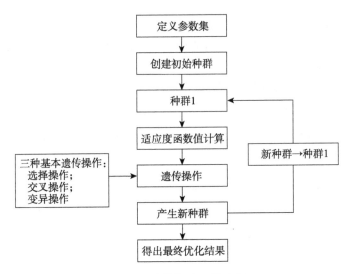

图 5-2　遗传算法运算流程

U_4 被选择的概率也是最大的，而适应度值最小的 U_1 被选择的概率是最小的。

（2）交叉。完成选择之后，要进行交叉过程。交叉过程可以说是遗传算法中最重要的过程，因为通过交叉操作才能产生新一代的个体，同时新一代的个体保留了优秀父代的特性。将选择后的个体两两成对组合，在每对中根据某一概率进行交叉操作。

例如，现有 4 个个体，其分别为 A =（1，0，1，0，1）、B =（0，0，1，0，1）、C =（1，1，1，0，1）、D =（1，1，1，0，0），将 A 与 B 分为一对，C 与 D 分为一对。假设发生交叉的位置为 4，概率为 0.5，那么交叉后的结果可能为

A =（1，0，1，0，1）、B =（0，0，1，0，1）、C =（1，1，1，0，0）、D =（1，1，1，0，1）

（3）变异。变异就是以某一特定的概率对被选择个体中的基因进行变化操作。其每个基因变异的概率 = 设定的概率值 / 个体染色体的长度。一般情况下，个体的编码都是二进制形式，所以说染色体长度通常为串的长度。而在二进制中，如果此处的基因为 1，那么变异后该基因为 0。

例如，现有个体 X =（1，1，0，1，0，0，0，1，0）。假设变异的概率为 0.7，则可能的变异结果为 X =（0，1，0，1，0，0，0，1，0）。

5.3.3　遗传算法在 MATLAB 中的实现

MATLAB 作为一种实现遗传算法的工具，有强大的计算能力。下面，通过 MATLAB 介绍实现遗传算法中的选择、交叉、变异过程。

1. 选择操作的实现

首先我们随机创建 5×5 二进制矩阵 Chrom，计算每个个体的适应度函数值 FitnV。随后以 0.6 为代沟（父代被淘汰的百分比），应用随机遍历抽样原理进行选择操作，产生新的种群 SelCh。MATLAB 选择操作如图 5-3 所示。

图 5-3　MATLAB 选择操作

2. 交叉操作的实现

首先创建一个 2×8 的矩阵 Chrom，对 Chrom 进行单点交叉的操作，其交叉的概率设定为 0.5，经过交叉操作后得到新矩阵 NChrom。MATLAB 交叉操作如图 5-4 所示。

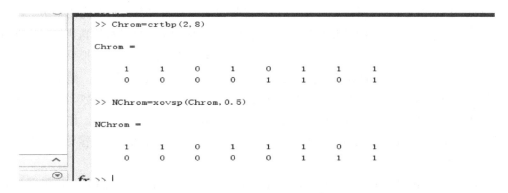

图 5-4　MATLAB 交叉操作

3. 变异操作的实现

根据交叉操作产生的新矩阵 NChrom 进行离散变异操作，其整体变异概率为默认值（0.7），经过变异操作产生新的矩阵 NewChrom。MATLAB 变异操作如图 5-5 所示。

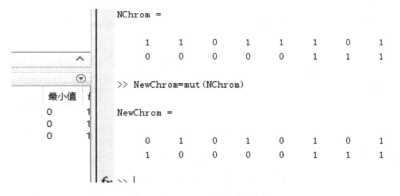

图 5-5　MATLAB 变异操作

5.4　果蝇优化算法

5.4.1　算法原理与模型

果蝇是一种广泛存在于温带和热带地区的昆虫，其具有远优于其他物种的嗅觉和视觉能力。在觅食的过程中，果蝇个体会先利用自身的嗅觉器官寻找食物，同时向周围的其他果蝇发送气味信息，或者从周围的果蝇接收气味信息。接下来，果蝇将利用其视觉器官，通过比较，得出当前群体中收集到最好气味信息的果蝇位置，群体中的其他果蝇均飞向该位置，并继续展开搜索。

果蝇优化算法是由中国学者潘文超提出的一种群体智能启发式优化方法，模拟果蝇觅食活动的整个智能过程。FOA 适宜求解具有复杂约束条件以及解的组成元素之间关联性较强的优化问题，在很多经典的组合优化领域得到了广泛应用，如气化参数优化、资源约束调度问题等。

FOA 是基于果蝇觅食行为的仿生学原理而提出的一种新兴群体智能优化算法。FOA 通过模拟果蝇利用敏锐的嗅觉和视觉进行捕食的过程，实现解空间的群体迭代搜索。FOA 原理易懂、操作简单、易于实现，具有较强的局部搜索能力。FOA 通过模拟果蝇种群的觅食行为，采用基于果蝇群体协作的机制进行寻优操作。FOA 寻优机制简单，整个算法仅包括嗅觉搜索和视觉搜索两部分，关键参数仅为种群数目和最大迭代搜索次数。FOA 采用基于种群的全局搜索策略，群体协作，信息共享，具有良好的全局优化能力。作为一种通用型算法，FOA 不依赖于求解问题的具体信息，并且适合与其他算法混合，容易得到性能更出众的混合算法。

自 FOA 被提出以来，其已经引起了许多学者的重视，并被成功地应用于诸如财务危机预警建模、多维背包问题、电力预测、神经网络参数优化、供应链选址分配问题以及网络拍卖、物流服务等诸多领域。

本节将果蝇优化算法归纳为以下步骤。

Step 1：初始化参数，设定果蝇种群规模 sizepop，迭代次数 maxgen，初始化果蝇种群位置 X_axis, Y_xis；

Step 2：随机初始化果蝇个体的飞行方向和距离，其中 Random Value 为搜索的距离：

$$X_i = X\_axis + \text{Random Value}$$
$$Y_i = Y\_axis + \text{Random Value}$$

Step 3：估计果蝇个体与原点的 Dist_i，再计算味道浓度判定值 S_i：

$$\text{Dist}_i = \sqrt{x_i^2 + y_i^2}$$
$$S_i = 1/\text{Dist}_i$$

Step 4：计算果蝇个体的味道浓度（适应度值）：

$$\text{Smell}_i = \text{function}(S_i)$$

Step 5：寻找味道浓度最优的果蝇个体，让果蝇群体均飞往最优位置：

$$[\text{bestSmell bestindex}] = \min(\text{Smell}_i)$$
$$\text{Smellbest} = \text{bestSmell}$$
$$x\_\text{axis} = X(\text{bestindex})$$
$$y\_\text{axis} = Y(\text{bestindex})$$

Step 6：迭代寻优，重复步骤 2～5，直到达到最大迭代次数。

由以上 FOA 的计算步骤可知，标准的 FOA 采用基于种群的全局随机搜索策略，通过跟踪当前最优解的信息来指导种群的下一步搜索，使种群能够以当前最优解为中心开展局部随机搜索，向更优的方向搜索前进。

5.4.2　算法的改进

FOA 全局寻优能力强，收敛精度高，在工程领域有很大的研究价值。但原始的 FOA 采用的固定搜索步长，不能兼顾全局搜索能力和局部搜索能力，从而影响了收敛速度和寻优能力。且算法易陷入局部最优难以跳出，导致收敛早熟。本节主要针对算法的这些不足，对算法自身进行改善，使其更好地适应选址模型求解。

本节提出了一种改进的果蝇优化算法（IFOA），通过引入权重函数动态调整算法搜索步长。选用动态调整的目的是将搜索分成两部分：首先用较大的搜索步长在较大区域内进行全局搜索，保证全局搜索的能力；之后用较小的步长搜索，在小区域内精细化搜索，保证局部搜索能力。果蝇个体随机搜索表达式如下：

$$X_i = X\_\text{axis} + \psi \cdot \text{rand}()$$
$$Y_i = Y\_\text{axis} + \psi \cdot \text{rand}()$$

其中，ψ 是动态搜索步长的权重函数，公式如下：

$$\psi = \exp\left(-\left|\frac{\text{Smell}_i - \text{Smell}_{i-1}}{\text{Smell}_i}\right|^{\varsigma}\right)$$

其中，Smell_i 为第 i 代最优适应度值。当比值变化较大时，表明果蝇群体正在向新空间搜索，权重函数增大有利于全局搜索；当比值变化率较小时，说明果蝇群体正处于局部搜索当中，权重函数减小有利于局部搜索的精细化搜索。其中 $\varsigma > 0$ 且随着 ς 的增大，果蝇搜索能力增大，不易陷入局部最优，可根据实际问题来进行调整。

除随机搜索表达式外，其余 IFOA 步骤表达方式与基本的 FOA 原理一致。

为了测试和分析改进算法的巡游性能，本节选用如下两个经典的测试函数对 FOA、IFOA 分别进行测试。具体函数形式、搜索区间、理论极值还有函数类型如表 5-2 所示。

具体初始化参数设置为种群规模 sizepop $= 20$，最大迭代数 maxgen $= 100$，随机初始化果蝇群体位置。函数测试的均值和标准差结果对比如表 5-3 所示，测试结果如图 5-6 所示。

由测试结果可知，IFOA 比 FOA 具有更强的全局与局部搜索能力和更高的收敛精度。在相同的条件下，无论是平均值还是标准差，IFOA 结果均优于 FOA。在相同的收敛精度条件下，IFOA 的有效迭代次数小于 FOA，说明 IFOA 收敛速度更快。因此我们可以知道，本节提出的 IFOA 的收敛精度和收敛速度都有提升，适用性更加广泛，证明其对 FOA 的改进是有效的。

表 5-2　测试函数

测试函数	区间	最优值	极值
$\min f_1 = -\exp\left(-0.5 \times \sum\limits_{i=1}^{n} x_i^2\right)$	$[-1,1]$	-1	单个
$\min f_2 = \dfrac{\sin^2\left(\sqrt{\sum\limits_{i=1}^{n} x_i^2}\right) - 0.5}{\left(1 + 0.001\left(\sum\limits_{i=1}^{n} x_i^2\right)\right)^2} + 0.5$	$[-100,100]$	0	多个

表 5-3　函数测试的均值和标准差结果对比

函数	结果	FOA	IFOA
$f_1(x)$	平均值	$3.054\,6 \times 10^{-6}$	-1
	标准差	$7.538\,2 \times 10^{-6}$	0
$f_2(x)$	平均值	$3.126\,6 \times 10^{-6}$	$3.126\,6 \times 10^{-6}$
	标准差	$8.630\,7 \times 10^{-6}$	$8.630\,7 \times 10^{-6}$

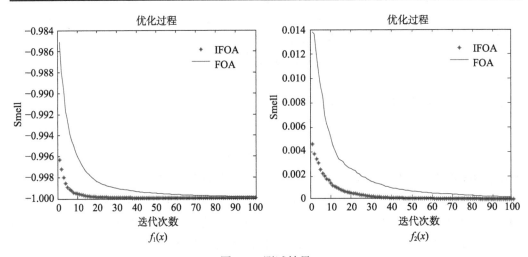

图 5-6　测试结果

5.5　鲸鱼优化算法

5.5.1　算法原理与实现

本节将为大家介绍一种新的元启发式群体优化算法——鲸鱼优化算法。优化结果表明，与最先进的优化方法相比，WOA 具有很高的竞争力。鲸鱼优化算法是由澳大利亚学者 Mirjalili 等于 2016 年提出的，其灵感来源于座头鲸的泡泡网觅食行为，通过对座头鲸不断逼近猎物的捕食过程进行数学模拟，从而找到待求解问题的最优解。其与其他群优化算法相比的主要区别在于，采用随机或最佳搜索代理来模拟捕猎行为，并使用螺旋来模拟座头鲸的泡泡网攻击机制。

群体智能优化算法较之传统的寻优方法有良好的全局搜索能力和收敛速度，诸如果蝇优化算法、海豚回声定位算法等在实际工程中有广泛的应用。鲸鱼是海洋中的大型哺乳动物，成年的座头鲸体长最大可以达到 18 米，体重最大可以达到 30 吨。座头鲸属于群居性动物，主要以鳞虾、鳞鱼等小型海洋生物为食。座头鲸有一种特殊的捕食行为，即泡泡网觅食行为，如图 5-7 所示。

图 5-7 座头鲸的泡泡网觅食行为

泡泡网觅食行为可以分为两个阶段，第一个是向上螺旋阶段，第二个是双循环阶段。在向上螺旋阶段，鲸鱼首先在 12 米下潜水游走寻找食物，在确定捕食目标之后开始围绕猎物以类似于数字 9 的螺旋轨迹形成泡泡并向上游去；双循环阶段包括珊瑚循环、用尾叶拍打水面和捕获循环。

WOA 模拟座头鲸的泡泡网觅食行为，经过多次迭代更新搜索位置最终获得最优解。该算法主要包括三个阶段：包围猎物、泡泡网袭击、寻找食物。

1. 包围猎物

这个阶段，人工鲸鱼群体完全没有先验性知识，并不知道猎物的位置，算法使用种群中的随机个体位置来定位导航，寻找最优解。距离食物最近的人工鲸鱼相当于当前的一个局部最优解，其他的人工鲸鱼会朝这个位置靠近，逐步包围猎物。这个过程的数学模型如下：

$$\boldsymbol{D} = |C\boldsymbol{X}^*(t) - \boldsymbol{X}(t)| \tag{5-4}$$

$$\boldsymbol{X}(t+1) = \boldsymbol{X}^*(t) - A \cdot \boldsymbol{D} \tag{5-5}$$

其中，$\boldsymbol{X}^*$ 是局部最优解，$\boldsymbol{X}$ 是位置向量，t 为当前迭代次数，A、C 表示系数。A 为区间[-2，2]上的随机数，C 为区间[0，2]上的随机数。A、C 的数学表达式如下：

$$A = 2a \cdot r - a \tag{5-6}$$

$$C = 2 \cdot r \tag{5-7}$$

其中，a 从 2 到 0 线性递减，其数学表达 $a = 2 - 2t/t_{max}$，t_{max} 为最大迭代次数。r 为区间[0,1]上的随机数。

2. 泡泡网袭击

这个阶段，Mirjalili 和 Lewis 模仿座头鲸泡泡网捕食行为，通过包围收缩和螺旋更新位置达到寻找局部最优解的目的。

1）包围收缩

鲸群根据式（5-5）进行位置更新，当 $-1 < A < 1$ 时，人工鲸鱼会朝着当前位置最优的人工鲸鱼靠近，收缩捕食范围。

2）螺旋更新位置

人工鲸鱼以螺旋运动不断接近猎物，攻击猎物的数学模型如下：

$$X(t+1) = D' \cdot e^{bl} \cdot \cos(2\pi l) + X^*(t) \tag{5-8}$$

其中，$D' = |X^*(t) - X(t)|$ 表示人工鲸鱼与目前为止获得的最佳解的距离向量，b 是用于定义对数螺旋形状的常量系数，$l \in [-1,1]$ 中的随机数，当 $l = -1$ 时，人工鲸鱼距离食物最近；当 $l = 1$ 时，人工鲸鱼距离食物最远。同时需要注意的是，人工鲸鱼在以对数螺旋形状接近猎物时，又收缩包围猎物。为了实现包围收缩以及螺旋更新位置同步进行，Mirjalili 和 Lewis 假设在收缩包围机制或螺旋更新位置模型之间选择 50% 的概率来更新鲸鱼的位置。具体数学模型如下：

$$X(t+1) = \begin{cases} X^*(t) - A \cdot D & , \ p < 0.5 \\ D' \cdot e^{bl} \cdot \cos(2\pi l) + X^*(t), & p \geqslant 0.5 \end{cases} \tag{5-9}$$

其中，p 属于 [0,1] 上的随机数。

3. 寻找食物

鲸鱼优化算法通过控制参数 A 来控制人工鲸鱼游走获取食物，从而取得局部寻优和全局搜索能力。当 $|A|>1$ 时，会强迫人工鲸鱼向随机选取的参考鲸鱼 X_{rand} 更新位置。这种方式能够使算法进行全局搜索，从而获得全局最优解，其数学模型如下：

$$D = |C \cdot X_{rand} - X(t)| \tag{5-10}$$

$$X(t+1) = X_{rand} - A \cdot D \tag{5-11}$$

其中，X_{rand} 为随机获得的参考鲸鱼的位置向量。

5.5.2 算法的改进

鲸鱼优化算法的优点有：参数少，算法原理简单，可操作性强，且已经被证明其收敛精度以及收敛速度均优于粒子群优化算法、引力搜索算法、差分进化算法等。但标准的 WOA 由于其随机搜索机制使得算法易早熟以及在解决大规模优化问题时存在收敛速度慢、易陷入局部最优解等问题，基本鲸鱼优化算法仍然存在易早熟、收敛速度慢等缺点。本节主要介绍以下几种改进的自适应鲸鱼优化算法，其具体的改进措施如下。

1. 自适应概率

鲸鱼优化算法搜索最优解在采用收缩包围的同时还会采用对数螺旋的方式更新位置。为了实现这两种机制的同步进行，Mirjalili 选择 $P_0 = 50\%$ 的概率来更新人工鲸鱼的位置。其数学模型如式（5-9）所示，即当 $P < 0.5$ 时，人工鲸鱼收缩包围，并通过控制参数 A 来

控制人工鲸鱼的位置,当$|A| < 1$时,人工鲸鱼会朝着当前位置最优的鲸鱼位置靠近,收缩捕食范围;当$|A| > 1$时,则强迫鲸鱼个体向随机选取的参考鲸鱼更新位置,从而进行全局搜索获得全局最优解。当$P \geqslant 0.5$时,人工鲸鱼则进行对数螺旋更新。概率P_0的大小在一定程度上影响算法的局部收敛速度和全局搜索能力。P_0值较小时有利于加快局部收敛,P_0值较大时有利于跳出局部最优解,进行全局搜索。通过大量的仿真实验,可以设置概率P_0的范围,从而使算法在早期拥有较强的局部搜索能力,在后期能增强跳出局部最优解的能力,获得全局最优解,使算法获得自适应能力。例如此处将概率P_0设置为从0.3到0.7的线性递增数值,P_0的具体表达式为

$$P_0 = 0.3 + 0.4 \times t / t_{\max}$$

其中,t为当前迭代次数,$t_{\max}$为最大迭代次数。

2. 自适应惯性权重

1998年,Y.H.Shi提出了带有惯性权重的改进粒子群优化算法,在搜索的过程中对惯性权重w进行动态调整,随着搜索的进行,可以线性地使w逐渐减小,保证算法开始能以较大的速度步长在全局范围内探测到较好的区域;而在搜索后期较小的w值则保证粒子能够在极值点周围做精细的搜索,从而使算法有较大的概率向全局最优解位置收敛。由于该算法能够保证较好的收敛效果,所以被默认为标准粒子群优化算法,因此可以在鲸鱼优化算法中引入惯性权重对算法进行改进,从而提高WOA收敛精度并加快收敛速度。例如此处引入惯性权重w的表达式如下:

$$w = w_{\max} - \frac{(w_{\max} - w_{\min}) \cdot t}{t_{\max}}$$

其中,$t_{\max}$表示最大迭代次数,$w_{\max}$、$w_{\min}$分别表示最大惯性权重、最小惯性权重,t表示当前迭代次数。w随着迭代次数的增加而逐渐递减,从而进一步均衡WOA的开发能力和勘探能力。例如此处采用的最大惯性权重$w_{\max} = 0.1$,最小惯性权重$w_{\min} = 0.01$。

$$X(t+1) = \begin{cases} wX^*(t) - A \cdot D & , \ p < P_0 \\ D' \cdot \mathrm{e}^{bl} \cdot \cos(2\pi l) + wX^*(t), & p \geqslant P_0 \end{cases} \quad (5\text{-}12)$$

3. 高斯变异算子

随着基本鲸鱼优化算法迭代次数的增加,会有越来越多的人工鲸鱼聚集到局部最优解处,导致算法早熟,全局搜索能力下降。高斯分布是一类重要的概率分布,在很多领域都得到广泛的应用。例如此处在基本鲸鱼优化算法中引入高斯变异,对人工鲸鱼位置产生一个服从高斯分布的扰动项,扩大其搜索范围,避免算法陷入局部最优解。高斯分布的概率密度函数为

$$f(x) = \frac{1}{\sqrt{2\pi}\sigma} \mathrm{e}^{-\frac{(x-\mu)^2}{2\sigma^2}}$$

其中,σ为高斯分布的方差;μ为期望。对人工鲸鱼位置进行高斯变异扰动,公式如下:

$$X'(t) = X'(t) \cdot (1 + k \cdot Gauss(\mu, \sigma^2))$$

其中,k为$(0,1)$上的随机数,$X'(t)$为当前最优人工鲸鱼经过包围收缩、螺旋更新位置后而

产生的新的位置。本书选取 $\mu = 0$，$\sigma^2 = 1$。

5.6　灰狼优化算法

5.6.1　算法原理与模型

灰狼优化算法的灵感来源于"灰狼"（学名：*Canis lupus*；别称：狼、平原狼、森林狼等）这一生物，属于群集智能（swarm intelligence）算法中的一种。与其他所有基于自然界中某一类生物群体的行为和生活习性而构造的启发式算法相同，灰狼优化算法也是通过模拟灰狼种群的指挥层级结构和狩猎机制来运行的。

灰狼是现存的体型最大的食肉型犬科动物，目前被广泛认为处于食物链的最顶端；喜群居，一个灰狼种群包含 5～12 只个体狼。灰狼以严格的指挥层级制度而闻名，如图 5-8 所示。

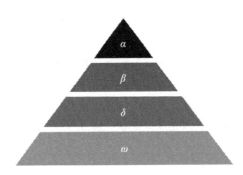

灰狼种群共有四个不同的指挥结构层次，按照等级由高到低可依次排布为 α 狼、β 狼、δ 狼以及 ω 狼。α 狼位于指挥层级结构的顶端，就是灰狼群体中的首领狼（狼王）。作为领头狼，α 狼不仅需要在日常完成它作为一头个体狼的社会行为，还需要掌控大局，作出相应决策来控制它所在群体捕食和休憩的时间、地点等。β 狼位于指挥层级结构的第二梯队，是辅助 α 狼做决策或者组织其他群体活动的副手狼，作为狼群中的

图 5-8　灰狼等级制度示意图

决策官和纪律委员，β 狼一方面必须遵守 α 狼的指挥；另一方面协助其向其他低层级的狼群下达命令，在保证 α 狼的命令在狼群中顺利下达的同时及时向其提供反馈。δ 狼，也称为狼群中的下属狼，位于指挥层级结构的第三层次，在听命于 α 狼和 β 狼的同时被允许向狼群最低层级的 ω 狼发布命令。ω 狼则处于指挥层级结构的最底层，扮演的是"替罪羊"的角色。

除了狼群的社会等级制度之外，其另一社会行为——有序的群体狩猎活动也为灰狼优化算法提供了建模思路。其狩猎活动可分为如下几个主要的阶段：首先，跟踪、追逐并偷偷接近猎物；其次，围捕、持续干扰猎物直到其停止移动；最后，攻击猎物。以上步骤如图 5-9 所示。

灰狼优化算法是根据灰狼群体的指挥层级结构以及狩猎行为进行数学建模以及运算的。接下来本节将分成四个小部分，依次介绍该算法对灰狼狩猎行为的包围猎物、追捕猎物、攻击当前猎物和搜索其他猎物四个阶段进行数学建模的过程。

1. 包围猎物

首先，为建立灰狼种群对猎物进行围捕的数学模型，我们模拟大自然中灰狼种群的等级分布状况，将各解按照优劣性依次排布为 α、β、δ 和 ω。因此，包围猎物时的模型可表示为

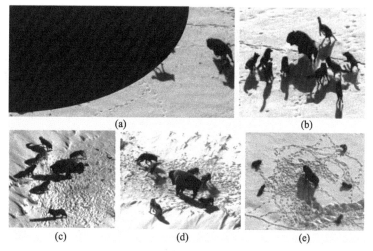

图 5-9　灰狼的狩猎过程

$$D = \left| \mathbf{C} \cdot \mathbf{XP}(t) - \mathbf{X}(t) \right| \tag{5-13}$$

$$\mathbf{X}(t+1) = \mathbf{XP}(t) - \mathbf{A} \cdot D \tag{5-14}$$

式（5-13）和式（5-14）分别定义了灰狼与猎物之间的距离和灰狼在迭代过程中的位置变换方式。其中符号 t 代表算法当前进入的第几次迭代运算，$\mathbf{XP}$ 代表猎物的位置向量，$\mathbf{X}$ 代表灰狼的位置向量，$\mathbf{A}$ 和 $\mathbf{C}$ 为公式中影响灰狼移动方向的参数向量。

其中，参数向量 $\mathbf{A}$ 与 $\mathbf{C}$ 的计算公式为

$$\mathbf{A} = 2a \cdot \mathbf{r}_1 - a \tag{5-15}$$

$$\mathbf{C} = 2 \cdot \mathbf{r}_2 \tag{5-16}$$

在迭代的过程当中，控制参数 a 的取值从 2 线性递减到 0；$\mathbf{r}_1$ 和 $\mathbf{r}_2$ 是位于区间[0,1]的随机向量。

上述公式所代表的包围猎物的过程可用图 5-10 清晰地表示出来。在二维空间内，一

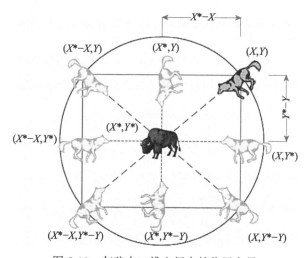

图 5-10　灰狼在二维空间中的位置向量

只坐标位于（X,Y）的灰狼会由于位于（X^*,Y^*）的猎物的移动而相应地改变自己的位置。也就是说，通过调整向量 **A** 和 **C** 的取值，灰狼可以到达指定空间内的任意一个位置，即我们可以依据各解所处的当前位置，不断迭代获取最优解。

图 5-11 为灰狼在三维空间中的位置分布。同样，调整随机向量 **r_1** 和 **r_2** 的取值，灰狼群能到达图中所展示的任何一个位置。

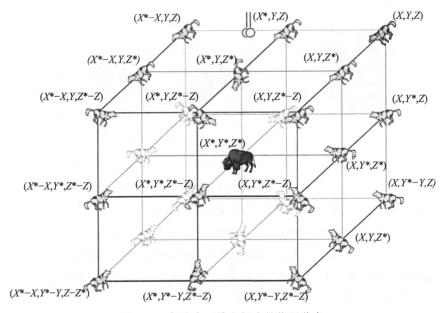

图 5-11　灰狼在三维空间中的位置分布

同样的概念也适用于 n 维空间中，在超立方体中狼群依然始终围绕着目前所获得的最优解移动，直到获取到目前为止最优的解决方案。

2. 追捕猎物

在狩猎过程中，灰狼群需要对猎物定位并进行围捕，为下一步攻击猎物做准备。捕猎行为通常是由 α 狼主导完成，β 狼和 δ 狼时不时地也会参与进来。由于在日常生活中，我们需要解决的问题通常大于二维或是三维，搜索空间较为复杂，为了更好、更精确地建立数学模型并预测狼群和猎物的位置，我们需要在算法空间内记录下到目前为止收集到的前三个最优解 α、β、δ，并以它们的位置为运算基础来更新其他所有的搜索代理的位置。更新过程可用以下公式表示：

$$D_\alpha = \left| C_1 \cdot X_\alpha(t) - X(t) \right|$$
$$D_\beta = \left| C_2 \cdot X_\beta(t) - X(t) \right|$$
$$D_\delta = \left| C_3 \cdot X_\delta(t) - X(t) \right|$$
$$X_1(t+1) = X_\alpha(t) - A_1 \cdot D_\alpha$$
$$X_2(t+1) = X_\beta(t) - A_2 \cdot D_\beta$$
$$X_3(t+1) = X_\delta(t) - A_3 \cdot D_\delta$$
$$X_p(t+1) = (X_1 + X_2 + X_3) / 3$$

图 5-12 以更加直观的方式展示了这一更新过程——我们可以观察到，α 狼、β 狼和 δ 狼根据上式更新自己的位置，而它们的新位置一定是在各自当前位置周围的一个圆圈内。简单来说，α 狼、β 狼和 δ 狼依据自己的位置预估出猎物可能所处范围，而狼群中的其他狼根据猎物的方位来随机更新自己的位置。

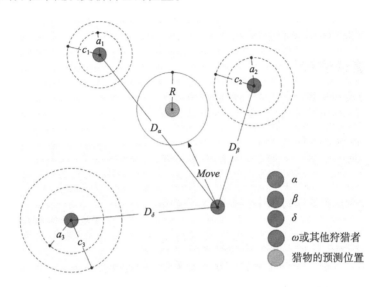

图 5-12　灰狼的位置更新过程

3. 攻击当前猎物

为了对接近猎物这一过程更加精确地进行建模，我们开始减小控制参数 a 的取值。当控制参数 a 在迭代过程中由 2 线性减小到 0 时，A 在[$-2a,2a$]的间隔内随机取值。当 A 的取值位于[-1,1]内时，搜索代理会在它当前位置和猎物位置之间进行抉择，随机选择一个地点进行位置更新操作。在此时将如图 5-13（a）所示，狼群靠近并袭击猎物。

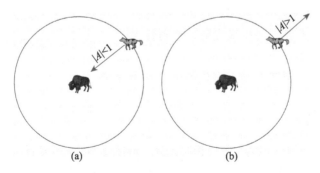

图 5-13　攻击猎物与搜寻（其他）猎物
（a）攻击猎物；（b）搜寻（其他）猎物

4. 搜索其他猎物

与第 3 部分不同，当|A| > 1 时，代表当灰狼群进行捕猎活动时，除 α 狼，β 狼和 δ 狼以外的其余狼群会在该区域附近分散开来，对其他有可能出现猎物的地点进行搜索，勘探

是否有其他"更优"的猎物[图 5-13（b）]。这有助于灰狼优化算法在整个搜索空间内对可行解进行更加广泛、深入的探索，提高尽快找到全局最优解的可能性。除了 **A** 以外，GWO 算法中还有另一个能够影响其全局搜索能力的元素——向量 **C**。该向量在[0，2]中随机取值，作用是为猎物对确定距离值的影响随机赋值（即权重），当 **C** > 1 时，该影响变大；而当 **C** < 1 时，该影响变小。**C** 的存在使灰狼优化算法在搜索过程中表现出更强的随机性，增强了狼群向外勘探其他猎物的概率。

5.6.2 算法流程

Step 1：参数初始化，包括灰狼种群规模 N，搜索维度 D，最大迭代次数 t_{max}，向量空间的上下边界 ub 和 lb，参数 a、A、C 等。

Step 2：在搜索空间中，根据变量的上下边界随机地初始化，生成灰狼种群中每个个体的位置。

Step 3：计算灰狼群中每头个体狼的适应度值 fitness。

Step 4：根据适应度值 fitness 由高到低的顺序进行排序，找出排在前三位的个体狼，分别定义为 α 狼、β 狼和 δ 狼，并将其位置依次保存为 X_α、X_β 和 X_δ。

Step 5：根据式（5-5）～式（5-7）计算种群中其他灰狼个体与 X_α、X_β 和 X_δ 的距离，并根据式（5-8）～式（5-11）更新各灰狼个体的位置。

Step 6：更新参数 a、A、C 和灰狼群的位置。

Step 7：迭代次数 $t = t + 1$。

Step 8：判断算法是否达到最大迭代次数 t_{max}。如果是，结束计算并输出所得最优解；否则转到 Step 3。

具体的灰狼优化算法的基本流程如图 5-14 所示。

图 5-14 灰狼优化算法的基本流程

本章小结

优化算法适合解决微观的、信息相对充分的最优化问题。算法的有效性和价值必须在实际应用中才能得到充分体现。本章的要点是粒子群优化算法和遗传算法。粒子群优化算法是一种基于群体智能的启发式全局随机搜索算法，具有易理解、易实现、全局搜索能力强等特点。本章对 PSO 算法的基本原理、模型、流程进行了详细阐述，并对粒子群优化算法的优缺点、改进形式与应用领域等方面进行了综述。遗传算法也是一种应用非常广泛、成熟的优化算法，是一种通过模拟自然进化过程搜索最优解的方法，本章重点介绍了遗传算法的基本操作。

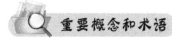 重要概念和术语

优化（optimization）

算法（algorithm）

优化算法（optimization algorithm）

粒子群优化（particle swarm optimization，PSO）

智能优化算法（intelligent optimization algorithm）

群体（population）

适应性（fitness）

选择（selection）

复制（reproduction）

交叉（crossover）

变异（mutation）

 思考题与练习题

1. 请描述粒子群优化算法的原理。

2. 粒子群优化算法的改进方法有哪些？

3. 应用粒子群优化算法求解函数 $f = x(1)^2 + x(2)$ 的最小值。

4. 利用遗传算法计算下面函数的最大值：

$$f(x) = x \sin(10\pi \cdot x) + 2.0, x \in [-1, 2]$$

5. 选择二进制编码创建一个个体数目为 40、长度为 20 的初始种群。使用代沟为 0.9，利用随机遍历抽样法进行选择，单点交叉和离散变异进行重组，并使用精英策略将父代优秀个体插入子代当中，最大遗传代数为 50。

 案例分析 1

资源的优化配置

设有价值为 W 的资源配置到项目集合 P 中，P 包含 n 个项目，P_i，$(i = 1, 2, \cdots, n)$ 为第 i 个项目。对 n 个项目配置资源，将资源 W_i 配置到项目 P_i 的平均收益率是 b_i，项目 P_i 的风险损失率是 r_i。将资源 W_i 配置到项目 P_i 中需要付出成本，费用率为 α_i，并且当配置的资源价值不超过给定值 μ_i 时，成本按资源配置 μ_i 计算。配置到项目 P_i 的资源 W_i 占资源总价值 W 的比例为 x_i，资源配置成本为

$$c_i(x_i) = \begin{cases} 0, & x_i = 0 \\ \alpha_i \mu_i, & 0 < x_i < (1 + \alpha_i)\dfrac{\mu_i}{W} \\ \dfrac{\mu_i W}{1 + \alpha_i} x_i & (1 + \alpha_i)\dfrac{\mu_i}{W} < x_i < 1 \end{cases} \qquad (5\text{-}17)$$

资源配置的目标在于使净收益尽可能大，总体风险尽可能小，因此为双目标函数。可以用乘除法简化建立以下多目标决策模型，设收益为 $I(X)$，风险为 $R(X)$。

$$\begin{cases} \max I(X) \\ \min R(X) \\ I(X) > 0, R(X) > 0, X \in D \end{cases} \quad （5\text{-}18）$$

使资源配置后项目总效益达到最大：

$$\max Q(X) = \frac{I(X)}{R(X)}$$

$$\min F(X) = \min \frac{1}{Q(X)}$$

P_i 项目的收益为：$I_i(x_i) = b_i M x_i - b_i c_i$；$P_i$ 项目的风险为：$R_i(x_i) = r_i M x_i - r_i c_i$；$P_i$ 项目所需资源价值为：$\varphi_i = M x_i$；任务达成率为 λ_i；资源配置组合为：$x = (x_1, x_2, \cdots, x_n)$；项目集合 P 总的效益：$I(x) = \sum_{i=1}^{n} \lambda_i I_i(x_i)$；项目集合 P 的整体风险为：$R(x) = \sum_{i=1}^{n} R_i(x_i)$；资源约束：$\varphi(x) = \sum_{i=1}^{n} \varphi_i(x_i)$；资源配置的相关项目集合：$P_{i_1} \cap P_{i_2} = \phi$，$i_1 \neq i_2$；资源在分配过程中是没有缺失的：$\bigcup_{i=1}^{n} M_i = M$，$M_{i_1} \cap M_{i_2} = \phi, i_1 \neq i_2$。

在以上模型的基础上，设某种资源总价值为 7 000 万元，分配至 6 个项目中，设粒子数目为 60，最大迭代次数为 500，学习因子 $c_1 = 2.5$，$c_2 = 1.5$，项目收益权重为 0.7，风险权重为 0.3，资源配置结构优化数据如表 5-4 所示。

表 5-4　资源配置结构优化数据

$\varphi_i(x_i)$	b_i	r_i	α_i	μ_i	λ_i
$\varphi_1(x_i)$	25	5.0	5	120	100
$\varphi_2(x_i)$	36	3.5	4	150	98
$\varphi_3(x_i)$	31	2.0	4.5	180	100
$\varphi_4(x_i)$	19	1.5	5.5	100	95
$\varphi_5(x_i)$	44	6.0	6	180	96
$\varphi_6(x_i)$	51	4.5	4	200	95

请分别应用标准 PSO 算法和原始 PSO 算法对资源配置模型进行优化，并对比分析优化效果。

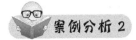
案例分析 2

商品车整车配送路径优化

近年来，汽车企业的生产布局更加分散，物流网点明显增多，相应增大了物流服务的难度。此外，多品牌车辆的协调运输和资源整合也给整车物流带来了新的挑战。因此，运输方式和线路的选择如果单纯依靠规划人员的经验以及对网络运营方面的熟悉程度，难以适应外部资源及需求变化。必须将散布在不同区域的服务网点连接起来，构建一个快速反应的物流网络，在保证一定服务水平的前提下实现尽可能低的物流成本。

1. 模型构建

运输方式和线路的选择问题可描述为：定义一个无向图 $G = (V, E)$，V 表示网络中的所有节点（仓库、中转站或者城市等）；E 表示边集，包括运输弧和方式之间的换装弧；运输弧指相同运输方式不同节点之间的连线，弧权表示货物在两节点之间的运输费用；换装弧则指相同节点不同运输方式之间的连接线，弧权表示货物在节点处的换装费用。如果两节点间不提供某种运输方式或不发生换装，则该边的权值取无穷大。

1）基本假设

（1）每两个城市之间货物的运输方式最多有两种可选（公路，水路）。

（2）中转过程有很好的衔接，货物在节点即时换装，不存在库存。

（3）运量不可分割，即在某两个特定城市之间只能选择一种运输方式。

（4）不考虑运量对运输价格和运输时间的限制。

（5）货物的转载只能发生在节点，且在各节点最多进行一次转载。

2）符号定义

N 表示所有节点城市的个数；

M_i 表示在第 i 个城市可选用的运输方式的集合 $\begin{cases} 1. 公路运输 \\ 2. 水路运输 \end{cases}$；

Q 表示多式联运中的运输总量；

$C_{i,j}^k$ 表示从节点 i 到 j 之间，运输方式为 k 的货物运输成本，$i, j \in \{1, 2, \cdots, N\}, k \in M_i$；

d_i^{kl} 表示在节点 i 处，运输方式由 k 转换到 l 时的中转费用，$i, j \in \{1, 2, \cdots, N\}, k, l \in M_i$；

t_i^{kl} 表示在节点 i 处，运输方式由 k 转换到 l 时的中转时间，$i \in \{1, 2, \cdots, N\}, k, l \in M_i$；

$v_{i,j}^k$ 表示从节点 i 到节点 j 选择第 k 种运输工具的运输速度，$i, j \in \{1, 2, \cdots, N\}, k \in M_i$；

$s_{i,j}^k$ 表示从节点 i 到节点 j 选择第 k 种运输工具的运输距离，$i, j \in \{1, 2, \cdots, N\}, k \in M_i$；

$X_i^k = \begin{cases} 1, 货物在城市 i 选择第 k 种交通工具 \\ 0, 其他 \end{cases}$　$i \in \{1, 2, \cdots, N\}, k \in M$；

$r_i^{kl} = \begin{cases} 1, 货物在城市 i 从 k 种转换到 l 种交通工具 \\ 0, 其他 \end{cases}$　$i \in \{1, 2, \cdots, N\}, k, l \in M$；

P_t 表示超过合约期限的惩罚成本。

3）构建模型

多式联运的运输方式选择的模型目标是总的运输费用最小，目标函数由运输费用、中转费用和惩罚费用构成。

$$\min Z = \sum_i \sum_k X_{i,i+1}^k C_{i,i+1}^k S_{i,i+1}^k Q_{i,i+1}^k + \sum_i \sum_k \sum_l r_i^{kl} d_i^{kl} + P_t$$

约束条件：

$$\sum_k X_{i,i+1}^k = 1, \quad \forall i \in \{1, 2, \cdots, N-1\} \tag{5-19}$$

$$\sum_k \sum_l r_i^{kl} = 1, \ \forall i \in \{1, 2, \cdots, N\} \tag{5-20}$$

$$X_{i-1,i}^k + X_{i,i+1}^l \geqslant 2r_i^{kl}, \ \forall i \in \{2, 3, \cdots, N-1\}, \ \forall k, l \in M \tag{5-21}$$

$$t_{\min} \leqslant \sum_i \sum_k \frac{S_{i,i+1}^k X_{i,i+1}^k}{V_{i,i+1}^k X_{i,i+1}^k} + \sum_i \sum_k r_i^{kl} t_i^{kl} \leqslant t_{\max} \tag{5-22}$$

$$r_i^{kl} \in \{0,1\}, \ \forall i \in \{2, 3, \cdots, N-1\}, \ \forall k, l \in M \tag{5-23}$$

$$X_{i,i+1}^k \in \{0,1\}, \ \forall i \in \{1, 2, \cdots, N-1\}, \ \forall k \in M \tag{5-24}$$

$$P_t = \begin{cases} 0, & t < T \\ (t-T)p, & t \geqslant T \end{cases} \tag{5-25}$$

式（5-19）表示货物从节点 i 到节点 $i+1$ 只能选择一种运输工具；式（5-20）表示货物在城市 i 只发生一次转运；式（5-21）表示为确保运输的连续性，在城市 i 货物由第 k 种运输方式转换到第 l 种运输方式，即从 $i-1$ 到 i 选择 k ，从 i 到 $i+1$ 选择 l ，如图 5-15 所示。

图 5-15　运输方式转换

分为三种情况讨论：

（1）如果决策变量 $X_{i-1,i}^k$ ， $X_{i,i+1}^l$ 均为 1，则对应的中转运输方式的决策变量 r_i^{kl} 也为 1，这种情况下就是 $X_{i-1,i}^k + X_{i,i+1}^l = 2r_i^{kl}$ ；

（2）如果决策变量 $X_{i-1,i}^k$ ， $X_{i,i+1}^l$ 有一个值为 0，另一个为 1，则 r_i^{kl} 必须为 0，此时 $X_{i-1,i}^k + X_{i,i+1}^l > 2r_i^{kl}$ ；

（3）如果决策变量 $X_{i-1,i}^k$ ， $X_{i,i+1}^l$ 均为 0，此时 r_i^{kl} 也为 0， $X_{i-1,i}^k + X_{i,i+1}^l = 2r_i^{kl}$ 。

这样就保证了运输过程的连续性，使 $X_{i,j}^k$ 和 r_i^{kl} 建立了关联。

式（5-22）表示货物在运输过程中所花费的时间必须在承运人要求的时间范围 $[t_{\min}, t_{\max}]$ 之内，第一部分为货物的运输时间，第二部分为货物的运输方式转换的中转时间；式（5-23）表示决策变量 r_i^{kl} ；式（5-24）中的 $X_{i,i+1}^k$ 为0~1变量；式（5-25）中 T 为起点到终点容许的最大时间期限， p 为单位时间的惩罚值。

2. 算法实现

由于遗传算法具有全局性搜索的特点，在每代种群中都有优化解生成，结合运输方式线路选择模型的特点，采用遗传算法求解。

1）染色体编码方法

在运输方式线路组合优化问题中涉及运输路径中运输方式和进行转运节点两部分，因此在对染色体进行编码的时候应该将这两种不同的因素同时作为染色体中的基因。其中，序列中奇数位表示的是在一个运输方案中所经过的节点的信息，而偶数位则表示在该运输方案中该偶数位前后两个节点之间进行运输时所采用的运输方式的信息。

具体的编码过程如下，染色体编码的第 1 位置基因是货物的源节点 S ，从节点 S 开始，第 3 位置基因是从与源节点通过某种方式相连接的其他节点中随机选择的，其中第 2 位置基因则表示在这第 1、3 位节点之间进行运输时所采用的运输方式，这样将该过程重复下去，直到达到目的节点，便可以得到一个初始种群。

2）适应度函数定义

根据目标函数得到可行解的目标函数值 Z_h，若染色体对应不可行解，则赋予 Z_h 一个很大的整数 M，令其适应值函数为 $f_h = \dfrac{1}{Z_h}$，f_h 越大，表明染色体的性能越好，对应的解越接近最优解。

3）遗传算子的设计

（1）选择算子。采用适者生存和比例选择相结合的选择策略。将每代种群 k 个染色体按 f_h 值排序，将 f_h 值大的染色体复制一个直接进入下一代。下一代种群中剩下的 $k-1$ 个染色体用比例选择法产生，即每个个体进入下一代的概率等于它的适应度值与整个种群中个体适应度值和的比例 $\left(\dfrac{f_i}{\sum f_i} \right)$，适应度值越高，被选中的可能性就越大，进入下一代的概率就越大。

（2）交叉算子。采用单点交叉的方法。首先对群体进行随机配对，其次按照均匀分布随机产生交叉点位置，最后交换配对染色体之间的部分基因产生新的群体。

（3）变异算子。首先从染色体中随机选择一个基因作为变异点，保持从源节点到变异点的基因不改变，而变异点之后的基因从与该变异点相连接的节点中随机选择。

（4）终止准则。迭代终止的条件是判断迭代的代数是否达到指定值，如果达到则停止进化，求出适应度最大的染色体所对应的可行解。

3. 算例分析

以大唐公司整车物流为例进行分析，只考虑公路和水路两种运输方式的选择问题。首先构建运输网络图，如图 5-16 所示。

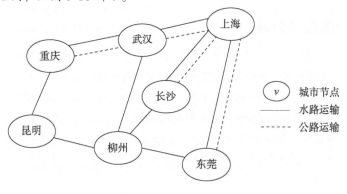

图 5-16　运输网络图

假设碳排放量税 10 元/吨，柴油 7.78 元/升，一辆商品车为 1.5 吨。表 5-5 给出了各城市之间公路和水路运输的距离与单价，表 5-6 给出了不同运输方式之间的单位中转费用和中转时间。

表 5-5　各城市间不同运输方式的运输距离、运输单价

城市	公路		水路	
	运输距离/千米	运输费用/元	运输距离/千米	运输费用（单价：元/辆）
上海→武汉	811	73 822.09	514.04	35 990.28
上海→长沙	1 173	106 773.5	899.54	62 985.79
上海→广州	1 619	147 371.09	874.93	61 262.59
武汉→重庆	1 099	100 037.57	1 187.1	83 120.74
武汉→柳州	990	90 115.74	∞	∞
长沙→柳州	724	65 902.82	∞	∞
广州→柳州	914	83 197.76	627.7	63 998.28
重庆→昆明	1 237	112 599.16	∞	∞
柳州→昆明	1 083	98 581.16	∞	∞

表 5-6　不同运输方式间的单位中转费用和中转时间

运输方式	公路	水路
公路	0/0	200/13.5
水路	200/13.5	0/0

注：分母为单位中转费用（元/辆），分子为中转时间（辆/天）。

通过 Matlab 程序输出结果，最优路径为

上海 —水路→ 武汉 —公路→ 重庆 —公路→ 昆明

最优成本为 112 720.66 元，最优时间为 7 天。通过路径优化提高了水运的比例，降低了企业的成本，更加安全高效地满足了客户要求，同时落实了打造绿色低碳物流的社会责任。

案例分析思路

 本章推荐阅读资料

[1] 纪震，廖惠连，吴青华. 粒子群算法及应用[M]. 北京：科学出版社，2009.

[2] 李丽，牛奔. 粒子群优化算法[M]. 北京：冶金工业出版社，2009.

[3] 潘峰，李位星，高琪，等. 粒子群优化算法与多目标优化[M]. 北京：北京理工大学出版社，2013.

[4] 郭文忠，陈国龙. 离散粒子群优化算法及其应用[M]. 北京：清华大学出版社，2012.

[5] 温正. 精通 MATLAB 智能算法[M]. 北京：清华大学出版社，2015.

[6] 雷英杰，张善文，李续武，等. MATLAB 遗传算法工具箱及应用[M]. 西安：西安电子科技大学出版社，2005.

[7] 郭耀煌. 货运汽车调度的一种启发式算法[J]. 系统工程，1989，7(1)：47-53.

[8] 陆琳，谭清美. 一类随机 VRP 的混合粒子群算法研究[J]. 系统工程与电子技术，2006，28(2)：244-247.

[9] 梁雪玲，靳文舟. 运输方式选择的模型及算法研究[J]. 交通与计算机，2008，3(26)：38-39.

第6章

系统可靠性

1. 理解可靠性、系统可靠性、网络可靠性、失效率等基本概念。
2. 了解系统可靠度和失效率的计算方法。
3. 理解串联系统、并联系统、混联系统的可靠度的计算原理。
4. 熟悉故障树分析法，并会应用它处理实际问题。

消失的哥伦比亚号

1969 年 4 月，美国宇航局提出建造一种可重复使用的航天运载工具的计划。1972 年 1 月，美国正式把研制航天飞机空间运输系统列入计划，确定了航天飞机的设计方案，即由可回收重复使用的固体火箭助推器、不可回收的两个外挂燃料贮箱和可多次使用的轨道器三个部分组成。航天飞机是一个典型的复杂系统。

美国先后研制过 5 种型号的航天飞机："哥伦比亚号"航天飞机、"挑战者号"航天飞机、"发现号"航天飞机、"亚特兰蒂斯号"航天飞机和"奋进号"航天飞机。"哥伦比亚号"航天飞机研制于 1981 年，它是第一架用于在太空和地面之间往返运送宇航员和设备的航天飞机。"哥伦比亚号"总长约 56 米，翼展约 24 米，起飞重量约 2 040 吨，起飞总推力达 2 800 吨，最大有效载荷 29.5 吨。

2003 年 1 月 16 日，"哥伦比亚号"进行了它的第 28 次飞行。2 月 1 日，"哥伦比亚号"返航时发生爆炸解体，机上 7 名太空员全数罹难，碎片散落在得克萨斯州和路易斯安那州。调查发现，发射升空时航天飞机外部燃料箱泡沫绝缘材料脱落、击中了左翼，造成机体表面隔热保护层出现大面积破损，最终在回航时航天飞机因超高温空气摩擦引起燃烧而彻底解体。这次悲剧又一次证明了一个结论：随着人造系统的规模越来越大，要保证系统的可靠运行就越来越困难。航天飞机中有 260 万个零件，每一个零件的瑕疵都可能造成致命的后果。

社会经济领域存在很多可能产生高风险的产品、工程或项目，如危险化学品的存储与运输，高铁的运行，它们一旦发生事故，对人民生命财产的破坏是无法估量的。因此，这类高风险的复杂系统的可靠性管理是至关重要的。那么什么是系统的可靠性？如何分析系统的可靠性？在管理科学领域又该如何应用系统的可靠性呢？

拓展阅读：美国航天飞机

资料来源：外媒：美宇航局事前已知"哥伦比亚号"飞船要爆炸[EB/OL]. (2013-02-04). http://news.sohu. com/20130204/n365455821.shtml.

6.1 可靠性概述

可靠性是一门重要的工程学科，可靠性工程的诞生离不开社会的需要、科学技术的发展。有关可靠性问题的相关研究起源于第二次世界大战，军事技术装备的复杂性导致了装备的故障率极高，因此开始对产品可靠性的研究。虽然可靠性工程的研究始于军事领域，但是随着其不断发展，可靠性工程广泛应用于许多其他领域，在提高企业经济效益方面起到了重要作用。我国可靠性工程研究起步较晚，虽然发展速度很快，但是与发达国家的研究水平仍然存在较大的差距。

6.1.1 基本概念

1. 可靠性

根据国家标准 GB/T 19000—2016 的规定，可靠性是指产品在规定条件下，在规定的时间内完成规定的功能的能力。可靠性研究的内容不仅包括设备、元件，还包括系统。可靠性的定义指出，可靠性的三要素是"规定的条件""规定的时间""规定的功能"。研究可靠性工程的重要工具是概率论和数理统计。

"规定的条件"是指产品或系统使用、运行时的环境条件和工作条件，包括气候条件、物理条件等。例如相同型号的轿车在高速公路和崎岖的山路上行驶，其可靠性的表现就不相同，因此在研究可靠性时必须指明规定的条件。

"规定的时间"是指产品或系统规定的任务时间。随着产品任务时间的增加，产品出现故障的概率将增加，产品的可靠性会逐渐下降。因此，在研究可靠性时要明确规定任务时间。例如，使用了 2 年的汽车和使用了 10 年的汽车的可靠性相比，明显后者出故障的概率要大很多。

"规定的功能"是指产品或系统规定的必须具备的功能及其技术指标。所规定的功能的多少和其技术指标的高低直接影响到可靠性指标的高低。例如，汽车的技术指标包括动力性指标、燃油经济性指标、操控稳定性指标和行驶平顺性指标等，当规定的功能考虑的指标不一样时，所得出的汽车的可靠性是大不相同的。

2. 系统可靠性

由于系统的类型是多种多样的，相关的学科也是各有特色，因此，系统可靠性的定义在不同的学科领域也有不同的内涵，但总体上系统可靠性被定义为系统在规定的条件下和规定的时间内完成规定的功能的能力。可靠性研究最初是被广泛用于单个电子元件的可靠性评估上，直到 20 世纪 60 年代以后，可靠性研究逐步扩展到一般产品的可靠性，以及更为复杂的关联系统可靠性。复杂的系统中可能包含多个子系统或基本要素，而每个子系统和基本要素的功能及其相关技术指标又存在着差异，因此，各子系统或基本要素的功能对系统整体的可靠性影响是研究难度最高的部分。

3. 网络可靠性

网络往往用于刻画系统的结构，如交通系统中的运输网络就是由场站和道路组成的，场站可以抽象成节点，道路可以抽象成弧。假设由一些节点和弧所组成的一个系统结构成为一个网络 S。设 x 是网络 S 中的任意一段弧，"系统正常"事件表示为 S，"弧 x 失效事件"表示为 $\bar{x}$。在给定的网络 S 中，已知一段弧 x，在固定时刻 T 正常工作的概率 $P_x = P(x)$。网络的可靠性可以定义为系统 S 在时刻 T 正常的概率，即 $R_T = P(S)$。当然，现实中的交通网络、供应链网络、物流网络都属于实体网络，而社交网络、信息网络这些则属于虚拟网络。还存在着既包含实体网络也包含虚拟网络的系统，这种系统的可靠性会更加复杂。

6.1.2　可靠性研究的原理及内容

可靠性从另外一个角度来看，便是结构的失效率。失效率是指工作到某一时刻尚未失效的产品，在该时刻后，单位时间内发生失效的概率。失效率越高，可靠度越低；反之，则可靠度越高。求解失效率的基本方法有直接积分法、数值模拟法和非概率不确定性等。

直接积分法：以基本积分表和基本运算法则为基础，通过代数或三角的恒等变换把积分化成基本积分表中的形式而求解积分的一种方法。此方法适用于求解结构简单的系统。

数值模拟法：以电子计算机为手段，通过数值计算和图像显示的方法，达到对工程问题和物理问题乃至自然界各类问题研究的目的。数值模拟法原理简单，分析结果可靠，比较适用于实际之中。

非概率不确定性：这是一种新的方法，适用于大型、昂贵、数据样本不充足的系统的失效率分析。通过集合模型，输入不确定因素，从而得到不确定性的变化范围。

此外，求解失效率的方法还包括模糊不确定性、近似解析法、数值积分法等。

作为一门新兴的学科，可靠性具有自己的体系、方法和技术，包括三个研究分支。

1. 可靠性工程

可靠性工程是指为了保证产品或系统在设计及运行过程中达到预定的可靠性功能，应采取的技术方案及组织管理措施。可靠性技术贯穿于产品的生命周期和系统运行的全过程。

（1）可靠性设计。通过前期的设计来奠定系统的可靠性基础。通过建立可靠性模型预测产品或系统的可靠性，分析失效的机理，在此基础上设计可靠性。

（2）可靠性试验。通过仿真模拟对产品或系统的可靠性进行试验。在一定的时间、费用约束下研究产品或系统的可靠性，找出其中的薄弱环节，并针对这些环节进行改进。

（3）运行阶段可靠性。在系统运行过程中维持系统的可靠性，进行早期故障的排除和缺陷的处理研究。通过对运行时的系统进行可靠性监测、诊断，维持较高的可靠性。

2. 可靠性物理

可靠性物理的研究开始于 20 世纪 60 年代，当时半导体器件迅速发展，经常出现失效，失效的原因多和物理学关系密切，失效物理学由此产生。可靠性物理主要是从产品机理方面进行研究，为研制可靠度高的产品提供依据。

3. 可靠性数学

研究产品发生故障的统计规律，主要涉及产品或系统的可靠性预测、分析、设计、评估等技术的数理统计方法。例如，航天飞机是由轨道器、助推器、外贮箱等部分组成的，每个部分由几百、几千甚至几万个基本元件组成。任何一个元件发生问题，都可能造成严重的事故。又如，城市危险品物流系统中某个环节出现问题，可能会导致整个物流系统的崩溃，影响到城市的基本生产、生活。

拓展阅读：可靠性数学理论基础

6.1.3 可靠性研究的意义

1. 进行可靠性研究能够降低事故发生的概率

产品和系统的可靠性不仅影响企业的发展，还会对人身安全造成威胁。1996 年，我国"长征三号乙"运载火箭飞行约 22 秒后，火箭头部坠地，撞到离发射架不到 2 千米的山坡上，随即发生剧烈爆炸，造成人员伤亡。后来，故障原因查明为一个电子元件失效。通过对产品和系统的可靠性进行研究，找出其中的薄弱环节，可以降低故障的发生概率。

2. 进行可靠性研究能够有效提高经济效益

要提高产品或系统的可靠性，前期需要投入大量费用进行环境的模拟分析，进行可靠性预测、分析、实验等。然而进行可靠性研究后，产品或系统可靠性在很大程度上得到提高。这样能够有效降低维修费用和停机费用，避免不必要的经济损失，从而降低总费用、提高经济效益。虽然可靠性工程的前期投入费用较高，但是考虑到总成本以及服务效率等方面，对可靠性工程的前期投入是必不可少的。例如，每逢节假日，网络商家的各种促销活动导致网购交易量暴涨，如果网购平台的系统服务能力可靠性高，企业会赢得更多客户的信任，增加交易量，长期来看会给企业带来更多的经济效益。

3. 进行可靠性研究能够提高系统利用率

产品可靠性的提高意味着失效率的减少，这对提高系统利用率起到了重要的作用。

6.2 可靠性特征量

可靠性特征量是用来表示系统总体可靠性高低的各种可靠性指标的总称。可靠度、失效率等指标都是可靠性特征量。

1. 可靠度

可靠度是指产品或系统在规定的条件下和规定的时间内，完成规定功能的概率，通常用 R 来表示度。系统的可靠度函数记为

$$R(t) = 1 - F(t) = \frac{N - n(t)}{N} \tag{6-1}$$

就概率分布而言，它表示在规定的条件下和规定的时间内，无故障地完成规定功能而

工作的部分占全部工作部分的百分率。

2. 失效率

失效率是工作到某时刻 t 时未失效的产品，在该时刻 t 以后的下一个单位时间内发生失效的概率，记为 $\lambda(t)$。失效率的估计值是指在某时刻 t 以后的下一个单位时间内失效的产品与工作到该时刻尚未失效的产品数之比，记为 $\hat{\lambda}(t)$。

设有 N 个产品，从 $t=0$ 时开始工作，到时刻 t 时产品的失效数为 $n(t)$，而到时刻 $(t+\Delta t)$ 时产品的失效数为 $n(t+\Delta t)$，即在 $[t,t+\Delta t]$ 时间区间内有 $\Delta n(t) = n(t+\Delta t)-n(t)$ 个产品失效，则定义该产品在时间区间 $[t,t+\Delta t]$ 内的平均失效率为

$$\bar{\lambda}(t) = \frac{n(t+\Delta t)-n(t)}{[N-n(t)]\cdot\Delta t} = \frac{\Delta n(t)}{[N-n(t)]\cdot\Delta t} \qquad (6\text{-}2)$$

失效率的估计值 $\hat{\lambda}(t)$ 为

$$\hat{\lambda}(t) = \frac{\text{在时间}(t,t+\Delta t)\text{内单位时间失效的产品数}}{\text{在时刻}t\text{仍正常工作的产品数}} = \frac{\Delta n(t)}{(N-n(t))\Delta t} \qquad (6\text{-}3)$$

6.3　系统可靠度及计算

1. 串联系统的可靠度

系统的所有组成单元中，假如任一单元出现故障都会导致系统整体出现故障，这样的系统称为串联系统。串联系统的结构如图 6-1 所示。

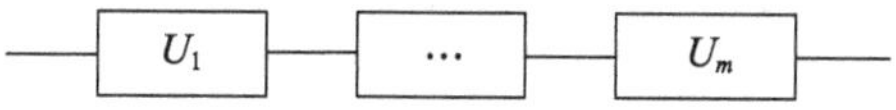

$$\boxed{U_1} - \cdots - \boxed{U_m}$$

图 6-1　串联系统的结构

设有 n 个单元的系统 S，"系统 S 可靠"记为 Ω_S，"单元 i 可靠"记为 Ω_i，"单元失效"记为 $\overline{\Omega_i}$，系统正常工作事件是 Ω_i 的交集，即 $\Omega_S = \bigcap\limits_{i=1}^{n}\Omega_j$。

串联系统的可靠度为

$$R_S = P\left[\bigcap_{i=1}^{n}\Omega_j\right] = P\{\Omega_1\}P\{\Omega_2\mid\Omega_1\}\cdots P\{\Omega_i\mid\Omega_{i-1},\Omega_{i-2},\cdots,\Omega_1\} \qquad (6\text{-}4)$$

$P\{\Omega_i\mid\Omega_{i-1},\Omega_{i-2},\cdots,\Omega_1\}$ 表示单元 1 到 i–1 均有效时，单元 i 也是有效的条件概率。

串联系统组成简单、易于协调，控制度比较高。但是其中任一环节出现问题就会使整个系统陷入瘫痪。串联的单元越多，系统的可靠度越低。因此为了提高串联系统的可靠度，一是简化系统设计，减少系统中的单元数；二是提高系统中薄弱单元的可靠度。

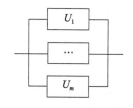

图 6-2　并联系统的结构

2. 并联系统的可靠度

只有当组成系统的所有单元都发生故障时，系统才会发生故障，这样的系统称为并联系统。并联系统的结构如图 6-2 所示。

系统的失效事件为各单元失效事件 $\overline{\Omega_i}$ 的交集，单个单元失效事件 $\overline{\Omega_i}(i=1,2,\cdots,m)$ 相互独立时，系统的可靠度数学模型为

$$R_s(t) = 1 - \prod_t^n [1 - R_s(T)] \qquad (6\text{-}5)$$

并联结构大大降低了对组成单元的依赖，使整个系统更加灵活。但是并联结构的资源配置较大，成本较高。

3. 混联系统的可靠度

当系统中既存在串联也存在并联时，称之为混联系统。混联系统分为串-并联系统和并-串联系统，如图 6-3 所示。

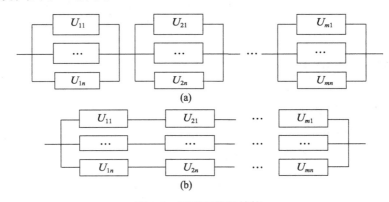

图 6-3　混联系统的结构
(a) 串-并联系统；(b) 并-串联系统

串-并联模型由 m 个分系统串联组成，每个分系统内部部件是并联的。设第 i 个分系统内部有 n 个相同部件并联，各部分系统内至少有一个部件正常工作，系统就能正常工作。

若各部件的可靠度分别为 $R_{ij}(t)(i=1,2,\cdots,m;j=1,2,\cdots,n)$，则串-并联模型的可靠度为

$$R(t) = \prod_{i=1}^{m} \left\{ 1 - \prod_{j=1}^{n} [1 - R_{ij}(t)] \right\} \qquad (6\text{-}6)$$

并-串联系统由 m 个分系统并联组成，每个分系统内部部件是串联的，至少有一个分系统正常，系统就能正常工作。

并-串联模型的可靠度为

$$R(t) = 1 - \prod_{i=1}^{m} \left\{ 1 - \prod_{j=1}^{n} [1 - R_{ij}(t)] \right\} \qquad (6\text{-}7)$$

混联系统的可靠性分析，需要先将之分解为若干模块，计算各个模块的可靠度。然后再按照模块之间的结构特性，计算整体的可靠度。

4. 网络系统的可靠度

根据节点是否失效，网络系统可分为节点不失效和节点可失效两种模型。

1）节点不失效模型

节点不失效模型的网络系统由节点和节点间的弧构成。假设弧之间相互独立，且只有正常和失效两种状态；节点不失效时可靠度为 1。问题可以描述为，设 G 是一个网络，r_i、r_j 是网络中的两个节点，求从 r_i 到达 r_j 的概率。

2）节点可失效模型

节点可失效模型以图论为研究工具，系统由节点和边构成，节点和边都具有能否正常工作的概率。一般情况下，节点可失效网络的可靠性包括网络的生存性和网络的抗毁性。

（1）网络的生存性。网络的生存性是指对于节点或链路具有一定故障概率的网络，在随机性破坏作用下能够保持网络连通的概率，研究的是网络拓扑结构和随机性破坏对整个网络可靠性的影响。

（2）网络的抗毁性。网络的抗毁性是指在拓扑结构完全确定的网络中，当网络中出现确定性或随机性故障，网络维持或恢复其性能到一个可接受程度的能力。抗毁性只和网络拓扑结构有关。

【例 6-1】　供应链网络可靠性。

依据供应链的空间组合模式，可分为三种结构模型：线状结构、链状结构和网状结构。线状结构指在整个供应链中只存在一个供应商、一个制造商和一个销售商。链状结构与线状结构同属于串联方式，只是增加了节点企业的数量。在链状结构中，供应商从事的生产经营所需的原材料无法自己提供，而需要其他供应商提供。同样，销售商并不是把产品直接销售给消费者，而是通过一级或多级分销商销售给消费者，这就形成了拥有多级供应商和多级销售商的链状结构模型。网状结构指在供应链中，包含多层级、多家供应商、制造商和销售商。由于供应链网络大多是一个由众多供应商、制造商、分销商、零售商以及最终用户等组成的复杂网络，因此，供应链网络是复杂的网状结构，链上的各个企业都是组成网络系统的节点。由于各个节点企业之间是一种协作关系，每个节点都具有一定的不确定性，而且影响整个网络的可靠性，所以节点企业之间的协作构成了网络整体可靠性的基础，对于维系网络的可靠性与有效性以及网络的整体协同性具有直接和关键的作用。

供应链网络由多家供应商（$B_1, B_2, \cdots, B_n$）、多家制造商（$C_1, C_2, \cdots, C_n$）、多家配送商（$D_1, D_2, \cdots, D_n$）、多家销售商（$E_1, E_2, \cdots, E_n$）构成，如图 6-4 所示。供应链网络中，重要产品由两个以上的供应商提供，拓宽了生产商可选择的范围，可靠性也随之相应提高。

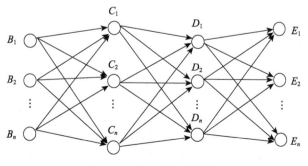

图 6-4　供应链网络结构

在供应链网络结构中，每一条链都由节点和弧构成，节点表示企业内部的生产运营活动，弧代表物料或信息在企业之间的传输过程。任意两个直接相连的节点企业（i 和 j）构成了单位链，单位链的可靠度反映为两个节点企业内部的可靠度（r_i 和 r_j）与两节点间物料或信息传输的可靠度，即弧可靠度（$r_{i,j}$）构成的集合，记为 R_{ij}。由于中间层级的节点既是上一条弧的终点，又是下一条弧的起点，在计算供应链网络可靠度时，为避免重复计算，可将单位链可靠度视为

$$R_{ij} = r_i r_{i,j} \qquad (6\text{-}8)$$

由于供应链网络的最终节点无后续弧，至最后层级时，最终节点的可靠度即为最后层级的单位链可靠度。

确定供应链网络可靠度，需要对网络中所有节点和弧的可靠度进行计算。依据供应链网络运行的实际情况，如果任意两个直接相连的节点企业之间无法实现协作，则该两个节点所在的单位链失效。$u_{i,j}$ 可表征任意一次传输单位链协作的有效性，用布尔变量表示为

$$u_{i,j} = \begin{cases} 1 & \text{单位链传输有效} \\ 0 & \text{单位链传输无效} \end{cases} \qquad (6\text{-}9)$$

$$r_{i,j} = p(u_{i,j}) \qquad (6\text{-}10)$$

$r_{i,j}$ 表征单位链物料或信息有效传输的概率，则 R_{ij} 为两节点间单位链有效协作的概率，（$1 - R_{ij}$）为该链失效的概率。从节点企业 i 沿传输方向至终点的路径共有 m 条，则供应链网络的可靠度为

$$R = 1 - \prod_{1}^{m}\left(1 - \prod R_{ij}\right) \qquad (6\text{-}11)$$

在网状结构中，任一层级的供应链失效，则供应链网络整体失效。利用概率统计方法对供应链网络可靠性的特征量进行统计推断，其目的是有效利用各类已经拥有的信息进行评估，根据可靠性评估，在风险积累到供应链系统临界失效之前，对供应链网络进行优化，对存在隐患的节点企业采取有效的协调措施，以提高供应链网络的可靠性水平。

6.4　系统可靠性失效分析

造成系统失效的影响因素众多，因此系统可靠性失效分析成为研究系统可靠性的重要组成部分。

6.4.1　故障树分析

1. 故障树的建造

故障树分析（fault tree analysis）技术是美国贝尔电话实验室于 1962 年开发的，是系统可靠性的重要分析方法之一。故障树分析就是把所分析系统的最悲观的故障模式作为分析的目标，然后寻找出直接导致这一故障发生的全部影响因素，再继续找出影响下一级事件发生的全部直接因素，通过这样的层层查找分析，直到找出不能再进一步查找的因素为止，包括定性分析和定量分析。定性分析的主要目的是找出导致系统故障的全部故障模式，

即寻找导致顶事件的所有的故障模式。定量分析的主要目的是当给定所有底事件或基本事件发生的概率时，求出顶端事件的概率及其他定量指标。故障树分析能对各种系统的危险性进行识别，不仅能够分析故障的直接原因，还能揭示出故障的潜在原因。

故障树包括以下内容：①系统可能发生的灾害故障，即确定顶事件；②系统内部固有的或者潜在的危险因素，包括人工误操作因素；③各个子系统及各要素之间的联系、制约关系，即输入（原因）与输出（结果）的逻辑关系，并用专门的符号标示。

故障树分析通过故障树图（也称为负分析树）的形式表现出来，故障树图是一种逻辑因果关系图，它根据元件状态（基本事件）来显示系统的状态（顶事件）。用图形化"模型"路径的方法，表示一个系统从一种可预知的或不可预知的故障事件失效出发，利用逻辑符号将基本事件相联系的"模型"。

进行故障树分析分为三个阶段，即编制故障树、定量分析和定性分析、制定预防对策和改善系统，如图 6-5 所示。

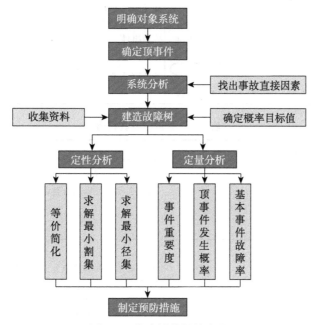

图 6-5　故障树分析的步骤

故障树分析通过对导致灾害故障的各种因素及其逻辑关系进行全面、形象的描述，揭示已发生的故障和潜在故障的直接影响因素，定量和定性的分析，有利于发现系统中潜在的隐患，查明系统的缺陷，为改进安全设计、制定预防措施和采取管理对策提供依据。

2. 事件与逻辑门

事件是指条件或动作的发生，即直接或间接导致故障发生的事情，主要分为底事件、结果事件、特殊事件三大类。事件及其符号见表 6-1。

逻辑门在故障树分析中只描述事件间的逻辑因果关系，即当输入事件满足某些条件时，会导致输出事件发生。表 6-2 详细介绍了各种输入事件与输出事件之间的逻辑关系。

表 6-1　事件及其符号

事件及符号		定　义
底事件 故障树中唯一导致其他事件的原因事件	 基本事件	圆形符号代表故障树中的基本事件，是无须探明发生原因的底事件
	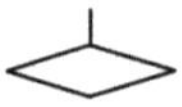 未探明事件	代表故障树中未探明事件，应探明却暂时不能或不必探明原因的底事件。此种事件一般表示发生但概率小
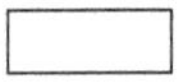 结果事件 故障树中的结果事件，可以做顶事件，也可以做中间事件。其下端与逻辑门连接，表示该事件的逻辑门的一个输入	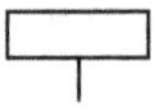 顶事件	顶事件是所有事件联合发生作用的结果事件，是故障树中下行分析的源头，位于故障树的顶端
	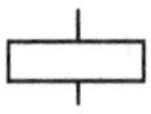 中间事件	中间事件是位于顶事件和底事件之间的结果事件
特殊事件 在故障树中常用特殊符号表明其特殊性或引起注意的事件	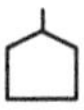 开关事件	开关事件是在正常工作条件下必然发生或必然不发生的特殊事件。根据故障要求，其可能是正常事件，也可能是故障事件
	条件事件	条件事件描述逻辑门起作用的具体限制的事件

表 6-2　逻辑门及其符号

逻辑符号及名称	定　义
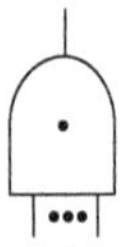 与门	与门表示当且仅当所有输入事件发生时，输出事件才发生
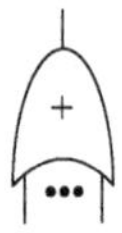 或门	或门表示所有事件中至少一个输入事件发生时，输出事件发生
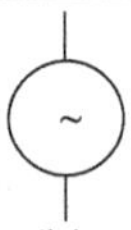 非门	非门表示输出事件是输入事件的对立事件
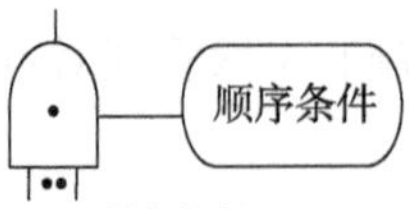 顺序与门（顺序条件）	顺序与门表示仅当输入事件按顺序发生时，输出事件才发生
 异或门（不同时发生）	异或门表示当且仅当单个输入事件时，输出事件才发生

续表

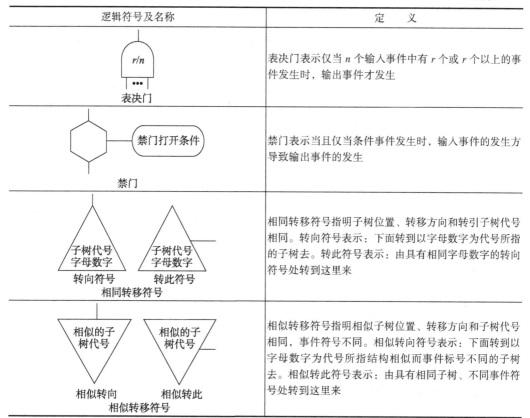

逻辑符号及名称	定　义
r/n　表决门	表决门表示仅当 n 个输入事件中有 r 个或 r 个以上的事件发生时，输出事件才发生
禁门打开条件　禁门	禁门表示当且仅当条件事件发生时，输入事件的发生方导致输出事件的发生
子树代号字母数字　转向符号　子树代号字母数字　转此符号　相同转移符号	相同转移符号指明子树位置、转移方向和转引子树代号相同。转向符号表示：下面转到以字母数字为代号所指的子树去。转此符号表示：由具有相同字母数字的转向符号处转到这里来
相似的子树代号　相似转向　相似的子树代号　相似转此　相似转移符号	相似转移符号指明相似子树位置、转移方向和子树代号相同，事件符不同。相似转向符号表示：下面转到以字母数字为代号所指结构相似而事件标号不同的子树去。相似转此符号表示：由具有相同子树、不同事件符号处转到这里来

【例 6-2】　库存过高是制造型企业常见的问题，其原因主要可分为内部原因和外部原因。采用故障树分析法来对"企业库存"可能产生的原因进行分析，在众多的原因中找出问题的关键，采取最有效的措施来降低导致库存过高因素发生的风险。

拓展阅读：逻辑门简介

如图 6-6 所示，企业为了避免库存过高，必须找出影响库存的各个底事件。割集，也叫作截集或截止集，它是导致顶事件发生的基本事件的集合，也就是说故障树中一组基本事件的发生，能够造成顶事件的发生，这组基本事件就叫割集。引起顶事件发生的基本事件的最低限度的集合叫最小割集。用布尔代数化简法，最后求出若干事件逻辑积的逻辑和，其中，每个逻辑积就是最小割集。本题采用布尔代数化简法求解该故障树的最小割集，M_1 与 M_2 之间是并集（或门）的关系，同理 M_3、M_4、M_5 是并集关系，X_1 到 X_{16} 也是并集关系，故而相加得等式：

$$A = M_1 + M_2 = (M_3 + M_4 + M_5) + M_2 = [(X_1 + X_2 + X_3 + X_4) + (X_5 + X_6 + X_7 + X_8) +$$
$$(X_9 + X_{10} + X_{11} + X_{12})] + (X_{13} + X_{14} + X_{15} + X_{16}) = X_1 + X_2 + \cdots + X_{16}$$

故用布尔代数化简法得出最小割集分别为 $\{X_1\}$、$\{X_2\}$、$\{X_3\}$······$\{X_{16}\}$。

假设对最低可靠度要求是 0.8，那么最高不可靠度就是 0.2（即顶事件概率），由图 6-6 可知，M_3 出现故障的原因有 $\{X_1, X_2, X_3, X_4\}$，同理 M_4 出现故障的原因有 $\{X_5, X_6, X_7, X_8\}$，M_5 原因有 $\{X_9, X_{10}, X_{11}, X_{12}\}$，$M_2$ 有 $\{X_{13}, X_{14}, X_{15}, X_{16}\}$，$M_1$ 有 $\{M_3, M_4, M_5\}$，A 有 $\{M_1, M_2\}$。

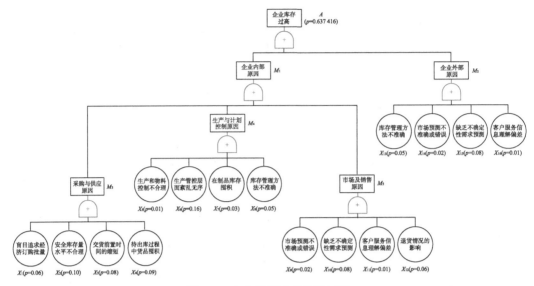

图 6-6　企业库存过高故障树图

一般把所有因素的关键重要度由大到小排序，排序靠前的即为关键因素，后面的为次关键因素，排在最后的即为非关键因素。一般认为，底事件概率相对较大的因素即是关键因素。如图 6-6 所示，$P(X_6) = 0.16$，$P(X_2) = 0.1$，$P(X_4) = 0.09$，$P(X_3) = P(X_{10}) = 0.08$，所以底事件 X_6、X_2、X_4、X_3、X_{10} 发生概率相对较大，可认为是关键因素。

6.4.2　贝叶斯网络

1. 基本原理

贝叶斯网络（Bayesian network）是 1988 年 Judea Pearl 提出的一种基于概率不确定性推理网络，又称信念网络、因果概率网络等。贝叶斯网络是贝叶斯方法与图形理论的结合，在研究不确定性问题方面发挥着重要作用，它是基于概率和统计理论，具有较强的推理能力与方便决策的优点。

贝叶斯网络的算法基础主要是贝叶斯公式。

1）贝叶斯公式

设实验 E 的样本空间 Ω，B 为 E 的事件，事件 $A_1, A_2, \cdots, A_n$ 互不相容，$A_1, A_2, \cdots, A_n$ 为完备事件组，即 $\bigcup_{i=1}^{n} A_i = \Omega, A_i A_j = \varnothing, P(A_i) > 0$，则根据乘法定理和条件概率得

$$P(A_i \mid B) = \frac{P(B \mid A_i)P(A_i)}{\sum_{i=1}^{n} P(B \mid A_i)P(A_i)} \tag{6-12}$$

式（6-12）就是贝叶斯网络在推理时所应用的贝叶斯公式。其中，$P(A_i)$ 表示先验概率，$P(A_i \mid B)$ 表示后验概率。依靠先验概率进而推导出后验概率就是运用贝叶斯公式实现的。

2）联合概率分布

假设贝叶斯网络中的 n 个节点分别表示为 $X_1, X_2, \cdots, X_n$。节点的取值用小写字母表示，如节点 X_i 的取值为 x_i。对于含有 n 个节点的贝叶斯网络，由链式法则可得联合概率分

布为

$$P(X_1, X_2, \cdots, X_n) = \prod_{i=1}^{n} P(X_i \mid X_1, X_2, \cdots, X_{i-1}) \qquad （6-13）$$

若记 X_i 的父节点集合为 parent(X_i)，则关于节点 X_i 的条件概率为

$$P(X_i \mid X_1, X_2, \cdots, X_{i-1}) = P(X_i \mid \text{parent}(X_i)) \qquad （6\text{-}14）$$

因此，式（6-14）可以简化为

$$P(X_1, X_2, \cdots, X_n) = \prod_{i=1}^{n} p(X_i \mid \text{parent}(X_i)) \qquad （6-15）$$

式（6-15）为根据条件独立性进行化简得到的贝叶斯网络联合概率分布。通过此方法可以简化概率分布的计算。

2. 参数学习

贝叶斯网络的参数学习实质上是在已知网络结构的条件下，来学习每个节点的概率分布表。早期的贝叶斯网络的概率分布主要是由专家的判断来确定的，但是这种仅仅凭借专家经验来分析的方法，会导致与观测数据之间产生较大的偏差。当前比较流行的方法是从数据中学习这些参数的概率分布，然后做进一步的分析计算。贝叶斯网络的一个重要特点是对现实世界进行直接描述，而不是其推理的过程。

贝叶斯网络建模主要分为定性和定量两个部分。定性部分：根据专家知识经验列出网络节点的内容和个数及各个节点的主从关系，最终确定贝叶斯网络拓扑结构；定量部分：根据统计数据可以得到各个子节点和父节点的条件概率值。

6.5　应用案例

1. 确定贝叶斯网络节点与值域

将生鲜农产品 O2O（online to offline，线上到线下）模式下供应链失效风险识别通过贝叶斯网络建立起模型，确定了其中的 28 个因素，形成了五级层次结构，并将其影响因素分为 28 个网络节点。生鲜农产品 O2O 模型下供应链模型是将供应链上的生产商、供应商、服务提供商与顾客结合起来统筹考虑，以最终的顾客满意度为衡量指标，该模型能够充分反映供应链失效风险中的各影响因素。

1）产品质量

产品质量作为生鲜农产品 O2O 模式下供应链衡量的一个重要指标，直接影响着顾客满意度的评价，主要体现在农产品采摘技术、仓储技术水平、包装技术水平、生鲜农产品破损率及生鲜农产品保鲜期限五个方面。

（1）农产品采摘技术主要体现在农产品采摘过程中的工具使用及采摘后的处理技术，农产品的挑选、分级、修整等环节，使得农产品便于在运输、储存和销售过程中减少质量的损失。

（2）仓储技术水平是指农产品采摘处理后的冷藏技术、保鲜技术等方面，降低农产品的自身损耗。

（3）包装技术水平是指生鲜农产品为了减少水分损失、提升产品价值、促进产品销售进行包装处理，体现在包装材料、包装方式、包装设备等方面。

（4）生鲜农产品破损率对产品质量的影响表现在生鲜农产品的运输过程中损耗、销售过程的破损。

（5）生鲜农产品的水分含量高、易腐烂的特性决定了生鲜农产品的保鲜期限。

2）产品价格

产品价格对生鲜农产品 O2O 模式下顾客满意度的影响主要表现在采购成本、逆向成本、持有成本与运输成本四个方面。

（1）采购成本影响因素主要体现在生鲜农产品的采购次数、采购数量、农产品采购企业的信用水平与议价能力等方面。

（2）逆向成本是指生鲜农产品销售过程中的包装材料的回收、销售信息的收集和反馈与农产品的退货等产生的成本。

（3）持有成本体现在农产品销售商为了应对市场的不确定变化而准备的安全库存，以及为了满足消费者日常需求而在周转库存等方面产生的成本。生鲜农产品的独特性决定了存货的灵活性，应避免过高的持有成本。

（4）运输成本是指生鲜农产品从销售商到最终消费者所产生的装卸、搬运成本，对于一些有特殊要求的生鲜农产品需要采用特殊包装，需要使用冷链物流进行配送。

3）服务水平

服务水平对顾客满意度的影响体现在物流水平、外部环境，物流水平受到配送能力、配送效率与物流资源利用率等方面的影响，外部环境表现在资本水平、信息化水平、人员能力及政策法规方面。

（1）物流水平是指 O2O 模式下生鲜农产品的网上订单处理能力与配送效率，同时指技术设备、基础设施等物流资源的利用效率。

（2）外部环境表现在知识结构比例、从业者技能水平的人员能力方面，市场预测准确性、生鲜农产品信息的及时性的信息化水平方面，以及政策法规、资本水平等方面。

贝叶斯网络中各节点的序号、值域如表6-3所示。

表6-3　贝叶斯网络的值域

序号	节点	值域	序号	节点	值域
A	顾客满意度	（0，1）	C_2	配送效率	（0，1）
A_1	产品质量	（0，1）	C_3	物流资源利用率	（0，1）
A_2	服务水平	（0，1）	C_4	人员能力	（0，1）
A_3	产品价格	（0，1）	C_5	信息化水平	（0，1）
B_1	技术水平	（0，1）	C_6	资本水平	（0，1）
B_2	生鲜农产品破损率	（0，1）	C_7	包装技术水平	（0，1）
B_3	生鲜农产品保鲜期限	（0，1）	C_8	仓储技术水平	（0，1）
B_4	物流水平	（0，1）	C_9	农产品采摘技术	（0，1）
B_5	外部环境	（0，1）	D_1	技术设备利用率	（0，1）
B_6	运输成本	（0，1）	D_2	基础设施利用率	（0，1）
B_7	持有成本	（0，1）	D_3	知识结构比例	（0，1）
B_8	逆向成本	（0，1）	D_4	从业者技能水平	（0，1）
B_9	采购成本	（0，1）	D_5	市场预测准确性	（0，1）
C_1	配送能力	（0，1）	D_6	生鲜农产品信息的及时性	（0，1）

2. 贝叶斯网络构建

贝叶斯网络结构模型的确定主要有三种方式：①由专家知识手动建立网络模型拓扑结构；②通过对数据库的分析，自动获取贝叶斯网络结构；③两阶段相结合的建模方法，综合前两者的优势，首先由专家知识手动建立贝叶斯网络结构，然后通过对数据库的分析修正之前得到的贝叶斯网络模型，图 6-7 所示。

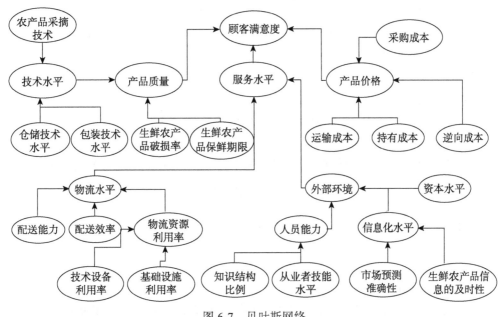

图 6-7　贝叶斯网络

1）贝叶斯网络中的条件概率的计算

设节点 X_i 的父节点集合为 $\text{parent}(X_i)$，共有 n 个，用 x_i 表示 X_i 的取值，B_i 表示父节点变量组成的向量，向量值 b_i 表示向量 B_i 的取值，则节点 X_i 的条件概率为

$$P(X_i \mid \text{parent}(X_i)) = \frac{P(X_i, \text{parent}(X_i))}{P(\text{parent}(X_i))} = \frac{P(X_i = x_i, B_i = b_i)}{P(B_i = b_i)}$$

对于存在 3 个父节点的 X_i 来讲，其条件概率计算如下，当父节点均处于 State0 时，节点 X_i 处于 State0 的条件概率值为

$$P(X_i = \text{State0} \mid B_1 = \text{State0}, B_2 = \text{State0}, B_3 = \text{State0}) = \frac{P(X_i = \text{State0}, B_1 = \text{State0}, B_2 = \text{State0}, B_3 = \text{State0})}{P(B_1 = \text{State0}, B_2 = \text{State0}, B_3 = \text{State0})}$$

其中，参量 State0 表示节点所处的状态，其所表示的具体含义可以描述成事件的状态为较差或者较好。由上述公式可知，条件概率的计算需要大量的样本数据来满足各节点的不同取值的要求，而且随着父节点数量的增加，其计算量也上升。在无法获得精确概率的情况下，需要借助群体决策的观念根据专家的经验来进行判断，利用问卷调查的方式征询专家关于节点的条件概率并使用三角模糊数法来进行相关数据处理。

IPCC（Intergovernmental Panel on Climate Change，政府间气候变化专门委员会）采用七档分级的风险发生概率的语言变量来进行概率值的描述，事件发生概率的语意值与相应的三角模糊数如表 6-4 所示。

表 6-4　事件发生概率的语意值与相应的三角模糊数

概率范围	三角模糊数	表述语句	概率范围	三角模糊数	表述语句
<1%	（0.0, 0.0, 0.1）	非常低	66%～90%	（0.5, 0.7, 0.9）	偏高
1%～10%	（0.0, 0.1, 0.3）	低	90%～99%	（0.7, 0.9, 1.0）	高
10%～33%	（0.1, 0.3, 0.5）	偏低	>99%	（0.9, 1.0, 1.0）	非常高
33%～66%	（0.3, 0.5, 0.7）	中等			

通过问卷调查的方式获得节点的条件概率表（conditional probability table，CPT），并根据表 6-4 可以转换成三角模糊数

$$\tilde{P}_{ij}^k = (a_{ij}^k, m_{ij}^k, b_{ij}^k)(k = 1, 2, \cdots, q)$$

节点 X_i 处于 j 状态的平均模糊概率值为

$$\tilde{P}_{ij}' = \frac{\tilde{P}_{ij}^1 \oplus \tilde{P}_{ij}^2 \oplus \cdots \oplus \tilde{P}_{ij}^q}{q} = (a_{ij}', m_{ij}', b_{ij}')$$

进一步通过均值面积法计算节点的精确概率，节点 X_i 处于 j 状态的精确概率为

$$P_{ij}' = \frac{a_{ij}' + 2m_{ij}' + b_{ij}'}{4}$$

通过归一化处理得到节点的条件概率值

$$P = \frac{P_{ij}'}{\sum P_{ij}'}$$

2）确定条件概率表

一个完整的贝叶斯网络模型包含网络拓扑结构和模型参数，模型参数指每个节点上的概率分布表。在确立网络拓扑结构后，需要定量地描述各个节点之间的概率关系，这是利用贝叶斯网络进行推理的基础。于是对各个节点引入合适的条件概率表。下面以一个节点的条件概率表来举例说明，如表 6-5 所示。

表 6-5　物流资源利用率的条件概率表

条件		三角模糊数		概率	
State0	State1	State0	State1	State0	State1
D_1, D_2		（0.10, 0.23, 0.43）	（0.37, 0.57, 0.73）	0.31	0.69
D_1	D_2	（0.17, 0.37, 0.57）	（0.43, 0.63, 0.83）	0.37	0.63
D_2	D_1	（0.23, 0.43, 0.63）	（0.37, 0.57, 0.70）	0.45	0.55
	D_1、D_2	（0.13, 0.30, 0.50）	（0.63, 0.83, 0.97）	0.27	0.73

3. 数值验证

通过对调查问卷数据进行分析整理，并将其录入贝叶斯仿真软件中进行仿真模拟，可以得出各个节点的概率值，其中"State0"表示状态较差，"State1"表示状态良好，如图 6-8 所示。

根据贝叶斯网络的逆向推理，当顾客不满意时即 $P(A = State0) = 1$，可认为此时供应链失效风险发生，服务水平、产品价格与产品质量对顾客不满意的影响程度依次减弱。

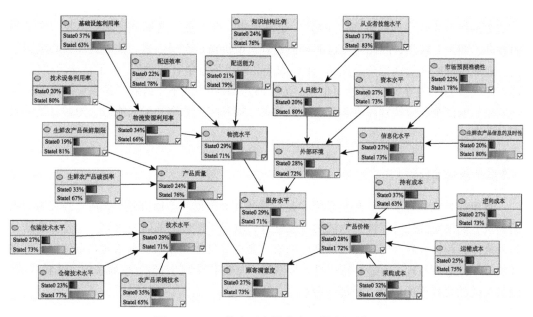

图 6-8　O2O 模式下生鲜农产品供应链模型

根据仿真软件对贝叶斯网络的模拟仿真推理知，服务水平对供应链失效风险发生的影响程度最大，其相应的概率值为 37%；其次是产品价格与产品质量。供应链失效风险的最大致因链为{基础设施利用率→物流资源利用率→物流水平→服务水平→顾客满意度}，如图 6-9 所示。

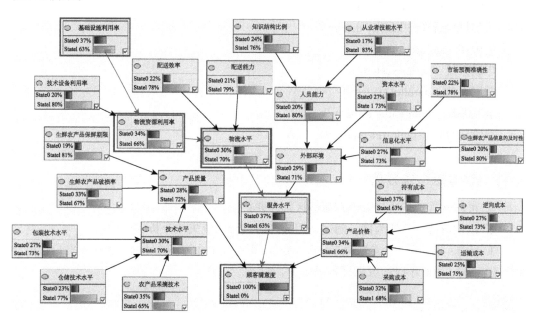

图 6-9　O2O 模式下生鲜农产品供应链失效风险发生后验概率

通过实际评价结果与影响因素问卷调查可知，顾客首先重视服务水平，其次是产品价格与产品质量。生鲜农产品电商消费群体主要是年轻人，特别是年轻上班族快节奏的生活方式更加符合生鲜农产品电商"快捷""足不出户"等卖点。这部分受众群体收入水平相对较高，购买力较强，因此对于这部分消费者来说价格是次要因素，他们更加关心生鲜电商企业能否准时高效地把产品送达。生鲜农产品的市场竞争日益激烈，由于行业门槛较低，涌现出大批 O2O 生鲜农产品电商企业。为了防止 O2O 模式下生鲜农产品供应链失效风险的发生，电商企业应特别注重服务水平的改善，提升配送效率和配送能力，为顾客提供优质的服务体验。

 **本章小结**

将可靠性的知识引入管理科学之中是近些年才兴起的一个研究热点，在已经较为深入的领域，如供应链的可靠性、物流的可靠性等，取得了比较多的研究成果。随着大数据分析的推广，相信今后在管理领域可靠性的研究会更加具体和深入。本章的要点包括：可靠性的基本概念和原理，可靠性特征量（可靠度、失效率等）的计算，串联系统、并联系统、混联系统的可靠度的计算、故障树分析法。

重要概念和术语

可靠性（reliability）

可靠度（reliability degree）

系统可靠性（system reliability）

网络可靠性（network reliability）

可靠性设计（reliability design）

失效率（failure rate）

串联系统（series system）

并联系统（parallel system）

混联系统（compound system）

故障树分析（fault tree analysis，FTA）

 思考题与练习题

1. 可靠性管理与质量管理有哪些区别和联系？

2. 以供应链可靠性为例，阐述运用故障树进行系统失效分析的原理。

3. 计算：某系统符合参数为 λ 的指数分布，其平均寿命为 100 小时，求其连续工作 10 小时、50 小时、100 小时的可靠度各是多少。

 **案例分析**

应用多层 Bayes 估计方法研究供应链网络可靠性，假设某行业 24 个供应链网络的定

时截尾正常运行的数据见表 6-6，即样本从有效运行时刻开始至监测时刻截止，无失效运行时间为 t（单位：月）。依据定时截尾时样本无失效运行期的分布特点，将数据分为 12 组（$i=1,2,\cdots,12$），第 i 组数据表示，监测时刻有 n_i 个供应链网络无失效运行时间为 t_i。

表 6-6　供应链网络无失效数据

i	1	2	3	4	5	6	7	8	9	10	11	12
t_i	6	9	12	15	18	21	24	27	30	33	36	39
n_i	3	2	3	2	3	1	3	1	2	2	1	1

依据对数据的分析，可将供应链网络无失效运行期视为系统寿命，近似服从指数分布，应用多层 Bayes 估计方法能够在一定程度上提高先验分布参数的精确值，从而提高估计结果的精确度，效果较好。

设实证样本的寿命 T（即无失效运行期）服从指数分布，其密度函数为

$$f(t)=\lambda\exp(-t\lambda),\ t>0 \tag{6-16}$$

设对无失效数据分别进行 m 次定时截尾试验，截尾时间为 $t_i,(t_1<t_2\cdots<t_m)$（单位：月），试验样本数为 n_i（n_i 为样本中符合 t_i 条件的个体数量之和），若试验的结果是所有个体无一失效，则称 $(t_i,n_i)\ (i=1,2,\cdots,m)$ 为无失效数据。

若 λ 的先验密度核为 λ^{a-1}，其中 $0<\lambda<\lambda_0$，$0<a<1$ 且 a 为常数，但不能确定 a 的具体值，取（0，1）上的均匀分布作为 a 的先验分布，其密度函数为 $\pi(a)=1$，$(0<a<1)$。则 λ 的先验密度为

$$\pi(\lambda\,|\,a)=\frac{a}{\lambda_0^a}\lambda^{a-1},\ 0<\lambda<\lambda_0 \tag{6-17}$$

λ 的多层先验密度为

$$\pi(\lambda)=\int_0^1\pi(\lambda\,|\,a)\pi(a)\mathrm{d}a=\int_0^1\frac{a}{\lambda_0^a}\lambda^{a-1}\mathrm{d}a,\ 0<\lambda<\lambda_0 \tag{6-18}$$

定理 6-1　对寿命服从指数分布（6-16）的样本进行 m 次定时截尾试验，结果是所有个体无一失效，获得的无失效数据为 (t_i,n_i)，$(i=1,2,\cdots,m)$，若 λ 的多层先验密度 $\pi(\lambda)$ 由式（6-18）给出，则在二次损失下，λ 的多层 Bayes 估计为

$$\hat{\lambda}=\frac{1}{T}\frac{\int_0^1\frac{a\Gamma(a+1)}{(T\lambda_0)^a}I_{T\lambda_0}(a+1)\mathrm{d}a}{\int_0^1\frac{a\Gamma(a)}{(T\lambda_0)^a}I_{T\lambda_0}(a)\mathrm{d}a} \tag{6-19}$$

其中，$T=\sum_{i=1}^m n_it_i$，$I_x(a)=\frac{1}{\Gamma(a)}\int_0^x t^{a-1}\exp(-t)\mathrm{d}t$，$(0<x<\infty)$，为不完全 Gamma 函数，$\Gamma(x)=\int_0^\infty t^{x-1}\exp(-t)\mathrm{d}t$ 为 Gamma 函数。

请应用多层 Bayes 估计方法，计算供应链网络可靠度。并依据例 6-1 的信息，应用系统可靠性的知识，分析提高供应链网络可靠性的措施。

本章推荐阅读资料

[1] 李守泽，余建军，孙树栋. 供应链失效风险识别与评估[J]. 计算机应用研究，2010，27(12)：4568-4570.

[2] 李恩平，葛兰，董国辉，等. 基于贝叶斯网络的供应链可靠性诊断分析[J]. 物流技术，2010，29(17)：96-99.

[3] 胡伟，程幼明. DEMATEL 的改进及其在供应链失效分析中的应用[J]. 统计与决策，2013(6)：83-86.

[4] 张浩，杨浩雄，郭金龙. 供应链网络可靠性的多层 Bayes 估计模型[J]. 系统科学与数学，2012，32(1)：45-52.

[5] 陆宁云，何克磊，姜斌，等. 一种基于贝叶斯网络的故障预测方法[J]. 东南大学学报，2012，42 (增 1)：87-91.

[6] 周国华，彭波. 基于贝叶斯网络的建设项目质量管理风险因素分析——以京沪高速铁路建设项目为例[J]. 中国软科学，2009(9)：99-106.

[7] 易观智库. 中国生活服务 O2O 市场专题研究报告 2015[DB/OL]. (2015-09-09). https://www.analysys.cn/article/detail/9811.

[8] 毕玉平. 中国生鲜农产品物流供应链模式研究——以山东生鲜农产品为例[M]. 北京：中国社会科学出版社，2014：130-152.

[9] 汪涛，廖彬超，马昕，等. 基于贝叶斯网络的施工安全风险概率评估方法[J]. 土木工程学报，2010，43(18)：51-61.

[10] 范厚明，温文华，张恩营，等. 基于贝叶斯网络的船舶靠港装卸作业溢油风险评价[J]. 数学的实践与认识，2015，45(增 1)：51-61.

[11] 马德仲，周真，于晓洋，等. 基于模糊概率的多状态贝叶斯网络可靠性分析[J]. 系统工程与电子技术，2012，34(12)：2607-2611.

[12] 卢明银，徐人平. 系统可靠性[M]. 北京：机械工业出版社，2008.

[13] 王先培. 系统可靠性理论[M]. 武汉：武汉大学出版社，2012.

[14] LISNIANSKI A, FRENKEL L. 系统可靠性研究新进展[M]. 唐庆云，等译. 北京：国防工业出版社，2014.

第7章

博 弈 论

学习目标

1. 掌握博弈论的基本概念，能够构建基本的博弈模型。
2. 了解博弈论的发展过程和代表人物。
3. 掌握非合作博弈与合作博弈的典型分析方法。
4. 掌握演化博弈的分析思路。

引例

可口可乐与百事可乐的广告博弈

一、可口可乐与百事可乐网络在广告创意上的博弈

（1）体育角逐。可口可乐获得了奥运会的指定饮料资格，与奥运相关的广告铺天盖地而来，可口可乐的红色与奥运圣火的颜色匹配甚佳，设立志愿者报名网站，大大提升了网络的支持率。百事可乐则利用NBA（美国职业篮球联赛）和美国棒球联盟寻找平衡点。百事可乐的网络广告较为活泼，无论是画面的构图还是动画运用，都传达着一种"酷"的感觉。从NBA到棒球，从奥斯卡到《古墓丽影》游戏和电影，百事可乐的网络广告总能捕捉到青少年的兴趣点和关注点。

（2）音乐角逐。百事可乐在这方面可谓费尽心机，Richi Martain、布兰妮、Weezer乐队都在网络上为百事可乐向消费者露出笑脸，明星阵容相当之大。可口可乐在网络上采用Aguilera为代言人的可口可乐广告也是风靡一时。

（3）活动角逐。可口可乐和百事可乐非常会为自己创造吸引注意力的机会。百事可乐在网络上发动网民投票评选"百事可乐最佳电视广告片"，可口可乐则举办网上音乐竞赛。

大卫·奥格威说过："除非你的广告包含一个大的创意，否则它将如一艘夜行的船只。"其实创意指的是传达信息的方式。凡是成功的品牌，其广告几乎没有不具核心创意的，创意就是使得广告耀眼生光的因素，创意使得一个产品品牌从众多品牌中崭露头角。如果说广

告主题是龙，那么创意就是龙的眼睛。两大公司一系列 PK（对决）下来，任何一方都没有受到损失，反而知名度都有所提升，在网络广告创意方面，两大可乐巨头的博弈可谓是势均力敌。

视频：可口可乐 VS 百事可乐

二、纳什与博弈论

约翰·纳什，出生于 1928 年 6 月 13 日。1950 年，约翰·纳什获得美国普林斯顿高等研究院的博士学位，担任麻省理工学院助教，后任普林斯顿大学数学系教授，主要研究博弈论、微分几何学和偏微分方程。1994 年，他和其他两位博弈论学家约翰·C. 海萨尼和莱因哈德·泽尔腾在非合作博弈的均衡分析理论方面作出了开创性的贡献，证明了非合作博弈及其均衡解，并证明了均衡解的存在性，即著名的纳什均衡，从而揭示了博弈均衡与经济均衡的内在联系，这对博弈论和经济学产生了重要影响，他们因此共同获得了诺贝尔经济学奖。

博弈论作为一门发展迅速的学科，既是现代数学的一个新分支，也是运筹学的一个重要学科。具有灿烂文明的中华文化中有许多关于博弈论的事例，如《孙子兵法》就不仅是一部军事著作，还可以算得上是一部博弈论著作。还有田忌赛马、鹬蚌相争、破釜沉舟、相辅相成、以静制动等众多古代成语都蕴含着博弈论的思想。在生活中，博弈论作为一种思维工具，学以致用，不仅能帮我们提高决策正确性，更有助于拓宽我们日常观察事物的视野，还有助于提高我们处理复杂问题的能力。

资料来源：大蟹科技. 三十分钟理解博弈论"纳什均衡" [EB/OL].（2018-08-07）. https://zhuanlan.zhihu.com/p/41465296.

7.1 博弈论概述

7.1.1 博弈论的相关概念

1. 博弈论的定义

博弈论又称对策论，是现代数学的一个新分支，也是运筹学的一个重要学科。它是指个人或者组织，在一定条件或规则下，依据所掌握的信息，选择各自的行为或者策略，并得到相应收益或结果的过程。

在中国古代，"博"和"弈"分别指两种游戏。"博"被解释为博戏之意。"弈"则被解释为棋之义，包括围棋、象棋等。"博弈"一词出自《汉书·游侠传》中"相随博弈，数负进"一句，博指的是六博棋，弈指的是围棋。

目前，博弈论已经成为经济学的标准分析工具之一，并且在管理学、生物学、国际关系、计算机科学、政治学、军事战略和其他很多学科都有广泛的应用。

2. 博弈论构成的基本要素

一般来说，一个完整的博弈通常包含四个要素。

（1）局中人（player）。局中人，即博弈参与者，又称博弈方，是指在博弈中，能独立进行决策和行动并承担决策结果的个人或组织。有两个局中人参加的博弈称为"两人博弈"，而多于两个局中人的博弈称为"多人博弈"。

（2）策略与策略集（strategy and strategy set）。博弈的策略是指局中人可以采取的行动方案。一个局中人所有策略的集合称为该局中人的策略集或行动空间。如果在博弈中，每个局中人的策略集都是有限集合，则称该局博弈为"有限博弈"，否则称为"无限博弈"。

（3）支付与支付函数（payoff and payoff function）。支付指每个局中人采取行动后获得的收益。此收益不仅与该局中人自身所选择的策略有关，而且与全体局中人所取定的一组策略有关。支付函数是指每个局中人的"收益"是全体局中人所取定的一组策略的函数。支付函数值可能为正数，可能为负数，可能是某种量值，如利润、产量等，也可能是量化的某种效用，如满意度等。

（4）均衡（equilibrium）。博弈的均衡是所有局中人的最优策略所形成的行动的集合。在经济学中，均衡即指相关量处于稳定值。

3. 博弈论的分类

博弈的内容很广泛，按照博弈的不同特征，可将其分为如下几类。

（1）合作博弈与非合作博弈（non-cooperative game）。根据局中人间能否达成相互合作的约束性协议，博弈可分为合作博弈和非合作博弈。两者的区别在于相互发生作用的局中人之间是否存在具有约束力的协议，如果存在，就是合作博弈，否则就是非合作博弈。合作博弈强调的是团体理性，而非合作博弈强调的则是个人理性、个人最优决策。

（2）完全信息博弈（complete information game）与不完全信息博弈（incomplete information game）。根据局中人对其他局中人的了解程度，博弈可分为完全信息博弈和不完全信息博弈。完全信息博弈是指在博弈过程中，每一位局中人对其他局中人的特征、策略空间及收益函数掌握准确信息的情况下进行的博弈。不完全信息博弈是指局中人对其他局中人的特征、策略空间及收益函数没有掌握准确信息的情况下进行的博弈。

（3）静态博弈（static game）与动态博弈（dynamic game）。根据行动是否有先后顺序，博弈可分为静态博弈和动态博弈。静态博弈是指在博弈中，局中人的行动是同时进行的，或者虽然不是同时选择但后行动者并不知道先行动者采取了什么具体行动的博弈。动态博弈是指在博弈中，局中人的行动有先后顺序，且后行动者能够观察到先行动者的行动的博弈。

在静态博弈中，如果局中人对博弈的特征、策略空间及收益函数等信息都完全了解，则称为完全信息静态博弈（static game with complete information）；相反，如果局中人对博弈的特征、策略空间及收益函数等信息不完全了解，则称为不完全信息静态博弈（static game with incomplete information）。类似地，可以把动态博弈分为完全信息动态博弈（dynamic game with complete information）和不完全信息动态博弈（dynamic game with incomplete information）。以上四种博弈均属于非合作博弈。

（4）零和博弈（zero-sum game）、常和博弈（constant-sum game）与变和博弈（variable-sum game）。从利益分配的角度，博弈可分为零和博弈、常和博弈与变和博弈。

零和博弈：也称"严格竞争博弈"。博弈方之间利益始终对立，偏好通常不同。参与博弈的各方在严格竞争下，一方的收益必然意味着另一方的损失，博弈各方的收益和损失相加总和永远为"零"。例如猜硬币、下棋、田忌赛马等。

拓展阅读：囚徒困境

常和博弈：博弈方之间利益的总和为常数。博弈方之间的利益是对立的且是竞争关系，存在双赢的可能。例如分配固定数额的奖金等。

变和博弈：零和博弈和常和博弈以外的所有博弈。变和博弈在不同策略组合（结果）下各博弈方的利益之和往往是不相同的。例如囚徒困境、制度问题等。

此外，博弈论还有很多其他形式的分类，比如，以博弈进行的次数或者持续长短，可以将博弈分为有限博弈和无限博弈；以表现形式，也可以将博弈分为一般型博弈和扩展型博弈；以博弈中运用完全理性还是有限理性假设的不同，可以将博弈分为传统博弈和演化博弈；以博弈中局中人是否结盟的情况，还可以将博弈分为结盟博弈与不结盟博弈。

7.1.2 博弈论的发展

1. 博弈论早期思想

博弈论思想可追溯到中国古代，古代人很早就认识了博弈问题。例如在春秋时期，《孙子兵法》中提到的军事思想就反映了博弈论的思想，这也算是最早的一部有关博弈论的著作。

1838年，法国经济学家古诺（Antoine Augustin Cournot）提出了关于产量竞争的"古诺模型"，随后于1883年又提出了关于价格竞争的"伯特兰德模型"。

著名数学家冯·诺依曼于1928年证明了最小最大定理，之后这个定理被称为博弈论的精华，从此也宣告了博弈论的正式诞生。

2. 博弈论体系的形成

20世纪40年代中期到20世纪50年代初期，现代博弈理论体系建立并形成。1944年由数学家约翰·冯·诺依曼和经济学家奥斯卡·摩根斯特恩（Oskar Morgenstern）合作出版的《博弈论与经济行为》（*Theory of Game and Economic Behavior*）被认为是博弈论这一学科产生的奠基石，这也标志着博弈论体系的正式形成。

3. 博弈论蓬勃发展

从20世纪50年代之后便进入博弈论蓬勃发展时期。

著名的数学家、经济学家约翰·纳什（John Nash）于1951年用不动点定理证明了存在博弈均衡点，并提出"纳什均衡"（Nash equilibrium）这个概念，这为博弈论的合作理论和非合作理论奠定了坚实的基础，并为后来的学者提供了重要的理论指导。

德国经济学家莱因哈德·泽尔腾（Reinhard Selten）、美国经济学家约翰·海萨尼（John Harsanyi）在20世纪70年代将不完全信息理论引入博弈论的研究中，这对博弈论发展起到推动作用。

美国经济学家、斯坦福大学教授克里普斯（David M. Kreps）和威尔逊（Robert Wilson）于1982年对子博弈完美均衡进行了扩展。美国统计学家尼曼（J. Neyman）于1985年对重复博弈进行了研究。这一期间，很多关于博弈论的研究著作问世，同时越来越多的学者将博弈论应用到经济学领域中。直至 20 世纪 80 年代末,博弈论已形成了完整的体系。20 世纪 90 年代,博弈论又被运用到统计学、生物学、军事等诸多领域中。在这之后,博弈论已经成为主流经济学的一部分,并对经济学产生了重大的影响。博弈论进入蓬勃发展时期以来,便引起了社会对博弈论的广泛关注,这一领域也相继产生诸多诺贝尔经济学奖的获得者。

7.1.3 博弈论与诺贝尔经济学奖

自 1994 年起,很多诺贝尔经济学奖获得者所研究的领域都与博弈论有关。

1994 年,加利福尼亚大学伯克利分校的约翰·海萨尼、普林斯顿大学约翰·纳什和波恩大学的莱因哈德·泽尔滕这三个人获诺贝尔经济学奖(图 7-1)。他们的贡献是研究了非合作博弈的均衡分析理论,此理论之后对经济学和博弈论的发展都产生了很大影响。

拓展阅读:诺贝尔经济学奖

图 7-1　约翰·海萨尼、约翰·纳什和莱因哈德·泽尔滕(从左至右)

1996 年,剑桥大学的詹姆斯·莫里斯(James A. Mirrlees)与哥伦比亚大学的威廉·维克瑞(William Vickrey)获诺贝尔经济学奖(图 7-2)。他们分别在信息经济学理论领域和博弈论方面作出了贡献。

图 7-2　詹姆斯·莫里斯和威廉·维克瑞(从左至右)

2001 年，来自斯坦福大学的迈克尔·斯宾塞（A. Michael Spence）、加利福尼亚大学伯克利分校的乔治·阿克尔洛夫（George A. Akerlof）和哥伦比亚大学的约瑟夫·斯蒂格利茨（Joseph E. Stiglitz）获诺贝尔经济学奖（图 7-3）。他们运用博弈论对现实经济中的不对称信息条件下的经济激励问题进行了研究，为不对称信息市场的一般理论奠定了基石。

图 7-3　迈克尔·斯宾塞、乔治·阿克尔洛夫和约瑟夫·斯蒂格利茨（从左至右）

2005 年，美国马里兰大学的托马斯·克罗姆比·谢林（Thomas Crombie Schelling）和耶路撒冷希伯来大学的罗伯特·约翰·奥曼（Robert John Aumann）获诺贝尔经济学奖（图 7-4）。他们的贡献在于通过博弈论分析了对冲突与合作的机制，用于研究社会中不同性质的冲突、贸易纠纷、价格之争以及长期合作的模式等。

图 7-4　托马斯·克罗姆比·谢林和罗伯特·约翰·奥曼（从左至右）

2007 年，来自美国明尼苏达大学的里奥尼德·赫维茨（Leonid Hurwicz）、普林斯顿大学的埃里克·马斯金（Eric S. Maskin）和芝加哥大学的罗杰·迈尔森（Roger B. Myerson）获诺贝尔经济学奖（图 7-5）。这三个人的研究为机制设计理论奠定了基础。

2012 年，美国经济学家埃尔文·罗斯（Alvin E. Roth）与罗伊德·沙普利（Lloyd S. Shapley）获诺贝尔经济学奖（图 7-6）。他们的主要贡献是创建了"稳定分配"的理论，并进行了"市场设计"的实践。沙普利通过博弈理论，研究并比较多种配对模型，提出了一个在理论上能够得到最优方案的 Gale-Shapley（GS）算法。而罗斯则将沙普利的成果应用于现实市场，展开了一系列的经验性研究。

图 7-5 里奥尼德·赫维茨、埃里克·马斯金和罗杰·迈尔森（从左至右）

2014 年，法国经济学家梯若尔（Jean Tirole）获诺贝尔经济学奖（图 7-7）。他的贡献在于通过采用博弈论的思想不仅使产业组织理论和串谋的问题得以解决，还在规制理论上有所创新。

图 7-6 埃尔文·罗斯和罗伊德·沙普利（从左至右）　　图 7-7 让·梯若尔

7.2 非合作博弈

7.2.1 完全信息博弈

1. 完全信息静态博弈

完全信息静态博弈指各局中人同时决策，或者虽然不是同时选择策略，但后行动者并不知道先行动者采取了什么具体行动，并且每一位局中人对其他局中人的特征、策略空间及收益函数掌握准确信息的博弈过程。

（1）支付矩阵（payoff matrix）。支付矩阵是包括局中人、策略集和收益值的矩阵。表 7-1 为经典博弈"囚徒困境"的支付矩阵。

表 7-1 "囚徒困境"博弈的支付矩阵

		嫌疑人乙	
		坦白	不坦白
嫌疑人甲	坦白	(3, 3)	(0, 5)
	不坦白	(5, 0)	(1, 1)

其中，嫌疑人甲和乙为该博弈的两个局中人。嫌疑人甲可选择两个策略，即坦白和不坦白，将这两个策略纵向排列在支付矩阵左侧；嫌疑人乙同样可选择坦白和不坦白两个策略，将这两个策略横向排列在支付矩阵上方。支付矩阵内带有括号的数字表示该博弈的收益值，在此博弈中代表被判几年。括号内逗号前面的数字表示嫌疑人甲的收益，括号内逗号后面的数字表示嫌疑人乙的收益。

（2）纳什均衡。纳什均衡是指当参与博弈的局中人没有动机改变自己的策略时的均衡。以"囚徒困境"博弈进行分析，当嫌疑人甲选择坦白策略时，对嫌疑人乙来说选择坦白是他的最优策略；当嫌疑人乙选择坦白策略时，对嫌疑人甲来说选择坦白也是他的最优策略。对于这两个局中人来说，当他们都没有动机改变自己的策略时，嫌疑人甲选择坦白、嫌疑人乙也选择坦白为"囚徒困境"的纳什均衡。

（3）寻找博弈均衡的方法。

①画横线法。画横线法是指当支付矩阵的收益值的括号内两个数字下面均有横线，则该收益所对应的策略为博弈的均衡。通过画横线法求解"囚徒困境"的博弈均衡如表 7-2 所示。通过画横线法可找到"囚徒困境"的均衡为"坦白，坦白"。

表 7-2 "囚徒困境"博弈的画横线法

		嫌疑人乙	
		坦白	不坦白
嫌疑人甲	坦白	(3, 3)	(0, 5)
	不坦白	(5, 0)	(1, 1)

②混合策略均衡。当无法通过画横线法找到博弈均衡时，可通过混合策略求解。混合策略均衡是指博弈局中人依据一定的概率选择策略，并使其他局中人在选择各策略时都无区别。下面将以"手心手背"博弈为例，假设甲乙两人进行手心手背的游戏，游戏规则如下：当甲和乙同时选择手心或手背时，甲赢，甲得到收益 1，乙得到收益–1；当甲乙二人任意一方选择手心、另一方选择手背时，乙赢，乙得到收益 1，甲得到收益–1。该博弈的支付矩阵见表 7-3，求该博弈的均衡解。

表 7-3 "手心手背"博弈支付矩阵

		乙	
		手心	手背
甲	手心	(1, –1)	(–1, 1)
	手背	(–1, 1)	(1, –1)

【例 7-1】 "手心手背"博弈通过画横线法求不出均衡解，下面通过混合策略求解，求解步骤如下。

解：假设甲选择"手心"的概率为 $p_1^{手心}$，选择"手背"的概率为 $p_1^{手背}$，且 $p_1^{手心} + p_1^{手背} = 1$。那么：

乙选择手心的收益为：$(-1) \times p_1^{手心} + 1 \times p_1^{手背}$；

乙选择手背的收益为：$1 \times p_1^{手心} + (-1) \times p_1^{手背}$。

为使乙在选择手心和手背时的收益无区别，联立两式，得到

$$\begin{cases} (-1) \times p_1^{手心} + 1 \times p_1^{手背} = 1 \times p_1^{手心} + (-1) \times p_1^{手背} \\ p_1^{手心} + p_1^{手背} = 1 \end{cases}$$

求解方程组得到

$$p_1^{手心} = p_1^{手背} = 1/2$$

同理，假设乙选择"手心"的概率为 $p_2^{手心}$，选择"手背"的概率为 $p_2^{手背}$，且 $p_2^{手心} + p_2^{手背} = 1$。那么，

甲选择手心的收益为：$1 \times p_2^{手心} + (-1) \times p_2^{手背}$；

甲选择手背的收益为：$(-1) \times p_2^{手心} + 1 \times p_2^{手背}$。

为使甲在选择手心和手背时的收益无区别，联立两式，得到

$$\begin{cases} 1 \times p_2^{手心} + (-1) \times p_2^{手背} = (-1) \times p_2^{手心} + 1 \times p_2^{手背} \\ p_2^{手心} + p_2^{手背} = 1 \end{cases}$$

求解方程组得到

$$p_2^{手心} = p_2^{手背} = 1/2$$

因此，"手心手背"博弈的混合策略均衡为：甲和乙都分别以 1/2 的概率随机选择"手心""手背"两种策略。

③占优策略（dominant strategy）与均衡。占优策略是指局中人在进行博弈时，选择某个策略的收益值要优于其他策略。相反，不管其他局中人采用何种策略，某个局中人采用某种策略的收益总是小于或等于选择其他策略时所得的收益，收益小的策略称为该博弈的被占优的策略（dominated strategy）。

以"囚徒困境"为例，通过占优策略找出均衡策略。分析如下：无论嫌疑人乙选择何种策略，嫌疑人甲的最优策略都是坦白，因此，"坦白"是嫌疑人甲的占优策略。将嫌疑人甲选择"坦白"策略导致的博弈结果从博弈支付矩阵中剥离出来，如表 7-4 所示。同理，嫌疑人乙的最优策略也是坦白。因此，将嫌疑人乙选择"坦白"策略从表 7-4 中剥离出来，最后结果如表 7-5 所示，均衡结果为嫌疑人甲坦白、嫌疑人乙坦白。

表 7-4　支付矩阵（一）

		嫌疑人乙	
		坦白	不坦白
嫌疑人甲	坦白	（3，3）	（0，5）

表 7-5　支付矩阵（二）

		嫌疑人乙
		坦白
嫌疑人甲	坦白	（3，3）

2. 完全信息动态博弈

完全信息动态博弈是指局中人对博弈信息都完全了解，且他们的行动存在先后顺序。

（1）博弈树（game tree）。博弈树是动态博弈的一种表示方法，通常用博弈树表示的博弈被称为扩展型博弈（extensive form game）。博弈树有五个构成要素。

①局中人。

②行动顺序。在动态博弈中，局中人的行动存在先后次序。

③策略集。这是局中人可以采取的所有可能策略。

④支付函数。其表示局中人所采用的策略与所得收益之间的关系。

⑤信息集（information set）。这是局中人在博弈过程中了解的信息所组成的集合。

（2）博弈树的构造方法。由于局中人的行动存在先后次序，因此利用博弈树由上至下的节点顺序表示局中人进行决策的顺序。需要注意的是，在构造博弈树时只能采取从上到下的路径，并且不能形成循环。下面将以"房地产开发"博弈为例构造博弈树。

【例 7-2】 假设有两个房地产开发商甲和乙决定在同一地段开发一栋办公大楼，如果他们都开发，两家相互竞争，会导致各自有一部分空置房，因此他们都会亏损 500 万元；当只有一家开发时，办公大楼可以全部售出，得到收益 500 万元，另一家收益为 0；当两家都不开发时，两个开发商收益均为 0。假定开发商甲先进行决策，开发商乙看见甲决策后再进行决策。博弈树构造如图 7-8 所示。

解：

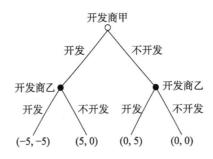

图 7-8 "房地产开发"博弈的博弈树

（3）子博弈（sub-game）。子博弈是原始博弈树的一个分支并能独立构成一个博弈。以"房地产开发"博弈为例，在图 7-9 中用虚线框起来的部分称作子博弈。需要注意的是，子博弈的起始节点必须为一个且不能为原博弈树的起始节点；有些博弈不存在子博弈，而有些博弈则包含多个子博弈。

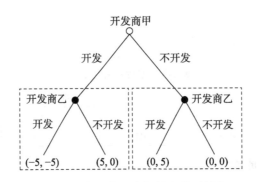

图 7-9 "房地产开发"博弈的子博弈

（4）逆向归纳法。逆向归纳法是求解动态博弈的一种方法。下面将以"房地产开发"博弈为例利用逆向归纳法找出动态博弈的均衡解。

【例 7-3】"房地产开发"博弈。

步骤一：从最后的子博弈开始分析。

当开发商甲选择"开发"，开发商乙选择开发的收益为–5，选择不开发的收益为 0，因此开发商乙选择"不开发"。同理，当开发商甲选择"不开发"，开发商乙选择开发的收益为 5，选择不开发的收益为 0，因此开发商乙选择"开发"。如图 7-10（a）所示。

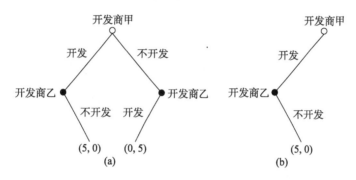

图 7-10　逆向归纳法图解
（a）逆向归纳法步骤一；（b）逆向归纳法步骤二

步骤二：继续分析此后阶段局中人的行动。

此时，将继续分析开发商甲的行动。当开发商甲选择"开发"、开发商乙选择"不开发"时，甲的收益为 5；当开发商甲选择"不开发"、开发商乙选择"开发"时，甲的收益为 0，故开发商甲选择"开发"，如图 7-10（b）所示。

步骤三：找到博弈的均衡。

根据前两步，得到该博弈的均衡为：甲选择开发，乙选择不开发。

7.2.2　不完全信息博弈

1. 不完全信息静态博弈

（1）不完全信息古诺寡头博弈。古诺寡头博弈是静态博弈中的一种，是假设两个局中人都明确知道自己以及对方的成本函数。不完全信息古诺寡头博弈则是假设局中人 1 明确知道自己的成本函数，但不清楚局中人 2 的成本函数，只知道其概率；局中人 2 明确知道自己的成本函数以及局中人 1 的成本函数。下面将以不完全信息古诺寡头博弈为例初步了解不完全信息静态博弈以及其求解过程。

【例 7-4】 在古诺寡头博弈中，假设两个局中人 1、2 分别为制造商 1 和制造商 2，在市场上进行产量竞争。市场上的总产量为 $Q=q_1+q_2$，市场的需求函数为 $P=A-Q=A-(q_1+q_2)$。其中，Q 为总产量，q_1 为制造商 1 的产量，q_2 为制造商 2 的产量，P 为市场价格，A 为外生常数。假设制造商 1 的成本函数为 $C(q_1)=cq_1$，其中 c 为外生常数。假设制造商 2 的成本函数可能是 $C(q_2)=c_Aq_2$，也可能是 $C(q_2)=c_Bq_2$。其中 c_A 和 c_B 为外生常数，且 $c_A>c_B>0$。制造商 2 的成本函数为 $C(q_2)=c_Aq_2$ 的概率为 θ，制造商 2 的成本函数为

$C(q_2) = c_B q_2$ 的概率为 $1-\theta$。求解两家制造商的最优产量。

解： 由于制造商 2 知道自己以及制造商 1 的成本函数，所以制造商 2 的决策过程与完全信息下的古诺寡头博弈求解方法是一致的。

首先，制造商 2 将产量 q_1 看作给定，并分别根据制造商 2 的两个不确定的成本函数求制造商 2 的利润。

当制造商 2 的成本函数为 $C(q_2) = c_A q_2$ 时，制造商 2 的利润函数为

$$\pi_2^A = Pq_2 - C(q_2) = (A - q_1 - q_2)q_2 - c_A q_2 \tag{7-1}$$

当制造商 2 的成本函数为 $C(q_2) = c_B q_2$ 时，制造商 2 的利润函数为

$$\pi_2^B = Pq_2 - C(q_2) = (A - q_1 - q_2)q_2 - c_B q_2 \tag{7-2}$$

分别将式（7-1）和式（7-2）对 q_2 求偏导并令其为零，得到

$$\frac{\partial \pi_2^A}{\partial q_2} = -q_2 + (A - q_1 - q_2) - c_A = 0 \tag{7-3}$$

$$\frac{\partial \pi_2^B}{\partial q_2} = -q_2 + (A - q_1 - q_2) - c_B = 0 \tag{7-4}$$

由式（7-3）、式（7-4）可分别得到

$$q_2^A = (A - c_A - q_1)/2 \tag{7-5}$$

$$q_2^B = (A - c_B - q_1)/2 \tag{7-6}$$

其次，分析制造商 1 的利润函数，在完全信息博弈时，制造商 1 的利润函数为

$$\pi_1 = Pq_1 - C(q_1) = (A - q_1 - q_2)q_1 - cq_1$$

但由于制造商 1 不知道制造商 2 的确切信息，因此他只能按照制造商 2 的期望成本函数进行决策。由于制造商 1 知道制造商 2 选择产量 q_2^A 的概率为 θ，选择产量 q_2^B 的概率为 $1-\theta$，因此，在不完全信息博弈时，制造商 1 的利润函数为

$$\pi_1 = \theta\Big[(A - q_1 - q_2^A)q_1 - cq_1\Big] + (1-\theta)\Big[(A - q_1 - q_2^B)q_1 - cq_1\Big] \tag{7-7}$$

将式（7-7）对 q_1 求偏导并令其得零，得到

$$q_1 = \Big[A - \theta q_2^A - (1-\theta)q_2^B - c\Big]/2 \tag{7-8}$$

最后，将式（7-5）、式（7-6）和式（7-8）联立求解三元一次方程，最终得到最优产量

$$q_1 = \Big[A - 2c + \theta c_A + (1-\theta)c_B\Big]/3$$

$$q_2^A = \Big[2A + 2c - (3+\theta)c_A - (1-\theta)c_B\Big]/6$$

$$q_2^B = \Big[2A + 2c - \theta c_A - (4-\theta)c_B\Big]/6$$

（2）海萨尼转换。海萨尼转换是一种求解不完全信息博弈的方法，其通过将博弈转化为博弈树的方式求出均衡解。海萨尼转换的步骤如下。

步骤一：引入"自然"，作为最先进行决策的博弈参与者。"自然"决定每个博弈参与者 i 的类型。

步骤二：每个博弈参与者 i 从自己的策略空间 $S_i(i=1,2,\cdots,n)$ 中选择策略。

步骤三：根据收益函数确定博弈树末端各博弈参与者的期望收益。

下面将用一个实例介绍海萨尼转换。

【例 7-5】 假设市场中有两家企业：企业 1 和企业 2。企业 2 可能是高效型企业，也可能是低效型企业。企业 2 知道自己的类型，但企业 1 不知道企业 2 是何种类型，只知道企业 2 为高效型企业的概率为 p，为低效型企业的概率为 $1-p$。企业 2 为高效型企业和低效型企业的支付矩阵分别如表 7-6 和表 7-7 所示。

表 7-6　企业 2 为高效型企业时的支付矩阵

		企业 2	
		策略 U	策略 V
企业 1	策略 L	$(-10,\ 10)$	$(5,\ 5)$
	策略 R	$(0,\ 20)$	$(0,\ 15)$

表 7-7　企业 2 为低效型企业时的支付矩阵

		企业 2	
		策略 U	策略 V
企业 1	策略 L	$(-10,\ -10)$	$(5,\ 5)$
	策略 R	$(0,\ 10)$	$(0,\ 15)$

按照海萨尼转换的步骤，分析如下。

解：

步骤一：引入"自然"，可理解为"自然"先行动，然后企业 1 和企业 2 同时行动，如图 7-11 所示。

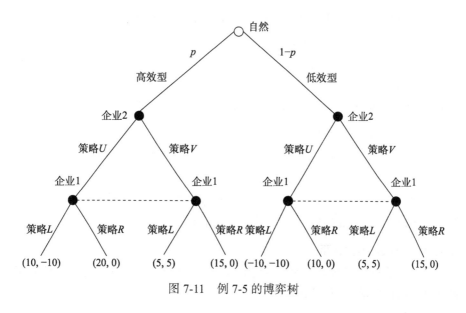

图 7-11　例 7-5 的博弈树

步骤二：通过图 7-11 可以看出，企业 1 有一个信息集，企业 2 有两个信息集。对企业 1 来说，它可以选择策略 L 或策略 R。对企业 2 来说，当企业 2 是高效型企业时，它可以选择策略 $U_{高效型}$ 或策略 $V_{高效型}$；当企业 2 是低效型企业时，它可以选择策略 $U_{低效型}$ 或策略 $V_{低效型}$。因此有八个可能的博弈结果：

$$[（策略 U_{高效型}，策略 U_{低效型}），策略 L]$$
$$[（策略 U_{高效型}，策略 U_{低效型}），策略 R]$$
$$[（策略 U_{高效型}，策略 V_{低效型}），策略 L]$$
$$[（策略 U_{高效型}，策略 V_{低效型}），策略 R]$$
$$[（策略 V_{高效型}，策略 U_{低效型}），策略 L]$$
$$[（策略 V_{高效型}，策略 U_{低效型}），策略 R]$$
$$[（策略 V_{高效型}，策略 V_{低效型}），策略 L]$$
$$[（策略 V_{高效型}，策略 V_{低效型}），策略 R]$$

根据收益值进行比较，发现当企业 2 为高效型企业时，选择策略 $U_{高效型}$ 的收益（当企业 1 选择策略 L 时收益为 10；当企业 1 选择策略 R 时收益为 20）高于选择策略 $V_{高效型}$ 的收益（当企业 1 选择策略 L 时收益为 5；当企业 1 选择策略 R 时收益为 15）；当企业 2 为低效型企业时，选择策略 $V_{低效型}$ 的收益（当企业 1 选择策略 L 时收益为 5；当企业 1 选择策略 R 时收益为 15）高于选择策略 $U_{低效型}$ 的收益（当企业 1 选择策略 L 时收益为 -10；当企业 1 选择策略 R 时收益为 10）。因此，企业 2 只会选择（策略 $U_{高效型}$，策略 $V_{低效型}$）作为自己的策略。

步骤三：计算期望收益。由于企业 1 不了解企业 2 选择策略 $U_{高效型}$ 还是策略 $V_{低效型}$，因此企业 1 只能根据先验概率（又叫先验信念，是贝叶斯统计的常用概念）计算期望收益。

企业 1 选择策略 L 时的期望收益为 $p\times(-10)+(1-p)\times5=5-15p$；

企业 1 选择策略 L 时的期望收益为 $p\times(-10)+(1-p)\times5=5-15p$；

企业 1 选择策略 R 时的期望收益为 $p\times0+(1-p)\times0=0$。

因此，联立两个期望收益的方程 $5-15p=0$，得到 $p=1/3$，可得到最终的博弈结果，也就是贝叶斯-纳什均衡。结果如下。

当 $p<1/3$ 时，企业 1 选择策略 L 的期望收益大于选择策略 R 的期望收益；最终的博弈结果为（（策略 $U_{高效型}$，策略 $V_{低效型}$），策略 L）。

当 $p>1/3$ 时，企业 1 选择策略 L 的期望收益小于选择策略 R 的期望收益；最终的博弈结果为（（策略 $U_{高效型}$，策略 $V_{低效型}$），策略 R）。

当 $p=1/3$ 时，企业 1 选择策略 L 的期望收益等于选择策略 R 的期望收益。最终的博弈结果为（（策略 $U_{高效型}$，策略 $V_{低效型}$），策略 L 或策略 R）。

2. 不完全信息动态博弈

（1）不完全信息动态博弈均衡。不完全信息动态博弈与不完全信息静态博弈相似，也可以通过海萨尼转换求出博弈均衡解。

不完全信息动态博弈均衡应具备如下特点。

①参与博弈的局中人在每个博弈节点上都有主观信念。

②均衡必须满足在博弈的每个信息集上，局中人的决策都是最优的。

【例7-6】 该博弈有两家企业参与，而且企业 1 先行动，企业 2 后行动。企业 1 可能选择策略 L，也可能选择策略 R。企业 2 不知道企业 1 的选择，仅具备关于企业 1 选择的先验概率。企业 2 认为企业 1 选择策略 L 的概率为 p，选择策略 R 的概率为 $1-p$。支付矩阵如表 7-8 所示。

表 7-8　例 7-6 的支付矩阵

		企业 2	
		策略 U	策略 V
企业 1	策略 L	（3，4）	（0，2）
	策略 R	（1，5）	（0，3）

解：为了便于分析，根据支付矩阵画出该博弈的博弈树，如图 7-12 所示。根据企业 2 的先验概率，企业 2 选择策略 U 的预期收益为 $p \times 4+(1-p) \times 5=5-p$；企业 2 选择策略 V 的预期收益为 $p \times 2+(1-p) \times 3=3-p$。

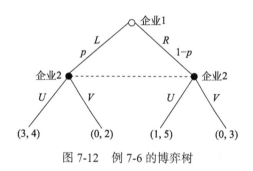

图 7-12　例 7-6 的博弈树

由此可知，对于任意的 $0 \leqslant p \leqslant 1$，企业 2 选择策略 U 的预期收益大于择策略 V 的预期收益，因此企业 2 会选择策略 U。而企业 1 预期到企业 2 的选择逻辑，因此理性的企业 1 会选择策略 L，因为此时企业 1 的收益最大（是 3），所以该均衡是（策略 L，策略 U）。

（2）精炼贝叶斯-纳什均衡。精炼贝叶斯-纳什均衡，顾名思义，是对贝叶斯-纳什均衡的精炼，是剔除了贝叶斯-纳什均衡中包含"空洞威胁"的均衡。

【例7-7】 紧接例 7-6 继续分析，在此例题中加入企业 1 的 M 策略，支付矩阵见表 7-9，博弈树见图 7-13。

表 7-9　例 7-7 的支付矩阵

		企业 2	
		策略 U	策略 V
企业 1	策略 L	（3，4）	（0，2）
	策略 R	（1，5）	（0，3）
	策略 M	（1，20）	（1，20）

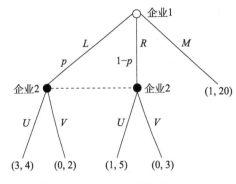

图 7-13　例 7-7 的博弈树（一）

解： 对于任意的 $0 \leqslant p \leqslant 1$，企业 2 会选择策略 U。企业 1 知道如果自己不选择策略 M，企业 2 必然选择策略 U，企业 1 会因此选择策略 L。

而企业 2 最希望看到的结果是企业 1 选择策略 M，自己可以得到收益 20，从而博弈结束。为了达到自己的目的，企业 2 找到一个公正机构并作出承诺：如果企业 1 没有选择策略 M，那么企业 2 如果选择策略 U，则捐出 10。这时，博弈收益发生了变化，如图 7-14 所示。根据企业 2 的先验概率，企业 2 选择策略 U 的预期收益为 $p \times (-6) + (1-p) \times (-5) = -5 - p$；企业 2 选择策略 V 的预期收益为 $p \times 2 + (1-p) \times 3 = 3 - p$。

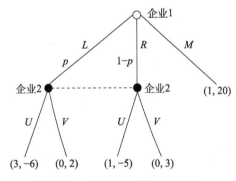

图 7-14　例 7-7 的博弈树（二）

由此可知，对于任意的 $0 \leqslant p \leqslant 1$，企业 2 选择策略 U 的收益都低于选择策略 V 的收益，因此企业 2 选择策略 V。此时，企业 1 预测到企业 2 的选择，企业 2 将自己"必然选择 V"的威胁变为可置信的威胁，因此使企业 1 会选择策略 M 而并非策略 L（因为此时企业 1 的收益是 1，大于其他两个策略的收益）。所以最终的均衡是（策略 M，策略 V），且这个纳什均衡也是一个精炼贝叶斯-纳什均衡。

7.3　合作博弈

7.3.1　基本概念

合作博弈是指局中人能够联合达成一个具有约束力并具有强制执行协议的博弈。合作博弈主要强调的是效率、公正、公平和集体理性。

1. 局中人、联盟、特征函数的概念

1）局中人

局中人是指在博弈中参与决策的各方。通常，记 $N = \{1, 2, \cdots, n\}$ 为全体局中人集合，其中，i 表示第 i 个局中人（$i \in N$）。

2）联盟

联盟指的是部分或全体局中人组成的集合。若记 N 的全部子集所组成的集合为 $\mathscr{P}(N)$，则 $\mathscr{P}(N)$ 中的任一元素都为一个联盟。

3）特征函数

特征函数的形式定义为二元组 (N, v)，特征函数 $v : \mathscr{P}(N) \to \mathbb{R}$ 满足 $v(\varnothing) = 0$。

2. 合作博弈的前提

定义 7-1　如果合作对策 (N, v) 满足

$$v(S \cup T) \geqslant v(S) + v(T), \quad \forall S, T \in \mathscr{P}(N), \quad S \bigcap T = \varnothing$$

则称 (N, v) 满足超可加性。

超可加性表明，当两个不相交的联盟合作后，获得的收益大于单独行动时的收益和。超可加性也是合作博弈的前提，如果合作博弈不满足超可加性，也就失去了合作的基础。

7.3.2　合作博弈的分配

合作博弈的分配指的是参与合作的局中人如何分配最终的收益，也就是求合作博弈的解。

1. 分配的定义

定义 7-2　对于合作博弈 $(N, v) \in G^N$，如果 n 维向量 $\boldsymbol{x} = (x_1, x_2, \cdots, x_n)$ 满足以下两个条件，则称 $\boldsymbol{x}$ 为 (N, v) 的分配。

（1）$x_i \geqslant v(\{i\})$，$i = 1, 2, \cdots, n$。

（2）$\displaystyle\sum_{i \in N} x_i = v(N)$。

其中，x_i 表示局中人 i 所获得的分配，$i = 1, 2, \cdots, n$。

条件（1）称为个体合理性条件，即对每个局中人 i 来说，如果最后所得分配额少于单独行动时的收益，局中人将不会接受此分配。条件（2）称为群体合理性条件，首先联盟内所有的 $v(N)$ 必须全部分配；其次所有的分配不能超过总支付 $v(N)$，否则局中人不会接受此分配。

2. 合作博弈的求解

目前，经典合作博弈的求解方法一般有两种：占优解和估值解。占优解的概念主要有核心和稳定集等，估值解的概念主要有 Shapley 值和 Banzhaf-Coleman 势力指数等。下面将重点介绍核心与 Shapley 值。

1）核心

定义 7-3 设 x、y 是合作博弈 (N, v) 的两个分配，$S \in \mathscr{P}(N)$ 是一个联盟。如果满足以下两个条件，则称为 S 上 x 优超 y，记作：$x \succ_S y$。

（1）$x_i > y_i$，$\forall i \in S$。

（2）$\sum_{i \in S} x_i \leqslant v(S)$。

如果对于 x 与 y，存在某个 $S \in \mathscr{P}(N)$，使得 $x \succ_S y$，则称 x 优超 y，记作 $x \succ y$。

定义 7-4 合作对策 (N, v) 中所有不被优超分配的全体称为 (N, v) 的核心，记作 $C(N, v)$。

定理 7-1 设 (N, v) 为 n 人合作博弈，$x \in \mathbb{R}^n$，$x \in C(N, v)$ 当且仅当下面两式成立。

（1）$\sum_{i \in S} x_i \geqslant v(S)$，$\forall S \in \mathscr{P}(N)$。

（2）$\sum_{i \in N} x_i = v(N)$。

核心是从分配优超的角度定义的，概念直观简单，它不仅满足个体理性，而且满足集体理性，如果核心非空，则任何联盟都不能对核心中的分配提出歧义，因此核心具有较强的稳定性。核心 $C(N, v)$ 可以表示为

$$C(N, v) = \left\{ x \in \mathbb{R}_+^n \mid \sum_{i \in S} x_i \geqslant v(S), \sum_{i \in N} x_i = v(N), \forall S \in \mathscr{P}(N) \right\}$$

【例 7-8】 假想的联合国安全理事会 5 个常任理事国投票，超过两票赞成算通过。该博弈的特征函数为 $v(1,2,3) = v(1,2,4) = v(1,2,5) = v(1,2,3,4) = v(1,2,3,5) = v(1,2,4,5) = v(1,2,3,4,5) = 1$，而对所有其他的 S，$v(S) = 0$。求该博弈的核心。

解： 应用定理，有 $\sum_{i=1}^{5} x_i = 1$，对各个联盟有 $x_i \geqslant 0$，$i = 1, 2, 3, 4, 5$，$x_1 + x_2 + x_3 \geqslant 1$，$x_1 + x_2 + x_4 \geqslant 1$，$x_1 + x_2 + x_5 \geqslant 1$，所以核心是 $C(v) = \{(a, 1-a, 0, 0, 0) : 0 \leqslant a \leqslant 1\}$。

2）Shapley 值

Shapley 值是合作博弈的一个重要的估值解，该值在数学计算上具有良好的可操作性和分析的合理性，因此 Shapley 值的解被认为是最有用的合作博弈解。

1953 年，沙普利提出了比较合理的三个公理假设。

定义 7-5 设 $(N, v) \in G^N$，如果 n 维向量 $\varphi(N, v)$ 满足以下三条公理，则称向量 $\varphi(N, v) = (\varphi_1(N, v), \varphi_2(N, v), \cdots, \varphi_n(N, v))$ 为该合作博弈 (N, v) 的 Shapley 值，或称为 G^N 上的 Shapley 函数。

公理 1（有效性）如果 $T \in C(N|v)$，那么 $\sum_{i \in T} \varphi_i(N, v) = v(T)$。

公理 2（对称性）设 π 是 N 的任意置换，则 $\varphi_i(N, \pi v) = \varphi_i(N, v)$。

公理 3（可加性）任意对策 (N, v_1) 和 (N, v_2)，任意联盟 $S \subseteq N$，对策 $(N, v_1 + v_2)$ 定义为 $(v_1 + v_2)(S) = v_1(S) + v_2(S)$，则对所有的 $i \in N$ 有 $\varphi_i(N, v_1 + v_2) = \varphi_i(N, v_1) + \varphi_i(N, v_2)$。

定理 7-2 任意合作博弈 $(N, v) \in G^N$，存在唯一满足三条公理的 Shapley 值 $\mathrm{Sh}(N, v) =$

$(\mathrm{Sh}_1(N,v),\mathrm{Sh}_2(N,v),\cdots\mathrm{Sh}_n(N,v))$ ，其具体形式为

$$\mathrm{Sh}_i(N,v)=(N,v)=\sum_{S\subseteq N\setminus\{i\}}\frac{|S|!(|N|-|S|-1)!}{|N|!}\big[v\big(S\cup\{i\}\big)-v(S)\big],\forall i\in N \qquad (7\text{-}9)$$

在式（7-9）中，$v(S\cup\{i\})-v(S)$ 表示局中人 i 对联盟 S 的边际贡献，$\gamma=\dfrac{|S|!(|N|-|S|-1)!}{|N|!}$ 表示联盟 S 出现的概率。Shapley 值是按照边际贡献来分配联盟的收益。当经典合作博弈的特征函数满足凸性时，此合作博弈也被称为凸博弈，该合作博弈一定满足超可加性。因此，Shapley 值包含在核心中，这体现了分配的稳定性。

【例 7-9】 假设有 A、B、C 三家企业进行合作，其支付函数分别为 $v(1)$、$v(2)$ 和 $v(3)$。三家企业单独经营可获利 $v(1)=v(2)=v(3)=1$；A、B 联盟可获利 $v(1,2)=4$；A、C 联盟可获利 $v(1,3)=3$；B、C 联盟可获利 $v(2,3)=2$；A、B、C 共同合作可获利 $v(1,2,3)=5$。请运用 Shapley 值对三家企业的利润进行分配。

解：

（1）企业 A。

首先，求 γ 值。利用公式 $\gamma=\dfrac{|S|!(|N|-|S|-1)!}{|N|!}$，$|S|$ 为联盟 S 中企业的个数，$|N|$ 为参与合作的全体企业个数，可求得不同联盟 S 对应的 γ 值，γ 值结果见表 7-10。

表 7-10　企业 A 不同联盟下 γ 的值

S	$|S|$	$|N|$	γ
$\{\phi\}$	0	3	$0!(3-0-1)!/3!=1/3$
$\{2\}$	1	3	$1!(3-1-1)!/3!=1/6$
$\{3\}$	1	3	$1!(3-1-1)!/3!=1/6$
$\{2,3\}$	2	3	$2!(3-2-1)!/3!=1/3$

其次，根据式（7-9），计算企业 A 所分配利润。由表 7-11 可知，企业 A 所分配利润为 $\varphi_1=1\times1/3+3\times1/6+2\times1/6+3\times1/3=13/6$。

表 7-11　企业 A 不同联盟下的边际贡献

γ	S	$v(S\cup\{i\})-v(S)$
1/3	$\{\phi\}$	1-0=1
1/6	$\{2\}$	4-1=3
1/6	$\{3\}$	3-1=2
1/3	$\{2,3\}$	5-2=3

（2）企业 B。同理，由表 7-12 可求得企业 B 所分配利润为 $\varphi_2=1\times1/3+3\times1/6+1\times1/6+2\times1/3=5/3$。

表 7-12 企业 B 不同联盟

γ	S	$v(S \cup \{i\}) - v(S)$
1/3	$\{\phi\}$	1−0=1
1/6	$\{1\}$	4−1=3
1/6	$\{3\}$	2−1=1
1/3	$\{1,3\}$	5−3=2

（3）企业 C。同理，由表 7-13 可求得企业 C 所分配利润为 $\varphi_3 = 1 \times 1/3 + 2 \times 1/6 + 1 \times 1/6 + 1 \times 1/3 = 7/6$。

表 7-13 企业 C 不同联盟下的边际贡献

γ	S	$v(S \cup \{i\}) - v(S)$
1/3	$\{\phi\}$	1−0=1
1/6	$\{1\}$	3−1=2
1/6	$\{2\}$	2−1=1
1/3	$\{1,2\}$	5−4=1

因此，企业 A、B、C 分别获得收益 13/6 、5/3 和 7/6 。

3. 联盟结构合作博弈问题

在具有联盟结构的博弈中，每个局中人的收益分配不仅与其所在的联盟有关，还与其他联盟有关，下面给出联盟结构的定义。

定义 7-6 有限局中人集 N 上的一个联盟结构是一个二元组 (N, Γ) ，其中 $\Gamma = \{B_1, B_2, \cdots, B_m\}$ ，$1 \leqslant m \leqslant n$ ，满足：

（1）$\bigcup_{k=1}^{m} B_k = N$ 。

（2）$B_k \cap B_l = \varnothing, \forall k, l \in \{1, 2, \cdots, m\}, k \neq l$ ，则 B_k 被称为结构联盟。

（3）Owen 值。

定义 7-7 Owen 联盟结构的博弈一般以一个三元组 $\langle N, v, \Gamma \rangle$ 表示，其中，N 是参与人集合，(N, v) 是合作博弈，(N, Γ) 是联盟结构。

Owen 值可以看作 Shapley 值在具有联盟结构合作博弈情形下的推广。首先，最大联盟的特征函数值在各联盟间进行分配；其次，在第一阶段的基础上将每一联盟结构的分配值在联盟内部进行二次分配。1977 年，Owen 提出了 Owen 联盟结构值定义。

定义 7-8 已知具有联盟结构的合作博弈 $\langle N, v, \Gamma \rangle$ ，其中 $\Gamma = \{B_1, B_2, \cdots, B_m\}$ ，对任意的 $i \in B_k \in \Gamma$ ，局中人 i 的 Owen 联盟结构值定义为

$$\varphi_i(N, v, \Gamma) = \sum_{L \subset id(N), k \notin L} \sum_{i \in S \subseteq B_k} \frac{|L|!(m-|L|-1)!}{m!} \times \frac{\|S\|-1\,!(|B_k|-|S|)!}{|B_k|!} \times \left[v(S \cup \Gamma(L)) - v((S \setminus \{i\}) \cup \Gamma(L)) \right]$$

这里 $\Gamma(L) = \bigcup_{j \in L} B_j$ 。

7.3.3 匹配博弈

匹配博弈(matching game)开始于 Gale 和 Shapley 的一篇关于婚姻匹配和大学生招生问题的研究。2012 年,诺贝尔经济学奖被授予了匹配博弈理论的创立者和推广者埃尔文·罗斯与罗伊德·沙普利,以奖励二位学者在"在稳定配置理论及市场设计实践"方面作出的贡献,这使得更多的人关注到匹配博弈。

1. 匹配博弈理论的基本模型

(1)一对一匹配。在一对一匹配问题中,最典型的就是婚姻匹配问题。

假设两个有限集合 $M = \{m_1, m_2, \cdots, m_n\}$ 和 $W = \{w_1, w_2, \cdots, w_n\}$ 分别表示所有的未婚男士与未婚女士的集合,$M \cap W = \varnothing$。M 中的每一位男士都对 W 中的每一位女士有严格的偏好,且 W 中的每一位女士都对 M 中的每一位男士有严格的偏好。参与人 i 的偏好关系可以用符号"$\succ$"来表示,$x \succ y$ 表示对参与人 i 来说,x 要比 y 好。所有参与人的偏好集合为 $P = \{P(m_1), P(m_2), \cdots, P(m_n); P(w_1), P(w_2), \cdots, P(w_p)\}$,则婚姻市场就可以表示为 $(M, W; P)$。

(2)多对一匹配。多对一匹配是一对一匹配的一般化,与现实更加接近一些。例如劳动力市场、大学招生等。

假设医院和医科学生分别属于两个不相交的集合 $H = \{h_1, h_2, \cdots, h_n\}$ 和 $S = \{s_1, s_2, \cdots, s_m\}$。医院 h_i 有 q_i 个实习岗位。医院 h 在集合 $S \cup \{u\}$ 上有严格偏好 $P(h)$,学生 s 在集合 $H \cup \{u\}$ 上有严格偏好 $P(s)$,其中 u 是匹配的参与人集合。$h_i P(s) h_k$ 表示学生 s 严格偏好于医院 h_i,而 $h_i R(s) h_k$ 表示学生 s 要么严格偏好于医院 h_i,要么认为医院 h_i 和 h_k 无差异。由于偏好是严格偏好,因此只有当 $i = k$ 时,才会认为无差异。因此,偏好向量 $P = \{P(h_1), P(h_2), \cdots, P(h_n); P(s_1), P(s_2), \cdots, P(s_m)\}$。匹配结果用 $\mu : H \cup S \to H \cup S \cup \{u\}$ 表示,其中 $|\mu(s)| = 1, \forall s \in S$,$|\mu(h_i)| = q_i, \forall h_i \in H$。对于任意 $h \in H, s \in S, \mu(s) = h$ 当且仅当 $s \in \mu(h)$。每个学生至多只能受雇于一个医院,而每个医院招收的学生不能多于其实习岗位个数。

2. 拒绝接受算法(GS 算法)

匹配博弈的核心任务就是要研究市场是否存在稳定匹配。稳定匹配是指相互偏好的两方发生匹配,且每一个参与者的匹配对象都是可接受的,不存在一对未发生匹配的参与者。而在匹配稳定性的研究上,拒绝接受算法是一个有效的方法。

下面以求职为例,详细说明拒绝接受算法的程序。假设给定偏好 P,拒绝接受算法步骤如下。

步骤一:每一个求职者向他最偏好的企业递交求职申请;每一个企业在它收到的所有申请中留下它最偏好的申请,拒绝掉所有其他的申请。

步骤二:每一个求职者向还未拒绝过他的他最偏好的企业递交求职申请;每一个企业在它收到的所有申请中留下它最偏好的申请,拒绝掉所有其他的申请。

步骤三:一直循环步骤二,直到没有拒绝发生时,算法结束。

步骤四:在算法结束时产生的匹配,即最终的稳定匹配。

【例 7-10】 一个企业准备招聘 3 个员工,分别做运营经理、销售经理和采购经理,经过初步筛选后留下 5 个应聘者作为候选人。这 5 个人在最后一轮面试结束后可自愿选择各个岗位的竞选，并且列出自己参选岗位的优先顺序。假设 A_1、A_2、A_3 分别表示运营经理、销售经理和采购经理三个岗位，B_1、B_2、B_3、B_4、B_5 分别表示 5 个候选人。企业和候选人偏好次序见表 7-14 及表 7-15。

表 7-14 企业偏好次序

岗位	A_1（运营经理）	A_2（销售经理）	A_3（采购经理）
人员排序	B_2	B_5	B_2
	B_4	B_3	B_5
	B_1	B_2	B_4
		B_1	

表 7-15 候选人偏好次序

候选人	B_1	B_2	B_3	B_4	B_5
岗位排序	A_1	A_2	A_2	A_3	A_3
	A_3	A_3	A_1	A_2	A_2
		A_1		A_1	

解：

步骤一：根据候选人的偏好，B_1 偏好运营经理岗位；B_2、B_3 偏好销售经理岗位；B_4、B_5 偏好采购经理岗位。

再根据企业对候选人的偏好，运营经理岗位偏好 B_2，其次是 B_4 和 B_1。但由于在 B_2 和 B_4 的偏好次序中，运营经理排在了第三位，因此，在步骤一中，运营经理岗位暂时选择 B_1。同理，销售经理岗位偏好 B_3，采购经理岗位偏好 B_5。

第一轮暂时匹配：(A_1, B_1)，(A_2, B_3)，(A_3, B_5)，B_2、B_4 暂时落空。

步骤二：每个被拒绝的候选人向自己的第二心仪岗位申请，B_2 申请 A_3，B_4 申请 A_2，每个岗位在第二轮的候选者和上一轮的候选者中选择最优者。

A_1 与 B_1 仍然匹配；A_2 在 B_3、B_4 中选择，由于 A_2 从来就没有偏好过 B_4，因此 A_2 与 B_3 匹配；A_3 在 B_2、B_5 中选择，由于 A_3 更加偏好 B_2，因此 A_3 和 B_2 匹配，此时 B_2 取代了步骤一中的 B_5。

第二轮暂时匹配：(A_1, B_1)，(A_2, B_3)，(A_3, B_2)，B_4、B_5 暂时落空。

步骤三：上轮被拒绝的候选人 B_4、B_5 向自己下一轮偏好的岗位申请，B_4 向 A_1 提出申请，B_5 向 A_2 申请。

同理，A_1 从 B_1、B_4 中选择了 B_4；A_2 从 B_3、B_5 中选择了 B_5。

第三轮暂时匹配：(A_1, B_4)，(A_2, B_5)，(A_3, B_2)，B_1、B_3 暂时落空。

步骤四：B_1 向 A_3 提出申请，B_3 向 A_1 提出申请。

A_1 从 B_3、B_4 中选择了 B_4；A_3 从 B_2、B_1 中选择了 B_2。

此时，被拒绝的候选人 B_1 和 B_3 已经没有再次申请的机会，程序结束。

最终匹配（稳定匹配）：(A_1, B_4)，(A_2, B_5)，(A_3, B_2)，见表 7-16。

表 7-16 稳定匹配

岗位	A_1（运营经理）	A_2（销售经理）	A_3（采购经理）
候选人	B_4	B_5	B_2

7.4 演化博弈

7.4.1 概述

演化博弈论是一种把博弈论与动态演化过程分析理论结合起来的新理论。在现实中，由于受认知能力的影响，人大多是有限理性的。因此，演化博弈又是一种将完全理性行为假设推广为有限理性行为假设的博弈。演化博弈中最重要的两个概念就是演化稳定策略（ESS）和复制动态。

John Maynard Smith 在 1973 年发表论文《博弈论和动物冲突的进化》，标志着演化博弈理论的诞生。之后，在 1974 年，Smith 和 Price 首次提出演化稳定策略的基本概念。直至现在，不少学者对演化博弈作出了大量的研究。朱庆华和窦一杰（2007）运用演化博弈研究了政府与核心企业双方的博弈关系。黄敏镁（2010）利用演化博弈研究了供应链协同产品开发的合作机制。许民利等（2012）针对频繁出现的食品安全事件，构建了供应商与制造商食品质量投入的演化模型。王祥兵等（2012）将演化博弈应用于区域创新系统的研究中，分析了企业与科研机构合作创新过程以及合作创新模式的演变。

7.4.2 演化稳定策略

假设总体中的一小群变异者被规定好了采取相同的（混合或者纯）原有策略 $x \in \Delta$。还假设所有的变异者被规定好了采用某个另外的（纯的或者混合的）变异策略 $y \in \Delta$。将变异者占（进入后）总体的比例表示为 ε，这里的 $\varepsilon \in (0,1)$。从这个双态的（存在两个不同的策略）总体中随机重复抽取成对的人来博弈，每人抽中的概率是相同的。因此，如果抽中一个人来参加博弈，那么他的对手采用变异策略 y 的概率为 ε，对手采取现有策略的概率为 $1-\varepsilon$。这种双态的人口中匹配的收益与采取混合策略 $w = \varepsilon y + (1-\varepsilon)x \in \Delta$ 的博弈方匹配带来的收益是相同的。因此，现有的策略的进入后收益为 $u(x,w)$，变异策略的进入后收益为 $u(y,w)$。

生物学告诉我们，演化力量将不会选择变异策略，当且仅当它的进入后收益（适应性）低于现有策略的收益，即

$$u[x, \varepsilon y + (1-\varepsilon)x] > u[y, \varepsilon y + (1-\varepsilon)x]$$

策略 $x \in \Delta$ 被称为演化稳定的，当变异者占总体的比例足够小时，这个不等式对任何"变异"策略 $y \neq x$ 都是成立的。

定义 7-9 如果对任何策略 $y \neq x$，存在某个 $\bar{\varepsilon}_y \in (0,1)$ 使得上述不等式对所有的 $\varepsilon \in (0, \bar{\varepsilon}_y)$ 都成立，那么 $x \in \Delta$ 是一个演化稳定策略。

7.4.3　复制动态

复制动态又称模仿者动态，是指学习速度很慢的成员组成的大群体的反复博弈。

下面将以"市场争夺战"博弈为例，利用复制动态进行分析。

【例 7-11】　在演化博弈中，每次博弈的实质都是前一群体的一个成员与后一群体的一个成员进行的。在本例题中，则是潜在进入者群体与在位者群体进行博弈。支付矩阵如表 7-17 所示。请分别对两个群体成员进行复制动态和演化稳定策略分析。

表 7-17　"市场争夺战"博弈支付矩阵

		在位者	
		斗争	默许
潜在进入者	进入	（0，0）	（2，2）
	不进入	（1，3）	（1，3）

解： 假设潜在进入者采用"进入"策略所占的比例为 x；在位者中，采用"斗争"策略占比为 y。

潜在进入者的收益：

$$u_{1e} = y \times 0 + (1-y) \times 2 = 2(1-y)$$

$$u_{1n} = y \times 1 + (1-y) \times 1 = 1$$

$$\overline{u}_1 = x \times u_{1e} + (1-x)u_{1n} = 2x(1-y) + (1-x)$$

其中，u_{1e} 为潜在进入者采用"进入"策略时的收益；u_{1n} 为潜在进入者采用"不进入"策略时的收益；$\overline{u}_1$ 为潜在进入者的期望收益。

在位者的收益：

$$u_{2s} = x \times 0 + (1-x) \times 3 = 3 - 3x$$

$$u_{2n} = x \times 2 + (1-x) \times 3 = 3 - x$$

$$\overline{u}_2 = y \times u_{2s} + (1-y)u_{2n} = 3 - 2xy - x$$

其中，u_{2s} 为在位者采用"斗争"策略时的收益；u_{2n} 为在位者采用"默许"策略时的收益；$\overline{u}_2$ 为在位者的期望收益。

潜在进入者复制动态方程

$$\frac{\mathrm{d}x}{\mathrm{d}t} = x[u_{1e} - \overline{u}_1] = x(1-x)(1-2y)$$

对潜在进入者的复制动态方程进行分析：当 $y = 1/2$ 时，则 dx/dy 始终为 0，x 都为稳定状态；当 $y \neq 1/2$ 时，则 $x^* = 0$，$x^* = 1$，是两个稳定状态，其中当 $y > 1/2$ 时，$x^* = 0$ 是 ESS（ESS 对应的点为其切线斜率小于 0 的点），$y < 1/2$ 时，$x^* = 1$ 是 ESS，如图 7-15 所示。

（1）$y = 1/2$，$x^* \in [0,1]$，如图 7-15（a）所示。

（2）$y > 1/2$，ESS：$x^* = 0$，如图 7-15（b）所示。

（3）$y < 1/2$，ESS：$x^* = 1$，如图 7-15（c）所示。

在位者潜在进入者复制动态方程

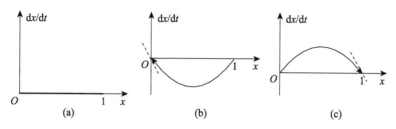

图 7-15 潜在进入者的群体复制动态相位图
（a）$y = 1/2$；（b）$y > 1/2$；（c）$y < 1/2$

$$\frac{dy}{dt} = y[u_{2s} - \bar{u}_2] = y(1-y)(-2x)$$

对在位者的复制动态方程进行分析：当 $x = 0$ 时，那么 dx/dy 始终为 0，x 都为稳定状态；当 $x \neq 0$ 时，则 $y^* = 0$，$y^* = 1$，其中 $y^* = 0$ 是 ESS，如图 7-16 所示。

（1）$x = 0$，$y^* \in [0,1]$，如图 7-16（a）所示。

（2）$x \neq 0$，ESS：$y^* = 0$，如图 7-16（b）所示。

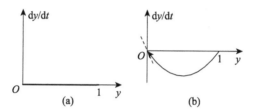

图 7-16 在位者的群体复制动态相位图
（a）$x = 0$；（2）$x \neq 0$

最后，将潜在竞争者和在位者的关系汇总于一张图（图 7-17）。

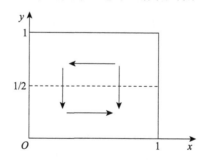

图 7-17 潜在竞争者和在位者关系稳定图

 本章小结

本章介绍了博弈论的相关理论知识。通过本章的学习，读者对博弈论有个初步的认识，并能通过博弈论的方法解决简单的实际问题。本章首先给出了博弈论的基本概念，介绍了其发展和取得的成就；其次重点介绍了非合作博弈以及合作博弈的相关概念、性质和求解

方法；最后介绍了演化博弈的思想。本章的要点包括博弈论概述、非合作博弈、合作博弈以及演化博弈。

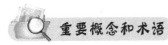 重要概念和术语

博弈论（game theory）

非合作博弈（non-cooperative game）

合作博弈（cooperative game）

不完全信息博弈（incomplete information game）

完全信息博弈（complete information game）

静态博弈（static game）

动态博弈（dynamic game）

零和博弈（zero-sum game）

常和博弈（constant-sum game）

变和博弈（variable-sum game）

纳什均衡（Nash equilibrium）

海萨尼转换（Harsanyi transformation）

匹配博弈（matching game）

GS 算法（Gale-Shapley algorithm）

演化博弈（evolutionary game theory）

 思考题与练习题

1. 博弈论构成的基本要素有哪些？

2. 什么是纳什均衡？用画横线法求解表 7-18 所示博弈的纳什均衡。

表 7-18　求解的博弈

		参与者 2	
		策略 X	策略 Y
参与者 1	策略 A	（1，4）	（2，3）
	策略 B	（0，9）	（8，7）

3. 合作博弈需要满足什么前提条件？合作博弈和非合作博弈的区别是什么？

4. Shapley 值法需满足哪三条公理？其具体形式是什么？

5. 什么是联盟结构？

 案例分析

斯塔克伯格博弈在批发价格契约设计中的应用

斯塔克伯格博弈是一个产量领导模型，作为领导者的一方会预期自己决定的产量对跟

随者的影响，充分了解跟随者的反应函数，即领导者先决定一个产量，跟随者可以观察到这个产量，然后根据领导者的产量来决定自己的产量。斯塔克伯格博弈的思想也经常被运用在契约设计及其可行性判断中。下面以制造商大唐公司和零售商博瑞公司之间的批发价格契约设计为例。

假设大唐公司是价格的领导者，博瑞公司是跟随者，大唐公司和博瑞公司相互签订批发价格契约，博瑞公司根据市场需求和批发价格决定订购量，大唐公司根据博瑞的订购量组织生产，博瑞公司承担产品未卖出去的一切损失和市场风险。其中 X 为市场需求；$F(X)$ 为需求 X 的分布函数；$f(x)$ 为需求 x 的概率密度函数；μ 为市场需求 x 的期望值，$\mu = E(X) = \int_0^\infty xf(x)\mathrm{d}(x)$；$Q$ 为销售季节前博瑞公司向大唐公司订购的产品数量；p 为产品的单位零售价格；v 为销售季节后博瑞公司将库存产品进行处理销售的单位价格；c_e 为单位库存成本；c_u 为单位产品缺货造成的成本；w 为大唐公司给博瑞公司的单位产品批发价；c 为单位产品的生产成本。那么博瑞公司：

期望销售量：$S(Q) = Q - \int_0^Q F(x)\,\mathrm{d}x$。

期望库存量：$I(Q) = Q - S(Q)$。

期望缺货量：$L(Q) = \mu - S(Q)$。

期望利润：

$\pi_R = pS(Q) + vI(Q) - wQ - c_eI(Q) - c_uL(Q) = (p + c_e + c_u - v)S(Q) - (w + c_e - v)Q - c_u\mu$

最优订货量：$Q_R^* = \arg\max \prod_R$，将 π_R 对 Q 求偏导并令其等于 0，得

$$Q_R^* = F^{-1}\left(\frac{p + c_u - w}{p + c_e + c_u - v} \right)$$

而大唐公司期望利润：

$$\pi_S = (w - c)Q$$

则两家厂商的整体利润：

$$\pi_T = \pi_R + \pi_S = pS(Q) + vI(Q) - c_eI(Q) - c_uL(Q) - cQ$$
$$= (p + c_e + c_u - v)S(Q) - (c + c_e - v)Q - c_u\mu$$

将 π_T 对 Q 求偏导并令其等于 0，得到两家厂商均衡生产量的函数：

$$F(Q^*) = \frac{p + c_u - c}{p + c_e + c_u - v}$$

从而两家厂商整体的均衡产量：

$$Q^* = F^{-1}\left(\frac{p + c_u - c}{p + c_e + c_u - v} \right)$$

为了达到总体利润最大化，必须满足 $Q_R^* = Q^*$，即 $w = c$，此时大唐公司将不获得利润。

假设博瑞公司 A 产品的市场需求 X 服从 $[a,b]$ 上的均匀分布（$a<b$），销售季节前 A 产品订购量为 Q，零售价为 50，销售季节后单位库存产品的处理价格为 40，产品的单位库存成本为 5，单位缺货成本为 6，单位批发价为 20，单位生产成本为 15。那么有

$$F(X) = (X-a)/(b-a) \quad X \in [a,b]$$

$$f(x) = 1/(b-a) \quad x \in (a,b)$$

$$\mu = (a+b)/2$$

$$S(Q) = Q - \int_0^Q [(X-a)/(b-a)]\mathrm{d}(x) = bQ/(b-a) - Q^2/2(b-a)$$

$$I(Q) = Q - S(Q) = Q^2/2(b-a) - aQ/(b-a)$$

$$L(Q) = \mu - S(Q) = (a+b)/2 - bQ/(b-a) + Q^2/2(b-a)$$

$$\pi_R = (36b-15a)Q/(b-a) - 21Q^2/2(b-a) - 3(a+b)$$

求导得

$$Q_R^* = (36b-15a)/21$$

$$\pi_T = (41b-20a)Q/(b-a) - 21Q^2/2(b-a) - 3(a+b)$$

求导得

$$Q^* = (41b-20a)/21$$

令 $Q_R^* = Q^*$ 推出 $a = b$，与 $a < b$ 矛盾，博瑞公司的利润最大化与两家厂商共同的利润最大化无法同时实现。现实中这种"双边际效应"不可避免，各个成员最优的决策对联合系统不见得是最优。

问题：如果考虑博瑞公司的有利不公平厌恶行为，且其有利不公平厌恶的参考值为大唐公司的利润，那么此时批发价格契约模型有没有可能使博瑞公司的利润与两家厂商的利润同时实现最大化？

案例分析思路

 本章推荐阅读资料

[1]　弗登博格，梯若尔. 博弈论[M]. 北京：中国人民大学出版社，2010.

[2]　纳什，沙普利，海萨尼，等. 博弈论经典[M]. 北京：中国人民大学出版社，2013.

第8章

管 理 仿 真

学习目标

1. 了解仿真的内涵和类型，知道常用的仿真技术和软件。
2. 熟悉系统动力学的原理，会用相关的软件构建系统动力学模型，了解模型的分析方法。

罗马俱乐部与世界模型

1968 年 4 月，意大利经济学家奥雷利奥·佩切伊（Aurelio Peccei）召集来自 10 个国家的 30 名科学家、经济学家、文学家、教育学家和企业家在罗马聚会，探讨未来人类面临的问题与困境。这一次会议促进了罗马俱乐部（the Club of Rome）的成立。其宗旨在于，促进人类对其所生活的全球系统中各独立变化的组成部分（社会、经济、政治和自然）的认识；促使地球上的决策者能注意到这些相互影响、相互作用的错综关系，从而对世界的现状与未来产生新的认识，并促使新政策的制定和实施。

20 世纪 70 年代初，拥有来自 25 个国家 75 名科学家与学者的罗马俱乐部，困惑于一系列世界难题。人类惯用的研究方法与工具都是从单项因素着眼入手，这样既不能认识"总体大于各部分之和"的系统的整体性质，又在非线性、高阶次、多重反馈系统面前束手无策，俱乐部也难以回答复杂的巨大系统的问题。他们转而求助于 20 世纪五六十年代就已在工业企业管理与城市问题的应用研究方面崭露头角的系统动力学。系统动力学汲取了反馈理论和信息论的精髓，在系统论的基础上形成了一门分析研究信息反馈系统，认识与解决系统问题的新学科。

1970 年夏天，罗马俱乐部的全体成员应系统动力学创始人福瑞斯特（J. W. Forrester）教授的邀请，到美国麻省理工学院参加为期两周的系统动力学讨论会。福瑞斯特向与会学者阐述系统动力学的理论与应用情况，并把事先设计好的世界模型的雏形（WORLD1）向俱乐部的成员做了介绍。该模型清晰地分析了当今世界诸重要因素的相互作用与关系。与会者备受鼓舞，认为系统动力学有可能解开未来世界的疑团，罗马俱乐部决定委托麻省理工学院系统动力学组进一步开展对未来世界发展前景的研究，在麻省理工学院成立了一个由福瑞斯特教授的学生梅都斯（Dennis Meadows）教授为首的国际研究小组。作为最初的研究成果，福瑞斯特以 WORLD1 模型研制工作为基础发表了《世界动力学》，接着研究小组成员在他的指导下先后发表了《增长的限制》等著作，阐述他们对未来世界的发展的观点和研究成果，并介绍了 WORLD1 模型。

在完成《世界动力学》一书后，福瑞斯特教授认为，首先，世界范围内现存的一系列令人困扰的问题不可能在世界一级的水平上去解决；其次，美国出现了严重的全国性问题，如通货膨胀、经济增长衰退等，由于国家没有能力解决这些严重的全国性问题，已经引起公众广泛的不满。福瑞斯特教授又主动地去研究美国全国模型，并历时 12 年，耗资 600 万美元以上，完成了建模工作。

美国全国模型建模的主要目的，在于把全国主要的社会经济活动组合成有严密组织结构的系统动力学模型，以便分析研究系统各组成部分的不同作用。

系统动力学应用领域十分广泛，可用于分析世界、地区、国家的发展，也可用于分析环境问题和企业管理问题等。而系统动力学只是仿真的一个分支。近年来，以自动化和计算机为基础的仿真技术的快速发展，为我们模拟与研究管理科学问题提供了非常多的技术和工具，使管理领域的研究更加丰富多彩。

资料来源：王其藩. 从世界模型到全国模型[J]. 科学，1985(2)：16-22.

8.1 仿真概述

8.1.1 仿真的概念

把实际系统建立成物理模型或数学模型进行研究，然后把对模型实验研究的结果应用到实际系统中去，这种方法就叫作模拟仿真研究，简称仿真。

模拟仿真研究早期更多地应用于国防工业、军事航空、航天工程、土木工程、船舶水利、机械制造等领域，但目前正逐渐在管理科学的分析和研究中发挥着重要作用，如将模拟仿真研究应用在交通政策影响分析、城市生活垃圾处理、供应链的牛鞭效应、环境可持续发展分析等方面。

8.1.2 仿真的分类

根据仿真所采用的模型，仿真可分为数学仿真和物理仿真两大类。

数学仿真就是对实际系统进行抽象，并将其特性用数学关系加以描述而得到系统的数学模型，通过计算机对数学模型进行实验的过程。数学仿真优点是方便、灵活、经济，其缺点是受限于系统建模技术，即系统数学模型不易建立。

物理仿真也称实物仿真，它是按照真实系统的物理性质来构造系统的物理模型，并在物理模型上进行实验的过程，它能在物理模型中加入系统实际运行数据、数学仿真中无法预测的非线性因素和干扰因素，因此物理仿真更直观、形象，其缺点是模型改变困难，实验限制多，投资较大。

8.1.3　仿真的作用

（1）仿真的过程可以看作运行实验的过程，而且这个过程还对信息进行全面、动态的收集、汇总、整理和分析。

（2）通过模拟仿真，可以高效地解决难以建立物理及数学模型的对象系统中所面临的预测、分析和评价等问题。

（3）为了便于分析问题，仿真过程通常会把一个复杂系统降阶成若干相对简单的子系统。

（4）通过仿真，能够及时发现和解决原系统中所隐藏的问题，并且能够启发研究人员对问题产生新的研究思路。

（5）很多时候，仿真相对于实际演练更能够降低成本。

8.1.4　现代建模与仿真技术

现代建模与仿真技术是以相似原理、模型理论、系统技术、信息技术以及建模与仿真应用领域的有关专业技术为基础，以计算机系统、与应用相关的物理效应设备及仿真器为工具，利用模型参与已有或设想的系统进行研究、分析、设计、加工生产、试验、运行、评估、维护和报废（全生命周期）活动的一门多学科的综合性技术。

现代建模与仿真技术在各行业发展的需求及科学技术的推动下，其应用已经非常广泛，"智能化、网络化、协同化、普适化、虚拟化"等热点正是现代建模与仿真技术的发展方向。建模与仿真技术同高性能计算（high performance computing）结合在一起，必将成为管理科学研究的重要手段。

宏观来看，现代建模与仿真的技术体系由建模技术、建模与仿真支撑系统技术以及仿真应用技术为核心构成，如图 8-1 所示。

8.1.5　管理仿真常用的技术

管理仿真是指利用计算机软件技术，将企业经营管理中的具体工作进行高度提炼，通过一定手段和形式尽可能逼真地展现特定的实践场合，人为创造某种经营管理活动的仿真环境，使人们在比较接近真实的模拟环境中，在脱离现实风险的情况下，亲身体验实际企业业务流程，从而达到在实践中巩固知识、锻炼运用知识能力、提高自身综合素质的目的。目前，在管理科学研究领域，管理仿真较多地被应用于供应链物流系统运行模拟、资源的规划与分配、生产的调度与排程、信息的传播、市场的预测分析、管理政策的影响分析等方面。常见的管理仿真技术有多 Agent 技术、社会网络、Bayes 学习、系统动力学以及 FlexSim、MATLAB、AnyLogic、Simulink 等软件。

1. FlexSim

FlexSim 是美国的三维物流仿真软件，能应用于系统建模、仿真以及实现业务流程可视化。FlexSim 中的对象参数可以表示所有存在的实物对象，如机器装备、操作人员、传送带、叉车、仓库、集装箱等，同时数据信息可以用 FlexSim 丰富的模型库表示出来。FlexSim 还是面向对象的开放式软件，软件中对象、视窗、图形用户界面、菜单列表、对

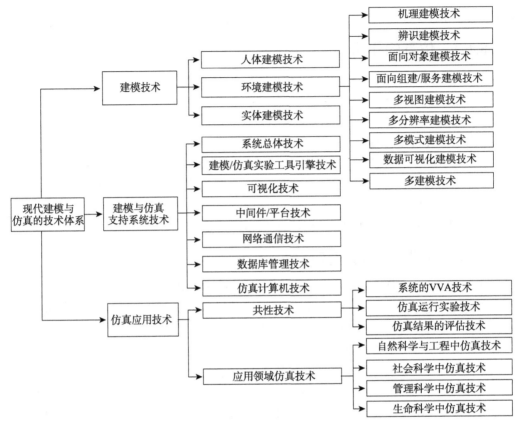

图 8-1　现代建模与仿真的技术体系

象参数等都是非常直观的，这些对象可以在不同的用户、库和模型之间进行交换，再结合对象的高度可自定义性，可以大大提高建模的速度。

2. MATLAB

MATLAB 是美国 MathWorks 公司出品的商业数学软件，用于算法开发、数据可视化、数据分析以及数值计算的高级技术计算语言和交互式环境。MATLAB 可以进行矩阵运算、绘制函数和数据、实现算法、创建用户界面、连接其他编程语言的程序等。利用 MATLAB 中的优化工具箱功能，如线性规划和二次规划、求函数的最大值和最小值、多目标优化、约束优化、非线性方程求解等，可以很方便地解决现代管理中的很多现实问题。

3. AnyLogic

AnyLogic 是一项广泛应用在现代管理中的仿真技术，它可以对离散、连续和混合系统进行建模与仿真。利用 AnyLogic 可以很方便地完成现代管理中交通、物流、供给、政策影响、信息传播等系统的建模仿真。

拓展阅读：Python 相关知识

4. Python

Python 由荷兰数学和计算机科学研究学会的 Guido van Rossum 于 20 世纪 90 年代初设计，作为一门叫作 ABC 语言的替代品。Python 提供了高效的高级数据结构，还能简单有效地面向对象编程。Python 语法和动态类型，以及解释型语言的本质，使它成为多数平台上写脚本和快速开发应用的编程语言。Python 是一种跨平台的计算机程序设计语言，是一种高层次地结合了解释性、编译性、互动性和面向对象的脚本语言。其最初被设计用于编写自动化脚本（shell），随着版本的不断更新和语言新功能的添加，逐渐被用于独立的、大型项目的开发。

8.2　系统动力学

8.2.1　什么是系统动力学

系统动力学是现代建模与仿真技术的一个分支，它以系统论为基础，又吸收了控制论、信息论的精髓，是一门既分析研究信息反馈系统又认识和解决系统问题的综合学科。从系统方法论来说，系统动力学的方法是结构方法、功能方法和历史方法的统一。

系统动力学是以系统的结构决定着系统行为为前提条件而展开研究的。它认为系统内存在众多变量，在它们相互作用的反馈环里有因果联系，这些因果联系构成了该系统的结构，而这个结构则成为系统行为的根本性决定因素。

人们在求解问题时都是想获得较优的解决方案，能够得到较优的结果。故系统动力学解决问题的过程实质上也是寻优过程，以此来获得较优的系统行为。由于系统动力学认为系统结构决定了系统的行为，因此它从系统结构角度来分析系统的功能和行为，通过寻找系统的较优结构来获得较优的系统行为。

系统动力学在研究问题过程中，首先把整个系统作为一个完整的机制，这个机制中具有多重信息因果反馈。所以当运用系统动力学方法分析整个系统，从而得到大量的、有价值的、相互关联的信息后，人们通常会建立起系统的因果关系图，之后再详细剖析、简化因果关系图，使之转变为系统流图，最后要在计算机上运用各类型仿真软件对所建立起来的模型进行仿真模拟并分析结果，从而完成对真实系统的仿真。

然后要建立系统的结构。通常采用政策分析或优化，其中包括参数优化、结构优化、边界优化。运用参数优化来寻找较优的系统行为主要是通过变更系统中几个比较敏感参数来实现的；运用结构优化来寻找较优的系统行为主要是通过增加或减少模型中的水平变量、速率变量来实现的；运用边界优化来寻找较优的系统行为主要是通过系统边界及边界条件发生变化来实现的。

8.2.2　系统动力学发展历程与展望

系统动力学的发展历程大致可分为三个阶段。

1. 系统动力学的诞生——20 世纪五六十年代

系统动力学早期也称工业动力学，最初的研究对象是企业的工业系统。这个时期，福瑞斯特教授在《哈佛商业评论》上发表的《工业动力学》，被认为是系统动力学的奠基之作。之后他又阐述了系统动力学的方法论和原理、系统产生动态行为的基本原理。后来，福瑞斯特教授对城市的发展问题进行深入的研究，提出了城市的系统动力学模型。

2. 系统动力学发展成熟——20 世纪七八十年代

这个阶段主要的标志性成果是系统动力学世界模型与美国国家模型的研究成功。这两个模型成功地为经济学界提供了崭新的研究思路，因此使得系统动力学方法吸引了世界范围内学者的广泛关注，极大地促进了系统动力学在世界范围内的传播与发展，并确立了其在社会经济问题研究中的地位。

3. 系统动力学的广泛运用——20 世纪 90 年代至今

在这一阶段，系统动力学在世界范围内得到广泛传播，并获得了新的发展。许多学者纷纷采用系统动力学方法来研究各自的社会经济问题，涉及经济、能源、交通、环境、生态、生物、医学、工业、城市等广泛的领域，并且学者们将系统动力学作为一门学科，正加强其与控制论、系统科学、突变论、耗散结构与分叉、结构稳定性分析、灵敏度分析、统计分析、参数估计、最优化技术、类属结构、专家系统等学科理论之间的联系。

系统动力学是基于非线性动力学理论展开研究的，从其在管理科学领域未来的研究趋势来看，一方面，系统动力学的应用会更加广泛；另一方面，在若干领域的研究会更加深入，如非线性动力学与复杂系统、基于主体建模的心智模型、动态决策与学习模型、组织和社会进化模型等。

8.2.3 系统动力学应用步骤

1. 识别问题

系统的策略总是和系统目标密切相关的，因此用系统动力学方法分析问题时，首先应该掌握系统的目标，即建模和仿真的目的，这样才能根据目标确定系统的边界、变量之间的关系及系统运行所需的参数。

2. 确定系统边界

系统动力学中确定系统边界就是指要明确内部的变量。系统边界应该尽可能准确。对系统状态不产生影响或者与研究目的无关的因素应该被排除在系统外，不放入系统边界内。

3. 确定因果关系

系统因果关系的确定，是系统动力学仿真中比较重要的一个环节。确定因果关系就是要分析系统内部各个变量之间的相互作用和相互反馈，再用反馈回路的形式表示这种因果关系，从而对系统的结构有一个整体的把握，掌握系统变量的相互作用以及系统和外部环境的作用。

4. 建立系统动力学模型

在对系统要素进行因果关系分析后，就可以用系统动力学专用软件做出系统的因果关系图和存量流量图，系统动力学专用软件中包括各种变量的表示方法和表示符号。Vensim 和 AnyLogic 是系统动力学比较常用的仿真软件，因果关系图和存量流量图确定以后，可以在软件中输入变量之间的函数关系式，从而对系统进行仿真。

5. 模型检验与调试

任何一个充分满足条件、能够进行高质量仿真的模型都不是一次性就可以建立好的，需要对其进行不断的调试、提炼、再修改。这种循环往复的过程正是不断深入地去研究系统内部的结构、机制与仿真行为关系的过程，这样能够达到建模的真正目的。对模型的结构进行检验时可以考虑量纲是否正确，模型在边界条件下是否仍有意义。对模型的仿真行为进行检验时，可以考虑结构灵敏度、参数灵敏度等。除此之外，还可以用到"外观"检验、参数再检验、奇特行为测试、极端情况测试等很多方法。

6. 优化仿真

优化仿真指的是通过对模型进行仿真，模拟系统的运行状态，找到与系统运行密切相关的影响因素，分析改善系统运行的措施，从而找到比较满意的策略。在优化仿真过程中，可以通过改变某个或某些指标的值，从而观察其对仿真结果产生的影响，从而寻求系统的最优状态。

8.2.4　系统动力学基本概念

系统动力学中的基本概念如下。

（1）系统。系统是一个由相互联系、相互区别、相互作用的元素所形成的，具有特定功能的集合或整体。

（2）反馈。系统内同一单元或同一子模块的输出与输入之间的关系。对一个完整的系统而言，"反馈"的输出和输入则对应着系统自身输出与外界环境的输入。

（3）反馈系统。反馈系统是包含反馈环节与各个反馈环节间相互作用的系统。

（4）反馈回路。反馈回路是由一系列因果关系和相互作用的链而组成的闭合路径。

（5）因果回路图（CLD）。因果回路图中包含多个变量，各个变量之间的连接用箭头表示，如图 8-2 所示，故因果回路图是表示系统反馈结构的重要工具。

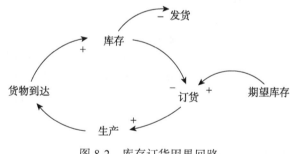

图 8-2　库存订货因果回路

（6）因果链极性。在因果回路图中，每条因果链都可以用正（+）或者负（−）来表示其极性。极性是指当箭尾端变量改变时，相应地，箭头端变量也会随着变化。当箭尾端与箭头端变量变化趋势相同时，极性为正；当箭尾端与箭头端变量变化趋势相反时，极性为负。如图 8-2 中当"货物到达"增加时，"库存"就随着增加，这条因果链极性为正。

（7）反馈回路的极性。反馈回路的极性也分为正反馈和负反馈，当使回路中变量的偏离增强时为正反馈，当力图控制回路的变量趋于稳定时为负反馈。若反馈回路中包含偶数个负的因果链，则反馈回路为正反馈；若反馈回路中包含奇数个负的因果链，则反馈回路为负反馈。

（8）延迟。任何决策从实施到产生效果通常需要一定的时间，此现象即为延迟。系统的流通通道上处处存在延迟。一般处理延迟的方法有两类：一是对于相比较之下较短的延迟做忽略不计；二是将通道上多个串联的延迟做简单的归并，形成一个延迟。

（9）存量流量图。存量流量图表示反馈回路中的各水平变量和各速率变量相互联系形式及反馈系统中各回路之间相互关系的图示模型。存量流量图中至少要包括一个水平变量和一个速率变量，如图 8-3 所示。

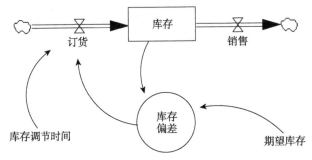

图 8-3　库存系统存量流量

（10）水平变量。水平变量也称状态变量或流量，是一种累计变量，其数值大小表示某一系统变量在某一特定时刻的状况，它等于流入率与流出率的净差额。水平变量用矩形表示，具体符号中应包括描述输入与输出流速率的流线、变量名称等。

（11）速率变量。速率变量又称变化率，随着时间的推移，水平变量的值增加或减少。速率变量表示某个水平变量变化的快慢。速率变量用阀门符号表示，应包括变量名称、速率变量控制的流的流线和其所依赖的信息输入量。

（12）辅助变量。辅助变量是设置在状态变量和速率变量之间的信息通道之中的变量。库存系统存量流量图中各变量和其他组成部分的符号如表 8-1 所示。

表 8-1　库存系统存量流量图中各变量和其他组成部分的符号

变量或组成部分名称	符号
水平变量	库存
速率变量	销售
辅助变量（或常量、外生变量）	库存偏差
物流链/信息链	→
源或漏	☁

8.2.5　模型的测试

模型建立之后，对其的测试和分析检验则更加重要。任何一个模型都不能够完全地反映出现实情况，总会有理想的假设存在，这时就需要对模型进行不断地测试、调整，以达到其在现实情况中的可用性，实现仿真的目的。几种重要的模型测试方法如下。

1. 系统边界测试

在建立模型之初首先要确定系统的边界。模型中会体现出很多重要的变量，这些变量是内生变量还是外生变量，系统模型的行为对边界设定变化的敏感程度是大还是小，这些都属于系统边界的测试。这种测试除了可以从专家的观点中吸取意见以外，还可以对某些变量做一些改变：增加或减少，改动之后再观察是否能够形成闭合回路，以达到对系统边界进行测试的目的。

2. 系统模型有效性测试

系统模型有效性测试也可以称作对其可靠性和精确性的测试。建立的模型应该能够满足使用者的一定要求。其实，系统动力学模型的复杂与简单都不是最重要的问题，更重要的是它是否能解决实际使用者的问题。所以是否贴合实际和适用问题是模型有效性检验的度量之一。对于历史数据的仿真和比对，可以在一定程度上检验模型的精确程度，从而测试其有效性。

3. 量纲一致性测试

量纲即为模型中变量的计量单位，表征了物理量的大小或数量的标准，如米、千克、元、吨等。量纲一致性测试是比较简单的测试，目的是保证量纲都具有一定的现实意义，并且在公式中保持内部的统一。

4. 参数估计测试

这种测试的目的是验证参数值与系统给出的描述性情况是否相符，在现实中是否有对应的指标或因素。基本的参数估计方法包括统计方法、专家意见法、单方程或多方程估计法、子系统或局部模型测试法等。

5. 敏感性测试

敏感性测试与参数估计测试有一定的相关性，因为敏感性分析可以帮助我们找到对系统行为的影响极其敏感的参数，并集中对这些参数进行更加准确的估计。而对于敏感度不那么高的参数，我们则只需粗略地估计该值就可以了。通过敏感性测试，还可以判断模型结构的行为敏感性和某些政策参数的敏感性。

6. 极端情况测试

极端情况测试是指测试几种典型的极端情况出现时，模型是否仍然正常运行，是否仍然可以仿真出现实的变化规律，这种测试可以用来检验系统中方程的稳定性和可靠性。极端情况测试通常有两种方法：一种是人工逐个验证模型中的方程，考量其是否包含极端情况；另一种就是在模拟仿真中对某些参数赋予极端值，观察仿真结果及变化，作出分析。

拓展阅读：系统动力学建模软件 vensim

8.3　多智能体系统

8.3.1　多智能体系统概述

自 1956 年约翰·麦卡锡在达特茅斯研讨会上提出"人工智能"这一概念后，"智能体"（agent）的概念便开始兴起。智能体可以视为某一环境中的计算实体，能够自主地发挥作用，通过传感器感知环境，通过效应器作用于环境。智能体有狭义和广义两种定义，广义上的智能是基于网络的、协作的、自控制的实体。狭义上的智能体是具有类似人类的智能、感觉、理解和情感的能力，有意识、认知能力的实体。

20 世纪 90 年代初期，多智能体系统研究快速发展，多智能体系统是由多个可计算的物理实体或抽象智能体组成的集合，每个智能体能作用于自身和环境，并与其他智能体互通信息，多智能体的出现促进了许多软件技术的发展，是人工智能的最新发展方向。首先，多智能体通过智能体之间的通信，可以开发新的规划或求解方法，用于处理不完全、不确定的知识；其次，智能体之间的协作，不仅改善了每个智能体的基本能力，而且可从智能体的交互中进一步理解社会行为；最后，可以用模块化形式来组织系统。

多智能体技术具有自主性、分布性、协调性，并具有自组织能力、学习能力和推理能力。多智能体技术对于复杂系统具有无可比拟的表达力，这是由于在同一个多智能体系统中每个智能体可以异构，因此，它为各种实际系统提供了一种统一的模型，从而为各种实际系统的研究提供了一种统一的框架，其应用领域十分广阔。适用性、智能性和交互性、分布性和移动性这三个方面是多智能体仿真相比其他仿真方法具有的显著优势。多智能体系统模拟技术是对传统的基于模块和面向对象的模拟技术的继承与发展，使多智能体仿真系统具有广泛适用性；多智能体系统通过适当的体系结构把智能体组织起来，从而弥补单个智能体的不足，使得整个系统的能力超过任何单个智能体的能力，并具有智能性和交互性；基于分布式计算的智能体，具有分布性和移动性，更适合群体决策的需要。

8.3.2　多智能体建模

多智能体建模主要包括三大要素：智能体、智能、交互。可以根据研究的需要，使智能体具有智能特性，如情感、理智等。交互是通过智能体之间的环境或语言来实现的，智能体可以被智能体（或人和环境）所影响，从而导致行为的改变。

采用自下而上的研究方法，对系统个体特征和行为进行研究，建立个体特征和行为的模型，通过将个体映射为智能体、将个体特征映射为智能体的属性、将个体行为映射为智能体的行为的方法，模拟个体间独立又交叉的行为，分析从微观个体到宏观群体的涌现性，从而研究系统的结构和功能。

1. 智能体体系结构的选择

智能体的体系结构主要包括以下三种，需要根据研究内容的特点选择。

1）分层体系结构

分层体系结构是集中式的系统，遵循传统制造企业的分层组织。智能体系统中常用的多智能体分层体系结构如图 8-4 所示。

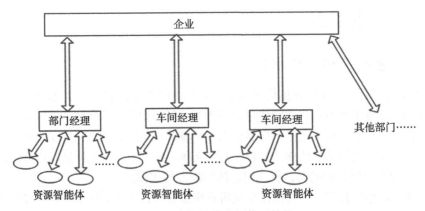

图 8-4　多智能体分层体系结构

2）联邦体系结构

分层体系结构由于中央集权的特性，集中存储共享的领域信息，为系统构建带来很多的问题，人们逐渐意识到联邦体系结构更适合基于智能体的应用系统，尤其是大型应用系统。联邦体系结构没有共享数据的集中存储，所有数据都存储在分布式智能体的本地数据库中，并通过智能体的消息传送来更新这些分布的数据。

Facilitator 方法是联邦体系结构中一种被广泛接受的方法。Facilitator 将若干个智能体组合为一个小组，如图 8-5 所示，智能体之间（组内和组间）的通信总是通过一个称为 Facilitator 的接口进行。Facilitator 提供了可靠的网络通信层，根据消息内容在智能体之间发送消息，并负责协调多智能体活动的控制。

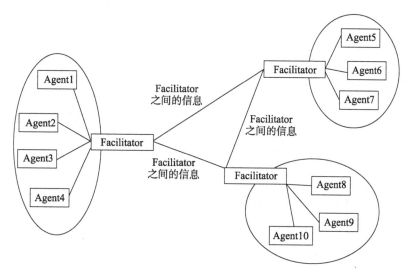

图 8-5　Facilitator 方法的联邦多智能体体系结构

3）自治智能体系统体系结构

自治智能体方法也称智能体网络方法，其通信和状态都不是统一的，在自治智能体系统中，每一个智能体都必须知道什么时候把消息发送到什么地方、其他智能体是否可用、它们具备哪些能力。自治智能体方法适用于大粒度的多智能体应用系统，其结构简单、管理控制较容易。

对于个人以学习为目的的智能体系统的开发，建议使用自治智能体系统，因为其包含智能体数量较少，具有典型、纯粹的系统结构。大型应用开发中常常使用联邦体系结构，可以针对不同的需求选择不同类型、不同数量的智能体，设计智能体系统。

2. 智能体的通信、协调与合作

通信、协调与合作是多智能体系统中关键的三项技术。

1）通信

通信为信息交换和活动协调提供支持，是智能体之间合作和协调最重要的方法与途径。智能体通过发送消息进行彼此间的通信。在多智能体系统中，智能体可以向共享数据仓库写消息或张贴部分结果，也可以从中获取信息进行数据交换、达成通信的目的。

2）协调

协调过程的目的是确保整个问题的所有必要组成部分都至少包含在一个智能体的活动中，从而使智能体用交互方式把所有活动纳入一个集成的总体解决方案中，同时也保证团队成员以有目标的、协调一致的方式工作，最后确保所有这些目标都可以在有限的计算能力和资源内实现。

3）合作

合作常常作为多智能体系统区别于分布式计算、面向对象系统和专家系统的主要特征之一。典型的合作层次有充分合作、部分合作、敌对。充分合作的智能体能够解决非独立问题，但通信成本很高。为了保证一致与合作，这种智能体可以改变其目标以适应其他智能体的需要。敌对智能体则与此相反，根本不合作甚至互相阻碍对方目标的达成，这样的系统通信成本较低。传统系统通常介于两者之间，没有明确的敌对目标，且起码部分智能体会合作。

4）通信、协调与合作的关系

协调可能需要合作，但一组智能体之间的合作不一定导致协调，实际上也可能导致不一致行为。因为智能体若想合作成功，就必须维护彼此的模型，并且需要开发和维护用于未来交互的模型；而加入智能体对彼此是错误的，就很有可能产生不一致行为。协调也可能发生在没有合作的情况下。同样智能体之间的不合作也不一定导致不一致。竞争则是敌对智能体协调的一种形式。

为了便于协调或合作，智能体通常需要互相通信，通过通信方式来促进协调的关键在于一个智能体必须让其他智能体了解它的目标、意图、结果和状态。

3. 多智能体的建模步骤

多智能体系统的建模步骤一般分为以下四步。

1）智能体的划分

将系统的总任务或总目标分解成若干个子任务或子目标，同时，将系统的功能也进行分解，并分配给相应的智能体。不同的功能需要不同的智能体类型。根据子任务和子目标的情况，以及系统功能的分解情况，就可以确定所需要智能体的种类和数量，以及其功能。

2）智能体静态结构建模

根据系统情况，设计各智能体的基本结构，可以设计为反应型、慎思型或混合型。同时，根据系统的功能和功能的分解情况，确定各智能体需要实现的功能，并抽象出应具有的目标、知识和能力。

3）确定智能体的动态行为

智能体的动态行为通常有外部的交互行为和内部的思维状态。内部状态一般用推理机制来描述，外部的交互行为有通信、冲突消解和协作等。这两个方面的动态行为在本质上是统一的。

4）多智能体系统的集成

整个多系统的建模过程采用自下向上的设计方法。首先定义各智能体，然后研究如何完成一个或多个实体的任务求解。

8.3.3　基于 AnyLogic 的多智能体模型

多智能体技术的功能必须通过开发平台才能实现和应用。目前，常用的多智能体建模开发平台有 AnyLogic、Swarm、Ascape 等。AnyLogic 是一款独创的仿真软件，用于设计包括离散、连续、智能体以及混合行为的复杂系统。AnyLogic 以最新的复杂系统设计方法论为基础，是第一个将 UML（统一建模语音）引入模型仿真领域的工具，也是唯一支持混合状态机这种能有效描述离散和连续行为的语言的商业化软件。AnyLogic 可以快速地构建设计系统的仿真模型和硬件环境，如物理设备和操作人员。

AnyLogic 的特点体现在以下几个方面。

（1）AnyLogic 支持 Java 语言。AnyLogic 除了包含图形化建模语言外，也允许使用者用 Java 编程语言去扩展仿真模型。Java 是 AnyLogic 的原生语言，不但可以通过编写 Java 程序来定制模型，而且可以使用 Java Applets 生成模型，任何标准的网络浏览器都可以打开模型。这些 Java Applets 的模型可以放置在网站上，发布给使用者，作为决策支援的基础工具。

（2）AnyLogic 支持多种建模方法。AnyLogic 可以建立离散事件模型（DE）、系统动力学模型（SD）以及智能体模型（AB）。AnyLogic 允许这些仿真建模方法全部结合在同一个模型，没有固定的层次结构。这种混合建模方法可以处理各种不同复杂系统的建模问题。

（3）AnyLogic 内置多种模型库。AnyLogic 包含企业库、行人库、轨道库、道路交通库，能够定义人、车、墙、地区、路径、节点等元素和元素进出、移动、信息交流等行为，为多智能体仿真提供模型基础，并能够有效地可视化仿真的过程，以验证和展示仿真模型。

拓展阅读：Anylogic 理论基础

【例 8-1】　多路口交通信号灯模型仿真。

1. 模型背景

假设一段区域内有三个路口，其中一个为十字路口，一个为人行横道，一个为丁字路口，每个路口由一组交通信号灯控制。区域中每辆小汽车均是独立的智能体，它们分别以不同的流量分别从该区域的 5 个方向驶入，经过该区域然后驶出。在此路网中，小汽车的行为会受交通信号灯的控制并严格遵守交通规则。通过该模型仿真，观察不同车流量下的交通信号灯组合对该区域路网交通的影响，找出不同车流量下交通信号灯持续时间的最佳组合，最大限度地缩短路网中车辆的等待时间。

2. 模型构建

在 AnyLogic 中构建该段区域的路网，共设定 6 条道路，分别为 road、road1、road2、road3、road4、road5，并按照道路情况分别设定车道数量为双向 4 车道，每条道路的停止线位置、车辆行驶路径等模型要素如图 8-6 所示。

依照表 8-2 定义车辆智能体属性。

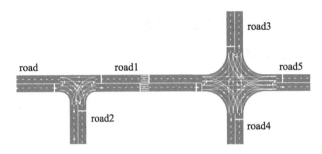

图 8-6　AnyLogic 路口模型

表 8-2　车辆智能体属性

车源	起始道路	每小时车流量	车辆长度/米	初始速度/（千米·小时$^{-1}$）	首选速度/（千米·小时$^{-1}$）	最大加速度/（千米·小时$^{-1}$）	最大减速度/（千米·小时$^{-1}$）
carSource1	road	500	4	60	60	2	5
carSource2	road2	500	4	60	60	2	5
carSource3	road3	500	4	60	60	2	5
carSource4	road4	500	4	60	60	2	5
carSource5	road5	500	4	60	60	2	5

　　定义车辆智能体行为如图 8-7 所示，carSource 表示车源，车辆智能体从车源生成，carSource1 生成的车辆由 road 出发，分别前往 road2、road3、road4、road5，其中前往 road3、road4、road5 需经过 road1；carSource2 生成的车辆由 road2 出发，分别前往 road、road3、

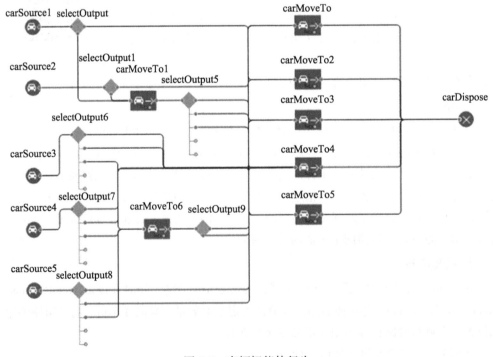

图 8-7　车辆智能体行为

road4、road5，其中前往 road3、road4、road5 需经过 road1；carSource3 生成的车辆由 road3 出发，分别前往 road、road2、road4、road5，其中前往 road、road2 需经过 road1；carSource4 生成的车辆由 road4 出发，分别前往 road、road2、road3、road5，其中前往 road、road2 需经过 road1；carSource5 生成的车辆由 road5 出发，分别前往 road、road2、road3、road4，其中前往 road、road2 需经过 road1。具体每个车源生成的车辆智能体目的地概率如表 8-3 所示。

表 8-3　车源目的地概率

车源	road	road2	road3	road4	road5
CarSource1	—	0.5	0.15	0.2	0.15
CarSource2	0.5	—	0.15	0.2	0.15
CarSource3	0.2	0.2	—	0.3	0.3
CarSource4	0.15	0.15	0.3	—	0.4
CarSource5	0.2	0.2	0.3	0.3	—

定义三个交通信号灯 trafficLight、trafficLight1、trafficLight2 的持续时间如表 8-4 所示，其中每个信号灯的每个方向的持续时间分别设定一个参数标识，便于仿真过程中调试更改。交通信号灯持续时间参数初始值设定如表 8-5 所示。

表 8-4　交通信号灯持续时间参数设定

交通信号灯	东西向绿灯时间	东西向红灯时间
trafficLight	IntersectionWE	IntersectionS
trafficLight1	Intersection1Drive	Intersection1Stop
trafficLight2	Intersection2WE	Intersection2SN

表 8-5　交通信号灯持续时间参数初始值设定

参数名	初始值设置	最小值	最大值
IntersectionWE	20	0	60
IntersectionS	20	0	60
Intersection1Drive	20	0	60
Intersection1Stop	20	0	60
Intersection2WE	20	0	60
Intersection2SN	20	0	60

3. 仿真结果及分析

运行模型，该区域路网仿真结果如图 8-8 所示，区域路网中车辆的经过时间的概率密度分布直方图如图 8-9 所示，其中横轴表示车辆经过路网时间分布，纵轴表示对应的概率密度，线条 L 表示车辆通过路网的平均时间。通过该模型，我们可以直观地看到该区域路网车流的行驶情况，移动不同路段的滑块，可以更改从每个方向驶入该区域的车流，移动不同路口的滑块，可以指定路口指定方向的交通信号灯持续时间，观察交通信号灯对该区域交通的影响。找出交通灯持续时间的最佳组合，可以最大限度地缩短路网中车辆的等待时间，减少交通拥堵。

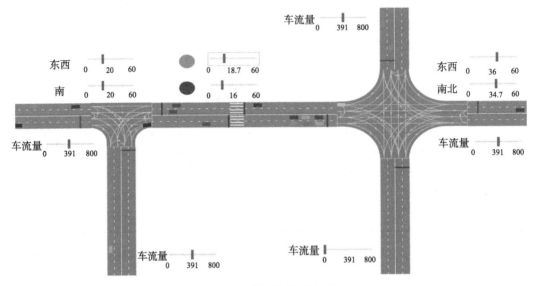

图 8-8　区域路网仿真结果

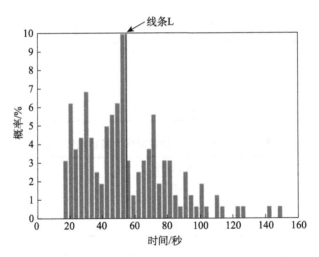

图 8-9　区域路网中车辆的经过时间的概率密度分布直方图

 **本章小结**

　　仿真往往会涉及硬件设备、计算机软件、管理措施、人的行为等，它是一个综合性的技术领域，因此需要管理者具有比较全面的专业知识，起码要比较熟悉仿真的原理。本章以系统动力学为主，引领同学们了解和探索管理仿真。本章的要点包括：仿真的概念、分类，常用的仿真技术，系统动力学的原理、应用方法等。

 重要概念和术语

仿真（simulation）

系统动力学（system dynamics）

反馈回路（feedback loop）

因果回路图（casual loop diagram）

水平变量（level variable）

速率变量（rate variable）

辅助变量（auxiliary variable）

常量（constant）

敏感性分析（sensibility analysis）

 思考题与练习题

1. 常用的管理仿真技术有哪些？

2. 简述系统动力学的应用步骤。

3. 系统动力学模型测试方法的种类有哪些？不同测试方法的目的是什么？

4. 鲜活农产品质量安全监管问题分析。

鲜活农产品作为农产品品类中最具鲜活性和独特性的一种产品，是人类赖以生存的必需品，与人们的日常生活息息相关，其质量安全问题事关国计民生，受到广大人民的普遍关注。

问题识别与系统边界确定：目前，市场上大多数蔬菜都是直接通过物流运输从蔬菜产地进入市场（包括蔬菜中转中心、菜市场、大型超市等），而很少经过深度的加工。因此蔬菜质量安全控制重点在于源头的生产环节管理以及运输配送环节的管理。在生产环节中，农残量主要来源于生产过程中农药和化肥的使用量，两者之和一旦超过合理使用量，必然会造成最终农残量超标率的提升，因此引入了化肥使用量、农药使用量、总污染量以及合理污染量来表征生产源头的污染情况。现实中，生产环节因农残量超标而产生大量的不合格农产品，由于缺乏有效的监管或者管理疏松，这些不合格的农产品常常会滥竽充数、经过物流运输进入市场之中。此外，此种现象在运输过程中也会发生，即由于物流运输而污染的部分农产品也相应部分流入消费市场之中，这样就造成了市场之中充斥大量的产品质量不合格的农产品。运输流通环节中，常常会因为运输距离和运输时间过长，加之运输设备（如冷链运输）跟不上造成运输过程的生物性污染；同时，为保证蔬菜产品的表面新鲜度，很多不法商贩往蔬菜中加入保鲜剂或者其他种类的违规添加剂，这些都会对蔬菜的质量安全产生威胁。

在本题中，将从农产品供应链的角度出发，以鲜活农产品质量安全监管为例，剖析整条供应链上各环节对鲜活农产品质量安全的影响，让读者更清晰地了解如何运用系统动力学方法解决实际问题。鲜活农产品质量安全的因果关系图和鲜活农产品质量安全的系统流图分别如图 8-10 和图 8-11 所示。

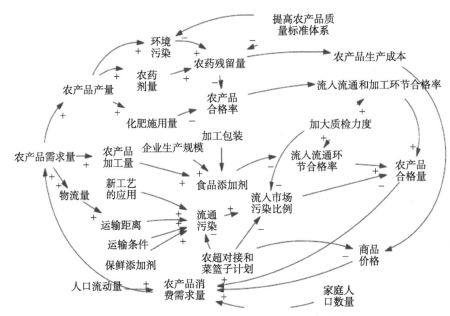

图 8-10　鲜活农产品质量安全的因果关系图

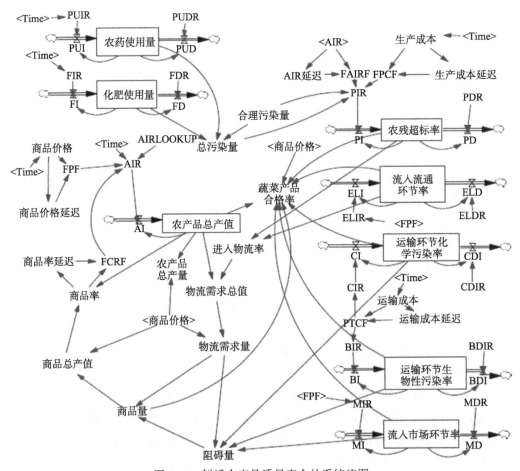

图 8-11　鲜活农产品质量安全的系统流图

问题：

（1）请从图 8-10 中任意选择一条因果链，指出它的极性，并说明改变此条因果链箭尾端变量时，箭头端变量会怎样变化。

（2）请在图 8-10 中找出任意一条反馈回路，并说明此反馈回路的极性。

（3）请列举出图 8-11 中水平变量、速率变量和辅助变量各两个。

（4）请以图 8-11 的系统流图为依据，查找或虚拟一些数据，给出分析思路，进行仿真并对结果进行分析和讨论。

 案例分析

美国电子信息产业演化路径

1. 研究假设

应用系统动力学对美国电子信息产业演化路径进行仿真，演化模型遵循以下假设条件。

假设 1：将电子信息产业视为演化主体，着重研究政府行为对于电子信息产业的影响，产业内各企业之间的竞争与协作以及上下游产业的演化不作为研究内容。

假设 2：从事电子信息领域研究开发的人员包括企业研发人员、政府所属科研机构开发人员、高等院校相关研究人员、电子信息技术爱好者，在构建模型时，将四者统一为核心技术人员，不进行区分。

假设 3：现实中，通货膨胀、汇率等因素均会对电子信息产业的规模、格局、进出口等方面产生影响，在模型的函数拟合过程中，这些因素难以精确量化，通货膨胀、汇率等因素变化对电子信息产业演化的作用不直接体现，将通过 GDP、产业增加值、个人消费等因素间接予以体现。

假设 4：以专利数量作为产业技术创新能力的评判指标，由于电子信息产业属于技术驱动型产业，重大的技术突破往往会使产业发生跃迁，重大技术创新是必然会产生的，但产生的时间节点与影响程度及范围是难以预测和衡量的，因此，在构建模型时，不考虑重大技术创新为产业带来的突变式影响。

2. 模型构建

依据美国电子信息产业演化动因，构建电子信息产业演化机理因果循环图，如图 8-12 所示。电子信息产业演化机理由技术发明、成果转化、市场需求和政府行为四个方面组成，四个方面相互联系、彼此影响。技术创新是从一个新的思想开始的，这种新的思想必须把社会需求和技术可行性结合起来，融为一体，经过研究开发后形成技术发明。并非所有的技术发明都能够商业化，从技术创新到产业化的决定因素在于市场，市场需求是技术发明产业化的根本动力。如果无法通过市场实现高收益，技术发明成果的产业化是无法进行的。市场通过价值规律和资源配置机制对技术创新及扩散起重要的拉动作用。从新产品接触市场到形成一定的市场规模，对于生产厂商来说，需要经历一个投入大于回报的阶段，即成果转化的阶段。在这一阶段，继续完善新产品自身功能，使之更适合消费者的需求，同时改善生产工艺，降低制造成本，降低销售价格，形成批量生产。在技术创新成果商业化的早期阶段，需要投入大量的资金、设备和人力资源。此时，新产品的市场潜力预期不

明朗，由新产品带来的回报很小，这给企业带来了较大的商业风险。因此，对于有市场潜力的技术创新，在商业化的早期阶段，需要政府给予一定的扶持，整合各方面的资源，通过政策、法规、制度等经济和政治手段推动技术创新产业化进程，使技术创新度过早期市场开发阶段。

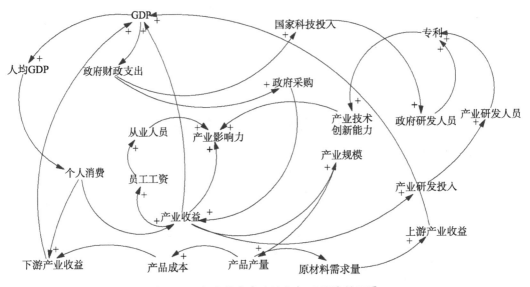

图 8-12　电子信息产业演化机理因果循环图

3. 问题

（1）为进一步刻画电子信息产业演化机理，依据因果循环图，构建电子信息产业演化机理流图。以专利年增长量表征技术发明，以人均 GDP 和个人消费表征市场需求，以产业增加值、产业研发投入、电子信息产业从业人员、核心技术人员表征产业影响力和成果转化，以政府财政收入、政府财政支出、政府科技投入、政府采购表征政府行为，以 GDP、人口和从业人员表征经济环境，构建电子信息产业演化模型流图。

（2）请查找相关指标的数据，训练模型，进行敏感性分析，对美国电子信息产业未来的发展进行仿真并进行结果分析。

资料来源：刘志攀，杨浩雄，魏彬. 电子信息产业演化实证研究及仿真分析[J]. 计算机仿真，2016，33（8）：1-6.

案例分析思路

 本章推荐阅读资料

[1]　钟永光，贾晓菁，钱颖，等. 系统动力学[M]. 2 版. 北京：科学出版社，2013.

[2]　贾仁安，等. 组织管理系统动力学[M]. 北京：科学出版社，2014.

第9章

复杂性科学

分 形 音 乐

美妙的音乐篇章，尤其是古典音乐和交响乐中，蕴含着许多奇妙的分形艺术，音乐的音高和节奏中都有分形的特征。音高中不同频率的噪声主要分为白噪声、红噪声和粉红噪声（pink noise）。白噪声听起来前后基本一致，可预测性最强，随机性最弱；红噪声的声音毫无规律可循，没有美感可言，随机性最强，可预测性最弱；在可预测性和随机性之间，存在一种平衡，叫"1/f噪声"（1/f noise），又称"粉红噪声"，从时间域的波形来看，粉红噪声的声波图像具有分形的结构，对大量乐谱的分析也早已证实，多数世界名曲均属于粉红噪声。音乐中都有节拍，有些类型的音乐有强烈的节奏感，出现的规律会有一定的重复性，呈现出一种自相似性，但又不完全相同，使音乐节奏又有随机性的一面。

在考虑音高和节奏等其他音乐要素时，算法艺术家利用电脑编程，可以设计特定算法，通过多重迭代产生分形音乐，利用自相似原理来建构一些带有自相似小段的合成音乐，主题在带有小调的三番五次的反复循环中重复，在节奏方面可以加上一些随机变化。分形音乐所创造的效果，无论是在宏观上还是在微观上都能逼真地模仿真正的音乐，尽管它听起来不那么宏伟，但至少听起来很有趣。甚至可以将著名的曼德勃罗集（曼德勃罗集是人类有史以来做出的最奇异、最瑰丽的几何图形之一，曾被称为"上帝的指纹"）转化为音乐，通过在曼德勃罗集上扫描，将其得到的数据转换成钢琴键盘上的音调，从而用音乐的方式表现出曼德勃罗集的结构，极具音乐表现力。

实际上，分形音乐已成为音乐研究最令人兴奋的新的领域。"分形几何之父"曼德勃罗（B. B. Mandelbrot）也认为，可以从分形的角度寻找创造优美的音乐灵感。哈伦·J. 布拉泽（Harlan J. Brothers）在有关曼德勃罗分形研究的 *Benoit Mandelbrot: A Life in Many Dimensions* 这本书中用 The Nature of Fractal Music 这一章描述了他关于分形音乐方面的原始研究（图 9-1）。我们可以在其个人网站上试听几段有趣的分形音乐。

视频：分形音乐试听

图 9-1　Harlan J. Brothers 和 B.B.Mandelbrot（右）

分形音乐是理性的数学和感性的音乐的完美结合，值得更多的科学家和艺术家前去探索，去发现隐藏在美好事物背后的那些神秘的力量。

资料来源：

[1] Fractal Music. Brother technology [EB/OL]. [2020-09-08]. http://www.brotherstechnology.com/math/.

[2] 韵律中的分形艺术 [EB/OL]. (2012-03-21). http://www.guokr.com/article/118941/.

[3] LEVITIN D J, CHORDIA P, MENON V. Musical rhythm spectra from Bach to Joplin obey a 1/f power law[J]. Proceedings of the National Academy of Sciences, 2012, 109(10): 3716–3720.

9.1　概述

9.1.1　复杂性科学的演进

20 世纪 70 年代以后，以耗散结构论、协同学、突变论、混沌学、分形理论、超循环理论等为代表的非线性科学取得重大成就，动摇了统治物理学、几何学和数学 300 年的确定论。这些理论构成了研究复杂性科学的重要方法论。复杂性科学是探究复杂系统的复杂性来源与表现，研究构成复杂系统在众多子系统之间及其与环境之间相互作用下，系统演化产生整体涌现性的机理和一般规律的科学。复杂性科学涉及自然、物理、生物、社会、经济、环境、生态、工程等众多领域和学科，打破了经典系统科学中的线性、均衡、简单还原论的传统思维模式，建立了非线性、非均衡、复杂整体论的崭新思维模式。

复杂性是系统科学研究的核心，指开放的复杂系统由于子系统多、种类多、层级结构多、不确定因素多，系统在演化过程中和环境交互作用，呈现出的复杂的动态行为特性和涌现的整体特性。复杂性是复杂系统的行为特性，具有多样性、多层次性、整体性、开放性、非平衡性、非线性、动态性、不确定性、自组织性等多方面特征。普利高津指出："复杂性存在于一切层次，不同层次的复杂性既有差别，又有统一性，物理层次已经具备最低限度的复杂性。复杂性是自组织的产物，系统演化为耗散结构而产生物理层次的复杂性，在此基础上通过更高形式的自组织产生更高层次的复杂性。"霍兰指出："种群在进化过程中产生复杂性，不断提高对环境的适应性，通过适应度来评价种群中的个体，即适应性造就复杂性。"

复杂性科学研究主要经历三个阶段：埃德加·莫兰（Edgar Morin）的学说、普利高津的布鲁塞尔学派、圣塔菲研究所（Santa Fe Institute，SFI）的理论。埃德加·莫兰最先提出复杂性研究，提出了"复杂范式"的概念和理论，从社会科学和哲学的层面探讨复杂性科学，对系统与整体的关系做了区分，并提出了通向"复杂性挑战"的 13 条途径与原则。1969 年，普利高津提出了耗散结构论，并在他与斯唐热（Isabelle Stengers）出版的《从混沌到有序》（Order out of Chaos）中提出了"复杂性科学"的概念。以他为代表的自组织理论学派在这一阶段成为复杂性科学研究的主流，该学派研究的特点是系统元素数量庞大，并且元素具有自身的、独立的运动。自组织理论成为研究系统复杂性的核心理论，协同学、突变论、超循环论等自组织理论都从不同角度研究了系统复杂性。圣塔菲研究所于 1984 年在美国新墨西哥州成立，集中了不同领域和学科的专家，开展跨学科的交叉研究，探索不同复杂系统之间的共性。圣塔菲研究所的理论认为事物的复杂性是从简单性发展来的，是在适应环境的过程中产生的，所有的复杂系统都具有使秩序和混乱达到某种特别平衡的能力。圣塔菲研究所的理论将经济、生态、免疫系统、神经系统及计算机网络等称为复杂适应系统，认为存在某些一般性的规律控制着这些复杂适应系统的行为。圣塔菲研究所的学术领头人盖尔曼（Murray Gell-Mann）认为复杂性科学研究的焦点不是客体或环境的复杂性，而是主体自身的复杂性，即主体复杂的应变能力以及与之相应的复杂的结构。

中国对于复杂性科学的研究涌现了许多著名的学者，如钱学森、成思危、戴汝为、魏一鸣、张玉台、韦钰、于景元等，他们在复杂性科学领域取得了很多成绩，为该学科的发展作出了突出贡献。中国复杂性研究的核心是钱学森，早在 20 世纪 80 年代中期，他就洞察到这个科学新方向的重要性，通过系统学讨论班聚集起一批力量，以开放的复杂巨系统理论为学术旗帜开国内复杂性研究之先河，被称为钱学森学派。钱学森是从两个方面走向复杂性研究的，一是解决国家重大实际问题，如军队建设、国家体制改革中的重大经济决策问题等；二是建立基础科学层次系统理论即系统学的工作。其概念形成经历了三部曲：巨系统—复杂巨系统—开放的复杂巨系统。成思危认为，复杂性主要表现为五方面——各单元间网状联系、多层次多功能结构、会学习能自我重组及完善、向环境开放并与之相互作用、动态性并有某种程度的自我预测能力。顾基发、朱志昌等倡导的物理—事理—人理方法论，也是为解决复杂性问题提出来的，颇具中国文化特色。谢南斌运用熵和耗散结构论分析高等教育系统演化过程，提出了通过控制熵变来提高系统的有序度，为我国高等教育系统管理提供理论和决策思考。黄欣荣认为复杂性科学为大数据技术的诞生奠定了坚实的科学基础，而大数据技术是复杂性科学理念的延续与技术实现。张晨宏等根据系统自组织临界理论，结合沙堆模型原理分析并解释了 2008 年美国金融危机是美国金融系统自组织过程中系统发生突变的表现；又应用了系统自组织临界理论、突变及混沌理论，对 2006 年 1 月至 2009 年 4 月的美国标准普尔 500 指数进行对数收益序列分形检验、统计分析和分形维计算，揭示了美国金融危机爆发前后三个不同时段的系统复杂性。胡映月从复杂系统脆性理论和界壳论出发，结合可拓学、集对分析等知识探讨了系统危机检测方法。

管理是具有复杂性的，其复杂性表现为环境的复杂性和不确定性，组织系统的多层级、多单元、多功能和多目标的复杂性，预测、决策、控制的非线性和非确定性，信息非对称性，企业系统非平衡和混沌性，以及各种因素交互作用，并同复杂环境交互作用的自组织和自适应过程中的复杂性等。在企业的实际运作中，其表现为管理客体运行规律复杂性，管理结构复杂性，管理主体的观念、认识、心理与行为复杂性，管理中的非线性与混沌复杂性，管理控制复杂性，管理理念在物本管理、人本管理与知本管理演变过程中的复杂性，管理理性与人性交融变化的复杂性等。管理科学系统化、社会化、国际化、柔性化、虚拟化、智能化的发展趋势都使管理面临前所未有的挑战。

9.1.2　复杂系统的特征

1. 简单性与复杂性

复杂和简单是具有相对性的概念，是对事物或规律的两种不同属性的高度概括。简单是指事物或规律具有普遍的、基本的、不变的共同属性，即共性；复杂是指事物或规律具有特殊的、多样的、变化的、个别的属性，即个性。简单的事物或规律，在满足一定条件下，可以转化成复杂的事物或规律，随着条件的进一步改变，可能又变成简单的事物或规律。

2. 复杂系统的定义

复杂系统是相对于简单系统和非线性系统而言的，复杂系统是由众多存在相互作用的子系统组成的，系统的整体功能或特性不能由其子系统的功能或特性来获得。相互作用指子系统之间用无数可能的方式相互影响，使复杂系统涌现出所有子系统不具有的整体功能。复杂系统的研究对象包括自然现象、物理现象、生物现象、生命现象、生态现象、社会现象、经济现象等。复杂系统其组成部分一般非同质，且具有多层次结构，不仅各个部分之间相互作用，而且子系统之间、层次之间都存在着复杂的非线性作用。

3. 复杂系统的特征

1）非线性

构成复杂系统的一部分或全部组分必须具有非线性特征。非线性的实质指事物之间相互影响、相互制约、相互依存，而不是单方面的影响。正是非线性作用导致了系统分叉、突变、混沌的产生。

2）多层次性

复杂系统在结构上呈现多层次、多功能的特性，每一个层次均构成上一层次的组分。

复杂系统的多个层次之间一般不存在叠加原理,每形成一个新层次,就会涌现出新的性质。一般情况下,系统越复杂,层次就越多,层次的多少是描述系统复杂程度的一个基本特性。

3)涌现性

涌现性是复杂系统演化、进化过程中所具有的一种整体特性。涌现性是指复杂系统的组分之间存在着相互作用而形成复杂结构,在表现组分特性的同时,还传递着作为整体而新产生的特性。也就是说,诸多部分一旦按照某种方式形成系统,就会产生系统整体具有而部分或部分总和不具有的属性、特征、行为及功能等,而一旦把整体还原为不相干的各部分,则这些属性、特征、行为及功能便不复存在。我们把这些高层次具有而还原到低层次就不复存在的特点称之为复杂系统的涌现性。

4)自适应性

复杂系统具有进化特征,系统进化指系统的组分、规模、结构或功能等随着时间的推移朝着有利于自身存在的方向自我调整、自主适应内外环境变化。在不断适应环境的过程中,系统越来越趋向于复杂。

5)开放性

复杂系统具有开放性,指系统本身与系统周围有物质、能量、信息等的交换,使系统的组分之间以及系统本身与环境之间保持相互作用,并促使系统不断地适应环境的改变。

6)动态性

复杂系统是动态的,处于不断的演化当中,具有自适应和进化能力。在复杂系统中,大量的非线性作用产生丰富的可变的动力学现象,并趋向于在许多不同的行为当中凸显出某种行为,或某种行为占据主导地位,或产生复杂的整体涌现性。在动力学系统中,当参数变化通过某个临界值时,出现"危机"。这种突变发生时可能使混沌吸引子毁灭,可能产生新吸引子,可能出现多种吸引子,可能产生不动点。系统在某些临界参数处由于"危机"出现复杂状态,不断地经历这种动态演化并成为通向混沌的一条道路。

9.2 耗散结构

耗散结构论是由普利高津于 1969 年提出并迅速发展起来的一门研究非平衡态开放系统的结构和特征的新兴学科。它被誉为 20 世纪 70 年代科学院的"辉煌成就之一"。目前这一理论已被应用于自然和社会研究的许多方面,并且取得了一系列重要成果。耗散结构论研究一个开放系统由混沌向有序转化的机理、条件和规律。该理论认为,一个远离平衡态的开放系统,当外界条件或系统的某个参量变化到一定的临界值时,通过涨落发生突变,即非平衡相变,就有可能从原来的混沌无序状态转变为一种时间、空间或功能有序的新状态。这种远离平衡非线性区形成的宏观有序结构,需要不断地与外界进行物质和能量的交换,以形成或维持新的稳定结构。普利高津的耗散结构论突破了传统的物理学以封闭系统和平衡结构为主要研究对象的框架,以远离平衡的开放系统为研究对象,研究体系与外界进行能量和物质交换,而形成和维持稳定化了的宏观体系结构,即非平衡状态下宏观体系的自组织现象。耗散结构论把热力学第二定律与达尔文进化论统一在更为广泛、更为普遍的理论中。

热力学中采用控制参量 λ 来描述系统偏离平衡态的程度，用状态参量 x 来描述系统的状态。如图 9-2 所示，λ_0、λ_c 为两个阈点，当 $\lambda < \lambda_0$ 时，系统对应平衡态；当 $\lambda_0 < \lambda < \lambda_c$ 时，系统对应近平衡态，处于热力学分支的稳定部分；当 $\lambda > \lambda_c$ 时，系统对应远离平衡态，热力学分支失去稳定性。在不稳定分支 b，涨落对系统的影响通过非线性相干作用与连锁反应而不断放大，系统有可能发生突变现象，从不稳定分支 b 跳跃至分支 c 和 c'，而这两个分支是具有很强有序结构的分支，被称为耗散结构分支，其依靠与外界交换物质和能量而维持稳定，是动态的非平衡结构。

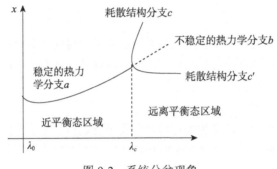

图 9-2　系统分岔现象

耗散结构的形成需要具备一定的条件，具体如下。

（1）成为开放系统。热力学第二定律指出，孤立系统的熵不可能减少，其演化结果必然是达到熵最大的平衡态，因此使系统趋向有序的必要条件是系统开放。只有开放系统，通过与外界交换物质的能量，从外界引入负熵流来抵消自身的熵增加，才能使系统总熵逐步减少，才有可能从无序走向有序。孤立系统无法产生耗散结构。根据热力学第二定律，系统的熵改变可以分成两部分，即 $dS = d_iS + d_eS$。d_iS 表示由于系统内部原因，使系统熵发生改变的部分，与外界无关。对于开放系统，只要不考虑外界对系统熵改变影响的部分，仅分析系统内部机制作用对熵改变影响的部分，无论什么样的外界作用，仍有 $d_iS > 0$。d_eS 表示由于系统与外界有联系，所形成系统熵发生改变的部分，若与外界无联系，$d_eS = 0$，否则 $d_eS \neq 0$。系统总熵变化为两部分之和，在开放系统中只有 $d_eS < 0$，同时 $|d_eS| > d_iS$，才有 $dS < 0$，整个系统的熵减少，系统从无序状态向有序状态转化。

（2）远离平衡态。普利高津的最小熵原理提出，系统只有在远离平衡态时，处在力和流的非线性区，才有可能演化成为有序结构，产生足够大的负熵流。开放系统在外界作用下离开平衡态，逐渐加大开放程度，外界对系统的作用加强，逐渐将系统从近平衡态区域推向远离平衡态的区域。在这种情况下，系统才有可能形成有序结构，即远离平衡态是系统形成耗散结构的必要条件。

（3）系统内部各子系统之间存在非线性相互作用。通过各子系统之间的非线性相互作用，使子系统之间产生协同作用和相干效应，并涌现出新的性质，系统才能从无序变为有序。只有非线性项产生饱和，才能稳定到耗散结构状态。

（4）涨落导致有序。涨落是指系统中某个变量和行为对平均值发生的偏离，它使系统离开原来的状态或轨道。当系统处于稳定状态时，涨落是一种干扰，系统具有抗干扰能力并保持原来的稳定状态；当系统处于不稳定的临界状态时，涨落会使系统从不稳定状态跃迁到一个新的有序状态。在不稳定之后出现的宏观有序是由增长最快的涨落决定的。

视频：耗散结构与生态系统

9.3 协同学

1. 协同学的原理

协同学一词源于希腊文，本意为"协调合作之学"，它揭示诸多复杂系统的结构在性质上发生宏观变异的共同原理。协同学的创立者是哈肯，其主要思想源于他对激光理论的研究。他发现诸多相互独立发光的原子及其所产生的光电场在一定的约束条件下，能产生相位和方向都协调一致的单色光——激光。哈肯在对激光的研究中得到一般原理，用于解释其他自组织现象。他发现自组织系统从无序到有序的演化，不论它们属于自然系统还是社会系统，都是

拓展阅读：协同理论

大量子系统之间协同作用的结果，都可以用类似的理论方案和某几种数学家模型进行处理。

哈肯指出："之所以将这门学科称为'协同学'，一方面由于其所研究的对象是许多子系统的（通常是属于相同种类或几种不同种类的）联合作用以产生宏观尺度上的结构与功能；另一方面，许多不同学科进行合作并发现支配自组织系统的一般原理。"协同作用指的是诸多子系统之间相互协调、相互合作或同步的联合作用。协同学研究复杂系统的部分之间如何竞争与合作，形成整体的自组织行为，探索在系统宏观状态发生质的改变的转折点附近，支配子系统协同作用的一般原理。

自然科学中，序是对两个元素之间关系的确定。有序，指事物内部的诸要素和事物之间有规则的联系或转化，即在系统内子系统之间存在某种类似数学的偏序关系。无序，指事物内部诸要素或事物之间混乱且无规则的组合，在运动转化上的无规律性。序参量是物理学家朗道（Lev Davidovich Landau）为描述连续相变而引入的一个概念，用以指示新结构出现、判别连续相变及某些相变有序结构的类型和有序程度。哈肯借用序参量概念代替熵作为衡量系统是否有序的判据。序参量和支配原理是协同学的两个中心概念。序参量由子系统的协作而产生，是大量子系统集体运动的宏观整体模式有序程度的参量，是为描述系统整体行为而引入的宏观参量。序参量一方面是系统内部大量子系统协同的产物；另一方面，序参量一旦形成又对子系统有支配作用，主宰系统整体演化的过程。序参量既是子系统合作效应的表征和度量，又是系统整体有序程度的度量，序参量的大小可以用来标志宏观有序的程度。当系统是无序时，序参量为零。当外界条件变化时，序参量也变化。当到达临界点时，序参量增长到最大，出现了一种宏观有序的有组织的结构。哈肯认为，不论什么系统，如果某个参量在系统演化过程中从无序到有序地变化，并且能够指示出新结构的形成，反映新结构的有序程度，它就是序参量。

在系统由无序向有序演化的临界过程中，不同参数的相对变化快慢是不同的，往往相差几个数量级。以此为依据，将系统内部的各个子系统或诸参量区分为两种变量，即快变量和慢变量。慢变量支配快变量而决定着系统的演化过程。慢变量和快变量各自都不能独立存在，慢变量使系统脱离旧结构，趋向新结构；而快变量又使系统在新结构上稳定下来。伴随着系统结构的有序演化，两类变量相互联系、相互制约，表现出一种协同运动。序参量往往是由一个或几个慢变量演化而成。

所谓支配原理，就是指序参量形成后起着支配或役使子系统的作用，主宰着系统整体演化过程。系统从无序转变为有序以及从有序转变为更为复杂的有序过程，也就是在一再形成新的自组织过程中，总是由序参量支配其他稳定模而形成了一定的结构或序，总是序参量起主导作用的结果。如果不存在序参量的支配中心，系统将是混乱状态。

2. 序参量模型

系统由无序向有序或由一种有序向另一种有序演化过程中，不同的状态变量在临界点附近的演化行为显著不同。有的状态变量所受阻尼较大，衰减快、数量多，对演化进程没有明显的影响；有的状态变量出现临界无阻尼现象，衰减缓慢、数量极少，在演化过程中起主要作用。系统在演化临界点处出现的状态变量数量繁多、状态各异。系统中大量的微观状态变量相互作用，产生的混沌性和协同性相互弥补与抵消，保证了总的宏观状态的演化趋向。这种稳定的演化趋向需要不断地耗散物质、能量和信息来维持。

设系统内部的各参量为 $q_1, q_2, q_3, \cdots, q_n$，可用 n 维矢量 $\vec{q}$ 表示，则

$$\vec{q} = \{q_1, q_2, q_3, \cdots, q_n\}$$

$\vec{q}$ 的状态变化反映系统状态的演化，用广义郎兹万方程表示 $\vec{q}$ 的运动为

$$\dot{q}_i = K_i(\vec{q}) + F_i(t), \quad i = 1, 2, \cdots, n \tag{9-1}$$

$K_i(\vec{q})$ 描述了系统参量的非线性作用，$F_i(t)$ 是各种微小扰动所形成的随机涨落力。当忽略 $F_i(t)$ 时，在 n 个参量的相互作用下，系统的状态方程可表示为

$$\left. \begin{array}{l} \dot{q}_1 = -\gamma_1 q_1 + f_1(q_1, q_2, \cdots, q_n) \\ \dot{q}_2 = -\gamma_2 q_2 + f_2(q_1, q_2, \cdots, q_n) \\ \vdots \\ \dot{q}_n = -\gamma_n q_n + f_n(q_1, q_2, \cdots, q_n) \end{array} \right\} \tag{9-2}$$

式中，$\{\gamma_i\}$ 为各参量的阻尼系数，且 $\gamma_i > 0$，在系统中起耗散作用。变量集合 $\{q_i\}$ 中包含序参量 u 和其他的慢变量以及数量众多的快变量。当系统趋于临界点时，序参量对其他变量的支配能力逐渐强化，其他变量也逐渐服从序参量的支配。系统的演化由序参量 u 主宰，序参量 u 支配其他参量的运动。假设系统内部非线性作用最终产生主序参量 u，令 $u = q_1$，则式（9-2）可改写为

$$\left. \begin{array}{l} \dot{u} = -\gamma_1 u + f_1(u, q_2, \cdots, q_n) \\ \dot{q}_2 = -\gamma_2 q_2 + f_2(u, q_2, \cdots, q_n) \\ \vdots \\ \dot{q}_n = -\gamma_n q_n + f_n(u, q_2, \cdots, q_n) \end{array} \right\} \tag{9-3}$$

当系统演化至临界点附近，根据协同学原理，式（9-3）中 $\gamma_1 \to 0$，令

$$\dot{q}_2 = \dot{q}_3 = \dot{q}_4 = \cdots = \dot{q}_n = 0$$

式（9-3）经过变换得到

$$\left.\begin{aligned}
0 &= -\gamma_2 q_2 + f_2(u, q_2, \cdots, q_n) \\
0 &= -\gamma_3 q_3 + f_3(u, q_2, \cdots, q_n) \\
&\vdots \\
0 &= -\gamma_n q_n + f_n(u, q_2, \cdots, q_n)
\end{aligned}\right\} \tag{9-4}$$

将式（9-4）求解，以序参量 u 表示其他参量，得到

$$q_i = g_i(u), \quad i = 2, 3, \cdots, n \tag{9-5}$$

当所有参量由序参量表示后，则将表达式代入式（9-3）中的序参量表达式，得到序参量方程如下：

$$\begin{aligned}
\dot{u} &= -\gamma_1 u + f_1(u, q_2, \cdots, q_n) = -\gamma_1 u + f_1(u, g_2(u), g_3(u), \cdots g_n(u)) \\
&= -\gamma_1 u + f_1(u) = \varphi(u)
\end{aligned} \tag{9-6}$$

假设系统内产生了多个序参量，系统宏观有序结构由这些序参量的协同合作共同决定。序参量之间相互竞争与融合，一旦外部环境的影响达到某个阈值，就可能出现只有一个序参量单独主宰系统演化，其他的序参量演变为伺服量，则主序参量确定的结构成为系统的宏观态。由式（9-6），假设序参量方程如下：

$$\dot{u} = \varphi(u) = (A - C)u - u^3 \tag{9-7}$$

式中，参量 A 代表外界环境对系统的影响，称为控制参量。假定控制参量在系统的演化临界处区域内不发生变化，则系统的演化趋向不会改变；一旦改变控制参量，系统的演化趋向和过程就会随之改变。C 为固定的状态值，为系统在某种环境下、某个发展阶段演化的临界值，在该临界值附近企业的结构发生根本性的变化。u^3 为非线性项。令 $\dot{u} = 0$，式（9-7）改为

$$0 = (A - C)u - u^3 \tag{9-8}$$

对式（9-8）求解，得到

$$u = 0, \quad u = \pm\sqrt{A - C}$$

（1）当 $A < C$ 时，$u = \pm\sqrt{A - C}$ 为虚数，对于社会系统没有意义。且仅有的定态解分支是 $u = 0$，该解是稳定的。但对系统来说，序参量为零对于系统演化是毫无意义的。

（2）当 $A > C$，$u = \pm\sqrt{A - C}$ 为实数，式（9-7）为描述序参量的非线性方程，为便于分析进行线性化处理：

$$\frac{\mathrm{d}\Delta u}{\mathrm{d}t} = \varphi'(u_0)\Delta u = -2(A - C)\Delta u \tag{9-9}$$

式（9-9）的解为

$$\Delta u = \Delta u_0 \mathrm{e}^{-2(A-C)t}$$

$u = 0$ 仍然是序参量方程的定态解，但该解不稳定。如式（9-9）所示，$(A - C)$ 为正，对 $u = 0$ 的任何微小偏离都会导致企业系统的较大偏差，在非线性项 $-u^3$ 的作用下，会把序参量限制在一个有限而非零的值上。而序参量是系统有序程度的表征，序参量的提高有助

于系统的演化，因此 $u=0$ 的解对于系统由一种有序态向另一种有序态跃迁，无法起到积极作用。

当 $t \to \infty$ 时，$\Delta u \to 0$，所以 $u = \pm\sqrt{A-C}$ 解均是稳定的。在非线性项 $-u^3$ 的作用下，系统演化分支失稳后序参量并不向无穷发散，而是收敛于序参量为零的耗散结构分支上。

（3）一旦某一要素成为序参量，将伺服其他状态参量以序参量为核心演化，所有状态参量的行为特征或多或少都会表现出序参量的行为特征。

3. 协同学的应用

协同学具有广阔的应用范围，它在物理学、化学、生物学、天文学、经济学、社会学以及管理科学等许多方面都取得了重要的应用成果。针对合作效应和组织现象，协同学能够解决一些系统的复杂性问题，可以应用协同学建立一个协调的组织系统以实现工作目标。

在企业管理学界，首先提出协同理念的是美国战略理论研究专家 H. 伊戈尔·安索夫（H. Igor Ansoff），他在 1965 年出版的《公司战略》一书中，把协同作为公司战略四要素（产品市场范围、发展方向、竞争优势和协同）之一，并阐述基于协同理念的战略如何可以像"纽带"一样把公司多元化的业务联结起来，从而使公司更充分地利用现有的优势开拓新的发展空间。协同学能够在更高的理论层次上为企业管理提供一个统一的理论基础。运用协同学的思想和方法，基于管理对象的协同规律而进行系统研究，目的是实现管理协同效应，即形成系统整体涌现性，使得系统产生的结果大于投入的要素之和。现代企业的协同机制表现为各子系统相互协调、配合、相互促进，从而形成系统的有序结构。企业的协同机制在局部反映为战略协同、供应链协同、技术创新协同、企业文化协同、物流协同等。而战略协同是其他子系统协同在宏观层面上的集中体现，是企业整体涌现性协同效应的体现，只有在战略协同实现优化的基础上，企业其他局部的协同才能发挥效应。

此外，在自然科学领域，协同学主要用于物理学、化学、生物学和生态学等方面，如在生态学方面研究了捕食者与被捕食者群体消长关系；应用协同学研究了静态人脸识别；提出了乙基叔戊基醚合成反应动力学的协同学分析法；混凝土声发射规律的协同学研究及可视化模拟；生物协同学中的 Lorenz 模型和种群动力学等。在社会科学领域，其主要用于社会学、经济学、心理学和行为科学等方面。例如，社会舆论形成的随机模型；供应链伙伴关系评价指标的选择；区域制造业自主创新；企业科学发展模式；跨国兼并企业的文化整合等。在工程技术领域，其主要用于电气工程、机械工程和土木工程等方面。例如，基于协同学原理的流域水资源合理配置模型和方法；基于协同学思想的电网连锁反应故障预防模型；基于协同学理论的小电流接地系统单相接地故障选线方法；基于协同学理论的舰艇 CGF（computer generated force，计算机生成兵力）反潜态势识别研究等方面。

9.4 混沌理论

9.4.1 混沌动力学的发展

英文中的 chaos 一词源于古希腊的 khaos，意思是指万物出现之前的一个虚无广袤的空间；英文借用后指"杂乱无章、混乱无序"之意，类似于中文中的"混沌"（又称浑沌），与"无序"的概念相同。混沌有时又指宇宙之初物质没有分化的原始状态。

19 世纪中期，自然科学家研究了热力学中的平衡态、布朗运动、丁铎尔现象、反应体系中反应集团的无规则碰撞等，发现这些状态都与混沌有关，都处于混沌无序的状态。

19 世纪末 20 世纪初，法国数学家、物理学家庞加莱在研究天体力学，特别是在研究三体问题时发现了混沌，成为现代科学意义上发现混沌的第一位学者（图 9-3）。1903 年，庞加莱在他的《科学与方法》一书中提出了"庞加莱猜想"。他把拓扑学和动力学系统有机结合起来，指出太阳系的三体运动中存在周期轨道，三体引力相互作用能产生惊人的复杂行为，确定性方程的某些解有不可预见性。

图 9-3　庞加莱

20 世纪以来，热力学和统计物理学经历了平衡—近平衡—远离平衡的发展阶段。在耗散结构论、协同学的发展初期，其侧重于研究系统是如何从混沌到有序发展，找到了一些系统从混沌到有序发展的机制和条件，即系统应该是开放的，处于远离平衡态，其内部要有非线性的相互作用，状态的转变则要通过涨落来实现等。据此，普利高津曾得出"有序来自混沌"的结论。

20 世纪五六十年代，爱德华·洛伦兹在研究天气变化的轨道时，发现了确定性系统的有规则行为，但同时也发现同一系统在某些条件下可出现非周期的无规则行为，这是与当时气象界的权威观点相矛盾的（图 9-4）。1963 年，洛伦兹在著名论文《决定论非周期流》中对复杂的气象变化进行简化后，得到了一个微分方程组，即著名的洛伦兹方程：

$$\begin{cases} \dot{x} = -\sigma(x-y) \\ \dot{y} = -xz + rx - y \\ \dot{z} = xy - bz \end{cases} \quad （9\text{-}10）$$

图 9-4　爱德华·洛伦兹

它是一个完全确定的三阶常微分方程组，方程中的三个参数为 σ、r 和 b，他发现该方程在微小的干扰下，一定的空间内轨道变化极其强烈，在数学上叫初始条件敏感，即拓扑的不可预测，就是在已经建立的轨道上，在微小的干扰下，运动轨道会发生巨大的偏差。为了描述混沌复杂系统的极端敏感性，洛伦兹打了个比喻，在南半球某地一只蝴蝶偶然扇动翅膀所引起的微小气流变化，几星期后可能变成席卷北半球某地的一场龙卷风，这就是著名的"蝴蝶效应"。洛伦兹对于混沌学研究的贡献在于，揭示了一系列混沌运动的基本特征，如确定性非周期性、对初值的敏感依赖性、长期行为的不可预测性等。他还在混沌研究中发现了第一个奇怪吸引子——Lorenz 吸引子。他为混沌研究提供了一个重要模型，并最先在计算机上采用数值计算方法进行具体研究。

1964 年，法国天文学家厄农（M. Henon）从研究球状星团以及 Lorenz 吸引子中得到启发，提出 Henon 映射：

$$\begin{cases} x_{k+1} = 1 + by_k - ax_k^2 \\ y_{k+1} = x_k \end{cases} \quad （9-11）$$

该方程是一个自由度为 2 的不可积的哈密顿系统，但当参数 $b = 0.3$ 且改变参数 a 时，发现系统运动轨道在相空间中的分布越来越随机，Henon 依据这个原理得到了一种最简单的吸引子，称为 Henon 吸引子。

1971 年，法国物理学家茹厄勒（D.Ruelle）和荷兰数学家塔肯斯（F.Takens）联名发表了著名论文《论湍流的本质》，在学术界第一个提出用混沌来描述湍流形成机理的新观点，以揭示湍流的本质。他们经过分析发现动力系统存在特别复杂的新型吸引子，将其命名为"奇怪吸引子"（strange attractor），并引入耗散系统，证明同这种吸引子有关的运动为混沌运动，发现了第一条通向混沌的道路。

图 9-5　李天岩

1975 年，美籍华人学者李天岩（图 9-5）和他的导师数学家约克（James A. Yorke）（图 9-6）在《美国数学月刊》发表了著名文章《周期 3 意味着混沌》，深刻地揭示了从有序到混沌的演化过程，形成了著名的 Li-Yorke 定理，描述了混沌的数学特征。李天岩和约克在动力学研究中率先引入 chaos 一词，为这一研究领域确立了一个中心概念。

在生物学研究领域，特别是种群生态学家对建立混沌学作出了特殊贡献。1976 年，美国数学生态学家梅（R. May）在英国《自然》杂志上发表了题为《具有复杂动力学过程的简单数学模型》的论文，在文中提出了著名的人口（虫口）方程，即 Logistic 模型：

图 9-6　约克

$$x_{k+1} = \mu x_k (1 - x_k) \quad （9-12）$$

该一维映射模型看似简单，并且是确定性的，但参数 μ 在一定范围内变化时，它却具有极为复杂的动力学行为。梅用数值计算研究虫口模型，既看到了规则的周期倍分叉现象，也看到了不规则的"奇怪"现象，同时还发现随机运动中又出现稳定的周期运动。Logistic 模型的建立极大地促进了混沌学的发展。

1978 年，美国物理学家费根鲍姆（M. J. Feigenbaum）在梅研究的基础上，发表了文章 *Quantitative universality for a class of nonlinear transformations*，并和他的同事一起在研究以 Logistic 映射为代表的一类单峰映射时，发现了倍周期分叉现象中的标度性和普适常数，从而使混沌在现代科学中具有坚实的理论基础。

20 世纪 80 年代，学者们着重研究系统如何从有序演化为混沌及其性质和特点，使混沌科学得到了进一步发展。1981 年，F. Takens 等在 Whitney 的拓扑嵌入定理基础上，提出了判定奇异吸引子的实验方法。1983 年，加拿大物理学家 L.Glass 在《物理学》杂志上发表了著名文章《计算奇异吸引子的奇异程度》，提出了一种计算实验系统的奇异吸引子分形维数的方法，即 G-P 算法，掀起了全世界计算时间序列维数的热潮。1983 年，中国科学家郝柏林发表了《分岔、混沌、奇怪吸引子、湍流及其它》一文（图 9-7），次年，他编辑出版了《混沌》一书。1986 年，中国第一届混沌学研究会议在桂林召开。我国混沌科学的研究也越来越受到重视。1987年，P. Grassber 等提出重构动力系统的理论和方法，通过由时间序列中提取分数维、Lyapunov（李雅普诺夫）指数等混沌特征量，从而使混沌理论研究进入实际应用阶段。

图 9-7　郝柏林

　　20 世纪 90 年代以后，混沌科学的应用研究越来越受到重视，混沌与其他学科相互渗透、相互促进，如数学、物理学、天文学、化学、工程学、电子学、信息科学、气象学、宇宙学、地质学、经济学、生物科学等。对混沌的研究不仅推动了其他学科的发展，而且其他学科的发展又促进了对混沌的深入研究。其中，混沌的控制与同步研究在 20 世纪 90 年代取得了重大进展。1990 年，美国马里兰大学三位物理学家 Ott、Grebogi 和 Yorke 共同发表了论文《控制混沌》，在文中，他们基于无穷多的不稳定周期轨道嵌入在混沌吸引子中这一事实，提出了一种比较系统和严密的参数扰动方法（称为 OGY 方法），该方法仅对系统参数做小的扰动并反馈给系统，实现了把系统的轨道稳定在无穷多个不稳定周期轨道中预期的一条特定轨道上。一些学者对 OGY 方法进行了推广，并用多种实验证实了其有效性。Ditto 和 Roy 等利用 OGY 方法完成了在非晶磁致弹条系统及电路系统混沌现象控制实验，首次成功实现了在一个物理系统上对不动点的控制。美国海军实验室的 Carrol 和 Pecore 等提出了混沌同步的思想，并实现了利用混沌同步化进行保密通信的实验。此外，混沌在智能信息处理、计算机图形学、信号检测、医疗与生物技术及社会经济等方面的应用研究也取得了一系列重大进展。混沌优化是近年来发展起来的混沌研究的又一个重要内容。混沌优化的研究主要包括在函数优化中的应用和在组合优化中的应用两个方面。

9.4.2　混沌的定义

　　1975 年，李天岩和约克在论文《周期 3 意味着混沌》中，首先提出了现代科学意义上的"混沌"概念，并给出了混沌的一种数学定义。定义是从区间映射的角度进行定义，以 Li-Yorke 定理为基础。

　　Li-Yorke 定理：设 $f(x)$ 是 $[a,b]$ 上的连续自映射，若 $f(x)$ 有 3 周期点，则对任何正整数 n，$f(x)$ 有 n 周期点。

　　Li-Yorke 的混沌定义：$[a,b]$ 上的连续自映射 f 若满足下列条件，称其是混沌的。

　　（1）f 的周期点的周期无上界。

　　（2）存在不可数子集 $S \subset [a,b]$，S 中无周期点，且满足以下条件：

　　A. 对任意 $x,y \in S$，有

$$\liminf_{n \to \infty} |f^n(x) - f^n(y)| = 0 \tag{9-13}$$

　　B. 对任意 $x,y \in S$，$x \neq y$，有

$$\limsup_{n \to \infty} | f^n(x) - f^n(y) |> 0 \qquad (9\text{-}14)$$

C. 对任意 $x \in S$ 和 f 的任意周期点 y，有

$$\limsup_{n \to \infty} \left| f^n(x) - f^n(y) \right| > 0 \qquad (9\text{-}15)$$

在 Li-Yorke 的混沌定义中，A 和 B 中两个极限表明子集中的点 x、y 相当分散又相当集中，C 中极限表明子集不会趋近于任意周期点。定义表明对 $[a,b]$ 上的连续自映射 f，如果存在一个周期为 3 的周期点，就一定存在周期为任何正整数的周期点，则一定会出现混沌现象，并且混沌运动具有三个重要特征：①存在可数的无穷多个稳定的周期轨道；②存在不可数的无穷多个稳定的非周期轨道；③至少存在一个不稳定的非周期轨道。Li-Yorke 定义是流传较广的混沌的数学定义之一，但定义只是表明混沌数学上的"存在性"，并没有描述它们的测度和稳定性。

1989 年，Devaney 给出的关于混沌的定义更直观、更易理解，影响较为广泛。其定义如下。

设 f 为度量空间 V 上的映射，$f: V \to V$ 若满足下列条件，则 f 在 V 上是混沌的。

（1）f 存在对初值的敏感依赖性，存在 $\delta > 0$，对任意的 $\varepsilon > 0$ 和任意的 $x \in V$，在 x 的 ε 领域 I 内存在 y 和自然数 n，使得 $d(f^n(x), f^n(y)) > \delta$。

（2）f 存在拓扑传递性，对 V 上的任意开集 X、Y，存在 $k > 0$，$f^k(X) \bigcap Y \neq \Phi$。

（3）f 的周期点集在 V 中稠密。

对初值的敏感依赖性也称为不可预测性，是指无论 x 和 y 距离有多近，在 f 的多次作用下，两者之间的距离 d 会达到大于 δ，而这样的 y 在 x 任意一个小的邻域内都存在，即任意小的初始误差将导致多次迭代后实际结果产生足够大的差异。拓扑传递性指任一点的邻域在 f 的多次作用下将遍及度量空间 V。周期点集在 V 中稠密指混沌系统存在着规律性的成分，即有稠密的周期点。

9.4.3　混沌的特性

混沌运动是确定性非线性动力系统所特有的复杂运动状态，是对初始条件具有敏感性的非周期有界动态行为，出现在某些耗散系统、不可积哈密顿系统和非线性离散映射系统中。混沌是确定性非线性系统所特有的属性，混沌运动是在确定性系统中出现的类随机过程，非线性是动力学系统产生混沌的起码条件，任何一个线性系统都不可能产生混沌。混沌具有以下主要特征。

1. 有界性

混沌是有界的，它的轨迹始终局限于一个确定的区域，称为混沌吸引域。无论混沌系统内部如何不稳定，它的轨迹始终都不会走出混沌吸引域。因此，从整体着眼，混沌系统是有界和稳定的。

2. 线性

对于具有耗散结构的系统，当非线性进一步增强时，一般会出现混沌现象。这就是说

非线性导致混沌，非线性是动力学系统出现混沌现象最基本的条件。同时，混沌是非线性动力学系统中的非周期有界动态行为，对某些参量值，在几乎所有的初始条件下都将产生非周期性动力学过程。

3. 内随机性

混沌是由确定性非线性系统产生的不确定性运动，确定性非线性系统一般只有施加随机性的输入，才能产生随机性的输出。混沌系统在施加确定性的输入后却产生类似随机的运动状态，这显然是系统内部自发产生的，称为内随机性，体现了混沌系统的局部不稳定性。局部不稳定是指系统运动的某些方面（如某些维度上）的行为强烈地依赖于初始条件。尽管系统的规律是确定性的，但所产生的混沌行为却难以确定，其吸引子中任意区域的概率分布函数都不为零，具有内随机性。

4. 遍历性

混沌运动的遍历性是指混沌信号能在混沌吸引域内，即在有限时间内按自身规律不重复地遍历所有的状态，经过每一个状态点。

5. 分维性

分维性用来描述系统运动轨道在相空间的行为特征。混沌系统在空间中的运动轨迹，在某个有限区域内经过无限次折叠，形成一种特殊曲线。这种曲线的维数不是整数，而是分数，称为分维。混沌的分维是指 n 维空间中一个点集具有无限精细的结构，在任何尺度下都有自相似和整体相似性质，即混沌吸引子具有自相似特性。各种吸引子的结构都由分数维来描述其特征，即具有小于所在空间维数 n 的非整数维数。

6. 对初值的敏感性

由于输入初值的微小差异而导致输出的巨大差别的性质叫作敏感的初始条件，这就是混沌产生的原因。换言之，当系统处于混沌状态时，如果初值发生微小的变化，将导致其运动行为产生巨大的差异。或者说，即使从任意靠近的初值状态出发或是任意靠近的两个初值，经过有限时间后，其轨道也将以指数规律相互分离，即混沌系统的长期行为是不可预测的。这一特点反映出混沌轨道对初始值的极端敏感性。

7. 普适性

普适性指不同系统在趋于混沌时会表现出某些共同特征，不依具体的系统方程或系统参数而改变，通常包括结构的普适性和测度的普适性。普适性主要体现在混沌的几个普适常数（如 Feigenbaum 常数）上，是混沌的内在规律性的体现。Feigenbaum 常数是通过对 Logistic 方程的研究而得到的，反映了系统在趋向混沌时的一种普遍的动态不变性，如在倍周期分岔进入混沌的一类非线性映射中，分岔速度和高度分别存在 Feigenbaum δ 常数和 Feigenbaum α 常数，这些常数都是系统经倍周期分岔走向混沌的普适性数值特征。

8. 规律性

混沌运动看似杂乱无章，但实际上它具有自己的内在规律，轨道在一定的范围内不重复地按自身规律遍历所有状态。

9.4.4　Lyapunov 指数

Lyapunov 指数是描述一个动力系统稳定状态行为稳定性的重要指标。Lyapunov 指数谱是一组反映初始相轨迹随时间推移在不同方向上收缩和扩散特征的平均量，用来度量在相空间中初始条件不同时两条相邻轨迹随时间按指数规律吸引或分离的程度。一般来说，Lyapunov 指数的数值能够作为判别系统稳定状态行为种类的依据，如平衡点、极限环、混沌或超混沌等。

对于一维映射

$$x_{n+1} = f(x_n) \tag{9-16}$$

假设初始点为 x_0，相邻点为 $x_0 + \delta x_0$，经过 n 次迭代后，它们之间的距离

$$\delta x_n = \left| f^{(n)}(x_0 + \delta x_0) - f^{(n)}(x_0) \right| = \frac{\mathrm{d} f^{(n)}(x_0)}{\mathrm{d} x} \delta x_0 \tag{9-17}$$

当 $\left| \dfrac{\mathrm{d} f}{\mathrm{d} x} \right| > 1$ 时，经过 n 次迭代后初始点 x_0 与相邻点 $x_0 + \delta x_0$ 相分离；当 $\left| \dfrac{\mathrm{d} f}{\mathrm{d} x} \right| < 1$ 时，经过 n 次迭代后，初始点 x_0 与相邻点 $x_0 + \delta x_0$ 相靠拢。在混沌运动中，系统的轨迹既相互分离又相互靠拢，因此 $\left| \dfrac{\mathrm{d} f}{\mathrm{d} x} \right|$ 的值在不断变化。为了能够从整体上观察两轨迹分离或靠拢的程度，需要对迭代过程平均化。设平均每次迭代所引起的指数分离中的指数为 λ，则相距为 ε 的两点经过 n 次迭代后，两点间的距离为

$$| f^{(n)}(x_0 + \varepsilon) - f^{(n)}(x_0) | = \varepsilon \mathrm{e}^{n\lambda(x_0)} \tag{9-18}$$

$$\lambda(x_0) = \lim_{n \to \infty} \frac{1}{n} \sum_{i=1}^{n} \ln \left| \frac{\mathrm{d} f^{(n)}(x)}{\mathrm{d} x} \right|_{x=x_i} \tag{9-19}$$

式中的 $\lambda(x)$ 就称为 Lyapunov 指数，表示在多次迭代过程中，平均每次迭代所引起的相邻离散点之间以指数速度分离或靠近的趋势。Lyapunov 指数作为沿轨道长期平均的结果，是一种整体特征，其值为实数。一维映射只有一个 Lyapunov 指数，可能大于、等于或小于零。例如对于稳定的不动点有 $\left| \dfrac{\mathrm{d} f}{\mathrm{d} x} \right| < 1$ 或对于稳定的周期 n，$\lambda < 0$；对于周期倍分岔点有 $\left| \dfrac{\mathrm{d} f}{\mathrm{d} x} \right| = 1$，$\lambda = 0$；对于混沌运动，由于对初值的敏感依赖性，则 $\lambda > 0$。正的 Lyapunov 指数（$\lambda > 0$）表明运动轨道在每个局部都不稳定，相邻轨道指数迅速分离，轨道在整体性的稳定因素作用下反复折叠，证明系统处于混沌状态。负的 Lyapunov 指数（$\lambda < 0$）表明相体积收缩，轨道在局部是稳定的，对初始条件不敏感，对应周期轨道运动。当 $\lambda = 0$ 时，则说明系统对应稳定边界。

9.4.5　Logistic 映射与 Tent 映射

1. Logistic 映射及其参数特征

Logistic 映射式如图 9-8 所示。Feigenbaum 经研究得出，系统一旦发生倍周期分岔，

必然导致混沌现象的发生。

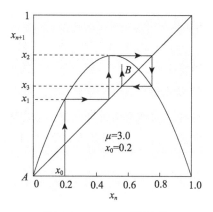

图 9-8　Logistic 映射式

Logistic 映射的表达式如下：

$$x_{n+1} = f(x_n, \mu) = \mu x_n (1 - x_n) \tag{9-20}$$

式（9-20）是一个单峰映射，也是最具代表性的一维非线性映射，它描述了生物群体数目随世代的变化，n 代表时间，x_n 代表第 n 代的出生数，x_{n+1} 代表第 $n+1$ 代的出生数，$x \in [0,1]$，μ 为控制参数，$0 \leqslant \mu \leqslant 4$。

Logistic 映射的 Lyapunov 指数为

$$\lambda = \lim_{n \to \infty} \frac{1}{n} \sum_{i=0}^{n-1} |f'(x)| \tag{9-21}$$

$$\lambda = \lim_{n \to \infty} \frac{1}{n} \sum_{i=0}^{n-1} \ln |\mu - 2\mu x_i| \tag{9-22}$$

（1）如图 9-9 所示，$\mu \in (0,1]$ λ 从一个负值趋向于 0，x 值收敛于不动点。

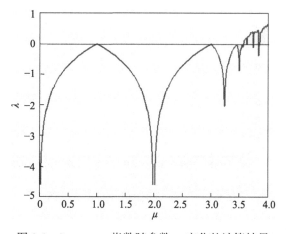

图 9-9　Lyapunov 指数随参数 μ 变化的计算结果

（2）$\mu \in (1,3]$ 时，$\lambda < 0$，x 收敛到 $\left(1 - \dfrac{1}{\mu}\right)$。存在两个不动点，如图 9-8 中 A 和 B 所示。当 $\mu = 2$ 时，存在一个超稳定点。

（3）$\mu \in (3, 3.571448]$ 时，系统状态为倍周期分岔，λ 处于从 0 到 $-\infty$ 再到 0 的循环过程。倍周期分岔是分岔的一种特殊形式，是不断一分为二的过程：周期 1 不稳定时，分岔出周期 2；周期 2 不稳定时，分岔出周期 4；周期 4 不稳定时，分岔出周期 8……；周期 2^{n-1} 不稳定时，分岔出周期 2^n，这种过程称为倍周期分岔。这样无限地分岔必将导致混沌轨道的出现，是通向混沌最典型的途径之一。控制参数 $\mu = 2$ 时，Logistic 迭代式如图 9-10 所示。

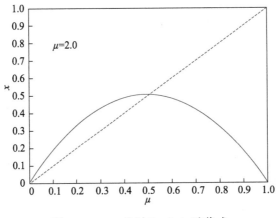

图 9-10　$\mu = 2$ 时 Logistic 迭代式

（4）$\mu \in (3.571448, 3.82842]$ 时，系统处于阵发混沌状态，$\lambda > 0$，在某些窗口处，$\lambda < 0$。当 $\mu=3.83$ 时，Logistic 分岔图如图 9-11 所示。

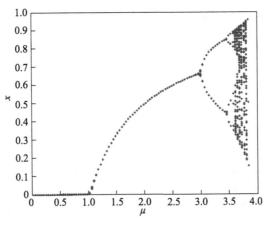

图 9-11　$\mu=3.83$ 时的 Logistic 分岔图

（5）$\mu \in (3.9, 4]$ 时，系统处于混沌状态，$\lambda > 0$。当 $\mu = 4$ 时，λ 达到最大值 0.69。其

Logistic 分岔图如图 9-12 所示。

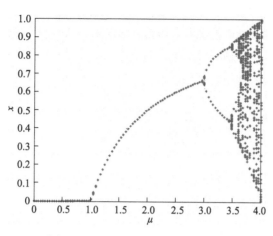

图 9-12　$\mu=4$ 时的 Logistic 分岔图

2. Tent 映射及其参数特征

Tent 映射又称帐篷映射，是分段线性的一维映射，具有均匀的概率密度、功率谱密度和理想的相关特性，数学表达式为

$$x_{n+1} = \alpha - 1 - \alpha |x_n|, \quad \alpha \in (1,2] \tag{9-23}$$

Tent 映射的 Lyapunov 指数为

$$\lambda = \lim_{n \to \infty} \frac{1}{n} \sum_{i=0}^{n-1} \ln \left| \frac{\mathrm{d}x_{n+1}}{\mathrm{d}x_n} \right| = \ln \alpha \tag{9-24}$$

当 $\alpha \leqslant 1$ 时，$\lambda \leqslant 0$，系统处于稳定状态；当 $\alpha > 1$ 时，$\lambda > 0$，系统处于混沌状态；当 $\alpha = 2$ 时，$\lambda_{\max} = \ln 2$，为中心 Tent 映射，其数学表达式为

$$x_{k+1} = \begin{cases} 2x_k, & 0 \leqslant x_k \leqslant 0.5 \\ 2(1-x_k), & 0.5 < x_k \leqslant 1 \end{cases} \tag{9-25}$$

Tent 映射结构简单，具有很好的遍历均匀性，更适合大数量级数据序列的运算处理，迭代速度要快于 Logistic 映射。Tent 映射有两个不动点：0 和 2/3，由于每一点的斜率 $|f'(x)| = 2 > 1$，因此这两个不动点均为不稳定的。当在式（9-25）中取 $x_k = 0, 1/2, 1$ 时，x_{k+1} 分别为 $0, 1, 0$。这表明原来 x_k 的取值是从 0 到 1/2 和从 1/2 到 1 的两个区间，通过一次迭代使得 x_{k+1} 的取值变为从 0 到 1 的区间，相当于拉长了映像。这种迭代过程不断地进行下去，其伸长特性最终导致相邻点的指数分裂，产生对初值的敏感依赖性，同时其折叠过程保持轨道有界。

9.4.6　混沌预测

混沌序列并非是完全不可预测的，由于混沌系统的非线性、有界性、规律性等特性，在一定的区域内，它会表现出有序和规律性，因此，混沌现象在短期内是可以预测的，但不适合做长期预测。

1. 混沌时间序列

混沌时间序列是混沌系统中常见的混沌的离散情况，它是由混沌模型生成的具有混沌特性的时间序列。自 Packard 等提出重构相空间以来，从时间序列研究混沌这一途径得到广泛认可，混沌时间序列的预测也逐步受到重视。混沌时间序列预测中，常用的预测方法主要有全域法、局域法、加权零阶局域法、加权一阶局域法、基于 Lyapunov 指数的时间序列预测方法，以及基于神经网络的时间序列预测方法等。目前，混沌时间序列的预测主要应用于电力系统短期负荷预测、股市行情预测、转子剩余寿命的预测、天气预报、水文预报、边坡位移预报等方面，其应用前景十分广阔。

2. 重构相空间

根据 Takens 定理，对于时间序列为 $x(t), t = 1, 2, \cdots$ 找到一个适当的嵌入维数 $m \geqslant 2d+1$（d 是原动力系统中的维数）以及时间延迟 τ，则重构的相空间 R^m 中的轨线与原动力系统保持微分同胚。重构的相空间为

$$Y(t) = (x(t), x(t+\tau), \cdots, x(t+(m-1)\tau)) \in R^m, \ t = 1, 2, \cdots, N$$

因此，存在一个光滑映射 $\hat{f} : R^m \to R^m$，使得

$$Y(t+1) = f(Y(t)), \ t = 1, 2, \cdots$$

则有

$$(x(t+\tau), x(t+2\tau), \cdots, x(t+m\tau)) = f(x(t), x(t+\tau), \cdots, x(t+(m-1)\tau))$$

3. 全域预测法

全域预测法是将相空间中全部点作为拟合对象，拟合出能表示其规律的拟合趋势线 $f(\bullet)$，并由此预测轨迹的走向。一般地，根据时间序列中数据的特点，常见的简单拟合趋势线有三种：直线、抛物线、指数曲线。判断拟合趋势线的方法通常有两种。其一是作图，根据其相空间的数据分布特点进行判断。其二是比较数据的增长量，如时间序列的一级增长量（逐期增长量）大体一致，拟合趋势线为直线；时间序列的二级增长量（逐期增长量的逐期增长量）大体一致，拟合趋势线为抛物线；时间序列的环比发展速度大体一致，则拟合趋势线为指数曲线。

由于原混沌系统的相空间复杂程度未知，其动力学方程的形式未知，我们无法从实际有限的数据求出其真正的映射 f，因此，通常的做法是根据给定的数据构造映射 $\hat{f}$，使得 $\hat{f}$ 逼近理论的 f，即

$$\sum_{t=0}^{N} [Y(t+1) - \hat{f}(Y(t))]^2$$

达到最小值的 $\hat{f} : R^m \to R^m$，其中，具体计算中要规定 $\hat{f}$ 的具体形式。

一般地，当维数 d 较低时，用较高阶的多项式、有理式等形式进行全域近似；当 d 较高时，高阶多项式会使预测算法的预测精度迅速下降，故常用典型的线性回归分析方法，即使用一阶线性模型。

4. 算例

【例 9-1】 社会消费品零售受诸多因素影响，如社会发展、人口增长、气候变化、季

节更替等，表 9-1 是近 20 年社会消费品零售总额。试以该数据为基础，预测第 21 年社会消费品零售总额。

表 9-1　近 20 年社会消费品零售总额　　　　　　　　　　　　　　亿元

年份	第 1 年	第 2 年	第 3 年	第 4 年	第 5 年	第 6 年	第 7 年
总额	28 360.2	31 252.9	33 378.1	35 647.9	39 105.7	43 055.4	48 135.9
年份	第 8 年	第 9 年	第 10 年	第 11 年	第 12 年	第 13 年	第 14 年
总额	52 516.3	59 501.0	68 352.6	79 145.2	93 571.6·	114 830.1	133 048.2
年份	第 15 年	第 16 年	第 17 年	第 18 年	第 19 年	第 20 年	
总额	158 008.0	187 205.8	214 432.7	242 842.8	271 896.1	300 930.8	

解法 1：

第一步：将社会消费品零售总额时间序列记为 $x(t), t = 1, \cdots, 20$ ，则重构相空间为 $Y(t) = (x(t), x(t+\tau), \cdots, x(t+(m-1)\tau)) \in R^m, t = 1, 2, \cdots, 20$ ，则有一个光滑映射 $\hat{f} : R^m \to R^m$ ，即 $Y(t+1) = f(Y(t)), t = 1, 2, \cdots 20$ 。假设重构相空间的嵌入维 $m = 1$ 和时间延迟 $\tau = 1$ 。

第二步：用 MATLAB 做出社会消费品零售总额的离散时间序列相空间重构的图像（图 9-13）。

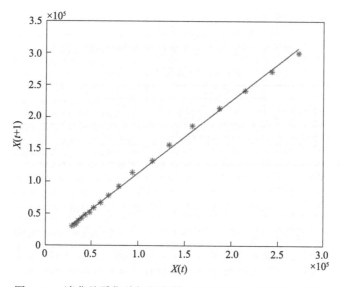

图 9-13　消费品零售总额的离散时间序列相空间重构的图像

第三步：从图 9-13 可以看出函数 $\hat{f} : x(t+1) = \hat{f}(x(t))$ 最接近一个一次函数，因此，假设 $x(t+1) = f(x(t)) = a + bx(t)$ ，其矩阵形式为 $A = BC$ ，其中

$$A = \begin{bmatrix} x(2) \\ x(3) \\ \vdots \\ x(20) \end{bmatrix}, \quad B = \begin{bmatrix} 1 & x(1) \\ 1 & x(2) \\ \vdots & \vdots \\ 1 & x(19) \end{bmatrix}, \quad C = \begin{bmatrix} a \\ b \end{bmatrix}$$

对于任何线性方程 $A = BC$，总有 $B^{\mathrm{T}}A = B^{\mathrm{T}}BC$，当矩阵 $B^{\mathrm{T}}B$ 为非奇异矩阵时，C 有唯一解，即 $C = (B^{\mathrm{T}}B)^{-1}B^{\mathrm{T}}A$。

第四步：用 MATLAB 计算（最小二乘法），将 A、B 代入上式解得 $a = -784.390$，$b = 0.883\,2$。所以得到此时间序列的预测模型为 $x(t+1) = 1\,133.2 + 1.129\,8x(t)$，预测结果为 $x(21) = 341\,124.818$（亿元）。即第 21 年社会消费品零售总额的预测值为 341 124.818 亿元。

解法 2：

第一步、第二步同解法 1。

第三步：从图 9-8 可以看出函数 $\hat{f} : x(t+1) = \hat{f}(x(t))$ 最接近一个一次函数，因此，假设 $x(t+1) = f[x(t)] = a + bx(t)$，使用 SPSS 软件的分析工具，使用回归进行线性拟合，可得表 9-2、表 9-3。

表 9-2　社会消费品零售的线性回归分析（一）

ANOVA[a]

模型		平方和	自由度	均方	F	显著性
1	回归	138 769 904 897.416	1	138 769 904 897.416	7 978.111	.000[b]
	残差	295 695 107.741	17	17 393 829.867		
	总计	139 065 600 005.157	18			

注：a. 因变量：Xt2；

b. 预测变量：（常量），Xt1。

表 9-3　社会消费品零售的线性回归分析（二）

系数 [a]

模型		未标准化系数		标准化系数	t	显著性
		B	标准误差	Beta		
1	（常量）	1 133.171	1 604.251		.706	.490
	Xt1	1.130	.013	.999	89.320	.000

注：a. 因变量：Xt2。

表 9-3 中，常量即 a，变量 Xt1 为变量 $x(t)$，Xt2 为因变量 $x(t+1)$。表 9-2 中，回归方程显著性检验的 F 统计量的观测值为 7 978.111，其对应的概率 P-值近似为 0。在显著性水平 0.05 的条件下，因其 P-值小于显著性水平，则拒绝回归方程显著性检验的原假设[回归系数不同时为 0，$x(t)$、$x(t+1)$ 之间无显著的线性关系]，即选择线性模型具有合理性。根据表 9-3，SPSS 回归线性拟合函数 $x(t+1) = 1133.171 + 1.13x(t)$，则 $x(21) = 341184.975$（亿元），即第 21 年社会消费品零售总额的预测值为 341 184.975 亿元。注意：在显著性水平 0.05 的条件下，变量的显著性水平小于 0.05，而常量的显著性水平 0.490 大于 0.05，这表明该题使用 SPSS 拟合的一次函数系数合理，而其常量与原假设存在一定差异。以上两种解题思路均使用全域预测法，但因其使用的运算工具不同，可能会导致两者的预测结果存在一定误差。因此，在实际的预测工作中，我们应尽量选择能使预测精度最高的运算工具及方法。

图 9-8 的画图代码程序：

```
x=[28360.2 31252.9 33378.1 35647.9 39105.7 43055.4 48135.9 52516.3 59501
68352.6 79145.2 93571.6 114830.1 133048.2 158008 187205.8 214432.7 242842.8
271896.1 300930.8]
plot(x(1:19), x(2:20))
```

计算拟合函数及画图的 MATLAB 程序：

```
clear all
close all
a=[28360.2 31252.9 33378.1 35647.9 39105.7 43055.4 48135.9 52516.3 59501
68352.6 79145.2 ...
    93571.6 114830.1 133048.2 158008 187205.8 214432.7 242842.8 271896.1
300930.8];
[~, sizea]=size(a);

A=[a(1:end-1)]';
B=[a(2:end)]';
[P, S]=polyfit(A, B, 1);
Bfit=polyval(P, A);
plot(A, B, 'r*', A, Bfit, 'b-');%画图;
```

9.5　突变论

自牛顿和莱布尼茨创立微积分、微积分方程以来，自然界许多连续的、平滑的、渐变的变化过程都可以用微积分的方法很好地定量描述和解释，我们也因此成功地建立了各种数学、物理模型，如牛顿运动力学模型、麦克斯韦的电磁场模型、爱因斯坦相对论的场方程等。然而，在我们的社会生活或自然现象中还存在许多突变和飞跃的过程，这些过程的复杂性、不连续性把系统的行为空间变成不可微。如水沸冰融、火山地震、岩石破裂、金融危机、战争爆发、股市震荡、价格异动等。突变论作为一门研究突变或飞跃过程的新兴学科，与耗散结构论、协同论一起，把系统的形成、结构和发展联系起来，它是系统科学的重要分支，可以被用来认识和预测复杂的系统行为。

9.5.1　理论简介

现在我们所说的突变论起源于 20 世纪 60 年代末，它被视为混沌理论的一部分。突变论是由勒内·托姆教授于 1968 年为解释胚胎学中的成胚过程而提出来的。1972 年，勒内·托姆发表了著作《结构稳定性和形态发生学》，并对这一理论进行了独立且系统的阐述，这一阐述也正式宣告了突变论这一崭新数学分支的诞生。由于勒内·托姆在这方面的伟大贡献，他获得了当代国际数学界的最高奖——菲尔兹奖章。

突变论的出现不仅引起了各方面的重视，同时也引起了激烈的争论，在数十年里，它不仅被应用于数学、物理学、力学等自然科学领域，还被广泛应用于社会科学和生物学领域。英国数学家奇曼教授称突变论是"数学界的一项智力革命——微积分后最重要的发现"。

9.5.2　基本内容

突变论通过对事物结构稳定性的研究，揭示事物质变规律。它以拓扑学为工具，以结构稳定性理论为基础，是一种建立在拓扑动力学、奇点理论、结构稳定性及微积分等数学理论之上，通过描述系统在临界点的状态来专门研究自然的多种形态、结构和社会经济活动的非连续性突然变化的理论。

突变论研究的是从一种稳定组态跃迁到另一种稳定组态的现象和规律。它指出任何一种运动状态都处在稳定态或者非稳定态之中。稳定态在外界变化力量的作用下仍然能够保持原来状态，而非稳定状态在外力作用下系统迅速离开原来状态进入另外一种状态范围。非线性系统从一个平衡态到另一个平衡态是以突变的形式发生的。

突变论认为，一个系统的相变，即由一种稳定态演化到另一种不同质的稳定态，可以通过非线性的突变，也可以通过连续性的渐变来实现，具体方式依赖于具体的条件。如果相变的中间过渡态是不稳定态，相变过程就是突变；如果中间过渡态是稳定态，相变过程就是渐变。原则上可以通过控制条件的变化来控制系统的相变方式。

勒内·托姆的突变论就是用数学工具描述系统状态的突然变化，给出系统处于稳定态的参数区域，当参数变化时，系统状态也会随之变化；当参数通过特定位置时，系统状态就会发生突变。

9.5.3　突变论的数学描述

1. 模型基本概念

势系统是初等突变论研究的核心内容，它是由存在系统内各组成部分之间的相互作用以及系统与环境的相对关系所决定的，所以系统中的势可以通过系统的状态变量（行为变量）和外部控制参量来描述。

状态空间和控制空间可以在各种可能变化的内部状态变量和外部控制参量的集合条件下实现。为此，我们把由 n 个状态变量构成的 n 维状态空间（行为空间）记为 R^n，把由 m 个控制参量构成的 m 维控制空间记为 R^m，则 R^{n+m} 表示综合空间或高维空间。在数学上，状态空间与控制空间也构成了超曲面的高维状态曲面。研究突变论，通常把高维曲面空间 R^{n+m} 投影到控制空间 R^m 上，来研究系统状态参量的变化。当 m 较小（特别是当 $m \leqslant 3$ 时）时，问题的复杂性将大大降低。

2. R.Thom 突变数学分析

勒内·托姆突变论所描述的数学模型是一种梯度模型，其模型的数学原型可描述如下。

设光滑的函数 f 是各阶偏导数连续的函数：$R^{m+n} \to R$。

我们把状态变量空间 R^n 的坐标表示为 $X = (x_1, x_2, \cdots, x_n)$，把控制参数变量空间 R^m 的坐标表示为 $Y = (y_1, y_2, \cdots, y_m)$，其中 m 为控制参数的变量数。

由高维曲面空间 R^{m+n} 向控制参量空间投影，对于 $y \in R^m$ 上的任意一点，R^{m+n} 的梯度为

$$\operatorname{grad}_x f = \left(\frac{\partial f}{\partial x_1}, \frac{\partial f}{\partial x_2}, \cdots, \frac{\partial f}{\partial x_n} \right)$$

导出函数 f 的突变流形为

$$M_f = \{(x, y) \mid \operatorname{grad}_x f = 0 \in R^n\}$$

则 f 的突变映射为 X_f：$M_f \rightarrow R^m$。

在影射空间 F 中引入 Whitney 拓扑结构，在这里我们用一组基本邻域 $\{V(\varepsilon, k)\}$，则对一切 $k \in N$ 及正值、连续函数，ε：$R^{n+m} \rightarrow R_+$，其中 $V(\varepsilon, k)$ 为函数 $f \in V(\varepsilon, k)$ 当且仅当 $\mid D_\alpha f(x, y) \mid < \varepsilon(x)$，$\mid \alpha \mid = \alpha_1 + \alpha_2 + \cdots + \alpha_n < k$，另

$$D^\alpha f = \frac{\partial^{|\alpha|} f}{\partial X_1^{\alpha_1} \cdot \partial X_2^{\alpha_2} \cdots \partial X_n^{\alpha_n}}$$

勒内·托姆在其理论中证明：当 $m \leqslant 4$，即控制参数的变量数不大于 4 时，n 的取值为 $n \leqslant 2$，所得到的势函数只有七种不同的类型即拓扑结构。

3. 初等突变类型及其数学模型

勒内·托姆指出，只要控制变量 $m \leqslant 4$，那么就只存在七种初等突变类型，它们是尖点突变、折叠突变、燕尾突变、蝴蝶突变、椭圆型脐点突变、双曲型脐点突变和抛物型脐点突变。这几种类型可以构成一定的几何结构，构成勒内·托姆的奇点 S 的"万有开折"。然而，对多维吸引子引发突变的拓扑特性，由于现阶段难度很大，所以在学术界研究得很少。

（1）尖点突变：一个吸引子分成两个互不相通的吸引子。这种突变类型是在学术界用得最多的一种突变，其模型中的控制变量有 2 个，用 α_1、α_2 表示；状态变量有 1 个，用 x 表示。对于一个动力学系统，它的势能（势函数）为

$$V(x) = x^4 + \alpha_1 \cdot x^2 + \alpha_2 \cdot x \tag{9-26}$$

其平衡曲面的函数由 $V'(x) = 0$ 确定，即

$$4x^3 + 2\alpha_1 \cdot x + \alpha_2 = 0 \tag{9-27}$$

对式（9-27）进行求导，即 $V''(x) = 0$ 得奇点集方程

$$12x^2 + 2\alpha_1 = 0 \tag{9-28}$$

将式（9-27）与式（9-28）联立并消去式中的状态变量 x 可得到控制空间的方程（9-29）如下，方程所确定的曲线即为分歧点集或分叉集，突变论表明控制变量满足分歧点集方程，系统就会发生突变，它是突变论的研究核心。尖点突变的分歧点集方程为

$$8\alpha_1^3 + 27\alpha_2^2 = 0 \tag{9-29}$$

其求得的分歧点集方程的分解形式可以写成

$$\alpha_1 = -6x^2, \alpha_2 = 8x^3$$

其尖点突变模型如图 9-14 所示。

（2）折迭突变：一个吸引子破裂，被较小势的另一吸引子俘获。这种突变在所有突变类型中较为简单，现阶段被广泛应用于研究岩体动力失稳、断层地震等，其数学模型中的控制变量只有 1 个 α_1，状态变量也只有 1 个 x。折迭突变的势函数为

$$V(x) = x^3 + \alpha_1 \cdot x$$

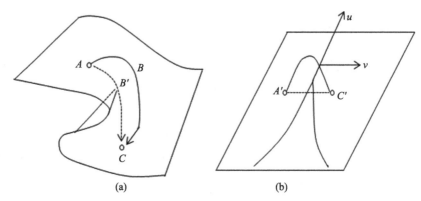

图 9-14 尖点突变模型

注：(b)为(a)投影后的平面图。

它的平衡曲面函数为 $3x^2 + \alpha_1 = 0$，其平衡曲面如图 9-15 所示。

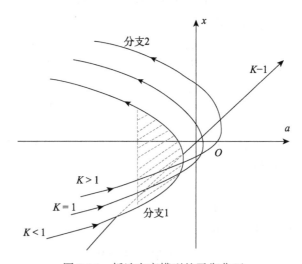

图 9-15 折迭突变模型的平衡曲面

（3）燕尾突变：一个波前曲面切去一条沟槽，沟槽底端是激波的边缘。燕尾突变模型的控制变量有 3 个，用 α_1、α_2 和 α_3 表示，状态变量为 x，其势函数为

$$V(x) = x^5 + \alpha_1 \cdot x^3 + \alpha_2 \cdot x^2 + \alpha_3 \cdot x$$

它的平衡曲面是一个超曲面，函数为

$$5x^4 + 3\alpha_1 \cdot x^2 + 2\alpha_2 \cdot x + \alpha_3 = 0$$

奇点集为

$$20x^3 + 6\alpha_1 \cdot x + 2\alpha_2 = 0$$

将平衡曲面函数与奇点集函数联立起来消去状态变量 x 即可得到其分歧集。

（4）蝴蝶突变：自由边激波的分裂（或"肿胀"）。蝴蝶突变模型的控制变量有 4 个，分别为 α_1、α_2、α_3 和 α_4，状态变量有 1 个，为 x，其势函数为

$$V(x) = x^6 + \alpha_1 \cdot x^4 + \alpha_2 \cdot x^3 + \alpha_3 \cdot x^2 + \alpha_4 \cdot x$$

它的平衡曲面是超曲面，曲面函数为

$$6x^5 + 4\alpha_1 \cdot x^3 + 3\alpha_2 \cdot x^2 + 2\alpha_3 \cdot x + \alpha_4 = 0$$

奇点集为

$$30x^4 + 12\alpha_1 \cdot x^2 + 6\alpha_2 \cdot x + 2\alpha_3 = 0$$

（5）椭圆型脐点突变：尖桩的尖点即为奇点。椭圆脐点突变模型的控制变量有 3 个，分别为 α_1、α_2 和 α_3；状态变量有两个，分别为 x、y，其势函数为

$$V(x, y) = \frac{1}{3}x^3 - x \cdot y^2 + \alpha_1(x^2 + y^2) - \alpha_2 \cdot x + \alpha_3 \cdot y$$

它的平衡曲面是超曲面，其超曲面函数为

$$\begin{cases} x^2 - y^2 + 2\alpha_1 \cdot x - \alpha_2 = 0 \\ -2x \cdot y + 2\alpha_1 \cdot y + \alpha_3 = 0 \end{cases}$$

（6）双曲型脐点突变：一个波破裂时，波峰即为奇点。双曲型脐点突变模型的控制变量有 3 个，分别为 α_1、α_2 和 α_3；态变量有 2 个，分别为 x、y，其势函数为

$$V(x, y) = x^3 + y^3 + \alpha_1 \cdot x \cdot y - \alpha_2 \cdot x - \alpha_3 y$$

其超曲面函数为

$$\begin{cases} 3x^2 + \alpha_1 \cdot y - \alpha_2 = 0 \\ 3y^2 + \alpha_1 \cdot x - \alpha_3 = 0 \end{cases}$$

（7）抛物型脐点突变：介于椭圆与双曲脐点之间，在射流中断时可见这种奇点。抛物型脐点突变模型的控制变量有 4 个，分别为 α_1、α_2、α_2 和 α_4；状态变量有 2 个，分别为 x、y，其势函数为

$$V(x, y) = y^4 + x^2 \cdot y + \alpha_1 \cdot x^2 + \alpha_2 \cdot y^2 - \alpha_3 \cdot x - \alpha_4 \cdot y$$

其平衡曲面函数为

$$\begin{cases} 2x \cdot y + 2\alpha_1 \cdot x - \alpha_3 = 0 \\ x^2 + 4 \cdot y^3 + 2\alpha_2 \cdot y - \alpha_4 = 0 \end{cases}$$

综上所述，七种初等突变模型的函数形式如表 9-4 所示。

表 9-4 七种初等突变模型的函数形式

名称	状态维数	控制维数	势函数表达式	平衡曲面表达式
尖点	1	2	$V(x) = x^4 + \alpha_1 x^2 + \alpha_2 x$	$4x^3 + 2\alpha_1 x + \alpha_2 = 0$
燕尾	1	3	$V(x) = x^5 + \alpha_1 x^3 + \alpha_2 x^2 + \alpha_3 x$	$5x^4 + 3\alpha_1 x^2 + 2\alpha_2 x + \alpha_3 = 0$
折迭	1	1	$V(x) = x^3 + \alpha_1 x$	$3x^2 + \alpha_1 = 0$
蝴蝶	1	4	$V(x) = x^6 + \alpha_1 x^4 + \alpha_2 x^3 + \alpha_3 x^2 + \alpha_4 x$	$6x^5 + 4\alpha_1 x^3 + 3\alpha_2 x^2 + 2\alpha_3 x + \alpha_4 = 0$
椭圆型脐点	2	3	$V(x, y) = \frac{1}{3}x^3 - xy^2 + \alpha_1(x^2 + y^2) - \alpha_2 x + \alpha_3 y$	$\begin{cases} x^2 - y^2 + 2\alpha_1 x - \alpha_2 = 0 \\ -2xy + 2\alpha_1 y + \alpha_3 = 0 \end{cases}$
双曲型脐点	2	3	$V(x, y) = x^3 + y^3 + \alpha_1 xy - \alpha_2 x - \alpha_3 y$	$\begin{cases} 3x^2 + \alpha_1 y - \alpha_2 = 0 \\ 3y^2 + \alpha_1 x - \alpha_3 = 0 \end{cases}$
抛物型脐点	2	4	$V(x, y) = y^4 + x^2 y + \alpha_1 x^2 + \alpha_2 y^2 - \alpha_3 x - \alpha_4 y$	$\begin{cases} 2xy + 2\alpha_1 x - \alpha_3 = 0 \\ x^2 + 4y^3 + 2\alpha_2 y - \alpha_4 = 0 \end{cases}$

4. 模型及理论应用

上述七个初等突变模型较为直观简洁，在自然科学和社会科学领域都有广泛的应用，如在物理学、交通运输、生物学、管理、经济等方面。在物理学方面，可以用尖点突变来研究光焦散、相变、弹性梁弯曲状态、岩土力学等，用蝴蝶突变解释冰化水、水变汽现象等；在交通运输方面，可以用燕尾突变理论来进行交通流预测、车辆脱轨等相关研究，突变论能很好地解释路面车辆占有率、车辆运行速度和车流量三者之间的关系，能为高速公路的管理运行提供科学的依据；在生物学方面，突变论可以解释自然界生物的形成、原肠胚的形成、刺激在神经内的形成等；在社会科学方面，突变论可用以解释冲突爆发、股票崩溃、经济危机等，何种突变模型适用于何种研究对象，主要由系统的状态变量与控制变量决定。

9.5.4　突变级数法

突变级数法又称突变模糊隶属函数法，作为突变论的一个重要应用分支，它基于突变论，结合突变模型与模糊数学理论，运用由分歧点集方程推导出的归一化公式对目标进行综合评价。与传统评价方法相比（如模糊综合评价法），突变级数法不需要对各指标的权重进行主观确定，也不需要对隶属函数进行选取，只需对各指标的重要程度进行排序，过程简单易操作。

1. 突变级数法原理

突变级数综合评价过程中，将各指标因素看作影响系统目标的控制变量，通过把系统内部各指标因素（控制变量）的不同质态转化为同一个质态，即同一状态变量，从而运用相应维数的模糊隶属函数得到最终评价结果。现阶段在突变级数法中，尖点突变、燕尾突变和蝴蝶突变是运用最为广泛的三种突变类型，其突变系统模型如图 9-16 所示。

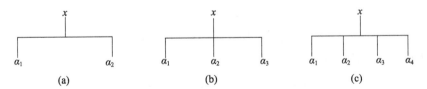

图 9-16　突变级数法中各突变系统模型示意图
(a) 尖点突变系统模型；(b) 燕尾突变系统模型；(c) 蝴蝶突变系统模型

2. 归一标准化的推导

通过系统的势函数可以推导出系统的平面曲面方程和奇点集方程，从而得到分歧点集方程，常见三种突变系统模型分解形式的分歧点集方程如下：

尖点突变模型分歧点集方程分解形式为

$$\alpha_1 = -6x^2, \alpha_2 = 8x^3$$

燕尾突变模型分歧点集方程分解形式为

$$\alpha_1 = -6x^2, \alpha_2 = 8x^3, \alpha_3 = -3x^4$$

蝴蝶突变模型分歧点集方程分解形式为

$$\alpha_1 = -10x^2, \alpha_2 = 20x^3, \alpha_3 = -15x^4, \alpha_4 = 4x^5$$

以尖点突变模型为例，推导出其相应的归一化公式：对突变模型分歧点集方程变换得

$$x_a = \sqrt{-\frac{\alpha_1}{6}}, \quad x_b = \sqrt[3]{\frac{\alpha_2}{8}}$$

根据模糊数学隶属函数，令 $\alpha_1 = 6\alpha_1'$（绝对值），$\alpha_2 = 8\alpha_2'$，得 $x_{\alpha_1} = \sqrt{\alpha_1'}$，$x_{\alpha_2} = \sqrt[3]{\alpha_2'}$；从而将 α_1'、α_2' 和 x 的值都限定在 0～1。所以，得到尖点突变的归一化公式为

$$x_{\alpha_1} = \sqrt{\alpha_1}, \quad x_{\alpha_2} = \sqrt[3]{\alpha_2}$$

同理，燕尾突变模型归一化公式为

$$x_{\alpha_1} = \sqrt{\alpha_1}, \quad x_{\alpha_2} = \sqrt[3]{\alpha_2}, \quad x_{\alpha_3} = \sqrt[4]{\alpha_3}$$

同理，蝴蝶突变模型归一化公式为

$$x_{\alpha_1} = \sqrt{\alpha_1}, \quad x_{\alpha_2} = \sqrt[3]{\alpha_2}, \quad x_{\alpha_3} = \sqrt[4]{\alpha_3}, \quad x_{\alpha_4} = \sqrt[5]{\alpha_4}$$

其四种常见突变模型的归一化公式总结如表 9-5 所示。

表 9-5　常见突变模型归一化公式

突变类型	控制维数	状态维数	归一化公式
尖点突变	2	1	$x_{\alpha_1} = \sqrt{\alpha_1}$，$x_{\alpha_2} = \sqrt[3]{\alpha_2}$
燕尾突变	3	1	$x_{\alpha_1} = \sqrt{\alpha_1}$，$x_{\alpha_2} = \sqrt[3]{\alpha_2}$，$x_{\alpha_3} = \sqrt[4]{\alpha_3}$
蝴蝶突变	4	1	$x_{\alpha_1} = \sqrt{\alpha_1}$，$x_{\alpha_2} = \sqrt[3]{\alpha_2}$，$x_{\alpha_3} = \sqrt[4]{\alpha_3}$，$x_{\alpha_4} = \sqrt[5]{\alpha_4}$
棚屋突变	5	1	$x_{\alpha_1} = \sqrt{\alpha_1}$，$x_{\alpha_2} = \sqrt[3]{\alpha_2}$，$x_{\alpha_3} = \sqrt[4]{\alpha_3}$，$x_{\alpha_4} = \sqrt[5]{\alpha_4}$，$x_{\alpha_5} = \sqrt[6]{\alpha_5}$

3. 突变级数法的一般步骤

运用突变级数法对系统目标进行综合评价的一般性步骤如下。

（1）根据研究目的，将系统指标进行逐层分解以建立递阶分主次的层次结构评价指标体系，一般各指标的二级指标个数不超过 5 个。

（2）在建立递阶分主次的层次结构评价指标体系的基础上，对各目的指标确定相应的突变系统模型（底层指标除外）。突变级数法中常用的突变系统模型主要有尖点型、燕尾型、蝴蝶型和棚屋型（印第安茅舍型）。

（3）对底层指标进行数据标准化处理，使各个指标具有可比性。常用的数据标准化处理方法为极大极小值标准化处理。

（4）利用各突变系统模型的归一化公式对各控制变量进行计算，得到各突变级数值。

（5）根据各控制变量对状态变量的作用方向确定决策原则，若各控制变量相互关联，则为互补原则（取各控制变量的平均值）；若控制变量不关联，则为非互补原则（取各控制变量的最小值）。

（6）重复步骤（4）和（5），对指标体系进行递阶计算，得到总突变级数值，便根据总突变级数值的大小对目标进行综合评估分析。现阶段已有不少研究成果将突变级数评估法引入相关研究领域，诸如运用到海上交通风险预测研究、农产品冷链物流风险评估模型研究、财务信用风险研究等领域。

9.5.5 理论意义

突变论的主要优势如下。

（1）突变论是建立在拓扑、集合、流形等现代数学基础之上，重点研究连续作用下系统不连续突变现象的复杂性科学方法，其理论模型特别适合研究那些内部结构尚未清楚的系统。

（2）突变论的提出有助于我们认识变革管理的真实面貌、理解混沌理论的本质的思想观点，它从全新的视角去认识组织或变革系统过程。

（3）突变论使自然界许多不连续突变现象得以用数学方法进行描述和解释，作为复杂性系统科学的重要分支，极大程度上丰富了该学科理论研究体系。

突变论的局限如下。

（1）由于复杂程度相当大，突变论的相关研究分析鲜有涉及多个（5 个以上）控制变量的复杂系统，所以对于复杂的行为系统，目前的突变论还是存在很大的局限。

（2）突变论作为一门年轻的数学分支与科学研究方法，现阶段对其研究的深度有限，即便是预测最简单的系统行为，其研究仍然具有挑战性。

（3）对于突变论的数学模型，控制变量和系统状态变量的选择是能否成功运用该模型的关键，然而学术界对于此问题在相当多的时候难以确定。

突变论的出现给社会、科学、技术、经济、管理等领域带来了极大的推动和发展，它的观点具有普遍的指导意义，引导着人们在广泛的领域中用突变的观点看问题。然而，其发展只不过短短数十年，现阶段对突变论的相关研究还不够深入，作为一种相当年轻的理论模型和方法，突变论在应用中还有许多问题亟待解决，它的作用还需我们进一步研究和推广。

9.6 超循环理论

日出日落，月盈月亏，大自然以不断反复循环的形式向前迈进；春去秋来，花开花落，生命在循环往返的繁衍中逐步进化。循环是自然界中最为普遍存在的一种现象，所以研究各事物循环的具体规律是科学研究领域不断探索的重要目标。几十年来，伴随着系统科学新三大理论的出现，人们对系统循环的认识也是循序渐进变化着，从平衡向非平衡、线性向非线性、组织向自组织，简单到复杂不断深化。超循环理论的出现，使其与耗散结构论和协同论一起，共同组成了非平衡系统的自组织理论体系，共同揭示了客观世界循环演化的各种奥秘。

9.6.1 理论简介

20 世纪 70 年代初，德国生物物理学家曼弗雷德·艾根（Manfred Eigen）基于分子生物学、进化论、信息论、自组织理论和非平衡热力学等理论基础（图 9-17），认为生命信息的起

图 9-17　曼弗雷德·艾根

源是一个采取超循环形式的分子自组织过程，并提出了一个关于非平衡态系统的自组织现象的理论——超循环理论，用以研究细胞的生化系统、分子系统与信息进化等。超循环理论是建立在生物化学和分子生物学基础上的一门崭新的系统理论，它将贝塔朗菲的生态系统及器官系统的系统论进一步推进到了细胞、分子水平，从而开创了分子系统生物学研究领域。

自然界各生命现象普遍存在许多有酶的催化作用所推动的各种循环过程，而基层循环又构成了更高层次的循环，即超循环（hypercycle）。超循环，是指催化循环在功能上通过循环耦合联系起来的一种循环，也被称为催化超循环。超循环系统是指经循环联系将自催化或者自复制单元连接起来的系统，在此系统中，每个复制单元既能指导自己的复制，又能催化下一个中间物的产生。目前，国内对该理论的研究主要集中在组织学习及创新、战略联盟及网络演化等方面。

9.6.2　理论原理

生命的发展过程可以分为化学进化阶段与生物学进化阶段。生物的进化依赖遗传和变异，核酸和蛋白质是遗传与变异过程中最重要的两类生物大分子。由于所有生命体都使用统一的遗传密码和基本上一致的译码方法，然而译码过程的实现又需要成百上千种分子的密切配合，所以在生命出现的过程中，这些成百上千种分子不可能一起形成并严密地组织起来。因此，在化学进化阶段和生物学进化阶段之间必定存在一个有生物大分子的自组织阶段，而这种分子自组织的形式就是超循环。例如，核酸作为自复制模板，其序列的自复制过程一般不是直接进行，而是通过它所编码的蛋白质去影响另一段核酸的自复制，这种结构便是一种超循环结构。

9.6.3　层次分类

M.艾根所提出的超循环理论侧重对生物化学中循环现象的研究，他将循环现象分为三个不同的层次。

第一个层次为转化反应循环，在整体上它是自我再生的过程。在该循环过程中，通过催化剂 E 的作用，反应物 S 生成了最终产物 P，而产物中又可分离相关的催化剂以构成一个循环系统，该系统中 ES、EP 是其中间产物。在生物化学中，酶的循环就是一种转化反应循环。该循环过程如图 9-18 所示。

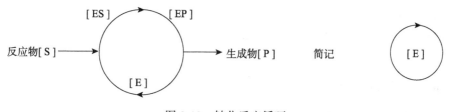

图 9-18　转化反应循环

第二个层次为催化反应循环，在整体上它是个自我复制过程。它比转化反应循环更高一个层次，要求反应循环过程至少有一个中间产物是自催化剂，即中间产物本身又作为催化剂以加速或者延缓反应物的转化。简单自复制单元循环，如 DNA（脱氧核糖核酸）的自我复制，就是一种催化反应循环。该循环过程如图 9-19 所示。

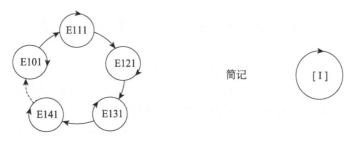

图 9-19　催化反应循环

第三个层次为超循环，即由循环所构成的循环。根据 M.艾根的超循环理论，超循环系统中每个组元不仅可以自复制，而且能催化下一个组元的自复制。然而在实际的超循环组织中，并不要求所有组元都起自催化剂的作用，一般只要求此循环中有一个环节是自复制单元，则此循环就能表现出超循环的特征，即自我再生、自我复制、自我选择、自我优化和向高态进化。该催化超循环过程如图 9-20 所示。

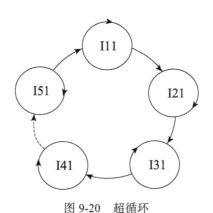

图 9-20　超循环

综上所述，转化反应循环是个自我再生的过程，即催化剂在一个循环结束后又再生出来；催化反应循环是个自我复制过程，即中间产物本身作为一种催化剂而又指导反应物转化成产物；超循环除了自我再生与自我复制外，还可以进行自我选择、优化，从而向更高层次的复杂方向进化。针对生命信息的起源问题，M.艾根提出了超循环理论的概念，并指出核酸与蛋白质的密切合作是通过复杂的复合超循环实现的，以此促使生命的起源及进化。

9.6.4　重要性质

1. 超循环的特性

（1）不可逆性：超循环的结果并不是毫无变化地回到原点，而是到达一个新的起点以开始一种新的循环。所以，超循环是一种发展的、上升的、进化的和深层次的循环，这种循环是一个不可逆的过程。

（2）开放性：超循环并不是处在一个封闭的系统内，而是处于一个开放的系统，通过源源不断地与外界环境进行物流、能量和信息的交换，输出所余、摄入所需，才能维持该循环的正常运转。

（3）催化性：催化的本质在于通过加入少量的物体使化学反应速度大大加快，但其本身并不会发生损耗的一种现象。超循环过程的关键就是通过催化作用来实现自循环和他循环的进行。

2. 超循环的重要性质

（1）超循环在一定程度上可放大或缩小，只要这种变化具有竞争选择的优势。

（2）超循环可使通过循环联系起来的多种单元稳定、受控地共同存在，并可使其共同增长，然而对于不属该循环的复制单元却相互竞争。

（3）超循环一旦出现便可稳定地保持下去。超循环的组织形式是生物大分子形成和进化的基础，该循环组织既稳定又可变异，从而建立了相关密码并构成了相应的细胞。

3. 超循环进化的数学描述

超循环理论指出，具有超循环结构的生物大分子的进化可用数学模型（微分方程）对其加以描述。假设 $x_i(i=1,2,3,\cdots,n)$ 为状态变量，其中 n 为物种个数，则它们在不断复制过程中会有误差产生，这些误差就容易导致优势物种的变异。描述这种进化过程的数学模型为

$$\frac{\mathrm{d}x_i}{\mathrm{d}t} = (A_iQ_i - D_i)\cdot x_i + \sum_j x_j\phi_{ji} + x_i\Omega \quad (i,j=1,2,3,\cdots,n)$$

其中，A_i 是复制率即生成率，Q_i 是复制模板的品质因子即正确复制能力，D_i 是分解率，ϕ_{ji} 为物种 j 到物种 i 的误合成系数即变异系数，Ω 是环境影响因子。所以在这个数学模型（方程组）中包含物种变异的各种影响因素，通过对方程进行分析、数值计算及相关讨论，便可得到有关物种进化的趋势。值得注意的是，当误合成系数 ϕ_{ji} 很小时，则从初始某一物种占优势状态变异到最终另一物种占优势；当误合成系数 ϕ_{ji} 很大时，最终就形成了多个物种并存的状态。这个方程组的出现，为进化问题提供了一种崭新的数学工具。

9.6.5　理论意义

超循环理论的提出主要有以下几点意义。

（1）超循环理论对于大分子生物的形成及进化提供了一种新的模型。这种从生物分子中概括出来的超循环模型对于一般复杂系统分析具有重要的意义。

（2）超循环理论作为复杂性系统科学的重要分支，对研究系统演化规律、系统自组织方式、复杂系统处理等方面都有深刻的影响。

（3）超循环理论的出现不但阐明了生命前细胞的起源及进化规律，而且它基于生物系统超循环提出了非平衡系统的自组织产生及发展规律的理论及方法，极大地丰富了系统科学理论研究体系。

（4）超循环理论的提出不仅有利于人们认识和改造自然及社会，促进社会经济发展，还有利于人类的良性循环，消除不利于人类的恶性循环。

9.7 分形理论

我们所生活的世界是丰富多彩的，连绵巍峨的山川、犬牙交错的海岸、变幻莫测的云团、波涛汹涌的海浪、蜿蜒曲折的江流等，它们都是大自然中十分复杂且不规则的形态，它们不再具有我们早已熟知的数学分析法中的连续、光滑性质。多年来，面对这些千变万化且不规则的形态，人们习惯用传统的欧几里得几何学加以描述，用解析几何、射影几何、微分几何等加以分析。而事实证明，用描述规则的几何理论去解释不规则的几何形态所得到的结果并非科学、合理，由于传统数学已经无法对它们加以描述，经典数学陷入危机，于是一个现代数学的新分支——分形理论便应运而生。

9.7.1 理论简介

分形理论是现阶段十分流行和活跃的新学科、新理论，该理论诞生于20世纪70年代中期，是由美籍数学家曼德勃罗提出来的（图9-21）。曼德勃罗于1967年在美国权威的《科学》杂志发表的著名论文《英国的海岸线有多长？统计自相似和分数维度》中首次提出了分形的概念，并于1982年出版了分形理论的学科奠基之作《大自然的分形几何学》，提出

了让学术界为之震惊的"分形理论"，企图揭示和描述深藏在杂乱无规现象内部的规律及其物理本质，从而开辟了一个全新的物理与数学研究领域，引起了众多学者的极大兴趣。

分形理论最大的特点在于运用分数维度和数学方法描述及分析客观事物，揭示了在一定条件下，世界的局部某些过程或某一方面（如形态、结构、功能和能量等）可以表现出与整体的相似性，它认为空间维数的变化既可以是离散的，也可以是连续的。分形理论自诞生以来被广泛应用于自然科学和社会科学的各个领域，从而形成了许多新的学科生长点，成为非线性科学的重要前沿分支。

图 9-21 曼德勃罗

9.7.2 分形的定义

分形，是指一种具有自相似特性的现象、图形或者物理过程，即组成部分以某种形式与整体相似的几何形态；简单地说，是指系统具有"自相似性"和"分数维度"。分形的主要特性有自相似性与标度不变性，它们的具体内容如下。

（1）自相似性。作为分形理论的核心，它是指某结构或过程的特征从不同的空间尺度或时间尺度来看都是相似的，或者说把目标对象的局部或部分沿各个方向以相同比例放大后，它的形态与整体形态相似。值得注意的是，整体与整体间或者局部与局部间也会有自相似性的存在。通常情况下，自相似性的表现形式较为复杂，并不是部分放大一定倍数后与整体的简单重合。例如，一棵树通常有许多树枝，假如把某根树枝与大树对比，会发现它们在构成形式上相似，而在各树枝之间也表现出明显的自相似性。

（2）标度不变性。标度不变性，是指在分形中任意选取一部分区域，对其进行放大，

由此得到的图形会显现出原图的形态特征。因为在分形中，对目标进行放大或者缩小都不会改变其形态、复杂程度及不规则性等特点，所以分形中的标度不变性又称作伸缩不变性。

对于分形的类别，根据自相似性程度大小，可将其分为有规分形和无规分形。有规分形是指具体有严格的自相似性，诸如三分康托尔集（Cantor set）（图 9-22）、谢尔宾斯基地毯（Sierpinski carpet）、Koch 曲线（图 9-23）等；无规分形是指具有统计意义上的自相似性，如粗表面、海岸线、云团等，现实世界中的分形大都以无规自相似的形式存在。

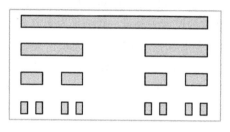
图 9-22　三分康托尔集构造过程

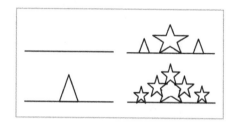
图 9-23　Koch 曲线的生成过程

9.7.3　分形维数测量方法

1. 分形维数的概念

通常情况下，人们将单独一个点看作零维，线看作一维，面看作二维，普通空间看作三维，这都是为人们所熟知的维数，而爱因斯坦在相对论中更是提出了在传统三维空间里引入时间维的四维时空。但对于一些复杂自然现象结构的维数，传统数学却难以进行定量描述，如海岸线、雪花、树枝、云团等。随着人们对分形现象的不断研究，分形维数的概念也逐渐发展起来，它的出现对传统数学无力解释的复杂构形作出了定量描述。分形维数，又称分数维或分形维，它是几何学及空间理论的一种基本概念，在分形理论中被看作分形的定量表征和基本参数。分形维数的数值既可以是整数也可以是小数，它反映了分形体的不规则程度，分形维数越大表示其分布越复杂，反之亦然。

2. 分形维数的测量

对于不同的研究目的及研究方式，分数维有不同的定义且其计算方式也有所不同，在这里我们介绍三种较为常用的分形维数测定方法，它们是拓扑维数、Hausdorff 维数和盒维数。

（1）拓扑维数。对于一个几何体，其拓扑维数等于确定其中一个点的具体位置所需的独立坐标数目。一般地，用尺度为 r 的小盒子去完全覆盖一个 d 维几何对象（设总尺度为单位 1），所需数目 $N(r)$ 与所用尺度 r 满足如下关系式：

$$N(r) = \frac{1}{r^d}$$

通过进一步变形可得

$$d = \frac{\ln\left[N(r)\right]}{\ln(1/r)}$$

其中，d 定义为拓扑维数。

以边长为单位长度的二维正方形为例，假设用尺度大小为 $r = 1/2$ 的小正方形去覆盖，则完全覆盖所需个数 $N(r)$ 与尺度 r 的关系式如下：

$$N(1/2) = 4 = \frac{1}{(1/2)^2}$$

可以发现当 $r = 1/k$ 时也同样适用，如此便证明了上述关系式的正确性。

（2）Hausdorff 维数。通过上述对拓扑维数的介绍可知，它有两个明显特点：一是其维数为整数；二是对于某严格确定维数的几何体，若用与其具有相同维数的尺度去测量，便可得到某一确定的数值 $N(r)$，但若用低于它维数的尺度去测量，其结果为无穷大；若用高于其维数的尺度去测量，则结果为零。例如用单位长线段去测量单位面积正方形，其结果为无穷，说明所用尺度太小；相反，用单位正方形去度量单位线段，则其结果为零，说明所用尺度太大。所以，对于分形几何对象，需将其拓扑维数的定义进一步推广到分形维数。其数学表达式为

$$N(r) = r^{-D_\text{H}}$$

对其两边取自然对数得

$$D_\text{H} = \frac{\ln\left[N(r)\right]}{\ln(1/r)}$$

式中的 D_H 就是 Hausdorff 分形维数，简称为分维，它是基于 Hausdorff 测度而建立起来的一种分形维数，它是分形几何维数理论的基础。它既可以是整数，也可以是分数，对于某具体分形，其 D_H 大于其拓扑维数（所有分形的分维都大于其拓扑维数）。值得注意的是，通常 Hausdorff 分形维数的计算相当复杂。

（3）盒维数。盒维数，又称盒计数维数，是现阶段应用最为广泛的一种分形维数，计算一个分形的盒维数相对比较简单。可将其定义为：用边长为 r 的小盒子（可以方或圆的）紧邻地将分形 A 完全包含覆盖起来，设 $N(r)$ 为包含 A 所需的最小盒子数，则有

$$D_0 = \lim_{r \to 0}\left(\frac{\log N(r)}{\log(1/r)}\right)$$

其中，D_0 为分形 A 的盒子维。虽然盒维数的计算看似简单，但是对于高维问题，其计算量也将迅速上升，导致难以得到收敛结果。

除了上述三种分维数之外，其他还有熵维数、信息维数、对数维数、容量维数和柯尔莫哥洛夫熵等。

9.7.4 分形理论的应用

分形理论在近年得到了迅速的发展，它的出现对各学科的影响是巨大的。分形理论在物理学、生物学、天文学、化学、材料学、计算机图形技术、信息科学和经济学等领域都有非常广泛的应用。例如在图像处理方面，可将分形理论应用于图像分割、目标识别、图像压缩和图像分析及合成；在计算机上可实现自然景物的模拟、动画制作等；在影视中可生成奇峰异谷、独特场景等；在经济学中可将其运用于股票价格变动、收入分布和期货价格行为等；还能运用分形方法进行房屋装潢设计、时装设计等。近年来，用分形理论原理

对城市进行管理也是正在崛起的一个管理科学分支，城市建筑、商业网点布局、基础设施建设、高速公路信息建设等在一定程度上满足了分形结构的理论研究范畴。可见，在知识经济社会的今天，分形理论将成为管理科学的基础。

分形理论作为复杂性科学的一个重要分支，虽然其历史只有短短几十年，但是该理论被广泛应用于自然科学和社会科学的几乎全部领域，是现阶段国内外研究的热点学科及前沿课题。作为一种新的概念和方法，它的出现使人们对于非线性世界中的许多难题可用新的观念及方法给予描述，它不仅可以揭示复杂现象及事物背后所隐藏的相关规律，还为探索复杂事物开辟了一个新方向。分形理论中的分形几何学不仅让我们享受艺术与科学的融合、艺术与数学的统一所带给我们的美，还有其深刻的科学方法意义。

目前分形理论正处于迅速发展之中，尽管对分形的研究取得了一些重要成果，并使该学科在理论上初见雏形，但它的理论研究体系并未成熟，还需从事这一领域的工作人员进一步研究。

9.8　自组织临界性

"自组织临界性"是巴克（Per Bak）及其同事于 1987 年提出的概念，它具有时空演化特性，是复杂动力学系统中关于时空自由度的重要概念。这种复杂动力系统的大量组元间存在的竞争与合作等相互作用，使系统向临界状态演化。在临界状态下，小事件能引起连锁反应事故，并对系统中部分组元产生影响。遍及整体的连锁反应是系统动态行为的本质。在宏观表现上，小事件的发生比大事件的发生要多。处于自组织临界特性的系统，其功率谱具有典型的 1/f 噪声性质，即规模与频率间满足幂律（power-law）关系，这种关系被认为是自组织临界特性的数学表征。

20 世纪 80 年代，圣塔菲研究所在人工生命的研究中提出了"混沌边缘"的概念，在对人工生命模型的计算机仿真中，发现在有序和混沌之间存在一个相变阶段。在这个层次中，系统的行为在一定条件下会出现适应和自组织的复杂现象。这种现象在关联论（connectionism）一类模型，如元胞自动机、基因网络中都表现出某种普遍性。混沌边缘概念所阐述的现象在生命、生态、社会系统中也都有所表现。混沌边缘表现出某种临界的状态。系统通过自身的适应和自组织而达到混沌边缘。自组织临界性状态被认为是在混沌的边缘。混沌边缘是指处于周期区和混沌区之间的一个极窄的区，此区正好位于有序和混沌之间的转变点（或临界点）上，为此 Packard 和 Kauffman 称之为混沌边缘，而 Bak 则称它为弱混沌（weak chaos），认为它是自组织临界性所致。通过计算机仿真表明，自组织临界性和混沌边缘二者是相通的，处于自组织临界状态的系统正好位于混沌的边缘。Kauffman 的研究进一步指出，远离平衡的广延耗散动力系统自我协调，自发地通过自组织过程演化而最终均衡且归宿于混沌边缘，并涌现出自组织临界性。

弱混沌现象和完全混沌现象具有明显的区别：混沌系统对初值非常敏感，一个小的初始扰动会随时间而出现指数式的增长，因此，这种不确定性使得对大系统的长期预测成为不可能。弱混沌系统行为的不确定性随时间延长而增长，但增长速度比完全混沌系统的增长速度要慢得多，是呈幂律规律而不是像混沌系统那样呈指数规律增长，系统在混沌边缘演化。对于具有弱混沌现象和自组织临界特征的系统，它不存在这样的时间尺度，事件之间存在着时间上的长程相关性，具有记忆能力，因而具有可预测性。自组织临界性虽然对扰动也很敏感，但不是对所有扰动都敏感，只有处于临界状态的个别组分才会出现长程关联，而且系统状态不受初值条件的影响，所以 Bak 称自组织临界性为弱混沌，但并不等同于混沌，弱混沌是系统进入完全混沌状态的前期区域，只是说它在某些方面具有混沌的性质，如有序性和扰动的剧烈性。

经济系统既不处于稳定的亚临界状态，也不经常处于混乱的超临界状态，而是处于介于二者之间的一种自组织临界状态。企业系统包含大量的元素，元素相互之间发生复杂的非线性作用。并且企业是开放的系统，外部环境不断地向系统提供信息和物质，而企业也向外部环境耗散物质和信息。企业中也存在大量的服从幂次分布的现象，如商品价格波动等。企业系统在内外部环境的复杂作用下能够自发地朝着临界状态演化，在临界区域，一个小的扰动会导致系统的宏观涨落或是突变，企业易于出现危机。如果子系统之间存在协同效应，则系统能够有效预防和消除自组织临界性产生的不利影响，并扩大有利影响。

附录

1. Logistic 混沌映射

```
clear all
a=input('a=');
x=input('x0=');
n=input('n=');
x1=linspace(0, 1, 100);
plot(x1, a*x1.*(1-x1), '-b', x1, x1, '-g')
hold on
for i=1:n;
    y=a*x*(1-x);
    pause
    line([x x], [x y], 'color', [1 0 0]);
    pause
    line([x y], [y y], 'color', [1 0 0]);
    x=y;
end
```

2. Logistic 映射下的 Lyapunov 指数

```
clear all;clc;
i=0;
for u=0:0.01:4
i=i+1;
x=0.05;
y=0;
for j=1:100
x=u*x*(1-x);
end
for k=1:200
x=u*x*(1-x);
```

```
y=y+log(abs(1-2*x));
end
Le(i, 1)=u;
Le(i, 2)=log(u)+y/200;
end
plot(Le(:, 1), Le(:, 2), 'linewidth', 2);
hold on;
n=0:0.001:4;
plot(n, 0, 'k', 'linewidth', 3)';
xlabel('¦Ì');ylabel('¦Ë');
```

 本章小结

对于经济类、管理类专业的学生或是文科类专业的学生来说，刚刚接触复杂性科学时往往会觉得它比较抽象，难以理解。如果深入了解，就会发现其实它很有趣，它向我们展现了一种与众不同的管理思维。对于文科生来说，如果你觉得复杂性科学里面的数学推导难以理解，这也无关紧要；只是理解它的思想，也会让人受益匪浅。本章的要点包括复杂系统的特征、耗散结构、协同学、混沌理论、突变论、超循环理论、分形理论等。

重要概念和术语

复杂性（complexity）

复杂系统（complex system）

涌现性（emergence）

自适应性（self-adaptation）

耗散结构（dissipative structure）

涨落（fluctuation）

协同学（synergetics theory）

序参量（order parameter）

周期 3 意味着混沌（period three implies chaos）

对初值的敏感性（sensitive dependence on initial conditions）

Lyapunov 指数（Lyapunov exponent）

Logistic 映射（Logistic map）

Tent 映射（Tent map）

突变论（catastrophe theory）

突变级数法（catastrophe progression method）

超循环理论（hypercycle theory）

分形理论（fractal theory）

自组织临界性（self-organized criticality）

1. 什么是复杂系统的涌现性？
2. 对于企业系统来说，要想形成耗散结构需要具备什么样的条件？
3. 简述序参量的形成过程。
4. 请用初值的敏感性来解释蝴蝶效应的原理。
5. 分形的主要特性有哪些？分形能够应用在哪些领域？

案例分析

网络舆论危机

随着互联网产品或服务的普及，包括网络新闻资讯、搜索引擎、朋友圈、公众号、网络视频、网络社区、BBS（公告板系统）论坛、电子商务、网络游戏、在线营销等多种形式，网络舆论的传播变得非常快速，传播范围非常广泛。负面的舆论可能会产生舆论危机，舆论危机可能误导或伤害广大的网民，事件容易被放大传播，话题难以控制，从而影响整个互联网行业的健康发展。网络舆论危机产生的原因包括以下几种：自然因素、散布谣言、不当竞争行为、内部管理失误、突发事件、竞争对手攻击、负面炒作等。

危机管理的根本目的在于通过建立有效的危机预防与处理机制来规避和及时处理危机，从而减少可能遭受的损失。网络舆论危机公关处理的原则尤为重要。坚持正确的公关原则，才能避免网络舆论危机的进一步恶化，逐步削减危机事件的影响，避免舆论范围的扩大。应建立一套完善的网络舆论危机处理机制，通过及时、公正地公布危机事件的真实原因和最新动态，引导公众舆论走向积极的方面。通过危机预警机制，可以对相关的网络舆论进行有效的监测、引导和管理，将危机控制在萌芽状态。

案例分析思路

请综合运用复杂性科学的理论知识，分析网络舆论危机事件的发展过程，提炼危机事件临界状态的特征，简要分析网络舆论危机的防范和处理方法。

 本章推荐阅读资料

[1] 吴彤. 自组织方法论研究[M]. 北京：清华大学出版社，2001.
[2] 苗东升. 复杂性科学研究[M]. 北京：中国书籍出版社，2015.
[3] 颜泽贤，范冬萍，张华夏. 系统科学导论——复杂性探索[M]. 北京：人民出版社，2006.
[4] 吕金虎，陆君安，陈士华. 混沌时间序列分析及其应用[M]. 武汉：武汉大学出版社，2002.

第 10 章

结构方程模型

 学习目标

1. 理解结构方程模型的原理和适用条件。
2. 能够针对具体的管理问题构建结构方程模型。
3. 熟悉一个处理结构方程模型的软件，并会分析运算结果。

 引例

学业成就分析

在对大学生学业成就的分析中，其影响因素很难通过一两个变量直接给予解释，当变量较多，同时变量之间的关系又比较复杂时，就需要一个行之有效的定量工具来进行处理。相对于传统的统计方法，结构方程模型是一种可以将测量与分析整合为一的计量研究技术，它可以同时估计模型中的多个测量指标和潜变量。

在"大学生学业目标与自主性对学业成就的影响研究"中，针对大学生在学业和友谊两个发展领域的自主性对学业目标与学业成就的影响机制进行分析。该研究随机选取武汉部属大学 580 名学生为施测对象，采用问卷法进行随机抽样调查。对自主性与大学生学业目标、GPA（平均学分绩点）、学业能力建立结构方程模型，模型表明学业自主对学业目标和自我觉知的学业能力有较强的预测作用，同时也能正向预测 GPA；同样，学业外控也能预测这三者。这说明对该研究而言，学业目标的确定程度既受到个人主观意愿的影响（进入大学要努力学习等），又受外在因素（如家庭压力等）的要求。研究还发现，大学阶段良好的友谊自主水平可以对其学业目标的形成产生积极作用，但不能影响其对自身学业能力的评价；相反可能会因为外部原因而提升对自身学业能力的评价，如社会舆论认为大学生就应该有好的学业能力等。

视频：结构方程模型

资料来源：

[1] 邱皓政. 结构方程模式：LISREL 的理论、技术与应用[M]. 2 版. 台北：双叶书廊， 2011.

[2] 张钊. 大学生学业目标与自主性对学业成就的影响研究[J]. 学校党建与思想教育，2013
（3）：42-44.

10.1　结构方程模型概述

1. 结构方程模型的基本概念

结构方程模型早期又被称为线性结构方程模型（linear structural relationships，LISREL），是社会学研究中常用的实证研究方法，广泛应用于数据分析与模型检验。它起源于 20 世纪 20 年代遗传学者 Eswall Wrihgt 发明的路径分析。结构方程是一门基于统计分析技术的研究方法学，用以处理复杂的多变量研究数据的探究与分析。一般而言，结构方程模式被归类于高等统计学，属于多变量统计（multivariate statistics）的一环，但是由于结构方程有效整合了统计学的两大主流技术——因素分析与路径分析，同时应用范围相当广泛，因此在瑞典籍的统计学者 Karl Jöreskog 于 20 世纪 70 年代提出相关的概念并首先发展分析工具 LISREL 软件之后，结构方程模型的应用越来越广泛。20 世纪 70 年代，其开始应用于心理学、社会学等领域，80 年代初与计量经济学密切相连，现在 SEM 技术已经广泛运用到众多的学科。

结构方程模型是基于协方差矩阵（covariance matrix）的多重变量统计方法，用于检测和验证理论模型中观测变量（manifest variable）和潜变量（latent variable）之间及潜变量与潜变量之间的假设关系。它是在已有的因果理论基础上，用与之相应的线性方程系统表示该因果理论的一种统计分析技术，其目的在于探索事物间的因果关系，并将这种关系用因果模式、路径图等形式加以表述。与传统的探索性因子分析不同，在结构方程模型中，可以提出一个特定的因子结构，并检验它是否吻合数据。另外，通过结构方程多组分析，还可以了解不同组别内各变量的关系是否保持不变，各因子的均值是否有显著差异。结构方程模型可以替代多重回归、通径分析、因子分析、协方差分析等方法。

2. 结构方程模型的优点

1）SEM 可同时处理多个因变量

结构方程可以将众多因变量同时考虑，探寻众多因变量之间的关系，这对传统的统计方法只能探寻一对一变量之间的关系做了重大改进。

2）SEM 中自变量和因变量存在测量误差可以被允许

结构方程中的自变量和因变量在统计的过程中难免会存在或多或少的误差，结构方程模型允许这样的误差存在。

3）SEM 容许同时估计因子结构和因子关系

要了解潜变量之间的相关性，每个潜变量都用多指标或题目测量。常用做法是：首先，用因子分析计算机每一潜变量（即因子）与题目的关系（即因子负荷），将得到的因子得分作为潜变量的观测值；其次，计算因子得分的相关系数，将其作为潜变量之间的相关性。这两步是同时进行的，即同时考虑因子与题目之间的关系以及因子与因子之间的关系。

4）SEM 相较于传统方法，可以使用弹性更大的测量模型

传统的因子分析难以处理一个指标从属于多个因子的情形。但应用 SEM 可以构建更加复杂的模型。

5）SEM 可对潜变量间的关系进行设计，并估计出拟合度

传统的路径分析只估计每一路径（变量之间关系）的强弱。在结构方程分析中，除上述参数估计外，还能计算不同模型对同一样本数据的整体拟合程度，据此判断哪一个模型更接近数据所呈现的真实关系。

3. 结构方程模型的缺点

1）SEM 是一种验证性技术而非探索性技术

SEM 不能深入探索事件的内在本质规律，也不能用于开发全新的理论，因此 SEM 只能在理论构想的前提下来说明变量之间的关系，而不能通过它来发现事物之间的因果关系。例如做模型分析，如果最终选定了某种模型，这个模型只是在一定理论下所修正的模型中最好的，但却不能保证它是所有的模型中最好的。

2）SEM 并不能验证模型正确性

即使 SEM 通过了检验，但这并不能说明模型完全正确，而只是表示没有理由拒绝该模型，其在一定程度上是合理有效的。而且模型必须在多组样本数据的分析基础上建立并通过多组样本数据的检验，且给定的模型可能会产生无法解释的结果。

3）SEM 的不可控因素较多

其受限于样本量大小，过大过小的样本均会影响后续模型拟合，需要用相对合适的数量大小样本进行分析，而且问卷测量过程中的人为影响较大，不可控因素较多。

10.2 结构方程模型的构成

1. 测量模型

测量模型（measured model）有观察变量、潜变量。观察变量有时又称为指标变量、显性变量或者显变量，是可以由量表或测量工具所得的数据，如收入、满意度等；潜变量无法直接测量，因而需要由观察变量测得的数据资料来反映，如企业战略、心理变化等。而潜变量是可以用观察变量来加以构建的。观察变量通常以长方形或方形符号来表示，而潜变量通常以椭圆形或圆形符号来表示。

外生变量（exogenous variable），是指作为一种变量，它只具有解释变量的功能。它们在系统或模型中不受到其他变量的作用，只影响其他变量。在路径图中，外生变量不存在指向它的箭头，而存在由它指向其他变量的箭头。

内生变量（endogenous variable），是指该模型所要确定的变量或者模型所要研究的变量。在路径图中，只要存在指向它的箭头，它就是内生变量。

潜变量包括外生潜变量和内生潜变量。

测量模型的回归方程如下：

$$x = \Lambda_x \xi + \delta$$
$$y = \Lambda_y \eta + \varepsilon$$

式中，x 为由外生指标组成的向量；y 为由内生指标组成的向量；Λ_x 为外生指标与外生潜变量之间的关系；Λ_y 为内生指标与内生潜变量之间的关系；δ 为外生指标 x 的误差项；ε 为内生指标 y 的误差项；η 为内生潜变量；ξ 为外生潜变量。

2. 结构模型

结构模型（structural model）是对潜变量间因果关系模型的说明，作为因的潜变量即称为外因潜变量（或外生潜变量、潜在自变量、外衍潜变量）；作为果的潜变量即称为内因潜变量（或内生潜变量、潜在因变量、内衍潜变量）。

结构模型的回归方程如下：

$$\eta = B\eta + \Gamma\xi + \zeta$$

结构方程是表示潜变量与潜变量之间关系的方程组。

式中，B 为路径系数，表示内生潜变量之间的关系；Γ 为路径系数，表示外生潜变量对内生潜变量的影响；ζ 为结构方程的残差项。

模型假设：

（1）测量方程误差项 ε、δ 的均值为零。

（2）结构方程残差项 ζ 的均值为零。

（3）误差项 ε、δ 与因子 η、ξ 之间不相关，ε 与 δ 不相关。

（4）误差项 ζ 与因子 ξ、ε、δ 之间不相关。

3. SEM 分析流程

结构方程模型是一种非常通用的、重要的线性统计建模技术，通常进行的是实证性研究（confirmatory study）。结构方程模型的基本思路是：首先根据先前的理论和已有知识，经过推论和假设形成一个关于一组变量之间的相互关系模型，然后经过问卷调查，获得一组观测变量数据和基于此数据而形成的协方差矩阵（也称样本矩阵）。结构方程模型就是要将假设模型与样本矩阵的拟合性进行验证，如果假设模型能拟合客观的样本数据，说明模型成立；否则就需要修正模型，如果修正之后仍然不符合拟合指标的要求，就要否定假设模型。SEM 分析流程如图 10-1 所示。

4. SEM 的前提假定

要想得到优良的估计结果，结构方程模型的数据必须符合有关的前提假设。

1）样本含量的要求

在通过 SEM 进行分析时，要想获得可靠稳定的数据结果，样本的数量必须达到一定水平，各种拟合指标、分布、检验及其功效才有意义，才能对模型进行合理的评价。

2）数据的分布

SEM 分析时要求数据应当服从多元正态分布。

3）非线性与交互效应情况

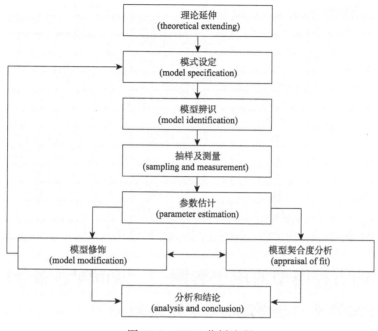

图 10-1　SEM 分析流程

尽管在实际研究及应用中，其研究热点一直是线性模型，然而研究者在诸多研究状况下发现，潜变量很可能存在非线性关系，这些数据并不能被线性模型完全解释。为了有效解释潜变量的非线性关系，可以把线性结构方程模型转化为非线性的结构方程模型。

5. 模型整体评价标准的选择

获取参数估计值就表示会得到一个特定的理论模型。需要对模型进行评价，以此来明确这个特定模型拟合实际数据的程度，至少需要从两方面进行评价。

（1）检验模型中含有的参数是否拥有统计学上的意义。

（2）评价模型整体的拟合程度。

其中，拟合指数是评价模型整体拟合程度的主要指标，同时存在很多拟合指数，每个指数的具体意义和计算方式不尽相同。

基于拟合函数，可以计算出绝大部分的拟合指数。自由度反映了模型的复杂程度，模型越简单，自由度越多；相反，模型越复杂，自由度越少。其中能最直观反映模型和数据拟合程度的指标为 χ^2 值，χ^2 值越大，说明模型与数据拟合效果越低。但 χ^2 值易受到样本含量影响，也就是说，在 N 较大时，χ^2 值也会很大；在 N 较小时，χ^2 值则会很小。所以，许多学者陆续设计出几十个拟合指数。这几十个拟合指数大体可以被分为节俭拟合指数（parsimony fit index）、相对拟合指数（comparative fit index）、绝对拟合指数（absolute fit index）、信息标准指数（information criteria index）（表 10-1）。

表 10-1　SEM 适配度的评价指标及其评价标准

指数名称		评价标准
绝对拟合指数	χ^2	卡方分布越小越好
	GFI	拟合优度指数应大于 0.9
	AGFI	调整的拟合优度指数应大于 0.9
	RMR	均方根残值应小于 0.05，越小越好
	SRMR	标准均方根残值应小于 0.05，越小越好
	RMSEA	近似均方根残差应小于 0.05，越小越好
相对拟合指数	NFI	规范拟合指数应大于 0.9，越接近 1 越好
	TLI	塔克-刘易斯指数应大于 0.9，越接近 1 越好
	CFI	比较拟合指数应大于 0.9，越接近 1 越好
	IFI	递增拟合指数应大于 0.9，越接近 1 越好
信息标准指数	AIC	最小信息准则越小越好
	CAIC	一致最小信息准则越小越好

10.3　结构方程模型的应用案例——城市配送服务质量、供应商、顾客关系与顾客满意度关系模型

1. 案例背景

城市配送是指在城市范围内进行的配送业务活动，它已经成为支持整个城市经济发展的重要手段。为了更好地发挥城市配送的作用，应该从满足顾客要求的角度对其服务水平进行提高和完善。为此，首先必须分析城市配送服务质量对顾客满意度的影响程度以及城市配送服务质量所包含的维度，以便找出城市配送服务中的薄弱环节并作出相应的改进。

作为城市物流的一个组成部分，城市配送一直被看作连接生产和消费的必要环节。20 世纪 90 年代，有关物流的研究开始分析物流配送质量并由此产生了物流服务顾客满意和顾客忠诚的概念。物流业是典型的以服务为基础的产业，因而作为物流业重要环节的城市配送，其服务特性也很明显。但是，有关城市配送质量及其与供应商-顾客关系（SCR）、顾客满意度（CS）关系的研究成果还比较少，而顾客满意度、供应商-顾客关系又会直接影响到企业绩效如市场份额、收入和利润等。了解城市配送的现状，特别是服务质量（SQ）和顾客满意的情况，通过对其内在关系的分析，能够为城市配送服务企业改进服务质量、提升顾客满意度提供可以借鉴的有效管理策略，从而促进城市配送的进一步发展。

2. 研究假设

结合现有理论和实践，我们发现城市配送服务质量对于顾客满意度和供应商-顾客关系有重要影响，而顾客满意度和供应商-顾客关系之间也存在着互相影响关系。因此，本研究提出了相应的假设关系。

由现有的研究成果可知，服务质量会直接影响顾客满意度。因而，本研究提出的第一个假设是：

H_1：城市配送服务质量对顾客满意度有显著影响。

关系营销的观点认为，在竞争日益激烈的市场中，企业的成功依赖于建立并发展与顾客长期关系的能力。良好的服务质量可以降低顾客对交易的不确定感，并且可以决定买卖双方继续交易的概率。美国质量管理大师菲利普·克劳斯比等的研究结论认为，良好的服务质量是良好关系的一个基本前提。城市配送服务质量能够在相对较长的时间内吸引和保留顾客，因而有助于建立良好的供应商-顾客关系。因此，提出的第二个假设是：

H_2：城市配送服务质量对供应商-顾客关系有显著影响。

有关供应商-顾客关系的大量研究和实践均表明，顾客满意度是供应商-顾客关系的重要影响因素。而供应商-顾客关系反过来又可能会影响到顾客满意度。因此，本研究认为供应商-顾客关系与顾客满意度之间是相互影响的。对二者之间的关系所做的假设如下：

H_3：顾客满意度对供应商-顾客关系有显著影响。

H_4：供应商-顾客关系对顾客满意度有显著影响。

而城市配送服务质量与五个维度（详见下文）之间的关系由下面 5 个假设表示。

H_5：可靠性对城市配送服务质量有显著影响。

H_6：响应性对城市配送服务质量有显著影响。

H_7：保证性对城市配送服务质量有显著影响。

H_8：移情性对城市配送服务质量有显著影响。

H_9：有形性对城市配送服务质量有显著影响。

3. 变量定义和结构模型

作为一种"体验"产品，城市配送服务是无形的，而且对它进行评价只能在接受服务之后。顾客的感受具有很高的不确定性，须通过特定的质量信号或服务特性进行定量评价。根据城市配送行业的特点，对评价服务质量的 SERVQUAL 模型中的测量指标进行适当调整，从以下五个维度对服务质量进行全面评价。

（1）可靠性：城市配送企业能够可靠并准确地完成所承诺服务的能力。

（2）响应性：城市配送企业主动为顾客提供快捷服务的能力。

（3）保证性：城市配送服务人员的知识水平和礼貌程度以及使顾客信任他们的能力。

（4）移情性：城市配送企业为顾客提供的关怀和个性化服务。该维度还包括服务的便利性、沟通以及对顾客的理解。

（5）有形性：城市配送企业的实体设施、设备、商店的内部环境及工作人员的外表。

本研究中的顾客满意度是顾客对配送企业所提供服务的整体感受。顾客满意度理论的基础是心理学中的"差异模式"（disconfirmation model）。根据这一模式，顾客满意水平受两个因素的直接影响，一是感知质量，二是顾客期望。本研究根据 Carman 建议的方法直接询问顾客对所接受的城市配送服务的感知和期望之间的差值，将"实际接受的服务符合自己的期望（y_1）"作为顾客满意度的一个观测变量。作为一个主观性很强的指标，顾客满意度在一定程度上还可以通过顾客投诉率来反映。据调查，很多企业都忽视了大量顾客的不满，美国 TARP 市场调研公司（Technical Assistance Research Program Institute）对顾客的不满意水平进行了进一步的研究。研究结果显示，在不满意的顾客中，只有 4%的顾客会向企业提出抱怨。因此，"没有针对配送服务质量进行过投诉（y_2）"是顾客满意度的另一个观测变量。

关系营销理念为物流行业指出了发展的新思路。关系营销强调顾客与企业的长期关系，将价值创造看作交易双方共同努力的成果。由于关系营销重点研究如何与顾客建立长期关系，本书将"与配送企业之间的合作时间（y_3）"作为衡量供应商-顾客关系的一个观测变量。此外，顾客是否愿意继续与配送企业合作，从动态角度反映了二者之间的关系，因而本研究将"未来准备继续与该企业合作（y_4）"作为供应商-顾客关系的另一个观测变量。本研究采用 17 个观测变量来反映各个结构变量，各变量的含义如表 10-2 所示。

表 10-2　各变量的含义

结构变量	观测变量
可靠性（ξ_1）	送达的时间准确度高（x_1） 没有出现丢失、错件和损坏（x_2） 出现丢失或损坏后的理赔情况（x_3）
响应性（ξ_2）	业务办理方便快捷（x_4） 投诉解决速度（x_5）
保证性（ξ_3）	能很好地满足顾客需求（x_6） 人员态度热情友好（x_7）
移情性（ξ_4）	主动告知顾客所需的信息和业务流程及所需时间（x_8） 为方便顾客而作出某些调整（x_9） 在服务过程中为顾客着想（x_{10}）
有形性（ξ_5）	运输工具先进快捷（x_{11}） 服务人员的着装仪表得体（x_{12}） 网站和支持系统使用方便（x_{13}）
城市配送顾客满意度	实际接受的服务符合自己的期望（y_1） 没有针对配送服务质量进行过投诉（y_2）
供应商-顾客关系	与配送企业之间的合作时间（y_3） 未来准备继续与该企业合作（y_4）

本研究采用结构方程模型，利用这种方法不但能研究观测变量，而且能研究隐变量的关系；不但能研究变量间的直接作用，还可研究变量间的间接作用，将其作为研究城市配送服务质量评价以及各个因素之间影响关系的方法论基础。

将上述的变量通过 AMOS 软件进行计算。AMOS 21.0 让结构方程模型变得容易。它拥有的直观的拖放式绘图工具，能够快速地以演示级路径图定制模型而无须编程。

使用 AMOS 比单独使用因子分析或回归分析能获得更精确、丰富的综合分析结果，AMOS 在构建方程式模型过程中的每一步骤均能提供图形环境，只要在 AMOS 的调色板工具和模型评估中以鼠标轻点绘图工具，便能指定或更换模型。通过快速的模型建立来检验变量是如何互相影响以及为何会发生此影响。

视频：AMOS 与 SEM

同时，AMOS 处理缺失值的最大特色就是拥有 Full Information Maximum Likelihood,

即使资料不完整，AMOS 也不会遗漏任何一个情况，并且会自动计算正确的标准误及适当的统计量，降低估算值偏差。

AMOS 使用非常简易但功能强大。

AMOS 具有方差分析、协方差、假设检验等一系列基本分析方法。

AMOS 的贝叶斯和自抽样的方法应用，是 AMOS 最具特色的方法，也是较为前沿的应用，在一定程度上克服了大样本条件的限制，当样本低于 200 甚至是低于 100 时，贝叶斯方法的结果仍然比较稳定，尤其是 MCMC 的结果，该方法也可以提供路径分析间接效应的标准误，这在中介效应的使用方面特别有用，还可以观察估计参数的先验概率分布和事后概率分布，并进行人为设定。另外 bootstrap 也提供类似模拟的标准误，而且提供 bootstrap 的 ADF（渐近分布自由）、ML（最大似然）、GLS（广义最小二乘）、CLS（条件最小二乘）、ULS（无加权最小二乘）等参数估计的方法。另外也为时间序列数据提供自相关图用于侦察序列相关。

AMOS 提供方程检验的统计指标也是很丰富的，需要强调的是有些指标，如 SRMR 等需要自行设置才能提供，另外比较重要的指标如 RMSEA（root mean square error of approximation，近似误差均方根）的检验需要在 figure caption 里进行设置。

AMOS 可以实现曲线增长模型，这种模型主要用于追踪数据，研究随时间变化的规律，AMOS 在这方面的发展很好，包括高阶曲线增长及其衍生的模型。不过同样在基于多层线性模型的曲线增长模型上无法实现。

其他的模型如混合建模、非递归模型等在 AMOS 里均有实现。同时 AMOS 高版本提供程序的透明性、可扩展性，对 VB、SAS 等软件提供接口，为其程序编写带来很大的便利，也拓展了应用范围。

AMOS 软件的操作界面如图 10-2 所示。

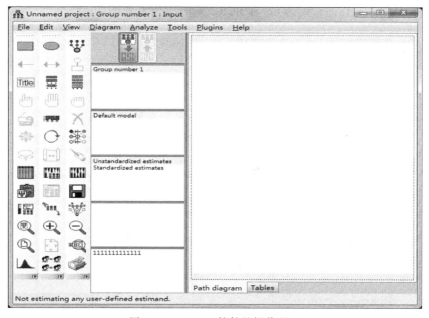

图 10-2　AMOS 软件的操作界面

其中各种功能的含义如表 10-3 所示。

表 10-3　AMOS 操作中主要按钮的功能

按钮	功能	按钮	功能	按钮	功能
	绘制观察变量		移动物件		物件特性设定
	绘制潜变量		删除物件		物件移转
	绘制变量指标		改变物件形状		保持对称性
	绘制因果关系		旋转潜变量指标		选择区域放大
	绘制相关关系		指标变量镜射旋转		放大物件
	增加残差变量		移动参数值		缩小物件
	标题		重新部署路径图		显示整页
	列出模式中的变量		变量微调		调整路径图
	列出资料中的变量		选择资料库		放大局部路径图
	选择单一物件		分析属性设定		多群组分析
	选择所有物件		计算估计值		打印路径图
	解除所有选择物件		复制路径图到剪切板		复原
	复制物件		存储路径图		模式界定搜寻

构建的具体结构方程模型如图 10-3 所示。说明 SQ 对 CS 和 SCR 既有直接的影响作用，又有间接的影响作用，因为 CS 和 SCR 之间也是互相影响的。

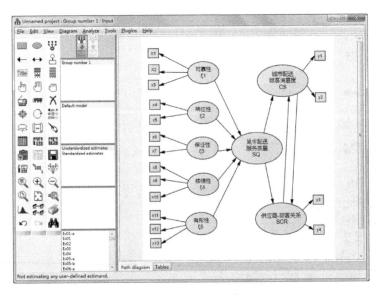

图 10-3　结构方程模型

本研究的观测变量（除 Y 以外）采用李克特 9 点量表法进行打分，1 表示"非常不同意"，9 表示"非常同意"。为了与其他观测变量保持量纲的一致性，本研究将合作时间分为 9 个区间，不同的区间对应不同的分值，具体关系如表 10-4 所示。考察各因子的构成，检验各因子的信度和效度，进行验证性因子分析（CFA）和结构方程分析，通过路径图直观地显示变量间的关系，分解相关系数，来考察一个变量对另一变量的直接作用和间接作用，探讨各变量之间的关系，验证这种结构关系的合理性。

表 10-4　相关系数

分值	1	2	3	4	5	6	7	8	9
合作时间 y_3（月）	≤3	4～6	7～9	10～12	13～15	16～18	19～21	21～24	≥25

4. 分析结果

本研究选取了 4 家配送企业作为实证分析的对象，样本数据来自 4 家公司的 350 名顾客所做的调查问卷。经过检验，Cronbach α 系数都超过了 0.7，说明研究量表具有较好的内部一致性信度。对 17 个测量项目进行探索性因子分析显示，KMO 值为 0.831（>0.8），其中 Bartlett's 球状检验的显著水平也达标（sig=0.000<0.05），故可以进行 CFA。

结构方程模型的最终拟合状况如表 10-5 所示。

表 10-5　结构方程模型的最终拟合状况

模型参数	χ^2	df	ρ	χ^2/df	CFI	GFI	AGFI	NFI	IFI	RFI	RMSEA
输出值	256.72	144	0.746	1.78	0.95	0.84	0.95	0.94	0.95	0.93	0.054

表 10-5 显示，经过修正后，最终模型的卡方值为 256.72，自由度为 144，ρ 值为 0.746，拟合优度指数（GFI）为 0.94，规范拟合指数（NFI）为 0.94、非范拟合指数（RFI）为 0.93、增量拟合指数（IFI）为 0.95 和比较拟合指数（CFI）为 0.94，也较好，反映了数据与模型之间有较好的拟合度。调整后的均方根指数 RMSEA 为 0.054，说明结构方程模型符合或者超过推荐的水平。统计量与自由度的比值 1.78 也表明拟合程度合适。分析结果表明，本研究提出的结构方程模型对数据的拟合状况良好，效度较高。反映各个内生变量之间结构关系的标准化路径系数如表 10-6 所示，P 值均小于 0.05，说明 9 条假设路

表 10-6　反映各个内生变量之间结构关系的标准化路径系数

假设	路径关系	直接效用	间接效用	总效用	检验结果
H_1	SQ→CS	0.41**	0.08	0.49	支持
H_2	SQ→SCR	0.31*	0.26	0.57	支持
H_3	CS→SCR	0.63***			支持
H_4	SCR→CS	0.26*			支持
H_5	可靠性→SQ	0.53**			支持
H_6	响应性→SQ	0.72***			支持
H_7	保证性→SQ	0.43**			支持
H_8	移情性→SQ	0.67***			支持
H_9	有形性→SQ	0.45**			支持

注：路径系数为标准化值；*表示显著性水平为 0.05；**表示显著性水平为 0.01；***表示显著性水平为 0.001。

径都通过了显著性检验，其相应的假设得到了实证分析的支持，在统计上均是显著的。SQ 显著影响到 SCR 和 CS，SCR 和 CS 也是显著的正相关关系。

5. 结论

（1）服务质量因子对 SCR 和 CS 均产生了显著的影响，说明假设 H_1 和 H_2 得到验证。另外，SQ 还通过 SCR 对 CS 产生间接影响，通过 CS 对 SCR 产生间接影响。SQ 对 CS 的总影响系数是 0.49，其中，直接影响系数为 0.41，间接影响系数为 0.08。SQ 对 SCR 总的影响系数是 0.57，其中，直接影响系数为 0.31，间接影响系数为 0.26。服务质量对顾客满意度的直接影响大于对供应商-顾客关系的直接影响，但服务质量对供应商-顾客关系的间接影响更大，说明提高服务质量对保持良好的供应商-顾客关系有非常重要的意义。

（2）CS 对 SCR 的影响系数为 0.63，SCR 对 CS 的影响系数为 0.26，二者之间的影响关系是直接而显著的，假设 H_3 和 H_4 均得到验证。CS 因子对 SCR 的影响作用稍强一些。因此，配送企业为了与顾客建立成功的合作关系并尽可能使这种合作关系维持更长的时间，就需要提高顾客满意度水平。另外，与顾客保持密切而长久的关系可以使企业对顾客的需求把握得更加准确而深入，使实际服务质量满足甚至超过顾客的需求及期望，有利于顾客满意度的提升。因此，二者之间是相辅相成的，可以形成良性循环。

（3）在服务质量的五个维度里，最显著的维度是响应性，影响系数高达 0.72；其次是移情性；显著性最低的是有形性。因此，配送企业在改进服务质量时应该分清主次，把重点放在响应性和移情性方面的改进上，避免将过多的资金用在现代化车辆或者网络建设上。通过加强人员培训、强调与顾客沟通与交流，不断改进服务质量，提高城市配送的效率和盈利的可持续性。

（4）SQ 对 SCR 的直接影响不是非常大。原因是除了配送服务质量外，还有很多其他因素影响 SCR，如价格、品牌等。但本研究未涉及这些因素。因此，为了与顾客建立长期合作关系，不能仅仅依靠配送服务质量 SQ，虽然改进服务质量在一定程度上有助于建立和保持良好的供应商-顾客关系。今后可以对影响城市配送SCR的因素做进一步的研究。企业加强与客户的沟通，通过对客户需求的准确把握，建立起基于共同利益的长期战略伙伴关系，才能实现长期稳定与发展。

 **本章小结**

本章主要介绍了结构方程模型，首先介绍了基本概念，阐述了结构方程模型的发展历史。其次还介绍了结构方程模型的构成，阐述了应用结构方程模型的分析流程，并给出了评价标准。最后以城市配送问题作为案例，详细介绍了结构方程模型的应用方法。本章的要点包括结构方程模型的测量模型、结构模型、流程和评价标准。

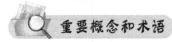 **重要概念和术语**

结构方程模型（structural equation modeling，SEM）

观察变量（manifest variable，or observed variable）

测量变量（measured variable）

潜变量（latent variable）

外生变量（exogenous variable）

内生变量（endogenous variable）

绝对拟合指数（absolute fit index）

相对拟合指数（comparative fit index）

信息标准指数（information criteria index）

 思考题与练习题

1. 什么是结构方程模型？在什么情况下使用结构方程模型更适合？

2. 简述结构方程模型的应用步骤。

3. 简述内生潜变量、外生潜变量、观察变量之间的区别。指出图 10-4 中的内生潜变量、外生潜变量、观察变量各是什么。

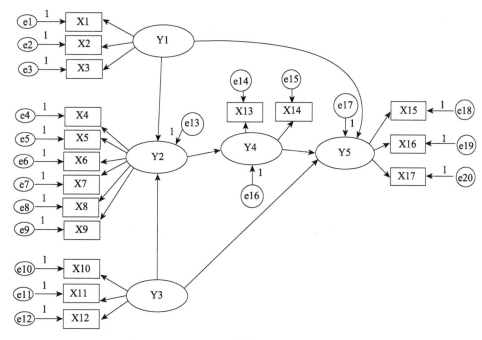

图 10-4　结构方程模型

4. 评价结构方程模型时的拟合指数分为哪几种？每一种里面的主要评价指标是什么？

 案例分析

　　对大唐饭店的客户满意度建立结构方程关系模型，并且分析饭店的员工服务、价格感知、质量感知、忠诚度对顾客满意度的影响程度。调查采用问卷的方式，问卷的对象为曾经在此饭店就餐的顾客。根据构建的理论模型，设计适合的问卷调查来得到顾客对该饭店满意度的观察变量的数据，并对文中提出的模型进行拟合、改正和解释。问卷内容包括 5 个潜变量，12 项观察变量，量表采用了 Likert 10 级量度。模型包含的潜变量和观察变量见表 10-7。

表 10-7　各变量的含义

潜变量	观察变量
员工服务 ξ_1	员工服务态度 x_1
	配套设施水平 x_2
	平均上菜速度水平 x_3
价格感知 ξ_2	价格合理水平 x_4
	与其他饭店相比，价格水平 x_5
质量感知 ξ_3	菜品丰富度 x_6
	菜品新鲜度 x_7
	菜品口感水平 x_8
满意度 ξ_4	整体满意水平 x_9
	饭店整改满意水平 x_{10}
忠诚度 ξ_5	用餐频率 x_{11}
	推荐指数 x_{12}

研究假设：

H_1：员工服务对满意度有显著影响。

H_2：价格感知对满意度有显著影响。

H_3：质量感知对满意度有显著影响。

H_4：忠诚度对满意度有显著影响。

H_5：员工服务对价格感知有显著影响。

H_6：质量感知对价格感知有显著影响。

H_7：满意度对忠诚度有显著影响。

结构方程模型如图 10-5 所示。

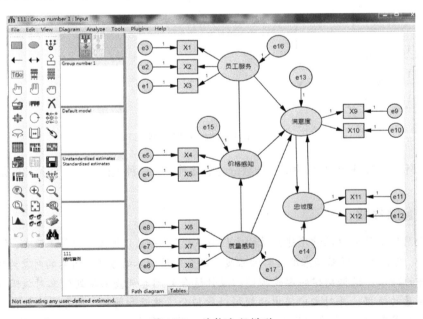

图 10-5　结构方程模型

问题：

（1）对观测变量制作 Likert 10 级量度的问卷，并进行调查，调查人数在 200 人以上。

案例分析思路

（2）对问卷数据进行分析，考察各潜变量的构成，用 SPSS 来检验各个潜变量的信度和效度，对潜变量进行适当删减和改进。

（3）用 AMOS 软件分解相关系数，研究各潜变量之间的关系，验证模型及其假设的正确性。若不正确，则进行拟合修正，并得出结论。

 本章推荐阅读资料

[1]　吴明隆. 结构方程模型：Amos 实务进阶[M]. 重庆：重庆大学出版社，2013.

[2]　李建宁. 结构方程模型导论[M]. 合肥：安徽大学出版社，2004.

[3]　侯杰泰. 结构方程模型及其应用[M]. 北京：经济科学出版社，2004.

[4]　黄芳铭. 结构方程模式：理论与应用[M]. 北京：中国税务出版社，2005.

[5]　王济川. 结构方程模型：方法与应用[M]. 北京：高等教育出版社，2011.

[6]　王卫东. 结构方程模型原理与应用[M]. 北京：中国人民大学出版社，2010.

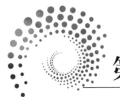

第 11 章

马尔可夫链

学习目标

1. 了解马尔可夫过程和马尔可夫链的基本概念。
2. 了解马尔可夫模型的分类，了解连续时间马尔可夫链和隐马尔可夫模型的内涵。
3. 明确马尔可夫模型的应用范畴和应用方法，会应用马尔可夫模型进行预测。

一个项目经理的学习笔记

因项目需要，查阅了有关马尔可夫链（Markov chain）在营销应用方面的文献，并动手做了一些尝试。

马尔可夫链是一种预测工具。假定客户面临的选择空间可以划分成 n 个互斥的状态，客户的长期动向可以用其在不同状态间的转移来进行描述。转移具有两个重要的特征：随机，无后效（或称无记忆）。打个比方，就像是一种漫步，没有既定的目标。每一步仅仅取决于前一步走到哪里，而且有若干可能性。这种特性使得对客户长期行为的预测可以分割为若干独立单元，每个时点的状态由前一刻所处状态和代表所有可能性的转移概率矩阵决定，非常灵活。

马尔可夫链适用于对很多经济现象的描述。最典型的就是股票市场。你在购买理财产品，如基金，都会注意到公司的声明——本基金以往的表现不代表预测的今后的结果——就体现了这一点。研究证明，利用历史数据预测股票或股市走势，其准确性不会高于抛硬币猜正反面。因为股市无规律可言。在营销领域，如在线分析，我们常常使用路径分析寻找客户如何使用网站。但是路径分析假定客户的浏览过程有一定规律可循，而客户的浏览行为其实更符合马尔可夫过程（Markov process）。从一个网页到另一个网页，完全是随机的，因此用马尔可夫模型来描述更加准确。但是不是所有的问题都可以套用马尔可夫过程，马尔可夫链需要追踪一个对象（如客户）随时间在不同状态间的流转，其行为有重复性。

且客户每次只能选取一个状态：或停留在目前状态，或脱离目前状态，进入另外一个状态。有些研究者使用马尔可夫模型预测房地产市场的走向。房产的购买大多是一次性的，缺乏连续性；有多次购房经历的客户很可能拥有多个房产，其购买行为和以前的购买历史高度相关。这种情况用其他的模型描述更为恰当。

建立马尔可夫链模型本身并不复杂，基本需要三步：①设定状态；②计算转移概率矩阵；③计算转移的结果。状态可能是给定的，如不同品牌、不同的网页等；或需要根据数据分析结果划分。理论上讲，状态越多，预测结果越精确。但是分类过多会失去营销意义，造成使用上的困难。RFM[由最近一次消费（recency）、消费频率（frequency）、消费金额（monetary）首字母缩写而来]是利用马尔可夫链预测客户终身价值常见的状态划分方法。RFM 可以表述客户的交易状态，反映客户和企业的联系。但是使用 RFM 区分客户状态有一个如何优化的问题。如果变量较多，可以考虑聚类分析或决策树。在建造转移概率矩阵时，可以直接使用观察数据，或根据专家意见赋值。也可以利用模型，如多状态逻辑回归、决策树、神经网络或随机函数模型。模型的优点是可以别除观察数据中的噪声并细化转移概率，精确到个人。转移概率是否稳定是一个要特别注意的问题。马尔可夫模型假定客户在不同状态间的转移概率是恒定的，不随时间变化。所以对客户各个时点所处状态的估计通过单一转移矩阵的迭代来进行。但如果是一个较长的时间框架，特别是和客户保持长期关系的行业，如银行、保险等，则这种假设需要修正。一些重要的事件，如结婚、生育、退休等，不可避免地会改变客户的转移概率。

应用马尔可夫链是否能够恰当预测市场，预测客户的价值，和其他模型一样，需要实践的检验。模型落地后的表现是最终评判。但在建模过程中，利用数据进行验证是必需的一步。

资料来源：南田的博客：马尔可夫链[EB/OL]．（2013-01-09）．http://blog.sina.com.cn/s/blog_6520908501017qv9.html.

11.1　马尔可夫过程

马尔可夫过程是一类随机过程。它的原始模型是马尔可夫链，由俄罗斯数学家安德烈·马尔可夫（A. A. Markov）于 1906 年提出。

马尔可夫过程是一种典型的随机过程。这一理论研究一个系统的状况及其转移。它通过对不同状态的初始概率以及状态之间的转移概率的研究来确定状态的变化趋势，从而达到对未来进行预测的目的。

马尔可夫过程有两个基本特征（也称马尔可夫性或马氏性）：一是"无后效性"，即事物将来的状态及其出现的概率的大小，只取决于该事物现在所处的状态，而与以前时间的状态无关，即不依赖于它以往的演变；二是"遍历性"，是指不管事物现在处于什么状态，在较长时间内，马尔可夫过程逐渐趋于稳定状况，而且与初始状况无关。在现实世界中，有很多过程都是马尔可夫过程，如液体中微粒所做的布朗运动、传染病感染的人数、商店的存货问题、银行的排队等待人数等。

用数学语言描述马尔可夫过程就是：

定义 11-1　设 $X(t), t \in T$ 为随机过程，若在 $t_1, t_2, \cdots, t_{n-1}, t_n (t_1 < t_2 < \cdots < t_{n-1} < t_n \in T)$ 时刻

对 $X(t)$ 观测得到相应的观测值 $x_1, x_2, \cdots, x_{n-1}, x_n$ 满足条件

$$P\{X(t_n) \leqslant x_n \mid X(t_{n-1}) = x_{n-1}, X(t_{n-2}) = x_{n-2}, \cdots, X(t_1) = x_1\}$$
$$= P\{X(t_n) \leqslant x_n \mid X(t_{n-1}) = x_{n-1}\} \tag{11-1}$$

或

$$F_X\left(x_n; t_n \mid x_{n-1}, x_{n-2}, \cdots, x_2, x_1; t_{n-1}, t_{n-2}, \cdots, t_2, t_1\right) = F_X\left(x_n; t_n \mid x_{n-1}; t_{n-1}\right) \tag{11-2}$$

则称此类过程为具有马尔可夫性质的过程或马尔可夫过程，简称马氏过程。

其中

$$F_X\left(x_n; t_n \mid x_{n-1}, x_{n-2}, \cdots, x_2, x_1; t_{n-1}, t_{n-2}, \cdots, t_2, t_1\right)$$

代表在 $X(t_{n-1}) = x_{n-1}, X(t_{n-2}) = x_{n-2}, \cdots, X(t_1) = x_1$ 的条件下时刻 $X(t_n)$ 取 x_n 值的条件分布函数。

若把 t_{n-1} 时刻看成"现在"，因为 $t_1 < t_2 < \cdots < t_{n-1} < t_n$，则 t_n 就可以看成"将来"，$t_1, t_2, \cdots, t_{n-2}$ 就当作"过去"。因此上述定义可表述为现在的状态 $X(t_{n-1})$ 取值为 x_{n-1} 的条件下，将来状态 $X(t_n)$ 的取值与过去状态 $X(t_1), X(t_2), \cdots, X(t_{n-2})$ 的取值是无关的。

11.2 马尔可夫链概述

11.2.1 马尔可夫链的定义

马尔可夫链是指时间和状态参数都离散的马尔可夫过程，它是最简单的马尔可夫过程。

视频：马尔可夫链

一般的马尔可夫过程所研究的时间是无限的，是连续变量，其数值是连续不断的，相邻两值之间可做无限分割，且做研究的状态也是无限多的。而马尔可夫链的时间参数取离散数值。在经济预测中，一般的时间取的是日、月、季、年。同时马尔可夫链的状态也是有限的。例如，市场销售状态可取"畅销"和"滞销"两种，市场未来的状态只与现在所处状态有关，而与以前的状态无关（无后效性成立）。

用数学语言描述如下。

定义 11-2 若随机过程 $X(n), n \in T$ 满足条件：

（1）时间集合取非负整数集 $T = \{0, 1, 2, \cdots\}$ 对应每个时刻，状态空间是离散集，记作 $E = \{E_0, E_1, E_2, \cdots\}$，即 $X(n)$ 是时间状态离散的。

（2）对任意的整数 $n \in T$，条件概率满足：

$$P\{X(n+1) = E_{n+1} \mid X(n) = E_n, X(n-1) = E_{n-1}, \cdots, X(0) = E_0\}$$
$$= P\{X(n+1) = E_n \mid X(n) = E_n\} \tag{11-3}$$

则称 $X(n), n \in T$ 为马尔可夫链，并记

$$P_{ij}^{(k)} = P\{X(m+k) = E_j \mid X(m) = E_i\}, \quad E_i, E_j \in E \tag{11-4}$$

表示在时刻 m，系统处于状态 E_i 的条件下，在时刻 $m+k$，系统处于状态 E_j 下的概率。

马尔科夫链，简单来说就是在一个状态空间上跳来跳去，每次跳到哪里只和当前状态有关，和之前的历史无关。所以说已知现在、过去和未来独立，这就是马氏性。条件概率等式，即 $X(n)$ 在时间 $m+k$ 的状态 $X(m+k)=E_j$ 的概率只与时刻 m 的状态 $X(m)=E_i$ 有关，而与 m 时刻以前的状态无关，是马氏性（无后效性）的数学表达式之一。

11.2.2　相关概念

1. 状态与状态变量

状态：客观事物可能出现或存在的状况。例如，商品可能畅销也可能滞销；机器运转可能正常也可能故障等。

同一事物不同状态之间必须相互独立：不能同时存在两种状态。客观事物的状态不是固定不变的，往往条件变化，状态也会发生变化。如某种产品在市场上本来是滞销的，但是由于促销等因素，它便可能变为畅销产品。

一般用状态变量来表示状态：$X_t = i \begin{pmatrix} i=1,2,\cdots,N \\ t=1,2,\cdots \end{pmatrix}$，它表示随机运动系统，在时刻 $t\,(t=1,2,\cdots)$，所处的状态为 $i\,(i=1,2,\cdots N)$。

2. 状态转移概率及其转移概率矩阵

（1）一步转移概率矩阵。假设系统的状态空间为 $E=(E_1,E_2,\cdots,E_n)$，而每一个时间系统只能处于其中一个状态，因此每一个状态都有 n 个转向（包括转向自身），即

$$E_i \to E_1, E_i \to E_2, \cdots, E_i \to E_i, \cdots, E_i \to E_n$$

在 m 时刻系统处于状态 E_i 的条件下，在 $m+k$ 时刻系统处于状态 E_j 下的条件概率可表示为

$$p_{ij}^{(k)} = P\left\{ X(m+k)=E_j \mid X(m)=E_i \right\}, \quad E_i, E_j \in E \qquad (11\text{-}5)$$

特别地，当 $k=1$ 时，

$$p_{ij} = P\left\{ X(m+1)=E_j \mid X(m)=E_i \right\}, \quad E_i, E_j \in E$$

即在 m 时刻系统处于状态 E_i 的条件下，在 $m+1$ 时刻系统处于状态 E_j 下的条件概率，称为由状态 E_i 经一次转移到状态 E_j 的转移概率。系统所有状态的一步转移概率的集合所组成的矩阵称为一步状态转移概率矩阵。其形式如下：

$$
\boldsymbol{P} = \begin{array}{c} \\ E_1 \\ E_2 \\ \vdots \\ E_n \end{array}
\begin{array}{cccc}
E_1 & E_2 & \cdots & E_n \\
\left[\begin{array}{cccc}
p_{11} & p_{12} & \cdots & p_{1n} \\
p_{21} & p_{22} & \cdots & p_{2n} \\
\vdots & \vdots & & \vdots \\
p_{n1} & p_{n2} & \cdots & p_{nn}
\end{array}\right]
\end{array}
\qquad (11\text{-}6)
$$

此矩阵具有以下两个性质。

① 非负性：$p_{ij} \geqslant 0, i,j=1,2,\cdots,n$。

② 行元素和为 1，即 $\sum\limits_{j=1}^{n} p_{ij} = 1, i=1,2,\cdots,n$。

【例 11-1】 有甲、乙、丙 3 家服装厂生产同一种服装，有 1 000 个用户，假定在研究期间无新用户加入也无老用户退出，只有用户的转移。已知 4 月份有 500 户是甲厂的顾客，400 户是乙厂的顾客，100 户是丙厂的顾客。5 月，甲厂有 400 户原来的顾客，上月的顾客有 50 户转向乙厂，有 50 户转向丙厂；乙厂有 300 户原来的顾客，上月的顾客有 20 户转甲厂，有 80 户转丙厂；丙厂有 80 户原来的顾客，上月的顾客有 10 户转甲厂，有 10 户转乙厂。

计算其状态转移概率。

解： 由题意得 5 月份顾客转移情况如表 11-1 所示。

表 11-1　5 月份顾客转移情况

类别	甲	乙	丙	合计
甲	400	50	50	500
乙	20	300	80	400
丙	10	10	80	100
合计	430	360	210	1 000

$$P_{11} = \frac{400}{500} = 0.8, \quad P_{12} = \frac{50}{500} = 0.1, \quad P_{13} = \frac{50}{500} = 0.1$$

$$P_{21} = \frac{20}{400} = 0.05, \quad P_{22} = \frac{300}{400} = 0.75, \quad P_{23} = \frac{80}{400} = 0.2$$

$$P_{31} = \frac{10}{100} = 0.1, \quad P_{32} = \frac{10}{100} = 0.1, \quad P_{33} = \frac{80}{100} = 0.8$$

状态转移概率矩阵：

$$\boldsymbol{P} = \begin{bmatrix} P_{11} & P_{12} & P_{13} \\ P_{21} & P_{22} & P_{23} \\ P_{31} & P_{32} & P_{33} \end{bmatrix} = \begin{bmatrix} 0.8 & 0.1 & 0.1 \\ 0.05 & 0.75 & 0.2 \\ 0.1 & 0.1 & 0.8 \end{bmatrix}$$

（2）k 步转移概率矩阵由一步转移概率的定义可知，k 步转移概率就是系统由状态 E_i 经 k 次转移到状态 E_j 的概率，可表示为

$$p_{ij}^{(k)} = P\{X(m+k) = E_j \mid X(m) = E_i\}, \quad E_i, E_j \in E \tag{11-7}$$

因此，系统的 k 步转移概率矩阵就是由所有状态的 k 步转移概率集合所组成的矩阵。其形式如下：

$$\boldsymbol{P}^{(k)} = \begin{matrix} & E_1 & E_2 & \cdots & E_n \\ \begin{matrix} E_1 \\ E_2 \\ \vdots \\ E_n \end{matrix} & \begin{bmatrix} p_{11}^{(k)} & p_{12}^{(k)} & \cdots & p_{1n}^{(k)} \\ p_{21}^{(k)} & p_{22}^{(k)} & \cdots & p_{2n}^{(k)} \\ \vdots & \vdots & & \vdots \\ p_{n1}^{(k)} & p_{n2}^{(k)} & \cdots & p_{nn}^{(k)} \end{bmatrix} \end{matrix} \tag{11-8}$$

此矩阵具有以下三个性质。

① 非负性：$p_{ij}^{(k)} \geq 0, i, j = 1, 2, \cdots, n$。

②行元素和为 1，即 $\sum\limits_{j=1}^{n} p_{ij}^{(k)} = 1, i = 1, 2, \cdots, n$ 。

③ $\boldsymbol{P}^{(n)} = \boldsymbol{P}^{(n-1)} \boldsymbol{P} = \boldsymbol{P}^n$ 。

【例 11-2】　博瑞公司的市场有三种状态 E_1、E_2、E_3（即畅销、一般、滞销），公司市场的转移情况如表 11-2 所示。试求公司市场的两步状态转移概率矩阵。

表 11-2　公司市场状态转移情况

公司市场本步所处状态	公司市场下步所处状态		
	E_1	E_2	E_3
E_1	21	7	14
E_2	16	8	12
E_3	10	8	2

解： 首先写出一步转移概率矩阵

$$\boldsymbol{P}^{(1)} = \begin{bmatrix} 0.500 & 0.167 & 0.333 \\ 0.444 & 0.222 & 0.334 \\ 0.500 & 0.400 & 0.100 \end{bmatrix}$$

两步状态转移概率矩阵可由一步转移概率矩阵通过公式 $\boldsymbol{P}^{(n)} = \boldsymbol{P}^n$ 计算求出：

$$\boldsymbol{P}^{(2)} = \boldsymbol{P}^2 = \begin{bmatrix} 0.500 & 0.167 & 0.333 \\ 0.444 & 0.222 & 0.334 \\ 0.500 & 0.400 & 0.100 \end{bmatrix}^2 = \begin{bmatrix} 0.491 & 0.254 & 0.255 \\ 0.488 & 0.257 & 0.255 \\ 0.478 & 0.212 & 0.310 \end{bmatrix}$$

3. 稳态概率

马尔可夫链达到稳定状态时的状态概率就是稳定状态概率，也称为稳态概率。马尔可夫链在一定条件下，经过 k 步转移后，会达到稳定状态。

（1）稳定状态的条件。如果一步转移概率矩阵是正规概率矩阵，则马尔可夫链能够达到稳定状态。

（2）稳态概率的求解。由马尔可夫链稳定状态定义可知，处于稳定状态时，有 $S^{(k+1)} = S^{(k)}$，即 $S^{(k+1)} = S^{(k)}\boldsymbol{P} = S^{(k)}$ 。

假设 $\begin{cases} \boldsymbol{S}^{(k)} = (x_1, x_2, \cdots, x_n) \\ \boldsymbol{S}^{(k+1)} = \boldsymbol{S}^{(k)} \cdot \boldsymbol{P} = \boldsymbol{S}^{(k)} \end{cases}$，且 $\sum\limits_{i=1}^{n} x_i = 1$ 是经 k 步转移后的状态向量，一步转移概率矩阵为

$$\boldsymbol{P} = \begin{bmatrix} P_{11} & \cdots & P_{1n} \\ \vdots & & \vdots \\ P_{n1} & \cdots & p_{nn} \end{bmatrix}$$

根据 $\boldsymbol{S}^{(k+1)} = \boldsymbol{S}^{(k)} \cdot \boldsymbol{P} = \boldsymbol{S}^{(k)}$ 展开为

$$(x_1, x_2, \cdots, x_n) \begin{bmatrix} P_{11} & \cdots & P_{1n} \\ \vdots & & \vdots \\ P_{n1} & \cdots & p_{nn} \end{bmatrix} = \boldsymbol{S}^{(k)} = (x_1, x_2, \cdots, x_n) \qquad (11\text{-}9)$$

通过计算，得出如下方程组：

$$\begin{cases} P_{11}x_1 + P_{21}x_2 + \cdots + P_{n1}x_n = x_1 \\ P_{12}x_1 + P_{22}x_2 + \cdots + P_{n2}x_n = x_2 \\ \quad\quad\quad\quad\quad \vdots \\ P_{1n}x_1 + P_{2n}x_2 + \cdots + P_{nn}x_n = x_n \\ x_1 + x_2 + \cdots + x_n = 1 \end{cases} \qquad (11\text{-}10)$$

移项得

$$\begin{cases} (P_{11}-1)x_1 + P_{21}x_2 + \cdots + P_{n1}x_n = 0 \\ P_{12}x_1 + (P_{22}-1)x_2 + \cdots + P_{n2}x_n = 0 \\ \quad\quad\quad\quad\quad \vdots \\ P_{1n}x_1 + P_{2n}x_2 + \cdots + (P_{nn}-1)x_n = 0 \\ x_1 + x_2 + \cdots + x_n = 1 \end{cases} \qquad (11\text{-}11)$$

式（11-11）中存在 n 个变量，却有 $n+1$ 个方程，说明其中一个方程不独立，需要消去其中第 n 个方程：

$$\begin{bmatrix} (P_{11}-1) & P_{21} & \cdots & P_{n1} \\ P_{12} & (P_{22}-1) & \cdots & P_{n2} \\ \vdots & \vdots & & \vdots \\ 1 & 1 & \cdots & 1 \end{bmatrix} \begin{bmatrix} x_1 \\ x_2 \\ \vdots \\ x_n \end{bmatrix} = \begin{bmatrix} 0 \\ 0 \\ \vdots \\ 1 \end{bmatrix} \qquad (11\text{-}12)$$

令

$$\boldsymbol{P}_1 = \begin{bmatrix} (P_{11}-1) & P_{21} & \cdots & P_{n1} \\ P_{12} & (P_{22}-1) & \cdots & P_{n2} \\ \vdots & \vdots & & \vdots \\ 1 & 1 & \cdots & 1 \end{bmatrix}, \quad \boldsymbol{X}^{(n)} = \begin{bmatrix} x_1 \\ x_2 \\ \vdots \\ x_n \end{bmatrix}, \boldsymbol{B} = \begin{bmatrix} 0 \\ 0 \\ \vdots \\ 1 \end{bmatrix}$$

则

$$\boldsymbol{P}_1 \boldsymbol{X}^{(n)} = \boldsymbol{B}$$
$$\boldsymbol{X}^{(n)} = \boldsymbol{P}_1^{-1} \boldsymbol{B}$$

即求得 $\boldsymbol{X}^{(n)}$ 是马尔可夫链的稳态概率。

11.3　马尔可夫链模型的分类

11.3.1　连续时间马尔可夫链

定义 11-3　设随机过程 $\{X(t), t \geq 0\}$，状态空间 $I = \{i_n, n \geq 0\}$，若对任意 $0 \leq t_1 < t_2 < \cdots < t_{n+1}$ 及 $i_1, i_2, \cdots, i_{n+1} \in I$，有

$$P\{X(t_{n+1})=i_{n+1}\,|\,X(t_1)=i_1,X(t_2)=i_2,\cdots,X(t_n)=i_n\}$$
$$=P\{X(t_{n+1})=i_{n+1}\,|\,X(t_n)=i_n\} \tag{11-13}$$

则称 $\{X(t),t\geqslant0\}$ 为连续时间马尔可夫链。

式（11-13）中条件概率的一般表现形式为

$$P\{X(s+t)=j\,|\,X(s)=i\}=p_{ij}(s,t)$$

定义：若 $p_{ij}(s,t)$ 的转移概率与 s 无关，则称连续时间马尔可夫链具有平稳或齐次的转移概率，此时转移概率简记为

$$p_{ij}(s,t)=p_{ij}(t)$$

其转移概率矩阵简记为

$$P(t)=(p_{ij}(t))$$

一个连续时间的马尔可夫链，每当它进入状态 i，具有如下性质。

（1）在转移到另一状态之前处于状态 i 的时间服从参数为 v_i 的指数分布。

（2）当过程离开状态 i 时，接着以概率 p_{ij} 进入状态 j，$\sum\limits_{j\neq i}p_{ij}=1$。

当 $v_i=\infty$ 时，称状态 i 为瞬时状态。

当 $v_i=0$ 时，称状态 i 为吸收状态。

一个连续时间马尔可夫链是按照一个离散时间的马尔可夫链从一个状态转移到另一个状态，但在转移到下一个状态之前，它在各个状态停留的时间服从指数分布，此外在状态 i 过程停留的时间与下一个到达的状态必须是相互独立的随机变量。

11.3.2　隐马尔可夫模型

隐马尔可夫模型（hidden Markov model，HMM）是马尔可夫链的一种，它的状态不能直接观察到，但能通过观测向量序列观察到，每个观测向量都是通过某些概率密度分布表现为各种状态，每一个观测向量是由一个具有相应概率密度分布的状态序列产生。所以，隐马尔可夫模型是一个双重随机过程——具有一定状态数的隐马尔可夫链和显示随机函数集。自20世纪以来，隐马尔可夫模型被应用于语音识别、计算机文字识别、移动通信核心技术"多用户的检测"以及生物信息科学、故障诊断等领域。

隐马尔可夫模型可以用 5 个元素来描述，包括 2 个状态集合和 3 个概率矩阵。

（1）隐含状态 S。这些状态之间满足马尔可夫性质，是马尔可夫模型中实际所隐含的状态。这些状态通常无法通过直接观测而得到（如 S_1、S_2、S_3 等）。

（2）可观测状态 O。其在模型中与隐含状态相关联，可通过直接观测而得到。（如 O_1、O_2、O_3 等，可观测状态的数目不一定要和隐含状态的数目一致。）

（3）初始状态概率矩阵 $\boldsymbol{\pi}$。其表示隐含状态在初始时刻 $t=1$ 的概率矩阵，如 $t=1$ 时，$P(S_1)=p_1$，$P(S_2)=p_2$，$P(S_3)=p_3$，则初始状态概率矩阵 $\boldsymbol{\pi}=[\,p_1\ p_2\ p_3\,]$。

（4）隐含状态转移概率矩阵 $\boldsymbol{A}$。它描述了隐马尔可夫模型中各个状态之间的转移概率。其中 $A_{ij}=P(S_j\,|\,S_i),1\leqslant i,\ j\leqslant N$，表示在 t 时刻、状态为 S_i 的条件下，在 $t+1$ 时刻状态是 S_j 的概率。

（5）观测状态转移概率矩阵 $\boldsymbol{B}$。令 N 代表隐含状态数目，M 代表可观测状态数目，则

$$B_{ij}=P\left(O_i\,|S_j\right),1\leqslant i\leqslant M,1\leqslant j\leqslant N$$

表示在 t 时刻、隐含状态是 S_j 条件下，观察状态为 O_i 的概率。

可以用 $\lambda=(A,B,\pi)$ 三元组来简洁地表示一个隐马尔可夫模型。隐马尔可夫模型实际上是标准马尔可夫模型的扩展，添加了可观测状态集合和这些状态与隐含状态之间的概率关系。

11.4　马尔可夫链模型的应用

马尔可夫分析法（Markov analysis）又称马尔可夫转移矩阵法，是指在马尔可夫过程的假设前提下，通过分析随机变量的现时变化情况来预测这些变量未来变化情况的一种预测方法。

马尔可夫链分析法的最简单类型是预测下期最可能出现的状态，步骤如下。

第一步：划分预测对象所出现的状态。从预测目的出发，考虑决策需要来划分现象所处的状态。

第二步：计算初始概率。据实际问题分析历史资料所得的状态概率称为初始概率。

第三步：计算状态转移概率。

第四步：根据转移概率进行预测。

由状态转移概率矩阵 P，如果目前预测对象处于状态 E_i，这时 P_{ij} 就描述了目前状态 E_i 在未来将转向状态 $E_j(j=1,2,\cdots,N)$ 的可能性。按最大可能性作为选择原则：选择 $P_{j1},P_{j2},\cdots,$ P_{jN} 中最大者为预测结果。

1. 计算市场占有率

【例 11-3】 广州、深圳和澳门特区生产并销售某种食材，要预测在未来若干个月以后的市场占有情况。具体步骤如下。

第一步：进行市场调查。

（1）目前市场占有情况（顾客购买广州、深圳、澳门特区食材的比例）。

结果：购买广州食材的占 40%，买深圳、澳门特区的各占 30%，（40%、30%、30%）称为目前市场的占有分布或称初始分布。

（2）调查顾客的流动情况。

流动情况为：

①上月购买广州食材的顾客，本月仍有 40% 继续购买，各有 30% 转向购买深圳和澳门特区食材。

②上月购买深圳食材的顾客，本月有 60% 转向购买广州食材，30% 仍购买深圳食材，10% 转向购买澳门特区食材。

③上月购买澳门特区食材的顾客，本月有 60% 转向购买广州食材，10% 转向购买深圳食材，30% 仍购买澳门特区食材。

第二步：建立数学模型。

为运算方便，以 1、2、3 分别代表广州、深圳、澳门特区食材，根据市场调查的结果，得到顾客购买食材的流动情况如表 11-3 所示。

表 11-3　顾客购买食材的流动情况　　　　　　　　　　%

类　别	广州	深圳	澳门特区
广州	40	30	30
深圳	60	30	10
澳门特区	60	10	30

$$
\boldsymbol{P} = \begin{bmatrix} P_{11} & P_{12} & P_{13} \\ P_{21} & P_{22} & P_{23} \\ P_{31} & P_{32} & P_{33} \end{bmatrix} = \begin{bmatrix} 0.4 & 0.3 & 0.3 \\ 0.6 & 0.3 & 0.1 \\ 0.6 & 0.1 & 0.3 \end{bmatrix}
$$

第三步：进行市场预测。

设初始市场占有的分布情况为 $(P_1, P_2, P_3) = (0.4, 0.3, 0.3)$，3 个月以后的市场占有分布是 $(P_1(3), P_2(3), P_3(3))$。

如果顾客流动趋势长期稳定下去，则经过一段时期以后的市场占有率将出现稳定的平衡状态。

$$
\begin{aligned}
\left(P_1(n), P_2(n), P_3(n)\right) &= \left(P_1, P_2, P_3\right) \begin{bmatrix} P_{11}(n) & P_{12}(n) & P_{13}(n) \\ P_{21}(n) & P_{22}(n) & P_{23}(n) \\ P_{31}(n) & P_{32}(n) & P_{33}(n) \end{bmatrix} \\
&= \left(P_1, P_2, P_3\right) \begin{bmatrix} P_{11} & P_{12} & P_{13} \\ P_{21} & P_{22} & P_{23} \\ P_{31} & P_{32} & P_{33} \end{bmatrix}^n
\end{aligned}
$$

稳定的市场平衡状态，指在顾客流动过程中，每种产品丧失的顾客数与新增的顾客数量相抵消。

第四步：预测长期的市场占有率。

由于一步转移概率矩阵 $\boldsymbol{P}$ 是正规概率矩阵，所以长期的市场占有率为平衡状态下的市场占有率，亦即马尔可夫链的平稳分布。

设长期的市场占有率为

$$
\boldsymbol{X} = \left(x_1, x_2, x_3\right)
$$

则有

$$
\begin{cases}
\left(x_1, x_2, x_3\right) \begin{bmatrix} 0.4 & 0.3 & 0.3 \\ 0.6 & 0.3 & 0.1 \\ 0.6 & 0.1 & 0.3 \end{bmatrix} = \left(x_1, x_2, x_3\right) \\
x_1 + x_2 + x_3 = 1
\end{cases}
$$

得

$$
\boldsymbol{X} = \left(x_1, x_2, x_3\right) = (0.5, 0.25, 0.25)
$$

2. 人力资源预测

【例 11-4】博瑞公司职工级别分为五种：实习生、普通职工、总监、总经理、离职。目前状态（550 人）：

$$P(0) = (135, 240, 115, 60, 0)$$

公司以往的记录为

$$
\boldsymbol{P} = \begin{bmatrix}
0.6 & 0.4 & 0 & 0 & 0 \\
0 & 0.6 & 0.25 & 0 & 0.15 \\
0 & 0 & 0.55 & 0.21 & 0.24 \\
0 & 0 & 0 & 0.8 & 0.2 \\
0 & 0 & 0 & 0 & 1
\end{bmatrix}
$$

试分析 3 年后职工结构以及 3 年内保持职工分布不变（550 名）应招聘多少新员工充实进职工队伍。

解： 一年后职工人员分布：

$$P(1) = P(0) \cdot \boldsymbol{P}$$

$$
= (135, 240, 115, 60, 0)\begin{bmatrix}
0.6 & 0.4 & 0 & 0 & 0 \\
0 & 0.6 & 0.25 & 0 & 0.15 \\
0 & 0 & 0.55 & 0.21 & 0.24 \\
0 & 0 & 0 & 0.8 & 0.2 \\
0 & 0 & 0 & 0 & 1
\end{bmatrix}
$$

$$= (81, 198, 123, 72, 76)$$

要保持 550 名的总人数，离职 76 人，故第一年应招聘 76 位新员工：

$$P'(1) = (81 + 76, 198, 123, 72, 0)$$

两年后职工人员分布：

$$P(2) = P'(1) \cdot \boldsymbol{P}$$

$$
= (157, 198, 123, 72, 0)\begin{bmatrix}
0.6 & 0.4 & 0 & 0 & 0 \\
0 & 0.6 & 0.25 & 0 & 0.15 \\
0 & 0 & 0.55 & 0.21 & 0.24 \\
0 & 0 & 0 & 0.8 & 0.2 \\
0 & 0 & 0 & 0 & 1
\end{bmatrix}
$$

$$= (94, 182, 117, 83, 74)$$

要保持总人数不变，应补充 74 人：

$$P'(2) = (94 + 74, 182, 117, 83, 0)$$

三年后职工人员分布：

$$P(3) = P'(2) \cdot \boldsymbol{P}$$

$$
= (168, 182, 117, 83, 0)\begin{bmatrix}
0.6 & 0.4 & 0 & 0 & 0 \\
0 & 0.6 & 0.25 & 0 & 0.15 \\
0 & 0 & 0.55 & 0.21 & 0.24 \\
0 & 0 & 0 & 0.8 & 0.2 \\
0 & 0 & 0 & 0 & 1
\end{bmatrix}
$$

$$= (101, 176, 111, 91, 72)$$

补充 72 人。在第 3 年年底，职工人员结构为

$$P'(3) = (173,176,111,91,0)$$

3. 利润预测

在第 n 周期的状态用 X_n 表示:

$$X_n = \begin{cases} 1, & \text{第}n\text{周期产品畅销} \\ 2, & \text{第}n\text{周期产品滞销} \end{cases}$$

一般地,设 $\{X_n\}$ 是状态空间为 $S = \{1,2,\cdots,N\}$ 的齐次马氏链,其转移矩阵为 $\boldsymbol{P} = (P_{ij})_{N\times N}$。设 $r(i)$ 表示某周期系统处于状态 i 时获得的收益。称如此的马尔可夫链是具有收益的。$r(i) > 0$ 时称为收益;$r(i) < 0$ 时称为费用。

(1)有限时段期望总收益。记 $vk(i)$ 表示初始状态为 i 的条件下,到第 k 步状态转移前所获得的期望总收益 $(k \geqslant 1, i \in S)$:

$$\begin{aligned} vk(i) &= \sum_{n=0}^{k-1} \text{第 } n \text{ 周期的期望收益} \\ &= \sum_{n=0}^{k-1} E\{r(X_n) \mid X_0 = i\} \\ &= \sum_{n=0}^{k-1}\left(\sum_{j=1}^{N} p_{ij}^{(n)} r(j)\right) \end{aligned} \tag{11-14}$$

以例 11-5 说明, $k = 4$,以当前月份记为第一个月,求第四步状态转移前(即前 4 个月)所获得的期望利润 $v_4(1)$。

用 $r(i)$ 表示某周期系统处于状态 i 时获得的收益,用 1 表示畅销,用 2 表示滞销。则

$$v_4(1) = r(1) + \sum_{n=1}^{4-1}[p_{11}^{(n)}r(1) + p_{12}^{(n)}r(2)]$$

$$v_4(2) = r(2) + \sum_{n=1}^{4-1}\left[p_{21}^{(n)}r(1) + p_{22}^{(n)}r(2)\right]$$

$$\boldsymbol{V}_4 = (v_4(1), v_4(2))^{\mathrm{T}} \qquad \boldsymbol{P}^{(n)} \begin{bmatrix} p_{11}^{(n)} & p_{12}^{(n)} \\ p_{21}^{(n)} & p_{21}^{(n)} \end{bmatrix}$$

$$\boldsymbol{r} = (r(1), r(2))^{\mathrm{T}}$$

$$\boldsymbol{V}_4 = \boldsymbol{r} + \sum_{n=1}^{4-1}\boldsymbol{P}^{(n)}\boldsymbol{r} = \sum_{n=0}^{4-1}\boldsymbol{P}^{(n)}\boldsymbol{r} = \sum_{n=0}^{4-1}\boldsymbol{P}^n\boldsymbol{r} = \left(\sum_{n=0}^{4-1}\boldsymbol{P}^n\right)\boldsymbol{r} = \left(\boldsymbol{E} + \boldsymbol{P} + \boldsymbol{P}^2 + \boldsymbol{P}^3\right)\boldsymbol{r} \tag{11-15}$$

【例 11-5】博瑞公司生产的电子产品,每月市场状况有畅销和滞销两种。如产品畅销将获利 50 万元;滞销将亏损 30 万元。调查统计了过去 24 个月的销售记录,如表 11-4 所示。

表 11-4　过去 24 个月的销售记录

月份	1	2	3	4	5	6	7	8	9	10	11	12
销售状态	畅销	畅销	滞销	畅销	滞销	滞销	畅销	畅销	滞销	畅销	畅销	滞销
月份	13	14	15	16	17	18	19	20	21	22	23	24
销售状态	畅销	畅销	滞销	滞销	畅销	畅销	滞销	畅销	畅销	滞销	畅销	畅销

问题：如当前月份该产品畅销，以当前月份记为第一个月，求第四步状态转移前（即前 4 个月）所获得的期望总利润为多少。

解：用 1 表示畅销，用 2 表示滞销。已知

$$r = \begin{bmatrix} r(1) \\ r(2) \end{bmatrix} = \begin{bmatrix} 50 \\ -30 \end{bmatrix}$$

$i = 1$，有三种形式的公式：

$$v_4(1) = r(1) + \sum_{n=1}^{4-1} [p_{11}^{(n)} r(1) + p_{12}^{(n)} r(2)]$$

$$V_4 = \left(\sum_{n=0}^{4-1} P^n \right) r = (E + P + P^2 + P^3) r$$

$$v_4(i) = r(i) + \sum_{j=1}^{2} p_{ij} v_3(j), \ i = 1, 2$$

$$v_0(i) = 0, i = 1, 2, \cdots, N$$

求出状态转移概率矩阵 P。

估计状态转移矩阵 P：以统计频率估计连续畅销的概率。

$$p_{11} = \frac{7}{15-1} = 50\%$$

分子数 7 是表 11-4 中连续出现畅销的次数，分母中的 15 是表 11-4 中出现畅销的次数，因为第 24 个月是畅销，无后续记录，故减 1。

$$p_{12} = \frac{7}{15-1} = 50\%, \quad p_{21} = \frac{7}{9} = 78\%, \quad p_{22} = \frac{2}{9} \approx 22\%$$

$$P = \begin{bmatrix} p_{11} & p_{12} \\ p_{21} & p_{22} \end{bmatrix} = \begin{bmatrix} 0.5 & 0.5 \\ 0.78 & 0.22 \end{bmatrix}$$

$$r = \begin{bmatrix} r(1) \\ r(2) \end{bmatrix} = \begin{bmatrix} 50 \\ -30 \end{bmatrix}, \quad P = \begin{bmatrix} 0.5 & 0.5 \\ 0.78 & 0.22 \end{bmatrix}$$

$$V_4 = \left(\sum_{n=0}^{4-1} P^n \right) r = (E + P + P^2 + P^3) r$$

$$V_4 = \begin{bmatrix} 1.875 & 0.875 \\ 1.86295 & 0.27905 \end{bmatrix} \begin{bmatrix} 50 \\ -30 \end{bmatrix} = \begin{bmatrix} 67.5 \\ 54.776 \end{bmatrix}$$

$$v_4(1) = 67.5$$

结果为：如当前月份该产品畅销，前 4 个月所获得的期望总利润为 67.5 万元。

（2）无限时段单位时间平均收益。对 $i \in S$，定义初始状态为 i 的无限时段单位时间平均收益为

$$v(i) = \lim_{k \to \infty} \frac{V_k(i)}{k} \tag{11-16}$$

记

$$\boldsymbol{v} = [v(1) \quad v(2) \cdots v(N)]^{\mathrm{T}}, \quad \boldsymbol{V}_k = (v_k(1), v_k(2), \cdots, v_k(N))^{\mathrm{T}}$$

$$\boldsymbol{V}_k = \sum_{n=0}^{k-1} \boldsymbol{P}^n \boldsymbol{r} = (E + P + P^2 + \cdots + P^{k-1})\boldsymbol{r}$$

则

$$V = \lim_{k \to \infty} \frac{\boldsymbol{V}_k}{k} = \lim_{k \to \infty} \frac{\left(E + P + P^2 + \cdots + P^{k-1}\right)\boldsymbol{r}}{K}$$

若所考虑的马尔可夫链存在平稳分布

$$\boldsymbol{P}^m = \begin{bmatrix} p_{11}^{(m)} & p_{12}^{(m)} & \cdots & p_{1N}^{(m)} \\ p_{21}^{(m)} & p_{22}^{(m)} & \cdots & p_{2N}^{(m)} \\ \vdots & \vdots & & \vdots \\ p_{N1}^{(m)} & p_{N2}^{(m)} & \cdots & p_{NN}^{(m)} \end{bmatrix} \to \begin{bmatrix} \pi_1 & \pi_2 & \cdots & \pi_N \\ \pi_1 & \pi_2 & \cdots & \pi_N \\ \vdots & \vdots & & \vdots \\ \pi_1 & \pi_2 & \cdots & \pi_N \end{bmatrix}$$

可以证明，此时

$$\boldsymbol{v} = \lim_{k \to \infty} \frac{\boldsymbol{V}_k}{k} = \lim_{k \to \infty} \frac{(E + P + P^2 + \cdots + P^{k-1})\boldsymbol{r}}{k} = \lim_{k \to \infty} \boldsymbol{P}^k \boldsymbol{r}$$

$$= \begin{bmatrix} \pi_1 & \pi_2 & \cdots & \pi_N \\ \pi_1 & \pi_2 & \cdots & \pi_N \\ \vdots & \vdots & & \vdots \\ \pi_1 & \pi_2 & \cdots & \pi_N \end{bmatrix} \begin{bmatrix} r(1) \\ r(2) \\ \vdots \\ r(N) \end{bmatrix} = \begin{bmatrix} \sum_{j=1}^{N} \pi_j r(j) \\ \sum_{j=1}^{N} \pi_j r(j) \\ \vdots \\ \sum_{j=1}^{N} \pi_j r(j) \end{bmatrix} \quad （11\text{-}17）$$

无限时段单位时间平均收益与初始状态无关，均为

$$v(i) = \sum_{j=1}^{N} \pi_j r(j)$$

拓展阅读：马尔可夫链
预测模型与应用

 **本章小结**

马尔可夫链常被用于排队问题，以及编码技术、生物信息学、水文资源等领域的预测或评估，它的应用前提是研究对象应该是具备马尔可夫性质的离散事件。将之用于研究管理科学问题时，应先了解研究对象的特性。本章的要点包括马尔可夫过程、马尔可夫链、连续时间马尔可夫、隐马尔科夫模型的基本概念和应用方法。

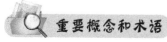 **重要概念和术语**

马尔可夫过程（Markov process）
马尔可夫链（Markov chain）

随机过程（stochastic process）

状态转移概率（state transition probability）

稳态概率（steady-state probability）

连续时间马尔可夫链（continuous-time Markov chain，CTMC）

隐马尔可夫模型（hidden Markov model，HMM）

 思考题与练习题

1. 假设空气质量有六种状态：无污染，优，良，轻度污染，重度污染，严重污染。使用状态变量 X_n = 0,1,2,3,4,5 分别表示。过去一个月的空气状况如表 11-5 所示。试求其状态转移概率。

表 11-5　过去一个月的空气状态

日　期	1	2	3	4	5	6	7	8	9	10	11
空气状况	2	2	3	1	1	2	5	5	4	5	5
日　期	12	13	14	15	16	17	18	19	20	21	22
空气状况	4	1	2	2	4	3	4	2	2	5	5
日　期	23	24	25	26	27	28	29	30	31		
空气状况	0	1	1	3	2	4	4	1	1		

2. 假设某机构在一只股票上的投资收益有三种状态，分别为 1、2、3，市场为 1 状态时，年收益为-4%；市场为 2 状态时，年收益为 30%；市场为 3 状态时，年收益为 10%。假设状态转移概率矩阵 P 应用于这只股票每周的状态转换：

$$P = \begin{bmatrix} 0.8 & 0.04 & 0.16 \\ 0.05 & 0.8 & 0.15 \\ 0.1 & 0.15 & 0.75 \end{bmatrix}$$

（1）试求这只股票在市场上的稳态分布。

（2）假设将 100 万元投资于这只股票 6 年，确定期望的总利润。

3. 简述马尔可夫链的无后效性及状态转移概率的性质。

 本章推荐阅读资料

[1]　孙清华，孙昊. 随机过程内容、方法与技巧[M]. 武汉：华中科技大学出版社，2004.

[2]　STEWART W J. 概率论、马尔科夫链、排队和模拟[M]. 北京：世界图书出版公司，2013.

[3]　程玮琪，黄曦敏，吴国宝，等. 马尔可夫链：模型、算法与应用[M]. 陈曦，译. 北京：清华大学出版社，2015.

第12章

灰色系统理论

1. 了解灰色系统的基本概念和应用范畴。
2. 掌握灰色关联分析的方法。
3. 掌握 GM（1,1）模型的原理，并会用其构建灰色预测模型。

邓聚龙与灰色系统理论

邓聚龙教授，1933年生于湖南省涟源市，1955年毕业于华中工学院（华中科技大学前身）电机系。邓聚龙教授20世纪60年代主要从事控制论研究，致力于多变量系统动态校正方法与理论的建立。20世纪70年代后期，在控制论的研究中，他感觉到：信息、物资既然在流动、在运作，肯定有它自身的规律性。如何探索这个规律，并掌握这个规律，在这个未知的世界里，他要理出一些问题，甚至要大胆提出一些异想天开的看法。

在教学和科研实践中，一个个问题在他脑海中闪现，对这一个个问题的思考便形成了他的一篇又一篇学术论文。1982年，国际性杂志《系统和控制通信》发表了他的论文《灰色系统的控制问题》，宣告了灰色系统理论的诞生，后来他又相继出版了《灰色系统（社会·经济）》《灰色控制系统》《多维灰色规划》等20种灰色系统专著。

用黑表示信息缺乏，用白表示信息完全，信息不全就叫灰。信息不全的系统就是灰色系统，灰色系统理论打破了"信息不全系统不可解"的理论。

社会系统的信息化和技术系统的大型化，这种趋势导致信息获取难度增大、系统复杂化。基于现有技术手段，又难以获得完全的、正确的信息。这一事实使"全"的观念受到冲击，一般系统理论不能适应。而灰色理论能求解这一道道难题。

在灰色系统理论的创建中，邓聚龙教授敢于大胆设想，在看到传统数理统计方法的诸多不足后，创立了灰色系统生成法。这是一种什么样的思想？我们看一看邓聚龙的思维轨迹：尽管客观世界很复杂，表述其行为特征的数据可能杂乱无章，但是它必然有序，有某种功能，有某种因果关系，或是说任何系统本身都有其内在的规律。不过这些规律被纷缭的现象所掩盖，被数据间这种杂乱无章的表象所迷惑。而对系统的行为特征数据进行生成，就是企图从杂乱无章的现象中去发现内在规律。

现今，灰色系统理论的应用范围已拓展到工业、农业、社会、经济、能源、交通、石油、地质、水利、气象、生态、环境、医学、教育、体育、军事、法学、金融等众多领域，成功地解决了很多的实际问题。例如，油气圈闭灰色综合预测、入海口地形演变灰色预测、泥石流变化趋势灰色预测、中西医灰色诊断系统等。灰色系统理论的创立催生了"灰色水文学""灰色地质学""灰色统计学""灰色育种学""灰色控制"等一批新兴交叉学科，推动了科学事业的发展。

资料来源：毛冬焰. 在"灰"色的世界里探索——邓聚龙教授访谈[J]. 统计与决策，1995（2）：6-9.

拓展阅读：灰色模型

12.1　灰色系统基本概念

1982 年，我国学者邓聚龙教授的论文《灰色系统的控制问题》发表在《系统和控制通信》杂志。同年，其另一论文《灰色控制系统》发表在《华中科技大学学报》上，标志着灰色系统理论的正式诞生。

灰色系统的概念源于黑色系统和白色系统。白色系统是指系统的信息是完全充分的，系统的内部特征是完全已知的。黑色系统是指外界对系统的内部信息是一无所知的，只能通过系统与外界的联系进行观测研究。而灰色系统则介于两者之间，是指"部分信息已知，部分信息未知"的"小样本""贫信息"的不确定性系统。灰色系统理论经过了多年的发展，其影响面不断扩大，目前主要内容包括：灰色关联分析、灰色模型（GM）及灰色预测模型，以系统分析、评估、建模、预测、决策、控制、优化为主体的技术体系。

本书中的灰色系统相关知识均来自邓聚龙教授提出的经典灰色系统理论，未涉及其他改进的灰色系统。

12.2　灰色关联分析

关联度分析方法，是根据因素之间发展态势的相似或相异程度来衡量因素间关联的程度。关联度分析实际上是系统各个时期的统计数据的几何关系的比较，也就是动态过程发展态势的量化比较分析，它揭示了事物动态关联的特征与程度。对两个系统或两个因素之间关联性大小的量度，称为关联度。如果系统发展过程中两者之间的相对变化基本一致，则认为两者关联度大；反之，关联度就小。关联度分析方法对样本量的大小没有要求，计算量少，也不需要典型的分布规律，且不会出现关联度的量化结果与定性分析不一致的情况。

12.2.1　关联系数的定义

设有一组参考数列如下：

$$Y_j = \left(y_j(1), y_j(2), y_j(3), \cdots, y_j(k), \cdots, y_j(n)\right), j = 1, 2, 3, \cdots, s$$

一组待比较数列如下：

$$X_i = \left(x_i(1), x_i(2), x_i(3), \cdots, x_i(k), \cdots, x_i(n)\right), i = 1, 2, 3, \cdots, t$$

则定义关联系数如下：

$$\xi_{ji}(k) = \frac{\min\min\left|y_j(k) - x_i(k)\right| + \rho\max\max\left|y_j(k) - x_i(k)\right|}{\left|y(k) - x_i(k)\right| + \rho\max\max\left|y_j(k) - x_i(k)\right|}$$

在计算过程中我们取 $\rho = 0.5$，在这里 ρ 的取值不改变关联性的相对强弱。

由于 $\xi_{ji}(k)$ 只能反映出点与点之间的相关性，相关性信息分散，不方便刻画数列之间的相关性，需要把 $\xi_{ji}(k)$ 整合起来，所以在这里定义 γ_{ji} 为我们最后计算得出的关联度，结合实际背景 $|\gamma_{ji}|$ 大于 0.7 称为强相关，小于 0.3 称为弱相关。

$$\gamma_{ji} = \frac{\sum_{k=1}^{n} \xi_{ji}(k)}{n}$$

在实际应用中，往往存在多个参考数列、多个待比较数列，设 r_{ij} 表示待比较数列 X_i 对参考数列 Y_j 的关联度，可构造关联度矩阵 $\boldsymbol{R}$，此时：

$$\boldsymbol{R} = \begin{bmatrix} \gamma_{11} & \gamma_{12} & \cdots & \gamma_{1n} \\ \gamma_{21} & \gamma_{22} & \cdots & \gamma_{2n} \\ \vdots & \vdots & & \vdots \\ \gamma_{m1} & \gamma_{m2} & \cdots & \gamma_{mn} \end{bmatrix}$$

根据矩阵 $\boldsymbol{R}$ 的各个元素的大小，可分析判断出哪些因素起主要影响、哪些因素起次要影响。起主要影响的因素称为优势因素。当某一列元素大于其他列元素时，称此列所对应的子因素为优势子因素。若某一行元素均大于其他行元素，称此行所对应的母元素为优势母因素。

12.2.2　灰色关联分析算例

通过中经网统计数据库，我们查到连续 5 年的某市地区生产总值、第一产业增加值、第二产业增加值及第三产业增加值，通过分析某市地区生产总值与三大产业增加值的关联度分析，研究对某市地区生产总值发展影响最大的因素从而提出建设性意见（表 12-1）。（亦可使用数学软件 MATLAB 实现，代码见附录）

表 12-1　地区生产总值与三大产业增加值　　　　　　　　　　　　　　　　亿元

指　　标	第 5 年	第 4 年	第 3 年	第 2 年	第 1 年
第一产业增加值	159	159.64	150.2	136.27	124.36
第二产业增加值	4 545.51	4 292.56	4 059.27	3 752.48	3 388.38
第三产业增加值	16 626.32	15 348.61	13 669.93	12 363.18	10 600.84
地区生产总值	21 330.83	19 800.81	17 879.4	16 251.93	14 113.58

（1）数据标准化，即每列数据分别除以第一列数据，结果见表 12-2。

表 12-2 数据标准化处理（1） 亿元

指 标	第 5 年	第 4 年	第 3 年	第 2 年	第 1 年
第一产业增加值	1	1.004	0.945	0.857	0.782
第二产业增加值	1	0.944	0.893	0.826	0.745
第三产业增加值	1	0.923	0.822	0.744	0.638
地区生产总值	1	0.928	0.838	0.762	0.662

（2）计算绝对值差，分别用三组比较数列减去参考数列，取绝对值，结果见表 12-3，其中 min = 0，max = 0.12。

表 12-3 数据标准化处理（2） 亿元

指 标	第 5 年	第 4 年	第 3 年	第 2 年	第 1 年
第一产业增加值	0	0.076	0.107	0.095	0.12
第二产业增加值	0	0.016	0.055	0.064	0.083
第三产业增加值	0	0.005	0.016	0.018	0.024

（3）计算关联系数，选取 $\rho = 0.5$，代入关联系数计算公式，得关联度如表 12-4 所示。

表 12-4 灰色关联度

指 标	灰色关联度
第一产业增加值	0.504
第二产业增加值	0.643
第三产业增加值	0.839

由计算结果可知，第三产业增加值与该市地区生产总值关联度最大，表明加大对第三产业的投资可显著地促进经济发展；第一产业增加值与地区生产总值发展关联系数最小。上述分析结果与现实结论一致，可见关联分析能够较好地应用于经济分析方面。

12.3 经典 GM（1,1）模型

灰色预测方法的特点是：首先把离散数据当作连续变量在相应变化过程中所取的离散值，这样就可利用微分方程进行数据处理，并且不直接使用原始数据而是采取它的累加生成数，对生成数列使用微分方程模型。GM（1,1）模型适用于具有较强指数规律的序列，只能描述单调的变化过程。具体现实应用同灰色预测实际应用。

1. GM（1,1）模型定义

灰色系统理论的微分方程称为 GM（1,1）模型，G 表示 gray（灰色），M 表示 model（模型），GM（1,1）表示 1 阶的、1 个变量的微分方程模型。

设 $\boldsymbol{X}^{(0)} = (x^{(0)}(1), x^{(0)}(2), \cdots, x^{(0)}(n))$，$\boldsymbol{X}^{(1)} = (x^{(1)}(1), x^{(1)}(2), \cdots, x^{(1)}(n))$，则称 $x^{(0)}(k) + ax^{(1)}(k) = b$ 为 GM（1,1）模型的原始形式。

设 $\boldsymbol{Z}^{(1)} = (z^{(1)}(2), z^{(1)}(3), \cdots, z^{(1)}(n))$。其中，

$$z^{(1)}(k) = \frac{1}{2}\left(x^{(1)}(k) + x^{(1)}(k-1)\right), k = 1, 2, \cdots, n$$

则称 $x^{(0)}(k) + az^{(1)}(k) = b$ 为 GM（1,1）模型的基本形式。

设 $\boldsymbol{X}^{(0)}$ 为非负序列：$\boldsymbol{X}^{(0)} = (x^{(0)}(1), x^{(0)}(2), \cdots, x^{(0)}(n))$；$\boldsymbol{X}^{(1)}$ 为 $\boldsymbol{X}^{(0)}$ 的 1-AGO（一次累加生成运算）序列：$\boldsymbol{X}^{(1)} = (x^{(1)}(1), x^{(1)}(2), \cdots, x^{(1)}(n))$，其中 $x^{(1)}(k) = \sum_{i=1}^{k} x^{(0)}(i), k = 1, 2, \cdots, n$；$\boldsymbol{Z}^{(1)}$ 为 $\boldsymbol{X}^{(1)}$ 的紧邻均值生成序列，$\boldsymbol{Z}^{(1)} = (z^{(1)}(2), z^{(1)}(3), \cdots, z^{(1)}(n))$，其中，

$$z^{(1)}(k) = \frac{1}{2}(x^{(1)}(k) + x^{(1)}(k-1)), \quad k = 1, 2, \cdots, n$$

若 $\hat{\boldsymbol{a}} = [a, b]^{\mathrm{T}}$ 为参数列，且 $\boldsymbol{Y} = \begin{bmatrix} x^{(0)}(2) \\ x^{(0)}(3) \\ \vdots \\ x^{(0)}(n) \end{bmatrix}$，$\boldsymbol{B} = \begin{bmatrix} -Z^{(1)}(2) & 1 \\ -Z^{(0)}(3) & 1 \\ \vdots & \vdots \\ -Z^{(0)}(n) & 1 \end{bmatrix}$，则 GM(1,1)模型 $x^{(0)}(k) + az^{(1)}(k) = b$ 的最小二乘估计参数列满足

$$\hat{\boldsymbol{a}} = [a, b]^{\mathrm{T}} = (\boldsymbol{B}^{\mathrm{T}}\boldsymbol{B})^{-1}\boldsymbol{B}^{\mathrm{T}}\boldsymbol{Y}$$

设 $\boldsymbol{X}^{(0)}$ 为非负序列，$\boldsymbol{X}^{(1)}$ 为 $\boldsymbol{X}^{(0)}$ 的 1-AGO 序列，$\boldsymbol{Z}^{(1)}$ 为 $\boldsymbol{X}^{(1)}$ 的紧邻均值生成序列，则 $\frac{\mathrm{d}x^{(1)}}{\mathrm{d}t} + ax^{(1)} = b$ 为 GM（1,1）模型 $x^{(0)}(k) + az^{(1)}(k) = b$ 的白化方程，也叫影子方程。

$\boldsymbol{B}$、$\boldsymbol{Y}$、$\hat{\boldsymbol{a}}$ 满足 $\hat{\boldsymbol{a}} = [a, b]^{\mathrm{T}} = (\boldsymbol{B}^{\mathrm{T}}\boldsymbol{B})^{-1}\boldsymbol{B}^{\mathrm{T}}\boldsymbol{Y}$，则：

（1）白化方程 $\frac{\mathrm{d}x^{(1)}}{\mathrm{d}t} + ax^{(1)} = b$ 的解（也称时间响应函数）为

$$x^{(1)}(t) = \left(x^{(1)}(1) - \frac{b}{a}\right)e^{-at} + \frac{b}{a}$$

（2）GM（1,1）模型 $x^{(0)}(k) + az^{(1)}(k) = b$ 的时间响应函数序列为

$$\hat{x}^{(1)}(k+1) = \left(x^{(0)}(1) - \frac{b}{a}\right)e^{-ak} + \frac{b}{a}, \quad k = 1, 2, \cdots, n$$

（3）还原值为

$$\hat{x}^{(0)}(k+1) = \hat{x}^{(1)}(k+1) - \hat{x}^{(1)}(k) = (1 - e^{a})\left(x^{(0)}(1) - \frac{b}{a}\right)e^{-ak}, \quad k = 1, 2, \cdots, n$$

一般称 GM（1,1）模型中的参数 $-a$ 为发展系数，b 为灰作用量。$-a$ 反映了 $\hat{x}_1$ 与 $\hat{x}_0$ 的发展态势。GM（1,1）模型中的灰作用量 b 是从背景值挖掘出来的数据，它反映数据变化的关系，是内涵向外延展的具体表现。

在 GM（1,1）模型建立后，需进行模型检验去检测模型稳定性以及准确性是否达到标准，达到预期标准才可使用。检验方法有相对残差检验、方差检验以及置信度 P 值检验。

2. GM（1,1）模型算例

设原始序列

$$\boldsymbol{X}^{(0)} = (x^{(0)}(1), x^{(0)}(2), x^{(0)}(3), x^{(0)}(4), x^{(0)}(5)) = (2.87, 3.28, 3.34, 3.39, 3.68)$$

解： 第一步：对原始数列做一次 AGO（累加生成运算），得

$$\boldsymbol{X}^{(1)} = (x^{(1)}(1), x^{(1)}(2), x^{(1)}(3), x^{(1)}(4), x^{(1)}(5)) = (2.87, 6.15, 9.49, 12.88, 16.56)$$

第二步：对 $\boldsymbol{X}^{(0)}$ 进行光滑性检验。

由 $\alpha(k) = \dfrac{x^{(0)}(k)}{x^{(1)}(k-1)}$，得

$$\alpha^{(1)}(3) = \frac{x^{(0)}(3)}{x^{(1)}(2)} = \frac{3.34}{6.15} \approx 0.54$$

$$\alpha^{(1)}(4) = \frac{x^{(0)}(4)}{x^{(1)}(3)} = \frac{3.39}{9.49} \approx 0.31 < 0.5$$

$$\alpha^{(1)}(5) = \frac{x^{(0)}(5)}{x^{(1)}(4)} = \frac{3.68}{12.88} \approx 0.29 < 0.5$$

当 $k > 3$ 时，准光滑条件满足。

第三步：检验 $\boldsymbol{X}^{(1)}$ 是否具有准指数规律：

由 $\beta^{(1)}(k) = \dfrac{x^{(1)}(k)}{x^{(1)}(k-1)}$，得

$$\beta^{(1)}(3) = \frac{x^{(1)}(3)}{x^{(1)}(2)} = \frac{9.49}{6.15} \approx 1.54$$

$$\beta^{(1)}(4) = \frac{x^{(1)}(4)}{x^{(1)}(3)} = \frac{12.88}{9.49} \approx 1.36$$

$$\beta^{(1)}(5) = \frac{x^{(1)}(5)}{x^{(1)}(4)} = \frac{16.56}{12.88} \approx 1.29$$

当 $k > 3$ 时，$\beta^{(1)}(k) \in [1, 1.5], \delta = 0.5$，准指数规律满足，可对 $\boldsymbol{X}^{(1)}$ 建立 GM(1,1)模型。

第四步：对 $\boldsymbol{X}^{(1)}$ 做紧邻均值生成。

令 $\boldsymbol{Z}^{(1)} = \dfrac{1}{2}(x^{(1)}(k) + x^{(1)}(k-1))$，得

$$\boldsymbol{Z}^{(1)} = (2.87, 4.51, 8, 11.19, 14.72)$$

则

$$B = \begin{bmatrix} -4.51 & 1 \\ -8 & 1 \\ -11.91 & 1 \\ -14.72 & 1 \end{bmatrix}, \quad Y = \begin{bmatrix} 3.28 \\ 3.34 \\ 3.39 \\ 3.68 \end{bmatrix}$$

$$B^{\mathrm{T}}B = \begin{bmatrix} 442.866\,6 & -39.140\,0 \\ -39.140\,0 & 4.000\,0 \end{bmatrix}$$

故

$$(B^{\mathrm{T}}B)^{-1} = \begin{bmatrix} 0.016\,7 & 0.163\,4 \\ 0.163\,4 & 1.848\,9 \end{bmatrix}$$

第五步：对参数列 $\hat{a} = [a,b]^{\mathrm{T}} = (B^{\mathrm{T}}B)^{-1}B^{\mathrm{T}}Y$ 进行最小二乘估计，得

$$(B^{\mathrm{T}}B)^{-1}B^{\mathrm{T}}Y = \begin{bmatrix} -0.035\,1 \\ 3.079\,2 \end{bmatrix}$$

第六步：确定模型。

$$\frac{\mathrm{d}x^{(1)}}{\mathrm{d}t} + ax^{(1)} = b$$

及时间响应式

$$X^{(1)}(k+1) = \left(x^{(0)}(1) - \frac{b}{a}\right)e^{-ak} + \frac{b}{a} = 90.595\,6e^{0.035\,1k} - 87.725\,6$$

代入第五步所求解即可。

第七步：求 $X^{(1)}$ 的模拟值。

$$X^{(1)}(2.87, 6.106\,4, 9.458\,4, 12.930\,1, 16.525\,8)$$

第八步：还原求出 $X^{(0)}$ 的模拟值。

$$X^{(0)} = (2.87, 3.236\,4, 3.352, 3.471\,7, 3.595\,7)$$

第九步：检验误差。

我们通过计算残差（即实际数据减去模拟数据）：$\varepsilon(k) = x^{(0)}(k) - \hat{x}^{(0)}(k)$ 得最终残差值 $\left(\text{即} \varepsilon^{\mathrm{T}}\varepsilon\right)$ 等于 0.015 8，精度较高。

12.4 灰色预测模型

12.4.1 灰色预测的定义

灰色预测是指采用 GM（1,1）模型对系统行为特征值的发展变化进行的预测。对行为特征值中的异常值发生的时刻进行估计，称为畸变预测；对杂乱波形的未来态势与波形所做的整体研究，称为拓扑预测；对系统行为特征指标建立一组相互关联的灰色预测模型，预测变量间的相互协调关系的变化，称为系统预测。这些应用都是借助 GM（1,1）模型处理数据，将"随机过程"视为"灰色过程"，将"随机变量"视为"灰变量"。

12.4.2　灰色预测算例

已知近 9 年全球大气层中 CO_2 含量如表 12-5 所示，根据数据预测全球未来几年的大气层中 CO_2 含量。

表 12-5　近 9 年的全球大气层中 CO_2 含量　　　　　　　10^{-6}

年份	第 1 年	第 2 年	第 3 年	第 4 年	第 5 年	第 6 年	第 7 年	第 8 年	第 9 年
含量	381.9	383.76	385.59	387.37	389.85	391.63	393.82	396.48	398.61

已知灰色预测模型实质是 GM（1,1）模型的发展应用，我们这里应用举例具体实现过程采用 MATLAB 软件计算，详细计算步骤可参考经典 GM（1,1）模型（具体代码见附录）。

运行 MATLAB 计算程序，得到的预测数据如表 12-6 所示。

表 12-6　近 9 年的全球大气层中 CO_2 预测含量　　　　　　　10^{-6}

年份	第 1 年	第 2 年	第 3 年	第 4 年	第 5 年	第 6 年	第 7 年	第 8 年	第 9 年
含量	381.9	383.45	385.55	387.66	389.79	391.93	394.07	396.24	398.41
年份	第 10 年	第 11 年	第 12 年	第 13 年	第 14 年	第 15 年	第 16 年	第 17 年	第 18 年
含量	400.60	402.79	405.00	407.23	409.46	411.71	413.96	416.23	418.52

绘制原始数据与预测数据对比图如图 12-1 所示。

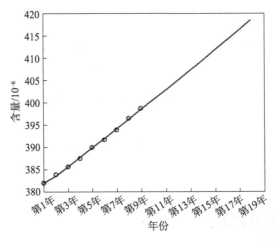

图 12-1　全球大气层中 CO_2 含量原始数据与预测数据对比图（直线为预测数据）

附录

1. 灰色关联度矩阵程序

```
clear all;
format short;
x = [159  159.64  150.2  136.27  124.36
```

拓展阅读：灰色预测模型的应用案例

```
      4545.51   4292.56   4059.27   3752.48   3388.38
      16626.32   15348.61   13669.93   12363.18   10600.84
      21330.83   19800.81   17879.4   16251.93   14113.58];
    n1 = size(x, 1);
    for i = 1:n1
    x(i, :) = x(i, :)/x(i, 1);
    end
    data = x;
    consult = data(4:n1, :);
    m1 = size(consult, 1);
    compare = data(1: 3, :);
    m2 = size(compare, 1);
    for i = 1: m1
    for j = 1: m2
    t(j, :) = compare(j, :) - consult(i, :);
    end
    min_min = min(min(abs(t')));
    max_max = max(max(abs(t')));
    resolution = 0.5;
    coefficient = (min_min + resolution*max_max)./(abs(t) + resolution*
max_max);
    corr_degree = sum(coefficient')/size(coefficient, 2);
    r(i, :) = corr_degree;
    end
    r
```

2. GM(1,1)模型程序

```
clear all;
x0 = [2.87 3.28 3.34 3.39 3.68];
n = length(x0);
lamda = x0(1: n-1). /x0(2: n);
range = minmax(lamda);
if range(1, 1) < exp(- (2/ (n + 2))) | range(1, 2) > exp(2/ (n + 2))
      error('级比没有落入灰色模型的范围内');
else
      % 空行输出
      disp('                ');
      disp('可用 G(1, 1)建模');
end
x1 = cumsum(x0);
for i = 2: n
      z(i) = 0.5*(x1(i) + x1(i -1));
end
B = [-z(2: n)', ones(n - 1, 1)];
Y = x0(2: n)';
u = B\Y;
x = dsolve('Dx + a*x = b', 'x(0) = x0');
x = subs(x, {'a', 'b', 'x0'}, {u(1), u(2), x1(1)});
forecast1 = subs(x, 't', [0: n-1]);
y = vpa(x);
forecast11 = double(forecast1);
exchange = diff(forecast11);
forecast = [x0(1), exchange]
epsilon = x0 - forecast;
```

```
delta = abs(epsilon./ x0);
Q = mean(delta)
S1 = std(x0,1);
S1_new = S1*0.6745;
temp_P = find(abs(epsilon - mean(epsilon)) < S1_new);
P = length(temp_P)/ n
```

3. 灰色预测程序

```
clear
syms a b;
c=[a b]';
A = [381.9, 383.76, 385.59, 387.37, 389.85, 391.63, 393.82, 396.48,
398.61];
B = cumsum(A);
n = length(A);
for i =1: (n - 1)
    C(i) = (B(i) + B(i + 1))/ 2;
end
D = A; D(1) = [ ];
D = D';
E = [- C; ones(1, n - 1)];
c = inv(E*E')*E*D;
c = c';
a = c(1); b = c(2);
F = [ ]; F(1) = A(1);
for i = 2: (n + 9)
    F(i) = (A(1) - b/a)/ exp(a*(i - 1)) + b/a ;
end
M = [ ]; M(1) = A(1);
for i = 2: (n + 9)
    M(i) = F(i) - F(i - 1);
end
t1 = 2006 : 2014;
t2 = 2006 : 2023;
M
plot(t1, A, 'ko', 'LineWidth', 2)
hold on
plot(t2, M, 'k', 'LineWidth', 2)
xlabel('年份', 'fontsize', 11)
ylabel('含量', 'fontsize', 11)
```

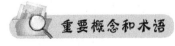
本章小结

　　灰色系统理论是我国学者对系统科学发展所做的一大贡献。灰色系统在经济和管理领域中是普遍存在的，对这样的系统，管理者往往掌握一部分信息，但信息是不完备的。应用灰色系统理论来解决现实中的具有灰色性的问题，是一种有效的方法和手段。本章的要点包括灰色系统的概念、灰色关联分析、经典 GM（1,1）模型、灰色预测方法及技术实现。

重要概念和术语

　　灰色系统（grey system）

关联度（correlation degree）

灰色关联分析（grey correlation analysis）

灰色预测（grey prediction）

灰色模型（grey model，GM）

 思考题与练习题

1. 简述灰色系统的概念和特征。

2. 简述 GM（1,1）模型的原理。

3. 设原始序列 $\boldsymbol{X}^{(0)} = (x^{(0)}(1), x^{(0)}(2), x^{(0)}(3), x^{(0)}(4), x^{(0)}(5)) = (2.81, 3.36, 3.52, 3.65, 3.78)$，判断是否可以使用 GM（1,1）模型，若可用，则求出数列 $\boldsymbol{X}^{(1)}$。

4. 灰色关联分析：假设某经济部门收入构成如表 12-7 所示，使用灰色关联计算并分析农业发展与其他三者之间的关系。

表 12-7 某经济部门收入构成 %

年份	第 1 年	第 2 年	第 3 年	第 4 年	第 5 年	第 6 年
农业	39.1	41.6	43.9	44.9	45.3	45.8
工业	45.8	43.4	42.3	41.9	41.6	41.1
物流业	3.4	3.3	3.5	3.5	3.6	3.7
金融业	6.7	6.8	5.4	4.7	4.5	4.2

 本章推荐阅读资料

[1] 邓聚龙. 灰色系统理论教程[M]. 武汉：华中理工大学出版社，1991.

[2] 邓聚龙. 灰色系统基本方法[M]. 武汉：华中科技大学出版社，2004.

[3] 刘思峰，谢乃明. 灰色系统理论及其应用[M]. 北京：科学出版社，2013.

参 考 文 献

[1]   贝塔朗菲，林康义. 一般系统论：基础、发展和应用[M]. 北京：清华大学出版社，1987.

[2]   王国胤. 智能系统的综合集成[J]. 重庆邮电学院学报（自然科学版），1998，10(1)：42-48.

[3]   李士勇. 模糊控制. 神经控制和智能控制论[M]. 哈尔滨：哈尔滨工业大学出版社，1996.

[4]   尼科利斯，普里戈京，等. 非平衡系统的自组织[M]. 徐锡申译. 北京：科学出版社，1986.

[5]   哈肯. 协同学引论：物理学、化学和生物学中的非平衡相变和自组织[M]. 徐锡申等译. 北京：原子能出版社，1984.

[6]   费军，等. 系统管理学的演化与进展[J]. 科技进步与对策，2003，20(6)：173-175.

[7]   苗东升. 钱学森与系统论——钱学森系统科学思想研究[M]. 北京：科学出版社，2012.

[8]   许国志，顾基发，等. 系统科学[M]. 上海：上海科技教育出版社，2005.

[9]   方志耕，刘思峰，朱建军，胡明礼. 决策理论与方法[M]. 北京：科学出版社，2008.

[10]   杨莉. 决策与博弈[M]. 北京：经济科学出版社，2011.

[11]   邱菀华，刘美芳. 管理决策及其应用[M]. 北京：机械工业出版社，2012.

[12]   张所地，吉迎东，胡琳娜. 管理决策理论、技术与方法[M]. 北京：清华大学出版社，2013.

[13]   李华，胡奇英. 预测与决策教程[M]. 北京：机械工业出版社，2012.

[14]   孙文哲，张可明，尹巍巍. 基于 VIKOR 法的优质猪肉供应链合作伙伴选择模型及应用[J]. 物流技术，2010，6(11)：87-89.

[15]   陈继光. 水环境质量评价的 VIKOR 算法应用研究[J]. 节水灌溉，2014(1)：45-49.

[16]   齐小华，高福安. 预测理论与方法 [M]. 北京：北京广播学院出版社，1994.

[17]   吴大军，牛彦秀. 管理会计[M]. 3 版. 大连：东北财经大学出版社，2013.

[18]   魏艳华，王丙参，郝淑双. 统计预测与决策[M]. 成都：西南交通大学出版社，2014.

[19]   苗敬毅，张玲. 管理预测技术与方法[M]. 北京：清华大学出版社，2014.

[20]   王志明，刘炳义. 当代预测论之父——翁文波[C]. 地质学史研究会学术研讨会，2003(6)：30-33.

[21]   冯春山，吴家春，蒋馥. 定性预测与定量预测的综合研究运用[J]. 东华大学学报(自然科学版)，2004，30(3)：114-117.

[22]   刘思峰，党耀国. 预测方法与技术[M]. 北京：高等教育出版社，2005.

[23]   陈桦，赵晓，齐慧. 基于决策系统的预测模型研究[J]. 微电子学与计算机，2004，21(12)：166-167.

[24]   王雪铭，吴瑞明. 评价方法的发展与体系研究[J]. 科学技术与工程，2009，2：351-356.

[25]   王雪铭. 评价方法的演变与分类研究[D]. 上海：上海交通大学，2009.

[26]   刘思峰. 系统评价：方法、模型、应用[M]. 北京：科学出版社，2015.

[27]   周志翔. 整数 DEA 理论、方法及其应用研究 [D]. 合肥：中国科学技术大学，2014.

[28]   孙加森. 数据包络分析（DEA）的交叉效率理论方法与应用研究 [D]. 合肥：中国科学技术大学，2014.

[29]   甄苓. DEA 中连续 C2R 模型理论的研究 [J]. 数学的实践与认识，2008，38(18)：211-216.

[30] 魏权龄. 评价相对有效性的数据包络分析模型--DEA 和网络 DEA [M]. 北京：中国人民大学出版社，2015：39-78.

[31] 周浩亮. 模糊数学基本理论及其应用 [J]. 建井技术，1994(4，5)：70-80.

[32] 符学葳. 基于层次分析法的模糊综合评价研究和应用 [D]. 哈尔滨：哈尔滨工业大学航天学院，2011.

[33] 谭跃进. 定量分析方法[M]. 北京：中国民族大学出版社，2006.

[34] 杜栋，庞庆华，吴炎. 现代综合评价方法与案例精选[M]. 北京：清华大学出版社，2008.

[35] 张炳江. 层次分析法及其应用案例[M]. 北京：电子工业出版社，2014.

[36] 层次分析法学习网站：http://man.jeffzhang.cn/get/.

[37] 中国科技发展战略研究小组. 中国区域创新能力报告[M]. 北京：知识产权出版社，2005.

[38] 邵云飞，谭劲松. 区域技术创新能力形成机理探析[J]. 管理科学学报，2006(4)：1-11.

[39] RiddelM， Schwer R K. Regional Innovative Capacity with Endogenous Employment：Empirical Evidence from the U. S. [J]. The Review of Regional Studies，2003，33(1)：73-84.

[40] 王三兴，熊凌. FDI 与区域创新能力——基于省市面板数据的经验研究[J]. 山西财经大学学报，2007(5)：32-37.

[41] 谢玲，屈锡华. 区域创新能力综合集成评价研究[J]. 情报杂志，2010，29(9)：78-82.

[42] 苏屹，李柏洲. 区域创新能力的波动性研究[J]. 中国科技论坛，2009(8)：33-37.

[43] 侯仁勇，张蕾，王果. 区域创新能力评价指标体系及实证[J]. 武汉理工大学学报（信息与管理工程版），2009，31(4)：637-641.

[44] Chapelle K， Plane P. Productive efficiency in the Ivorian manufacturing sector：An exploratory study using a data envelopment an Developing Economies[J]. Applied Economics，2005，43(4)：450-471.

[45] Charnes A，Cooper W W，Rhodes E. Measuring the efficiency of decision making units[J]. European Journal of Operation Research，1978，2(6)：429-444.

[46] 高丽娜，卫平. 科技中介机构的异质性对区域创新能力的影响[J]. 中国科技论坛，2011(5)：86-90.

[47] 李红，谢愚. 中国区域创新能力评价因素分解[J]. 商业研究，2012(9)：36-42.

[48] 周孝，冯中越，张耘. 京津冀晋蒙地区生产性服务业发展与制造业升级[J]. 北京工商大学学报(社会科学版)，2013(4)：16-19.

[49] 车湘辉. 基于 ELECTRE 的区域创新能力综合评价方法[J]. 统计与决策，2014(10)：11-16.

[50] 段姗，蒋泰维，等. 区域企业技术创新发展评价研究[J]. 中国软科学，2014(5)：45-47.

[51] 汪晓梦. 皖江城市带区域科技创新能力评价实证分析[J]. 重庆交通大学学报(社会科学版)，2015(5)：41-44.

[52] 尹彦. 基于粗糙集和 Choquet 积分的区域协同创新能力评价[J]. 统计与决策，2015，16(436)：39-42.

[53] Mary G. Schoonmaber，Elias G. Carayannis. Assessing the value of Regional Innovation Networks[J]. Journal of the Knowledge Econorny，2010，1(1)：48-66.

[54] 谢晓锋，张文俊，杨之廉. 微粒群算法综述[J]. 控制与决策，2003，18(2)：129-134.

[55] 王万良，唐宇. 微粒群算法的研究现状与展望[J]. 浙江工业大学学报，2007，35(2)：136-141.

[56] Eberhart R，Shi Y，Kennedy J. Swarm Intelligence [M]. San Mateo，CA：Morgan Kaufmann，2001.

[57] Kennedy J. Small worlds and mega-minds：Effects of neighborhood topology on particle swarm performance [C]. Congress on Evolutionary computation. 1999，(3)：1931-1938.

[58] Kennedy J，Mendes R. Population structure and particle swarm performance [C]. Congress on Evolutionary Computation. 2002，(2)：1671-1676.

[59] Suganthan P N. Particle swarm optimizer with neighbourhood operator [C]. Congress on Evolutionary Computation. 1999，(3)：1958-1962.

[60] Veeramachaneni K，Peram T，Mohan C，Osadciw L A. Optimization using particle swarms with near neighbor interactions [C]. Lecture Notes Computer Science. 2004，(2723)：110-121.

[61] Clerc M. Initialisations for particle swarm optimization[EB/OL]. Online at http：//clerc. maurice. free. fr/pso/，2008.

[62] Kennedy J, Eberhart R. Particle swarm optimization [C]. IEEE Internotional Conference on Neural Networks，1995，4(18)：1942-1948.

[63] Garnier S，Gautrais J，Theraulaz G. The biological principles of swarm intelligence [J]. Swarm Intelligence，2007，30(1)：3-31.

[64] Eberhart R，Shi Y. Particle swarm optimization：Developments，applications and resources [C]. Congress on Evolutionary Computation. 2001，1(1)：81-86.

[65] Parsopoulos K，Vrahatis M. Recent approaches to global optimization problems through particle swarm optimization [J]. Natural Computing，2002，40(1)：235-306.

[66] Poli R，Kennedy J，Blackwell T. Particle swarm optimization：An overview [J]. Swarm Intelligence，2007，1(1)：33-57.

[67] Jelmer Van Ast，Robert Babuska，Bart De Schutter. Particle swarms in optimization and control [C]. Ifac World Congress，2008：5131-5136.

[68] Hu X，Shi Y，Eberhart R. Recent advances in particle swarm [C]. Congress on Evolutionary Computation. 2004，(1)：90-97.

[69] 李大卫，可重复自然数编码遗传算法的最优群体规模[J]. 鞍山钢铁学院学报，2000(6)：419-423.

[70] 康双喜. 基于物元分析的一体化流程生产系统可靠性评价研究[D]. 重庆：重庆大学，2012.

[71] 郭波，武小悦. 系统可靠性分析[M]. 长沙：国防科技大学出版社，2002.

[72] 王吉平. 城市道路网络系统可靠性研究[D]. 西安：长安大学，2005.

[73] 卢明银，徐人平. 系统可靠性[M]. 北京：机械工业出版社，2008.

[74] 陈德良. 物流网络可靠性的关键问题与应用研究[D]. 长沙：中南大学，2010.

[75] 程五一，王贵和，吕建国. 系统可靠性理论[M]. 北京：中国建筑工业出版社，2010.

[76] 张浩. 城市物流系统可靠性优化[M]. 北京：经济科学出版社，2013.

[77] 岳昌君，沈琪. 博弈论教程[M]. 北京：中国人民大学出版社，2010.

[78] 董保民，王运通，郭桂霞. 合作博弈论：解与成本分摊[M]. 北京：中国市场出版社，2008.

[79]　Smith J M，Price G R. The Logic of Animal Conflict[J]. Nature，1973，246：15.

[80]　朱庆华，窦一杰. 绿色供应链中政府与核心企业进化博弈模型 [J]. 系统工程理论与实践，2007，12(12)：85-89.

[81]　黄敏镁. 基于演化博弈的供应链协同产品开发合作机制研究[J]. 中国管理科学，2010，18(6)：155-162.

[82]　许民利，王俏，欧阳林寒. 食品供应链中质量投入的演化博弈分析[J]. 中国管理科学，2012，20(5)：131-141.

[83]　王祥兵，严广乐，杨卫忠. 区域创新系统动态演化的博弈机制研究[J]. 科研管理，2012，33(11)：1-8.

[84]　乔根·W. 威布尔，王永钦译. 演化博弈论[M]. 上海：上海人民出版社，2006.

[85]　李伯虎，柴旭东，杨明，等. 现代建模与仿真技术的新发展[J]. 计算机仿真，2003(z1)：38-45.

[86]　张晓红. 企业管理模拟仿真[M]. 北京： 化学工业出版社，2013.

[87]　王其藩. 系统动力学[M]. 北京：清华大学出版社，2009.

[88]　钟永光，等. 系统动力学[M]. 2 版. 北京：科学出版社，2009.

[89]　杨浩雄，李金丹，张浩，刘淑芹. 基于系统动力学的城市交通拥堵治理问题研究[J]. 系统工程理论与实践，2014，34(8)：2135-2143.

[90]　赵钊. 基于系统动力学的城市交通拥堵治理问题研究[D]. 北京工商大学，2012.

[91]　Kaplan R S，Norton D P. The strategy-focused organization [J]. Strategy & Leadership，2001，29(3)：41-42.

[92]　Mintchik N，Blaskovich J. Manipulating the Balanced Scorecard [J]. Strategic Finance，2008，90(1)：52-53.

[93]　Baghai M，Smit S，Viguerie P. Is Your Growth Strategy Flying Blind? [J]. Harvard Business Review，2009，87(5)：86-96.

[94]　谢开勇，邹梅，裴飞云. 认知偏差及对战略决策的影响[J]. 科技管理研究，2008，28(12)：332-334.

[95]　Xie K Y，Zou M，Pei F Y. Cognition deviation and to strategic decision influence [J]. Science and Technology Management Research，2008，28(12)：332-334.

[96]　张良久，周晓东. 战略认知理论演化轨迹综述[J]. 南华大学学报(社会科学版)，2006，7(2)：32-39.

[97]　Zhang L J，Zhou X D. A Review on Evolution of Strategic Recognition Theory [J]. Journal of NanhuaUniversity(Social Science Edition)，2006，7(2)：32-39.

[98]　Thomas K W，Velthouse B A. Cognitive Elements of Empowerment：An "Interpretive" Model of Intrinsic Task Motivation [J]. The Academy of Management Review，1990，15(4)：666-681.

[99]　Klein J I. Feasibility Theory：A Resource-Munificence Model of Work Motivation and Behavior [J]. The Academy of Management Review，1990，15(4)：646-665.

[100]　Nelson B. Strategic Recognition [J]. Leadership Excellence，2007，24(2)：7.

[101]　张文慧，张志学，刘雪峰. 决策者的认知特征对决策过程及企业战略选择的影响[J]. 心理学报，2005，37(3)：373-381.

[102] Zhang W H，Zhang Z X，Liu X F. Effects of cognitive characteristics on the process of decision making and strategic choice[J]. Acta Psycho logicaSinica，2005，37(3)：373-381.

[103] 马骏, 席酉民, 曾宪聚. 战略的选择：管理认知与经验搜索[J]. 科学学与科学技术管理, 2007, 28(11)：114-119.

[104] Ma J，Xi Y M，Zeng X J. Strategy Choice：Management Cognition and Experiential Search [J]. Science of Science and Management of S. &. T. ，2007，28(11)：114-119.

[105] Kaplan R S，Norton D P. The strategy-focused organization [M]. Boston：Harvard Business School Press，2001.

[106] Kaplan R S，Mikes A，Simons R，et al. Managing risk in the new world [J]. Harvard Business Review，2009，87(10)：68-75.

[107] Iselin E R，Mia L，Sands J. The effects of the balanced scorecard on performance：The impact of the alignment of the strategic goals and performance reporting [J]. Journal of General Management，2008，33(4)：71-85.

[108] Quezada L E，Cordova F M，Palominos P，et al. Method for identifying strategic objectives in strategy maps [J]. International Journal of Production Economics，2009，122(1)：492-500.

[109] Collis D J，Rukstad M G. Can You Say What Your Strategy Is? [J]. Harvard Business Review，2008，86(4)：82-90.

[110] Burgelman R A，Grove A S. Strategic Dissonance [J]. California Management Review，1996，38(2)：8-28.

[111] Roessl D，Fink M，Kraus S. Partner assessment as a key to entrepreneurial success：towards a balanced scorecard approach [J]. Journal of Enterprising Culture，2008，16(3)：257-278.

[112] Dror S. The Balanced Scorecard versus quality award models as strategic frameworks [J]. Total Quality Management & Business Excellence，2008，19(6)：583-593.

[113] 高玉荣, 吕立才. 制造战略决策者的认知模式对制造战略决策的影响[J]. 科技管理研究, 2008, 28(3)：192-194.

[114] Skarzenski D，Jackson C. Organizational Communication：The Essence of Effective Management [J]. Journal of Business Communication，1987，24(3)：66-68.

[115] Krause U. A discrete nonlinear and non-autonomous model of consensus formation[C]，Communications in Dierence Equations，2000：227-236.

[116] Hegselmann R，Krause U. Opinion Dynamics and Bounded Confidence Models，Analysis，and Simulation [J]. Journal of Artificial Societies and Social Simulation，2002，5(3)：162-173.

[117] Pabjan B，Pekalski A. Model of opinion forming and voting [J]. Physica A，2008，387(24)：6183-6189.

[118] Kaplan R S，Norton D P. Alignment：Using the Balanced Scorecard to Create Corporate Synergies [M]. Boston：Harvard Business School Press，2006.

[119] 刘常昱, 胡晓峰, 司光亚, 罗批. 舆论涌现模型研究[J]. 复杂系统与复杂性科学, 2007, 4(1)：22-27.

[120] Liu C Y，Hu X F，Si G Y，Luo P. Study on the Consensus Emergency Model [J]. Complex System

and Complexity Science，2007，4(1)：22-27.

[121] 李俊涛，张凤鸣，李永宾. 耗散结构理论在飞机系统性能分析中的应用初探[J]. 微计算机信息，2006，22(9-1)：186-188.

[122] Prigogine I. Dissipative processes in quantum theory [J]. Physics Reports，1992，219(3-6)：93-108.

[123] Cantoni V，Casanova A，Fraschini M，Vitulano S. Equilibrium and dissipative structures role on images [J]. Pattern Recognition Letters，2007，28(14)：1865-1872.

[124] Prigogine I. Non-linear science and the laws of nature [J]. Journal of the Franklin Institute，1997，334(5-6)：745-758.

[125] Haken H. Synergetics [J]. Physica B+C，1984，127(1-3)：26-36.

[126] Tschacher W，Haken H. Intentionality in non-equilibrium systems? [J]. The functional aspects of self-organized pattern formation. 2007，25(1)：1-15.

[127] Starostin V I，Shcherbakov A S，Sakys D R. Synergetics in Geology [J]. Earth Science Frontiers，2007，14(1)：193-206.

[128] Haken H. Visions of synergetics [J]. Journal of the Franklin Institute，1997，334(5-6)：759-792.

[129] Li P，Li Z，Halang W A，Chen G R. Li-Yorke chaos in a spatiotemporal chaotic system[J]. Chaos，Solitons and Fractals，2007，33(2)：335-341.

[130] Tiana C J，Chen G R. Chaos in the sense of Li-Yorke in coupled map lattices[J]. Physica A：Statistical　Mechanics and its Applications，2007，376(1)：246-252.

[131] Kitada A，Ogasawara Y，Eda K. Note on a property specific to the tent map [J]. Chaos，Solitons & Fractals，2008，35(1)：104-105.

[132] 勒内·托姆，周仲良. 突变论：思想和应用[M]. 上海：上海译文出版社，1989.

[133] Poston T. Catastrophe theory and its applications[M]. Courier：Dover Publications，1996.

[134] 陈晓红，杨立. 基于突变级数法的障碍诊断模型及其在中小企业中的应用[J]. 系统工程理论与实践，2013，33(6)：1479-1485.

[135] 凌复华. 突变理论——历史、现状和展望[J]. 力学进展，1984，14(4)：389-402.

[136] 曾国屏. 超循环自组织理论[J]. 科学、技术与辩证法，1988(4)：63-68.

[137] 沈小峰，曾国屏. 超循环论的哲学问题[J]. 中国社会科学，1989(4)：185-194.

[138] 李良美. 超循环论的内容及意义[J]. 新闻战线，1989(6)：44-45.

[139] 李水根. 分形[M]. 北京：高等教育出版社，2004.

[140] 曾文曲，文有为，孙炜. 分形小波与图像压缩[M]. 沈阳：东北大学出版社，2002.

[141] 王东升，汤鸿霄，栾兆坤. 分形理论及其研究方法[J]. 环境科学学报，2001，21(1)：10-15.

[142] 苑莹，庄新田，金秀. 多重分形理论在资本市场中的应用研究综述[J]. 管理学报，2010，7(9)：1397-1420.

[143] 北京市统计局. 北京统计年鉴 2014[M]. 北京，中国统计出版社，2014.

[144] 北京市统计局. 2008 年月、季度统计数据——运输邮电业主要业务量指标[ED/ OL]. WWW. bjstats. gov. cn. 2009-10-04.

[145] 王海忠，于春玲，赵平. 银行服务质量与顾客满意度的关系[J]. 中山大学学报（社会科学版），2006(6)：107-113.

[146]　周京华，王玲. 第三方物流企业顾客满意度影响因素分析[J]. 物流技术，2005(10)：99-102.

[147]　杨玉香，李晓红，杨馥毓. 基于 BP 神经网络的第三方物流企业顾客满意度评价研究[J]. 吉林省经济管理干部学院学报，2006(12)：30-33.

[148]　吴建勋，牛志华. 基于顾客满意的第三方物流服务质量评价体系[J]. 商品储运与养护，2008(6)：17-19.

[149]　汤小华. 第三方物流顾客满意度影响因素研究[J]. 物流技术，2009(5)：28-31.

[150]　冯海林，薄立军. 随机过程——计算与应用 [M]. 西安：西安电子科技大学出版社，2012.

[151]　钱伟民，梁汉营，杨国庆. 应用随机过程[M]. 北京：高等教育出版社，2014.

[152]　米尔斯切特. 数学建模方法与分析[M]. 刘来福，杨淳，黄海洋，译. 原书 3 版. 北京：机械工业出版社，2009.

[153]　邓聚龙. 灰色系统理论教程[M]. 武汉：华中理工大学出版社，1991.

[154]　邓聚龙. 灰色系统基本方法[M]. 武汉：华中科技大学出版社，2004.

[155]　刘思峰，谢乃明. 灰色系统理论及其应用[M]. 北京：科学出版社，2013.

[156]　卓金武，李必文，魏永生，秦建. MATLAB 在数学建模中的应用[M]. 北京：北京航空航天大学出版社，2014.

教师服务

感谢您选用清华大学出版社的教材！为了更好地服务教学，我们为授课教师提供本书的教学辅助资源，以及本学科重点教材信息。请您扫码获取。

▶▶ 教辅获取

本书教辅资源，授课教师扫码获取

▶▶ 样书赠送

管理科学与工程类重点教材，教师扫码获取样书

 清华大学出版社

E-mail: tupfuwu@163.com
电话：010-83470332 / 83470142
地址：北京市海淀区双清路学研大厦 B 座 509

网址：http://www.tup.com.cn/
传真：8610-83470107
邮编：100084